U0516571

第三卷

中国近代文化史论

（下）

龚书铎文集

中华书局

龚书铎（1929—2011 年）

在查阅资料

学术讲座留影

孙中山学术研讨会论文评审会合影（前排左四）

唯物史观与21世纪中国史学研讨会发言留影（2001年）

《清代理学史》出版研讨会发言留影（2007年）

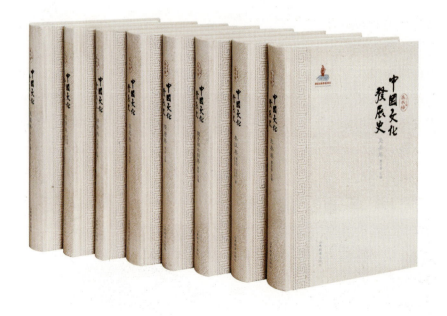

担任总主编的8卷本《中国文化发展史》书影

目　录

甲午战争期间的社会舆论 ……………………………… 1

戊戌新文化运动述略 …………………………………… 16

辛亥革命与文化 ………………………………………… 24

辛亥革命时期文化四题 ………………………………… 41

辛亥革命与戏剧 ………………………………………… 62

辛亥文化革新与五四新文化运动 ……………………… 79

论孙中山的文化观 ……………………………………… 88

孙中山与传统文化 …………………………………… 104

孙中山文化思想的时代价值 ………………………… 114

孙中山文化思想研究述评 …………………………… 118

五四时期的新文化运动 ……………………………… 125

五四新文化运动的评价问题 ………………………… 148

五四新文化运动再认识 ……………………………… 155

谈五四精神 …………………………………………… 157

五四时期的反传统 …………………………………… 159

五四运动时期反对封建文化专制的斗争 …………………………… 171

"全盘西化"论的历史考察 …………………………………………… 183

姚莹研究·交游篇（遗稿） ………………………………………… 194

甲午战争期间的社会舆论

　　1894至1895年发生的中日甲午战争，以清政府失败而告终，结果签订了割地赔款的《马关条约》。清政府在战争中的惨败和空前的丧权辱国，给朝野上下，给中国社会，带来了巨大的震动和影响。

　　还在战争爆发之前，以及战争进行的过程中，人们就对之十分关注。清政府内部出现了主战和主和两种主张，翁同龢为主战派代表，李鸿章为主和派代表。主战派大都为翰苑、台谏，有些是"清流"中人。他们主张抵抗日本侵略，抨击李鸿章等主和派不积极筹战备，而是一味妥协求和。同样，在社会上对这场战争的反响也非常强烈。一些有影响的报刊如《申报》《万国公报》等不仅报道了有关战争的消息，而且发表评论文章；出版方面也及时编印了如《时事新编》一类的小册子。《万国公报》从66卷起在"大清国事"一栏连载"乱朝记"，记载中日战争的经过；从68卷起连续4期发表了评论文章。在战争过程中，《申报》几乎每天都刊出评论文章。这些时论，涉及的方面很广泛，包括严防日本在中国的奸细、汉奸搜集情报，严禁奸商从上海等地偷运粮食接济日本军需，加强吴淞、浙江、福建尤其是台湾的防务，谴责日本侵略军杀戮中国居民的残暴罪行，中日战争对国际形势的影响，等等。这里不可能逐一介绍，仅就和与战、清政府在战争中失败的原因、台湾军民的反割台斗争和舆论要求变法自强等问题加以阐述。

一　主张抵抗、反对屈辱求和

1894年7月25日，日本舰队在丰岛海面袭击了清政府派往朝鲜增援的济远号和广乙号军舰，击沉租用运兵的英国商船高升号，挑起了侵略中国的甲午战争。在战争爆发之前和战争进行的初期，当时报刊的舆论，对这次战争颇具必胜的信心。《申报》光绪二十年元月初九、初十、二十一日发表的《战必胜说》、《论日本之谋朝鲜将为俄人所误》、《论中国之兵可胜日本》等评论文章，都认为中日战争中国必胜，日本必败。为什么中国必胜？《战必胜说》这篇文章认为，日本是小岛国，地狭物乏，东京等地又发生地震，而且议院中党派纷争，所以"于天时、地利、人和无一所得"。而中国自仿行西法以来，"凡事皆一洗因循之习"，北洋水师直与泰西无异，炮台巩固，当年中法战争即"负少胜多"，况且"万众同仇，义形于色"，"民间谈及日人，辄裂眦咬牙，大有欲得而甘心之意"，中国守、战、和三者俱可操纵自如，"尚何有所畏忌而让日人以争先哉"。这篇时论的观点，有一定的代表性。但它对中日双方情况的分析，可以说于实际并无真切了解，不少论断与事实不符、不准确，只是陷于盲目的乐观，其结论当然也不可能实现。

这种对战争必胜的盲目自信和过分乐观，还进而表现在一些舆论鼓吹直接出兵东渡讨伐日本。在《申报》、《时事新编初集》等出版物上，有不少此类主张的文章，如《论防倭不如剿倭》、《紧备水军直捣东瀛论》、《先发制人说》、《移师东伐论》、《论当乘机进捣日本》、《拟王师东渡谕日本檄》等。这里举《防倭不如剿倭》一文的论点为例，以见一斑。这篇文章声称："欲求制人而不受制于人，则莫如鞠旅陈师，直抵长崎、横滨等口岸，更迭明攻，往返暗袭。所用军器，枪炮而外，专以火箭喷筒焚毁其板屋营帐为务。在船如是，登岸亦复如是。不必十万人，已足令其全国惊心，合境丧胆。制胜之策，不待蓍龟。"[①]这可谓"豪言壮语"，但实际是做

---

① 陈耀卿编：《时事新编初集》卷4，光绪二十一年铅印本。

不到的大话、空话，仅就海军力量、海上运输，就不可能达到。

这种直捣东瀛的主张，用心不能说不好，但却是不负责任的放言高论。相反，在一些号称老成持重的当轴者和官僚、士大夫中，则认为中国的"海军弱，器械单"，不如日本，战则必败，因而一味妥协求和。这种怯懦畏葸的心态和战则必败的论调，从另一极端表现出与前者同样是对民族、国家的不负责任。

战争并没有按人们的愿望发展，清政府在军事上一再失利，以至出现了企图求和的传言。事实给人以教育，使得人们能够面对现实加以冷静思考，而在社会上出现的舆论则是主张对日采取持久战。在一些时论中分析了中日双方的情况，认为中国地大物博，人口众多，"国虽不富而财力尚足，兵虽不强而元气尚充"，"若以扎硬寨、打死仗工夫，而加之以折而不挠之志气，情见势绌，自足收效于无形"①。而日本则是小岛国，人口少，物资不足，侵略朝鲜后兵少而分，且在战争中不断伤亡，兵员不足，财政也困难。"相持久之，彼必有束手待亡之一日。"②持久战的主张，较之出师直捣东瀛的论调要切合实际得多，对中日双方情况分析也大致不差，如不是慈禧太后、李鸿章等人的妥协求和，不积极筹战备，而是采取持久战的战略，有可能转败为胜或维持平局，不致屈膝求和，使日本为所欲为，强行割占台湾省。

关于和战问题，是当时社会上关心的重要问题，也是报刊文章评论较多的一个问题。首先是和战关系的一般原则问题，即如何摆好和战之间的关系。不少文章都谈到："从来言和必先言战，战者和之本，能战而后能和，未有不能战而能和者也。不能战而和，和之害有不可胜言者。是故善谋国者不战则已，战则不肯轻于言和，非好战而恶和也，事势然也。夫善战者，善和者也。战之愈力，斯和之愈久。彼忽而言战忽而言和者，其战也不胜，其和也必不久。"③有的文章则从和战守三者的关系来加以论述：

---

① 《中国宜以持久敝倭论》，陈耀卿编：《时事新编初集》卷2。
② 《制倭论》，《申报》1894年12月25日。
③ 《论议和者十难》，《申报》1895年1月12日。

"盖必能战而后能守，能战守而后能和，三策相为表里，缺一不可者也。倘不能战而退守则为怯敌，不能守而议和则为请降。"①不论和战还是和战守，能战确实是根本。正如有的文章所指出的"断未有不修战备，专主和议，而可奠疆宇于苞桑，巩河山于磐石者"②。

也有从"权"的角度来看待和战问题的。这里所说的"权"，包括主权和主动权。文章强调"权之所在，其国乃胜"，"权不可以假人"。然而自中日战争爆发数月以来，中国"皆坐以待攻，一筹莫展。日人欲与我战，我始勉强以应之。日人不与我战，我不敢先挑其怒以撄其锋。水陆两军，如出一辙。此战之权不操之于中国，而操之于日本也。日本空国出师，我不敢以一矢相加遗。我拥险自卫，犹不足以捍御。是守之权在日本则有以自必，在中国则不能自必也。……惟侥幸于一和，以求得目前之无事"③。这就是说，清政府主持军事、外交者"不修战备，专主和议"，不论是战或守都没有掌握主动权，主动权操于日本之手，只是企图依靠和议以求苟安于一时，而和议也就必然受制于日本，更谈不上有任何主动权了。

清政府在军事上节节败退，求和也由传闻而成为事实，于1894年12月20日派张荫桓、邵友濂为与日和谈代表。张、邵遭日方拒绝后，清政府即改派李鸿章前往日本乞和。社会舆论对和议反应很强烈，不少文章反对向日本屈膝乞和，批评主张求和的大臣是"不察事势，不恤人言，显违众论，而逞一己之私，贸贸然以和议进，其失国体而散人心姑且弗论，不解其何以逆料倭人之就我范围不事要挟耶？……倭人而不能就我范围不事要挟，则和之一字讵非空谈耶？空谈何补，只辱国耳"④。有的文章指出："日人狼骜而多诈，佞薄而无信。我苟屈意言和……然日本贪得无厌，有非可以情理喻者。……彼必多方需索，百计留难。"⑤时论对于割地一项，尤为强烈反对。光绪二十一年二月十四日，《申报》即发表评论文章，论述

①《拟中东和战议》，陈耀卿编：《时事新编初集》卷4。
②《论中之与日宜战不宜和》，《申报》1894年12月6日。
③《权论》，《申报》1894年12月10日。
④《论倭人以义和为缓兵之计》，陈耀卿编：《时事新编初集》卷3。
⑤《论中之与日宜战不宜和》，《申报》1894年12月6日。

"中国万不可允倭人割地之请"。在和谈中，一些文章还分析了与日本谈判的难处，并提出了对策，如"论议和有十难"、"论议和有十要"、"和倭统策"等。

关于中日甲午战争中的和战问题，研究者一般都限于谈论清政府中翁同龢等人的主战，反对李鸿章等妥协求和。翁同龢及"后清流"黄绍箕、丁立钧，门人张謇、文廷式等人，的确都极力主战，反对求和，反对割地。但是，主张抵抗、反对屈辱求和的不仅在朝者如是，在野者也如是。报刊上的时论，正反映了社会上要求抵抗日本侵略，反对屈辱求和的强烈愿望。所谓"万口交腾"、"誓不从倭"，正表现了朝野上下的爱国情绪。

二　甲午战争中清政府失败的原因

社会舆论要求抵抗日本侵略，反对屈辱求和，不可避免地要涉及清政府在战争中失败的问题。养吾氏在《榴龛醉语》中认为："平日之政事，一贪字坏之；今日之军务，一和字败之。夫两国相争，必终于和，畴不知之？顾未有和战并行者，且未有主和之人可任战事者。"[1]养吾氏把战争的失败归之一"和"字，自是愤激之言，难免简单化。但他认为边和边战，边战边和，特别是让像李鸿章这类主和的人来主持战事，不能不说是导致战争失败的一个重要原因。

养吾氏认为"平日之政事，一贪字坏之"，已经谈到吏治问题。他还说："中国之政，坏于贪官。……中原之财，半流于外国，半饱于宦囊。"[2]也就是说，甲午战争中国的失败，在于吏治的腐败。而吏治的腐败，首先表现为官吏的贪污成风。官吏们任职不是为国为民，而是为钱，为了发财。"就官而论，或由科目，或由荐保，或由捐纳。每一得缺，不问风俗之盛衰，不问人民之良莠，斤斤焉以缺之优绌为较量。夫缺既有优绌，则

---

① 阿英编：《甲午中日战争文学集》，中华书局1958年，第418页。
② 阿英编：《甲午中日战争文学集》，第451页。

其不专恃廉俸可知矣。不专恃廉俸，则其钱何自而来？大者数十万，以至数万数千，即佐贰极小之缺，亦不下数百千。合二十二行省计之，每岁入宦囊者奚止千万，非国库之羡余，即民生之血肉！"为官者发财后即以之经商，官商结合，权钱结合，"故商而富者必先求官，欲借官为护财之符也；官而富者且欲为商，欲因商为退运之地也"。贪官污吏们"不知有人，但知有己；不知有国，但知有家。一若欲常得此富贵，以贻子孙而永久不败者"①。为官就是捞钱，为保一己一家之富贵，为子孙后代永保富贵，坐令吏治腐败，置国家兴衰存亡于不顾，甲午战争又怎能不失败！

19世纪60年代后，清政府效法西方兴办洋务，"故轮船有局，电线有局，织布有局，铸钱有局"。但是，这些设施，"利不归于国，而归于官，归于商，则徒夺民利以为利，而国已阴受其弊"②。有的评论者指出："朝廷创一新法，官吏即多一利源，出洋者以购置机器为美差，位高者以调剂属员为能事。"向外国购买原料、货物，也是利源所在，只顾自己得利，不管国家吃亏。"洋商以钢煤硝磺来售者，必先贿其门丁司事，而后成交。夫贿从货出，不得不以恶劣之货尝试之。而华人但计贿之多寡，不辨货之美恶，洋商洞烛其奸，贿日以增，货日以劣。"③真是蠹国殃民！

官吏的贪污成风，政以贿成，当然不可能勤于政事，而是因循泄沓，掩盖粉饰，上下欺蒙。有的文章尖锐指出："特以官场习气，掩盖粉饰，是所专长。""今之臣下，乃以无为有，饰伪为真，以自欺而欺人，且以是为长技，更以是为终南之捷径。"④掩盖粉饰，互相欺蒙，泄泄沓沓，应付差事，"文恬武嬉，得过且过"，积习相沿，非一朝一夕，已形成官场的腐败风气。即使"封疆大吏，惟知故事奉行，苟不被人纠参，即已心满意足，绝不思绸缪未雨，先事预防"。而身居高位的当轴者，"平日性成畏葸，倪倪仳仳，若妇人孺子然。自以为位重功高，颐指气使，一举动即深恐开罪

①《论捐输助饷宜官先于民》，《申报》1895年1月1日。
②《防倭论》，陈耀卿编：《时事新编初集》卷2。
③阿英编：《甲午中日战争文学集》，第444页。
④《论中国之吏在乎欺》，《申报》1894年11月10日。

邻国，以致外侮之来任令承其下风者"①。正是这种腐朽的官场风气，不能不使战争失误。人们认为，之所以丧师失地，"一误于因循，再误于蒙蔽，三误于粉饰，四误于虚骄"，"遂令日人得以乘其弊"②。有的把它归纳为三失："一失于因循，不能自占先着；再失于粉饰，讳败而为胜；三失于将帅无人，兵士解体。"③不论四误或三失，都表明因循粉饰的腐败的官场风气，是使战争失败不可忽视的原因。

清政府不仅吏治腐败，军事上也很腐败。军事上的腐败不全是"将帅无人，兵士解体"，还表现在"将不能用兵，兵不为将用，众心涣散，不能齐一"④。之所以如此，乃是"由于将不恤下，而赏赉不丰。……今之统兵官员大抵专以克扣军粮为事，应给五两者或发二两有半，应给四两者或发二两。承平之际，相习成风，固已有玷职守。今海隅多故……而统兵各员仍蹈故辙。……军无斗志，人有涣心，闻声而溃，望风而靡，职是故也"⑤。在一篇评论旅顺失守的文章中也指出："今之为将则不然，饷饱私囊，兵多虚额。将之视兵也如刍狗，兵之视将也如赘疣，情意不相联，休戚不相顾，一有缓急，谁肯出死力以捍患。"⑥官兵关系如此之坏，军心涣散，军队当然谈不上有甚么战斗力，难怪乎"见敌则望风而溃，不战而逃。此不啻避敌求生，自献其地，何怪险阻要隘亦致沦夷"⑦。

为将者大肆克扣军粮，胺削士兵，以饱私囊。有了钱就挥霍享乐，醉生梦死。"握虎符、拥豹纛者，则日沉溺于销金窝里、迷香洞中。艳姬列于前，俊僮侍于侧。樗蒲消遣，一掷千金。或则寄兴梨园，征歌选舞，余桃断袖，秽迹昭彰。问以阵法而不知，叩以兵籍而罔晓，惟知逐加胺削以厚私囊。统陆军者无一夜身处营中，管海军者更终年不在舰内。一至海疆警告，命将出师，则举止张皇，畏首畏尾。"⑧不能说陆军或海军的将领都

①《愤言》，《申报》1894年10月1日。
②《追论丧师失地之由》，《申报》1895年2月18日。
③《论用兵谋国当先审几料敌》，《申报》1895年1月7日。
④《选将以一众心论》，《申报》1894年11月19日。
⑤《谈兵》，《申报》1894年12月3日。
⑥《再论旅顺失守事》，《申报》1894年12月4日。
⑦《纵论中倭大势》，陈耀卿编：《时事新编初集》卷3。
⑧《愤言》，《申报》1894年10月1日。

如此不肖，没有勇于任事、为国效命者。其中如左宝贵、邓世昌、林永升等人，英勇抗敌，壮烈殉国，堪称英烈。他们的爱国精神，为后人所景仰和发扬。但是，从总体上而言，清军无疑是很腐败的，以致"用军而后，我兵节节退守，倭奴渐渐进据。奉天之凤凰、九连等城，已经失陷。……而大连湾、威海卫及沿海各城，相继沦陷。甚至北洋兵舰、鱼雷船数千万之资财，竭十余年之心力，所经营擘画者，一旦全军覆没"[①]。

军队的腐败，军事上的节节失利败退，引起了人们的思考，提出了问题。中日两国都学西方、讲西法，几十年来，中国"同文馆立于京师，方言馆建于上海，武备学堂置于天津，水师学堂立于金陵，各省复设机器、船政、轮船、电报等局"，而且"购兵船，储军火，练兵士，筑炮台，不知费几许银钱，耗几许心力"，但却被日本打败了。为什么会有这样不同的结局，问题在哪里？有的文章比较了中日两国政府对学西方的不同态度，认为"倭人之讲西法，能奉以实心实力。中国则不然，遗其精华，取其皮毛"，凡事"虚应故事，徒靡经费。总其事者，第知浮冒报销，借资浪费，而于整顿之法，救弊之方，不但自谢不能，而且如隔十重云雾，昏然不辨朝暮，惟相率挟妓饮酒，以为能事，此外则毫无所知，别无所能也"[②]。

人们在反省中提出了武器、军备与人的关系问题。在甲午战争当时及其后，反对抵抗日本侵略战争、主张妥协求和的有一个理由，即认为中国"海军弱，器械单"，不如日本，因此，不能战，战则必败，只能妥协求和。对于这种论调，当时报刊上即发表文章表示不同意见。文章认为武器是重要的，对于一个国家来说，如果要战胜于疆场，"非置备利器不为功。器之利钝，战之胜败系焉"。文章接着指出：但是，只有精良的武器还不行，还要有掌握武器、能作战的人才；而且这较之武器更为重要。"然有是器尤赖有是人以用之，乃能得心应手，发无不中，当之即靡。如徒沾沾焉以置器为事，而未尝储备人才，则有是器而不能用，且委之以资敌，徒费无数金资，曾不得收铅刀一割之效，国家亦安用此利器哉？"文

---

① 《纵论中倭大势》，陈耀卿编：《时事新编初集》卷3。
② 《纵论中倭大势》，陈耀卿编：《时事新编初集》卷3。

章在论述了武器与人的关系后，进一步说："中国自二十年来，未尝有志自强……于置器一道，可谓尽心焉耳矣！惟有利器而无用此利器之人，徒饰外观，毫无实际，有识者每窃窃然虑之。……乃自中倭交战以来，丧师失地，时有所闻，向时所备利器，往往弃之以为敌用。"为了具体说明中国的利器往往弃为敌用的情况，文章引用了英文报纸所载日本方面公布的资料："此次自与中国用兵以来，在各处夺得大炮共六百零七尊，但就旅顺一处计之，有三百三十尊；洋枪共七千四百枝，但就九连城一处计之，有四千三百九十五枝；大炮药弹共二百六十万零一千七百四十一卷，仅就金州、大连湾二处计，有二百四十六万八千二百卷；洋枪药弹共七千七百四十八万八千七百八十五卷，以金州、大连湾二处为最多，有七千六百八十一万四千六百六十卷；食米共一万六千九百五十七石。另有马三百六十八匹，洋圆一百万，又篷帐三千三百二十六顶，旗四百四十七杆，沙船十五艘，轮船三艘，帆船二艘，挖泥船一艘。又劫得操江、明时、海鲸三轮船，另有锣鼓、刀矛、喇叭、车辆、饭锅、水雷、散药、扇子、雨伞、衣服一切零物甚多，又炮台、机器制造局各物。合计共值洋银七十兆。"文章作者认为，被劫掠的这些武器、钱物是日本方面公布的，难免"词涉夸张，不足深信。然试折半计之，则中国所失各物，已属不少。呜呼，此非我中国二十年来所经营缔造者哉！一旦边氛不靖，竟拱手而让诸他人。彼怯将惰兵之罪，可胜诛哉"[①]。利器需要人去掌握运用，"怯将惰兵"不战而溃，利器不仅起不了杀敌的作用，反而为敌人所用。中国在甲午战争中的失败，就败在清政府的腐败。

三 反对割台，支持台湾军民的抗日斗争

由于清政府的腐败，使甲午战争归于失败。1895年4月17日，被迫与

---

① 《论置备利器必先储人才》，《申报》1895年2月1日。

日本签订了空前丧权辱国的《马关条约》，将台湾全岛及澎湖列岛割让给日本。消息传到台湾，当地群众"若午夜暴闻轰雷，惊骇无人色，奔走相告，聚哭于市中，夜以继日，哭声达于四野"①。台湾官兵、绅民坚决反对将台湾割予日本，立誓"台存与存，台亡与亡"，掀起一场反割台武装斗争。他们表示："设日本以干戈从事，台民惟有集万众御之。愿人人战死而失台，决不愿拱手而让台。"②

台湾绅民的义愤和抗日行动，得到了内地舆论的称赞和声援。《申报》密切注意报道有关台湾军民抗击日本侵略军获胜的消息，不断发表评论反割台斗争的文章。在一些评论文章中说："目下台湾士庶，团成劲旅……大率同泽同仇，有死无二。声言如有日本船至，举火焚之；有日本人至，当操刃杀之。宁使台湾靡有孑遗，断不臣服异类。噫！台民之心固结若此，日人虽横，其能设法以敉平乎。"③又说："台民之义声适足以震动天下，俾薄海内外闻之，知中国固大有人在。我君可欺，而我民不可欺；我官可玩，而我民不可玩。似此区区之忠肝义胆，毅魄强魂，精诚贯日月，哀痛匝天地。金石可泐，而此心不可泐。磅礴郁勃之气积之愈久，发之弥光，鬼神昭鉴，如在其上。"④

每当台湾军民抗战得胜、杀伤侵略军时，舆论即为之欢欣鼓舞，大力宣传，以振奋人心。由于台湾军民"拒日之心坚不可拔"，奋勇杀敌，打击了日本侵略军，因而初期舆论不无过于乐观，认为日本不可能据有台湾，而且幻想欧洲的英、法、德、俄等国也不会让日本据有台湾，必出而干预。但是，随着战争的发展对台湾抗日义军不利，舆论也有了变化。这时的舆论认为日本对台湾是处心积虑，志在必得，因为"彼既欲为东方至强之国，则但据朝鲜，仅足以扼俄人之出路，而仍无当于长驱远驭之计。将欲旁溢侧出，通道南洋，则莫如取台湾，揽其纲领。计北自鸭绿江起，迤逦而南，以至广东之琼州，绵延九千里，一线相连，既可扼中国出洋通

---

① 江山渊：《徐骧传》，《小说月报》1918年第9卷第3号。
②《论台民义愤》，《申报》1895年5月19日。
③《论台民义愤》，《申报》1895年5月19日。
④《论台民义愤亦足以振慑远人》，《申报》1895年7月15日。

商之路，且可以通南洋之利，于南洋诸岛屿，不难次第蚕食。……彼既欲通道于南洋，必扼险于台湾"①。日本既然视台湾的位置如此重要，志在必得，而且战事的发展，也已取得了占据台湾的有利条件，"台北已入其掌中，早有驻足之所，长驱直入，亦在意计之中"②。就台湾军民抗日斗争而言，孤岛悬绝，没有外援，军备饷需缺少接济，处境愈来愈困难。

针对上述情况，人们为台湾军民的抗战能否持久而担忧。这种担忧，也还包括抗日队伍中能否团结一致，齐心合力。当"传闻林观察荫棠与丘主政逢甲意见不合，所部之勇时时滋生事端，观察遂督队退回，主政亦乘本地帆船潜返泉州珂里"，文章即为之扼腕叹惜，"何竟不以台地为念，与夫当初苦谋拒倭之心，而安然甘作壁上观耶！"文章呼吁："行军之道，首在将帅之协力同心，和衷共济。……断不可各存私见，袖手旁观，此让彼推，罔顾全局，致使人心瓦解，万事纷如，敌人得乘隙蹈瑕，相机窃发。"③丘、林之间是否确实不和，作者没有坐实，只说是"传闻"，但台湾抗日队伍中，尤其是统帅们之间，确存在不团结现象。在此之前，已有文章指出台湾军民抗日义军要能持久，重要的是在于内部的团结一致。"今台郡诸公之忠愤，足以感动天下矣！但古来之成败，昭昭在人耳目，以众和而成无不可，以不和而败之。"④这是为台湾军民的抗日斗争筹划持久之计，是出于同胞情真诚的肺腑之言。

由于清军在对日战争中的节节败退，由于对割台的义愤，舆论赞扬那些不怕流血牺牲、勇敢抗敌的英雄，尤其是对刘永福更是赞美备至。文章称赞"刘军门于主帅内渡后力任仔肩，不惮艰苦，督率旧部，扼守险要，激励众心，誓保危局，此非所谓怀忠抱义、超今轶古之大丈夫哉！使统兵者皆能如此，亦何致见敌先逃，交绥辄溃，以致辽东糜烂，旅顺、威海之悉付劫灰，不堪收拾哉"⑤。人们寄希望于刘永福等人能够誓死守台，"刘帅

---

① 《论台事》，《申报》1895年6月21日。
② 《筹台篇》，《申报》1895年7月21日。
③ 《论台事宜和衷共济》，《申报》1895年7月25日。
④ 《论台民义愤当筹持久之计》，《申报》1895年5月30日。
⑤ 《读刘军门告示敬书其后》，《申报》1895年6月28日。

如能以一身当大敌，有死而无生，有进而无退，一再接仗后，自能百战而不挠，而后日人始不足忧”①。

虽然，日军进逼台南，刘永福孤立无援，不得已弃台内渡，台湾全省终于被日本武力占据，但台湾人民的抗日斗争却一直没有停止过。"十年如未死，卷土定重来。"这是丘逢甲《送颂臣之台湾》的诗句，表达了台湾人民期待收复失地、回归祖国的愿望和决心。

四　变法自强的呼声

中国在甲午战争中的惨败，被迫与日本签订割地赔款的《马关条约》。如此奇耻大辱，不能不给中国人带来极大的刺激。然而人们没有沉浸于悲怆、哀叹之中，不是悲观失望，而是从刺激中去面对现实，冷静地反省，寻求挽救危机的出路。光绪二十年十二月初十日，还在《马关条约》谈判之前，《申报》就发表了《论中国有转移之机》的评论文章。这篇文章指出："然无今岁之事，则国家方恃以无恐，不知武备之废弛至于如此。如在睡梦之中，酣卧未起，今欲使之起，则必大声疾呼而后可。今之败于倭寇，正天之所以大声疾呼也。"甲午战争惨败于日本是坏事，但却警醒了中国人，为"中国绝大转移之机"。这是历史的辩证法，蔡锷在1902年回顾说："甲午一役以后，中国人士不欲为亡国之民者，群起以呼啸叫号，发鼓击钲，声撼大地。或主张变法自强之议，或吹煽开智之说，或立危词以警国民之心，或故自尊大以鼓舞国民之志。未几而薄海内外，风靡响应。"②

蔡锷说甲午一役以后有主张变法自强之议的，其实，还在甲午战争过程中就不断发出变法自强的呼声，并在形成为一种社会舆论（甲午战争以前，也已有人提出变法主张，但只是思想家、政治家个人的意见）。至于如何变法自强，变些什么，议论纷纷，各是其是。如有的提出："今中朝欲

---

① 《论台民义愤亦足以震慑远人》，《申报》1895年7月15日。
② 蔡端编：《蔡锷集》，文史资料出版社1982年，第19页。

驾驭各国，要非自强不可。自强之道，在兴学校以励人才，重才艺以整武备，广制造以旺商务，造战舰以练水师，重使才以固外交，筑铁路以便转输，开各矿以裕利源。"①认为这七项都是实现自强的措施。"国富则兵强，驭外之术即在此。"其实这七项大体上没有超越洋务运动的范围，即被批评为"变则变矣，不得其要领"，仿行的西法只是"袭其皮毛，遗其精华"而已。有的则提出，在中央政府机构中特设商部、驿部、学部和艺部四个新的部。也有认为："中国欲自强，必讲西学。欲讲西学，必先立议院，上下通情，而后可去蒙蔽诸弊。"②对于西方的议院制度，有些论者虽然也肯定它是"法良意美"，但认为以中国之人心风俗，"今犹未可遽效"。

在众说纷纭的变法自强主张中，以人才问题最为时论所关注。有的文章指出："自来国家之盛衰，视乎人才之兴废。方其盛也，怀奇抱异之士，云集景从，以听在上者之驱策。夫是以庶政咸理，朝野乂安，所以劳于求才而逸于受治也。及其衰也，正士屏迹，群小盈廷，纲纪废弛，冠履倒置，以蒙蔽为能事，以粉饰为美观，因循玩愒，日甚一日，而国事于是乎不可问。"而泰西各国"所以能致富强之故，则无不于储才基之"③。

国家的盛衰原因不只一端，但人才无疑是至关重要，不容忽视，"人才兴，则百事兴"。如何才能兴人才？人们首先想到的是科学考试的问题。一些文章抨击科举考试的落后腐朽，指出：中国"所以取士者止有科举一途，所以为科举者止有时文一途，虽豪杰之士，具不世出之才，非是则无以自致于青云之上。读书子弟，句读粗通，文理稍明，父兄即使从事帖括之学，敝精耗神，终其身于推敲声调之中，诗文小楷而外，绝无他长足取。……况乎今日科举，空疏剽窃，流弊更甚于昔。故欲为自强之计，莫先于变通取士之法"④。

所谓"变通取士之法"，也就是改革科举考试制度。"考试为储才之要道，与其墨守旧习，率天下之人而同趋于无用，固不如稍变其制，试以

---

① 《论日本不足为中国患》，陈耀卿编：《时事新编初集》卷3。
② 阿英编：《甲午中日战争文学集》，第449页。
③ 《论储才》，《申报》1894年12月13日。
④ 《请广设科目议》，《申报》1894年12月17日。

有用之学。武试尤当舍弓矢而专问枪炮，如有娴熟操法之人，即当不次拔擢，以备干城之寄，文武两途不可偏废。"①

除去文试废时文，武试废弓矢，改革科学考试之外，进一步的措施就是以振兴学校作为变法之先。论者认为，"泰西各国，既富且强，眈眈虎视，国运之隆，实由学校之盛"。日本"办理学校，井井有条，其敢藐视上国者，亦以学校得人故耳"。而"西国学校之精且备，无过乎德"，因此，清政府应"特派一通达时备大员，前往德国，翻译各书，优给经费，限以时日，返之中国。仿照西例，广开学校，始京都，继口岸，继内地。但必事事认真，一扫从前水师学堂、武备学堂、同文馆、方言馆各种泄沓之习。何时无才，何地无才，风气之开，运会之转，指顾闻耳"②。

当时舆论比较倾向仿照德国办学，有的人还提出了具体方案。这个方案是："取德国无事无学之制，文武分大中小三等。书院设于各州县者谓之小学，设于各省者谓之中学，设于京师者谓之大学。文书院中分为六科：一为文学科，凡诗文、词赋、章奏、笺名之类皆属焉；一为政事科，凡吏治、水利、兵刑、钱谷之类皆属焉；一为语言科，凡泰西各国语言文字、律例、公法、和约、交涉、聘问之类皆属焉；一为格致科，凡轻学、重学、光学、电学、化学之类皆属焉；一为艺学科，凡天文、地理、测算、制造之类皆属焉；一为杂学科，凡商务、开矿、税则、农政、医学之类皆属焉。武书院中分为两科：一为陆军科……一为海军科……斟酌于时势之所宜，不能不推广西学，而文学、政事二科亦在所不废，则先圣昔贤之大经大法依旧流传万古，不至贻讥于用夷变夏，斯文湮灭。"③这个方案虽不尽科学、合理，也还显得保守，但它较为系统、具体，也较早提出，有一定的意义。

人才的培养与学校分不开，但也不仅限于学校，而是多方面的。有的文章比较了中国和西方在人才教养上的得失，提出除仿"泰西各国于民间

①《论储才》，《申报》1894年12月13日。
②阿英编：《甲午中日战争文学集》，第462、463页。
③《请广设科目议》，《申报》1894年12月17日。

读书之事，皆国家为之经理"外，还要仿效它们设立藏书馆、博物院等。设藏书馆，可使"人民之读书者，均得入馆披阅"，"加惠士子，其惠无穷"。设博物院，则"于游观之中而寓学问之意"①。

甲午战争过程中，人们呼吁变法自强，不论其思想深度或广度，都远不及后来康有为领导的维新变法运动。他们所主张的变法，仍然不触及封建制度和秩序。有的文章说得很明确："盖三纲五常者，准乎天理，合乎人情，无可损益也。文质三统，补偏救弊，因时制宜，必有损益也。……损益之中，有不可变者，三纲五常是也；有不得不变者，文质三统是也。变与不变，皆所以准乎天理、合乎人情也。"②这种变法思想，仍不离"中学为体，西学为用"的规范。但是，甲午战争过程中所发出的强烈要求变法自强的呼声，所形成的氛围，为康有为领导的维新变法运动作了舆论准备。维新变法运动不是甲午战争失败后突然发生的，而是在有相当的要求变法自强的社会舆论中发展起来的。

（原载《北京师范大学学报〔社会科学版〕》1994年第5期）

---

① 《论中西教养之得失》，《申报》1894年12月31日。
② 《论中国变法之利弊》，《申报》1895年1月9日。

戊戌新文化运动述略

　　提起新文化运动，人们很自然地会想到这是发生在五四时期的事情。它似乎已成为一个确定的专有名词。其实在中国近代历史发展的过程中，并不仅是五四时期发生过新文化运动，在戊戌变法时期（就文化的角度说，这个时期大致从1895年中日战争后到20世纪初年）也曾经发生过一次这样的运动。

　　毛泽东同志在《新民主主义论》中说："在'五四'以前，中国的新文化运动，中国的文化革命，是资产阶级领导的。"他还指出："在'五四'以前，中国文化战线上的斗争，是资产阶级的新文化和封建阶级的旧文化的斗争。在'五四'以前，学校与科举之争，新学与旧学之争，西学与中学之争，都带着这种性质。"显然，这是泛指旧民主主义革命时期文化的变革和它的性质，而不是具体地局限于五四新文化运动。在五四以前的新文化运动，就是资产阶级的文化运动。

　　与中国资本主义产生的具体情况相适应，资产阶级新文化的产生发展也有自己的特殊历程。中国资产阶级文化产生的情况与欧洲不同，它不是伴随着自己的资本主义经济和政治而产生发展，而是伴随着西方的商品、大炮和传教士传播进来的，是求进步的中国人向西方寻找来的。从魏源的"师夷长技以制夷"，到冯桂芬的"采西学"、"制洋器"，再到郑观应的"习商战"、"设议院"，标志着学习西方以求中国独立富强的思想的发展过程。可以说这是中国近代新文化运动的必经历程，是它的准备阶段。

在甲午战争以前，资产阶级文化的传播，一般来说，涉及的领域比较狭窄，主要是生产技术、自然科学和某些政治学说，而且偏重于个人的主张，缺少群众性和社会性，没有形成运动。资产阶级新文化由个人的传播发展成为运动，是在甲午战争以后的戊戌维新运动时期。这固然是因为有资本主义的经济基础，但更为直接的则是政治运动的缘故。正是由于救亡图存、变法维新的政治运动的蓬勃发展，从而在中国近代历史上出现了资产阶级文化运动。这次运动，不论在广度和深度上，都是前所未有的。

维新派把变封建主义之旧、维资产阶级之新的政治运动和文化运动十分紧密地结合起来，梁启超当时就把他的变法主张归结为："变法之本，在育人才；人才之兴，在开学校；学校之立，在废科举；而一切要其大成，在变官制。"[①]以开民智而育人才为变法之本，这是维新派的共同认识和主张。在他们看来，要开民智，育人才，必须兴学校、开学会、设报馆。从1896年到戊戌政变前，各地维新人士纷纷组织学会，创办学堂，出版报刊，有如雨后春笋。综计全国约有学会四十多个，学堂十几所，报刊三十多家。这些学会、学堂、报刊，都以讲求新学、开民智、育人才、图富强为目的，有一定的群众性，在社会上影响很大，使风气大开。

维新人士在探求救亡图存、富强之道时，认为"兵战不如商战，商战不如学战"，他们已不再满足于追求西方的"汽机兵械"，而是着力于探索其"命脉之所在"，亦即科学和民主两个方面。这是中国要致富强而不亡国灭种，必须学会的"西方之长"。因此，他们大力介绍传播包括哲学、社会政治学说和自然科学在内的西学。

成为维新运动的理论基础是进化论。达尔文的进化论，恩格斯称之为19世纪的三大发现之一，是科学上一次伟大的革命。它被系统输入中国，是从严复开始的。1895年，严复在《原强》的开头就称赞达尔文的《物种探原》出版后，"欧美二洲，几于家有其书，而泰西之学术政教，一时斐

---

① 梁启超：《变法通议》，《饮冰室合集·文集之一》，中华书局1936年，第10页。

变"；同时，他还翻译了赫胥黎的《天演论》。严复正是要用进化论的"物竞天择，适者生存"和"与天争胜"的原理，来批判封建顽固派的不变论，唤醒人们顺应天演的规律变法维新，以达到"自强保种"，胥免沦于亡国灭种的危险。《天演论》的发表和出版，对当时及其后的知识界都产生很大的影响，其意义就在于思想理论上突破了传统的变易进化观。

维新运动在政治上所要实现的是君主立宪。君主立宪，并不是维新派的首倡，早期改良思想家已有所鼓吹。但是，对君权的批判，对天赋人权、自由、平等的宣传，则是维新派的功绩。谭嗣同、严复大胆反封建君权，主张民本君末、君权民授、主权在民的理论，具有资产阶级民主主义性质。即如樊锥、毕永年、易鼐，也都阐发了类似的议论。毕永年在《存华篇》中指出："人人皆承天地之气以为命，即人人皆有自主之权以立命。权也者，我与王侯卿相共之者也。国也者，非独王侯卿相之国，即我群士群民共有之国也。"他根据这种天赋人权的思想，强烈呼吁必须伸民权，"今日能贵民、重民、公权于民，而后国可保、君可存也"[1]。维新派从天赋人权的思想出发，进而提倡自由、平等。严复认为人人享有天所赋予的自由权利是不可侵犯的，"侵人自由者，斯为逆天理、贼人道"。谭嗣同则发出了冲决封建伦常之网罗的强烈呼声，表现了追求资产阶级平等、自由的精神。他认为"五伦中于人生最无弊而有益"，只有"朋友"一伦，因而伦理关系就要像"朋友"那样："一曰'平等'；二曰'自由'；三曰'节宣惟意'。总括其义，曰不失自主之权而已。"[2]维新人士很注重提倡男女平权，他们创办女学会、女学堂，出版《女学报》，这在中国是破天荒的。维新派强调个人"自主之权"，是资产阶级个性解放的观点，是在封建主义束缚禁锢下对人的新发现。

作为新文化运动，维新派不仅着力于社会政治学说的传播，而且也十分重视对自然科学的提倡。他们或创办《农学报》、《算学报》、《格致新报》一类以介绍自然科学为主的报刊，或在综合性的报刊上开辟"格致"、

---

[1] 毕永年：《存华篇》，《湘报》1898年第34号。
[2] 《仁学》，蔡尚思、方行编：《谭嗣同全集》（增订本）上册，中华书局1981年，第66页。

"算学"等专栏。务农会、舆算学会、算学会、测量学会、医学善会等学会也纷纷创立，以推进自然科学知识的传播和实际应用。南学会在这方面的活动，值得一提。谭嗣同等人在南学会举办的演讲会上讲述了关于九大行星绕太阳运转、地球的公转和自转、经度与纬度、两极与赤道，以及地震、日食等天文和地理知识，并组织群众用望远镜观测天体。这些都对传播近代科学、破除蒙昧落后起了作用。维新派对自然科学的倡导，比起甲午战争以前，虽然在内容上并没有突破，但在广泛性和普及性方面是有意义的。具有崭新意义的是研究的科学方法的提出。严复是这方面的介绍者和提倡者。他所说科学方法，包括归纳法（内籀）和演绎法（外籀）两部分，而二者反复运用，就能建立起各种科学。不过，二者之中，严复更重视归纳法，即由"实测"而推导出"公例"。这种归纳原理的科学观，成为严复批判旧学的武器。

由于变法维新的政治需要，由于新学的提倡和传播，导致了文艺领域的变革。这一变革的特点，是"诗界革命"、"文体革命"、"小说界革命"、"戏剧改良"等相继而起，形成广泛的文艺革新运动。资产阶级的文艺思想冲决传统文艺的网罗，成为近代文艺思想的主流。

针对当时诗坛笼罩着浓厚的仿古迷雾，梁启超、谭嗣同、夏曾佑等在戊戌变法前一两年，提出了"诗界革命"的口号，并试作"新诗"。所谓"诗界革命"，梁启超在《饮冰室诗话》中作了扼要的概括。他认为"堆积满纸新名词"不能算"革命"，"能以旧风格含新意境，斯可以举革命之实矣"。新意境，就是要反映新事物、新思想，对传统诗歌的内容和语言加以改革。当时在创作实践上成为"诗界革命"之翘楚的是黄遵宪，梁启超赞扬说："近世诗人能镕铸新理想以入旧风格者，当推黄公度。"

与"诗界革命"比较起来，影响更大的是"小说界革命"。以1897年严复、夏曾佑的《〈国闻报〉附印说部缘起》为滥觞，至20世纪初，维新派发表了大量小说理论文章，其中梁启超的《论小说与群治之关系》是具有纲领性的。他们关于革新小说的理论，受到欧洲文学观念的强烈影响，归结起来有这样几点：一、提高小说的社会地位，把它从"稗官野史"的地位解放出来，尊为"文学之最上乘"；二、重视小说的社会作用，认为"小说有不可思议之力支配人道"，要救国就要从改良小说开始；三、强调小说为"改良社会，开通民智"服务，提出创作小说要能适合于"社会之情状"、"国民之脑性"，翻译小说必须择"有切于今日中国时局者"；四、阐述作为文学作品的小说与科学著作的区别，指出小说具有形象、有虚构和细节描写等特点，也涉及到现实主义和浪漫主义创作方法等问题。维新派发动的这场声势颇大的"小说界革命"运动，使小说创作和翻译空前繁荣发达，自戊戌变法到辛亥革命十多年间，许多文学刊物如《指南报》、《游戏报》、《新小说》、《绣像小说》等相继出版，创作和翻译的小说约达一千二三百种。

与小说同被封建士大夫视为不登大雅之堂的戏剧，也受到维新派的重视。"戏剧改良"虽在20世纪初才提出，但它是受整个文学改革运动的影响，是这个改革运动的组成部分。维新派很重视戏剧的社会作用，甚至认为戏剧比小说的作用更大，"虽聋得见，虽盲可闻"，"欲无老无幼，无上无下，人人能有国家思想，而受其感化力者，舍戏剧末由"。戏剧改良的提倡，影响及于京剧、川剧、粤剧等一些剧种，在舞台上出现了一批宣传爱国思想、改革社会风俗的剧目。

散文的发展也进入了一个新的阶段。梁启超提出过"文体革命"，这是因为宣传变法维新的政论文章需要冲破桐城派等传统古文的束缚，创出一种新体散文。这种新体散文号"新文体"，其特点"务为平易畅达，时杂以俚语、韵语及外国语法，纵笔所至不检束"，而"条理明晰，笔锋常带感情，对于读者别具一种魔力"。因而风靡一时，影响颇大，为晚清文体解放开辟道路。

文学改革运动不仅是内容的革新，也要求形式的革新。提倡文学语文合一而出现的白话文运动，是这一改革的表现。诗歌的"我手写我口"，小说的"与口说之语言相近"，散文的"务求平易畅达"等，都近于语文合一的要求。而提倡白话文最力的是裘廷梁。1898年，他在江苏无锡创立白话学会，并创办《无锡白话报》，认为"白话为维新之本"，主张"崇白话而废文言"，多办白话报以开通民智、传播新知。虽然前一年上海已创刊《演义白话报》、《蒙学报》，但《无锡白话报》则有较大的影响。湖南的《湘报》也登载一些用白话文写的文章，如皮嘉祐的《平等歌》、《醒世歌》和吴凤星的《大家想想歌》等。影响所及，1901年长江下游各省白话报纷纷出现。这场写白话文和办白话报的运动，虽没有取得代替文言文的地位，但它起了否定传统古文的作用，在语言形式上是一次解放，为五四时期白话文运动开辟了道路。

文学改革运动的发展，进而扩及于史学领域。刚跨进20世纪时，梁启超即揭橥"史界革命"的旗帜，并在理论上和实践上为建立资产阶级新史学做了努力。在《中国史叙论》和《新史学》两篇文章中，梁启超强调了史学的社会作用，认为"史学者学问之最博大而最切要者也，国民之明镜也，爱国心之源泉也。今日欧洲民族主义所以发达，列国所以日进文明，史学之功居其半焉"①。他猛烈地批判传统的封建史学，指出一部二十四史不过是二十四姓帝王的家谱，封建史家是为一家一姓的帝王争正统，这种史学只能奴化人们的思想，不能使人们"鉴既往之大例，示将来之风潮"②。他主张发动"史界革命"，破封建史学，建立资产阶级史学。这种新史学，就是要"叙述人群进化之现象，而求得其公理公例"，使"后人循其理，率其例，以增幸福于无疆"③。"史界革命"的提出，为史学界开辟了一个新天地，结束了封建史学独占史坛的局面。

维新派还重视社会风俗的改革，主张禁缠足、鸦片等陋习。他们从人道主义出发，认为"缠足一事，贻害无穷，作俑千年，流毒四域"，使四万万同胞之一半成为废疾之徒，因而只有禁止缠足，才是"富国强种"的根本。当时上海、广东、福建、浙江、湖南、湖北、天津等地纷纷成立戒缠足会，得到社会上广泛的支持。湖南的不缠足会成立不到半年，报名入会的已超过万人，发展很快。维新派还主张婚姻嫁娶尚简省不尚铺张，

---

① 梁启超：《新史学》，《新民丛报》1900年第1号。
② 梁启超：《新史学》，《新民丛报》1900年第1号。
③ 梁启超：《新史学》，《新民丛报》1900年第3号。

鼓吹戒烟、禁赌博、戒游荡，提倡体育活动、讲卫生，甚至提倡工作、生活时间的条理化，注重工作效率，用西方资本主义社会的文明来改变中国封建社会陋恶落后的风习。

维新派以大胆的创新精神，在戊戌维新时期掀起的这场新文化运动，几乎涉及文化的各个领域。它以资产阶级思想为指导，在冲决封建旧文化的网罗中建立和发展新文化，为中国文化增添了新思想、新内容、新方法、新境界，使中国文化步入了近代文化的领域。中国虽然没有出现像欧洲那样的文艺复兴，但就中国的特殊社会情况而言，它在中国历史发展上所产生的巨大影响，具有资产阶级启蒙运动的重要意义。正是以这场新文化运动为起点，资产阶级文化打破了封建文化独占文化阵地的局面，并发展成为主流，以儒学为中心的文化结构才发生了新的根本性变化。这是在春秋战国"百家争鸣"之后，中国文化一次全面的大变革。尽管传统的封建文化顽强抵制，但毕竟阻挡不住这滚滚向前的新潮流。

戊戌新文化运动跟当时变法维新的政治运动紧密连结在一起。它伴随着这场政治运动而发生，是由于政治运动的需要，并直接为其服务的。维新人士都特别强调文化要为变法维新服务，为改良社会、开通民智服务。在这种理论主张的影响下，文化实践活动繁荣发展，政治倾向性特别鲜明。总的来说，始终贯串着强烈的爱国主义激情。他们所宣传的爱国主义，已不同于以往，而有自己的特点，这就是明确的近代资产阶级民族主义和国家观念。

戊戌新文化运动虽然极大地推动了文化的发展，但是它没有能使之形成一个完整的资产阶级文化体系，当时的新文化是不成熟的。这种不成熟性的表现，一方面是"新"的自身的幼稚、肤浅；一方面是旧的拖住新的，中西掺合，新旧回环交错。一定的文化是一定社会的政治和经济在观念形态上的反映，新文化的不成熟性，正是不成熟的资本主义经济力量和资产阶级政治力量所决定的。这是半殖民地半封建社会中国资产阶级文化的一个特点。

戊戌新文化运动不论存在什么不足和缺点，它在中国文化发展史上所具有的重要地位，是不可磨灭的。这场运动，不仅对辛亥革命时期的文化影响很大，而且为五四新文化运动开辟了道路。

（原载《光明日报》1983年8月24日）

辛亥革命与文化

辛亥革命从酝酿到推翻清王朝，建立中华民国，前后历经十几年，在国内外发生了巨大的震动和影响。作为政治革命，它受到当时及后世的高度重视和称赞。但是，它在文化上的贡献如何，说法却很不一样，总的倾向是评价不高。有的研究者认为，近代八十年的文化历程，经历了洋务运动的"中体西用"、维新思潮和新文化运动三个阶段，把辛亥革命时期的思想文化包括在维新思潮阶段，没有它的独立地位。有的研究者则认为资产阶级革命派忽视了思想文化，其贡献远不如维新运动和新文化运动。有的研究者甚至断言，辛亥革命只是打落中国最后一顶皇冠，别的毫无意义。究竟应该如何认识辛亥革命时期资产阶级革命派在思想文化方面的贡献及其历史地位，这是本文所要探讨的主要内容。

一

辛亥革命无疑是一次政治革命，但同时也是一次文化革命，一次资产阶级新文化反对封建阶级旧文化的革命。革命的思想文化，是革命的先导；而革命的进程，又推动思想文化的发展。任何一次大的政治革命，都不可能是单一的，和思想文化分离的。辛亥革命也是如此。以孙中山为首的资产阶级革命派为了实现推翻清王朝、建立共和国的目标，在从事政治、军事斗争的同时，也进行了思想文化的斗争。他们在维新派曾经垦拓过的文化土壤上，继续批判封建文化，发展资产阶级文化。戊戌维新运动在政治上很快就失败了，因而，它在思想文化上的贡献就相对突出起来。而辛亥革命也许是由于结束了二千多年君主专制王朝的巨大成就，反而掩盖了它在文化上的意义，人们的注意力往往偏重于前者而忽视了后者。

"判断历史的功绩，不是根据历史活动家没有提供现代所要求的东西，而是根据他们比他们的前辈提供了新的东西。"[1]在评价辛亥革命时期资产阶级革命派在思想文化上的贡献时，我们不能要求他们比后来的新文化运动更多更大，而应当看他们比戊戌维新运动时期的维新派是否提供了更多的新的东西。就当时的历史实际来看，可以肯定，辛亥革命时期的革命党人比戊戌维新志士在思想文化上的贡献，不论在广度上和深度上，都有了新的发展。

出版革命书刊，是革命党人在思想文化领域所做的一项很有成绩的工作。革命党人十分重视报刊的宣传作用，以极大的热情创办报刊，自觉地运用这一舆论工具进行反清革命宣传。他们先后在国内外创办了约一百二三十种报刊，大大超过了维新派在戊戌维新运动时期所办的报刊数量。这些报刊都在于"灌输最新学说"，"传播革命思潮"，"鼓舞国民精神"。发行数量，最多的有两万多份。革命党人在创办报刊的同时，还编印了大量宣传革命的小册子。据统计，从1895年孙中山发动广州起义失败后到1911年武昌起义爆发期间，革命党人共印发这类读物一百三十种左右。其中邹容的《革命军》影响很大，出版后不到十年，先后印了二十多版，发行达一百一十余万册。

除去印发宣传革命的小册子外，革命党人还翻译介绍了大量西方的社会政治学说。1894年中日甲午战争以前，国内翻译的西学书籍大多是自然科学方面的，社会科学方面的为数很少。维新运动期间，西方社会科学的译介虽有所增加，但数量仍有限。西方社会政治学说译介的大量增多，是

---

① 《评经济浪漫主义》，《列宁全集》第2卷，人民出版社1984年，第154页。

在20世纪初辛亥革命时期。《东西学书录》所载1900年以前的译书，自然科学437部，占总数75.3%，社会科学80部，占总数13.9%。而《译书经眼录》所载20世纪初年的译书，自然科学164部，占总数19.6%，社会科学327部，占总数60.9%。另据《日本译中国书综合目录》一书所统计，从1868年至1895年，中译日文书共有8种，而从1896年至1911年出版的中译日文书激增到958种，其中自然科学和应用科学172种，哲学社会科学786种①。这些数字，都说明20世纪初年社会科学译书的数量增加很快。当然，从事译书者有资产阶级改良派，也有其他人士，不都是革命党人。但留日学生中革命党人不少，他们有许多人即从日文书籍中转译了西方的社会科学知识，或在报刊上发表，或成书出版。在从日文和西文翻译的书籍中，主要如杨廷栋译卢梭的《民约论》，张相文译孟德斯鸠的《万法精理》（严复译本称《法意》），马君武译斯宾塞的《女权篇》和约翰穆勒的《自由原论》（严复译本称《群己权界论》），蔡元培译保尔孙的《伦理学原理》等，宣传了资产阶级的天赋人权和自由平等的思想。

文艺是以艺术形象来感染群众，为群众所喜闻乐见，有很广泛的群众基础，又能够激发群众的革命热情。革命党人很注意运用文艺的手段来宣传革命思想。这主要表现在两个方面：一是利用原有的文艺形式反映革命的思想内容；一是创造新的文艺样式来表现现实斗争生活。利用原有的文艺形式，较多的是传统的诗词、戏曲、曲艺等。至于创造新的文艺样式，主要是吸收、移植外来的，如话剧、学堂乐歌、漫画等。不论旧的文艺样式或新的文艺样式，都表现了民主革命丰富多彩的内容和思想感情，生动形象地宣传了反对帝国主义侵略和反清革命的时代主题。而革命斗争的需要，又推动了文艺的发展，不仅使旧的文艺样式有了新的活力，而且增加了新的样式和品种，丰富和扩展了文艺的领域，成为后来新文艺运动的滥觞。

革命党人同样重视教育的作用。他们说："社会教育之不兴，我祖国其

---

① [日] 实藤惠秀监修、谭汝谦主编：《日本译中国书综合目录》，香港中文大学出版社1981年，"代序"。

将不国矣。"①基于这种认识,他们大力提倡"兴学堂,普及教育",并利用学校进行革命活动,"以学堂为鼓吹之地"。当时,全国很多学校都受到革命党人的影响,有的就直接掌握在党人之手,如蔡元培主持的上海爱国学社,秋瑾主持的浙江绍兴大通学堂等。这些活动不仅培养了大批革命人材,而且传播了科学文明,冲击了守旧陋习,促进了近代教育事业的发展。

报刊、书籍、文艺、学校等各种文化事业,既是传播民主革命思潮的手段、阵地,也是近代新文化发展的表现。救亡、革命需要思想文化来为它服务,同时又促进思想文化的发展,二者相辅相成。不仅形式是如此,内容也是如此。

从文化的思想内容来看,革命党人除了通过书刊、文艺、学校等部门,揭露清政府腐败卖国和帝国主义侵略罪行外,着重宣传了以下几个方面:

(一)发扬民族主义精神,鼓吹爱国主义。资产阶级革命派所说的"民族主义",包括两方面的内容:一是抵制西方列强的侵略;一是指反对国内满洲贵族的统治。他们提出了"帝国主义"的概念,并对帝国主义的侵略本性有一定的认识,指出:帝国主义"乃膨胀主义也,扩张版图主义也,侵略主义也"②,而中国成了它们争夺的"舞台之中心点"。处在竞争的时代,在帝国主义的侵略下,要想挽救民族危机,必须振作国民的民族主义精神,"非以我国民族主义之雄风盛潮,必不可能抗其民族帝国主义之横风逆潮也"③。他们认为中国之所以遭受帝国主义侵略,是由于清政府腐败统治造成的恶果,因而要御外侮就必须推翻清王朝。"革命排满",成为革命运动中最容易为人们接受的口号。

(二)建立资产阶级共和国的方案。辛亥革命不仅要推翻清王朝,而且要建立新的资产阶级共和国。戊戌维新运动效法的是日本明治维新、俄国彼得变政,而辛亥革命则是效法美国独立战争和法国资产阶级革命。他

---

① 云窝:《教育通论》,《江苏(东京)》1903年第3期。
② 自强:《论帝国主义之发达及二十世纪世界之前途》,《开智录》1900年第2期。
③ 邓实:《通论四:帝国主义》,《政艺通报》1902年第5期。

们编译了《美国独立檄文》、《美国独立史》、《法国革命史》等一些作品，极力称颂资产阶级思想家、政治家卢梭、孟德斯鸠、华盛顿、富兰克林等人，认为美国独立史、法国革命史为中国革命提供了很好的借鉴，革命派主张照此办理，以达到"创立民国"的最终目标。

（三）提倡民权平等，反对封建伦理纲常。这不是辛亥革命时期提出的新问题，还在戊戌变法运动期间，维新派就鼓吹"天赋人权"，自由平等，批判封建的三纲五常，使之不仅与守旧派也与洋务派发生尖锐冲突。革命党人是在这个基础上来提倡的。但是，革命派与维新派在宣传民权学说上也有不同。维新派鼓吹民权，却尊崇君权，要"以君主之法，行民权之政"，并提出"欲兴民权，宜先兴绅权"的主张。而革命派提倡民权，则是要打倒君权，使国民成为"一国之主人翁"，反对改良派既讲民权却又要保护君权的主张。他们强调国民的性格、责任、权利、义务是立国的四要素，"国民"与"奴隶"对峙，"不为国民，即为奴隶"[①]。这表明在提倡兴民权上，革命派比维新派不仅有更广泛的社会影响，而且在思想深度上也前进了一大步。

在批判封建三纲五常方面，革命派比维新派也有大的发展。他们痛斥三纲五常之毒害，提出非"扫荡三纲，涮涤五伦"不可，否则"欲提自由之空气，振独立之精神，拔奴隶之恶根，救民群之悲运，岂可得哉！"[②]在批判封建文化上，革命派比维新派最大的进展，是他们已把批判的矛头指向了孔孟，提出"三纲革命"、"圣人革命"。刘师培认为，"孔子之学，仅列周季学派之一耳"[③]。把孔子的学说仅看作是当时的一个学派，这就否定了"圣人"和"圣学"的绝对地位。在一些革命党人所办的刊物上，更对孔子及其学说进行了批判。例如，《党民》杂志上曾发表文章批判旧式的封建教育是奴隶教育，是"袭取孔孟糟粕"，"摭拾程朱吐余"。孔孟的学说使中国的专制主义得以巩固，要革新中国，必须打破孔孟的纲常阶级之

---

① 《箴奴隶》，《国民日日报汇编》1904年第1集。
② 《伦理学平等卮言》，《经世文潮》1903年第2期。
③ 刘师培：《论孔子无改制之事》，《左盦外集》卷5，民国宁武南氏铅印本。

说。也有人撰文指出，中国"数千年来，思想滞阂不进，学术陵迟"，是由于独尊儒术。孔子原非圣人，是由其后的当权者捧起来的，是"秦汉以降，历世相传有不可思议之一怪物"。认为要"破专制之恶魔必自无圣始"①，把孔子及其学说视为封建专制制度的精神支柱。陈君衍用白话写了《法古》一文，更明确地反对尊孔，指出："因为孔子专门叫人忠君服从，这些话都很有益于君的。所以那些独夫民贼喜欢他的了不得，叫百姓尊敬他，称他为至圣，使百姓不敢一点儿不尊敬他，又立了诽谤圣人的刑法，使百姓不敢说他不好。""总而言之，孔子虽好，必不能合现在的时候了。我但望吾同胞做现在革命的圣贤，不要做那忠君法古的圣贤。"②在无政府主义的刊物《新世纪》上，有人提出更为激烈的主张，直呼圣人之名，认为"孔丘砌专制政府之基，以涂毒吾同胞者，二千余年矣"，"欲世界人进于幸福，必先破迷信，欲支那人之进于幸福，必先以孔丘革命"③。从维新派标榜"孔子改制"的旗号，主张定孔教为国教，到革命派反对尊孔，这无疑是中国历史文化的一大进步。这从维新派以孔子纪年到革命派以黄帝纪年，也可反映出这种发展变化。尽管革命派的反孔还是初步的，从整个宣传工作中所占的份量来说也是微弱的，但它是后来五四新文化运动"打倒孔家店"的开端。

（四）反对封建迷信、习俗，陶铸"国民新灵魂"。革命派在报刊上发表了大量文章，批判封建迷信和陋习，指出封建迷信毒害中国人太深，"事事归之于天，人人听命于神"。他们认为，要启蒙就先要破除迷信，即"革神"、"革天"，"天革神革而后民性革，民性革则命不革亦革"④。这就把批判天道鬼神的重要性和改造国民性、革命的关系联系起来。他们在反对封建迷信时，涉及民间迎神赛会、崇拜偶像、求签问卜、风水厚葬等种种恶俗。对其他陋习，如包办买卖婚姻、缠足、蓄婢纳妾，以及卖淫嫖妓、吸食鸦片、赌博等，也作了有力的揭露和抨击。另一方面，他们宣

---

① 凡人：《无圣篇》，《河南》1908年第3期。
② 君衍：《法古》，《童子世界》1903年第31号。
③ 绝圣：《排孔征言》，《新世纪》1908年第52号。
④《瞽瞽之来简》，《国民日日报汇编》1904年第1集。

传科学的道理，提倡尚勇、公德，提倡树立独立人格，不做专制君主的奴隶，不做外国的奴隶，也不做神佛的奴隶。革命派鼓吹"改铸女魂"、"陶铸国魂"，也就是改造国民性问题。

革命派宣传资产阶级新思想文化，反对封建思想文化，内容很广泛，远不止上述这些。但仅此也可看到革命派在进行政治革命的同时，在思想文化上的贡献是不可忽视的。正是资产阶级新文化的传播，成为辛亥民主革命的先导，迎来了武昌起义的胜利。

辛亥革命推翻了清王朝，建立了资产阶级共和国，结束了两千多年君主专制制度，在政治上发生了重大变化，同时在文化上也引起了变革。如果说在武昌起义前，文化的发展是因为资产阶级民主革命的需要而宣传鼓吹，那么在推翻了君主专制政权，建立了资产阶级共和国的时候，文化的变革则是通过资产阶级民主政权的政策力量而实现的。首先是民主共和的观念在社会上产生了深刻的影响，帝制已被国人视为非法之物，袁世凯、张勋之辈虽一度倒行逆施，企图复辟，但只不过是昙花一现，短命而亡。其次，革除恶俗陋习，移风易俗，如剪除发辫，禁止吸食鸦片、缠足、买卖人口、赌博等，以及革新礼节仪式。再次，改革教育，废除清末忠君尊孔的封建教育宗旨，提倡以培养德、智、体、美为主要内容的新式国民教育。《中华民国临时约法》还对人民权利和自由、平等做了一系列规定，使之条文化和法典化，在中国政治史上和文化史上都有着划时代的意义。由于南京临时政府采取了一系列改革措施，推动了近代文化的发展。这不仅表现在民主、平等观念的深入人心，新道德、新风尚、新习俗的发扬，而且各类文化设施也迅速发展。例如，1912年，全国学校数目达到87272所，学生人数达到2933387人。其中初级学校86318所，中级学校832所，高级学校122所[①]。全国报纸由十年前的一百多种，增加至近五百种，总销数达4200万份[②]。戊戌"百日维新"虽也颁布施行一些有关文化的政策措施，但多未实行，政变后留下的成果仅京师大学堂而已。南京临时政府存

---

① 舒新城编：《中国近代教育史资料》上册，人民教育出版社1981年，第367—368页。
② 戈公振：《中国报学史》，生活·读书·新知三联书店1955年，第178—181页。

在的时间虽也仅几个月，但在思想文化上产生的社会影响，却远不是"百日维新"所能比拟的。

二

辛亥革命时期，文化现象上值得注意的一个问题，是关于对待中西文化的态度、抉择，以及由此引起的论争。

在近代中国，如何对待固有文化和西方文化，是一个长期存在而又关系重大的问题。实际上从鸦片战争后，关于中西文化问题的论争就已经出现。当时，争论的焦点，是承认不承认有不如"夷"之处，应不应当"师夷"。19世纪60—90年代洋务运动期间，对中西文化的论争较以前广泛、激烈，主要问题是只靠礼义忠信就可以维持封建统治，还是需要辅之以"采西学"、"制洋器"。1894年中日甲午战争后的维新运动时期，争论主要集中在是维护封建三纲五常、君主专制，还是提倡民权平等、君主立宪。而进入20世纪初的辛亥革命时期，当时的中国人，包括革命党人在内，对待中西文化的态度和主张，表现出更为多样化，争论的问题也有所深化。

在《辛丑条约》签订以后，封建顽固守旧势力在政治上虽然受到严重打击，但在思想文化上还有相当的势力和影响。他们仍然竭力维护封建文化，维护封建伦理纲常，鼓吹振作君权，反对吸收西方文化，反对民权平等，其论调与以前没什么变化。这种人在当时被称为"三纲五常派"。

"中体西用"论在这个时期仍颇流行。如果说在洋务运动时期"中体西用"论还主要是洋务派的指导思想，那么在辛亥革命时期"中体西用"则成为清政府的方针。慈禧太后在从西安回銮前所公布的谕旨，即申明"常经"是万古不易，而"治法"则是可变的，其实就是定下了"中体西用"的基本调子。清政府有势力的大吏大都持这种主张，如岑春煊在云贵总督任上曾提出："民之智能技艺，可师仿他国，独至民德，则数千年文化之渐染，风俗之遗传，必自我所有者修而明之，不能以彼易此。""欲增进民德，必修明礼教……以中国之教育，成中国之学风，智能艺术，复兼师他国之长，庶几有本有末，非掇拾依傍之比也。"[1]张之洞在厘订学堂章程时，主张"以忠孝为敷教之本，以礼法为训俗之方，以练习技能为致用治生之具"[2]。在清政府颁布的"整顿学谕"的上谕中，强调要"以圣教为宗，以艺能为辅，以礼法为范围，以明伦爱国为实效"[3]。而在其宣示的教育宗旨中，明确提出"以中学为主，西学为辅"，并规定"忠君"、"尊孔"等。在辛亥革命时期，"中体西用"完全成为一种官方的指导思想，以此来反对资产阶级民主革命思潮，维护处于风雨飘摇的清王朝的统治地位。

20世纪初，中国社会还存在着一种"醉心欧化"的思想倾向。当时虽然还没有出现"全盘西化"这一概念，但实质上是一样的。所谓"醉心欧化"，其表现为，一方面对固有的民族文化采取虚无主义的态度，盲目否定一切，正如章太炎所说："近来有一种欧化主义的人，总说中国人比西洋人所差甚远，所以自甘暴弃，说中国必定灭亡，黄种必定剿绝。因为他不晓得中国的长处，见得别无可爱，就把爱国爱种的心，一日衰薄一日。"[4]鲁迅在所撰的文章中，也批评这种轻薄自己民族国家的错误倾向，指出"见中国式微，则虽一石一华亦加轻薄"[5]。当时就有人主张把中医书籍"付之一炬"，鼓吹完全废除汉字。另一方面是对西方的盲目崇拜，"尊西士为圣神，崇欧人为贵种"[6]，鼓吹"彻底输入文明"。在吴趼人的作品《上海游骖录》第八回中，通过一个知识分子的口做了描述："此刻中国万事万物，都应改革，譬如一所旧房子，已经东倾西圮的了，若不是通身拆卸，重新起造，徒然换一两根庭柱，是断乎收拾不好的……不如拆了中国房子，改一所外国洋房住，岂不舒服？"这虽然是小说，但却具体形象地反映了清末存在的醉心欧化的社会现象和心态。

正是和"醉心欧化"思想偏向的存在有关，20世纪初，中国社会出

---

①故宫博物院明清档案部编：《清末筹备立宪档案史料》下册，中华书局1979年，第975页。
②许同莘：《张文襄公年谱》，商务印书馆1946年，第180页。
③故宫博物院明清档案部编：《清末筹备立宪档案史料》下册，第1001页。
④章太炎：《演说录》，《民报》1906年第6期。
⑤鲁迅：《破恶声论》，《河南》1908年第8期。
⑥《论中国对外思想的变迁》，《警钟日报》1904年6月21日。

现了一股"保存国粹"的思潮。宣扬保存国粹的人,情况复杂,有封建守旧派,有"中体西用"的洋务派,有资产阶级改良派,也有资产阶级革命派。即以主张"中体西用"者而言,他们因为"道微文敝,世变愈危",要"存国粹",以"息乱源"①。他们要保存的"国粹"是什么?一句话,就是封建礼教,伦理纲常。他们把封建礼教捧为"万国伦理学之祖",是"经世之具,至精至粹,至可宝贵者"②。显然,他们反对的目标是民权平等。从这点上说,他们和封建守旧派所要保存的国粹是一致的。

这里要着重提到的,是资产阶级革命派中一些主张发扬国粹的人,习惯上称之为"国粹派"。他们的主张有两点值得注意:一是把孔子及儒学不是作为圣人和圣经来崇拜,而是作为历史人物和文献典籍来研究分析,认为"孔子之学术,岂能尽美而无小失",其主要缺点有四,即"信人事而并信天命","重文科而不重实科","有持论而无驳诘","执己见而排异说"③。同时,提倡诸子学,弘扬明末清初的黄宗羲、顾炎武、王夫之、颜元等的学说。他们把发扬国粹看作是"复兴古学",甚至比之于如15世纪欧洲的文艺复兴,而不是如封建守旧派和洋务派那样以保存国粹来维护封建礼教,要人崇拜孔教。二是针对"醉心欧化"者的民族虚无主义思想,要用发扬国粹来"激动种姓,增进爱国的热肠",从中国传统文化中求得排满革命的助力。但是,国粹派中有些人把中国文化说成是"精神之学",西方文化为"形质之学"。这种把精神和物质截然分开去界定一种文化的观点,无疑是不科学的,对后来也产生了不好的影响。正是由于他们往往过分强调发扬国粹,因而不可避免地偏重旧学而轻薄西学,具有保守的倾向。

资产阶级革命派中一些人主张发扬国粹,尽管与守旧的封建文人有区别,但在提倡保存"国粹"的问题上,不能不混淆在一起,对于反对封建文化难免表现出软弱无力。有力地批驳封建守旧派保存国粹的鼓噪,是资产阶级革命派中更具民主主义思想的人们。有的文章把主张国粹说者分为

---

① 许同莘:《张文襄公年谱》,第208页。
② 故宫博物院明清档案部编:《清末筹备立宪档案史料》下册,第976页。
③ 刘光汉:《孔学真论》,《国粹学报》1906年第2卷第5期。

经师派、名士派、举子派，分别给予批评，尖锐指出"国粹说之误解，足以驯至亡国"。他们都强调学习西学的必要性，宣传资产阶级的民权平等思想，批判封建三纲五常。

顽固保守封建文化，或者只限于吸收西方的工艺，反之，完全醉心欧化，一切照搬西方，都不是正确对待中国固有文化和西方文化的态度。因此，资产阶级革命派中的一些人对偏颇的、错误的思想主张提出了批评，指出："闻之开新、守旧两派之言矣。开新者曰：欲造新中国，必将中国一切旧学，扫而空之，尽取泰西之学，一一施于吾国。守旧者曰：我欲强我国，行我古代圣王之法而有余，不必外求，或但取其艺学。二家之见，所谓楚则失矣，齐亦未为得也。"他们认为，不论对于中国文化或西方文化，都不应该是一概接受或一概排斥，而要加以具体分析："夫我国之学可遵守而保持者固多，然不合于世界大势之所趋者亦不少，故对于外来之学不可不罗致之。他国之学固优于我国，然一国有一国之风俗习惯，夏裘而冬葛，北辙而南辕，不亦为识者所齿冷乎！然则对于我国固有之学，不可一概菲薄，当思有以发明而光辉之。对于外国输入之学，不可一概拒绝，当思开户以欢迎之。"总的原则应该是"吸食与保存两主义并行"，"拾其精英，弃其糟粕"，而"于西学庶免食而不化之讥，于中学冀呈晦变明之象"[1]。他们对待中西文化的态度，是"合数千年吾国国学之精粹，各取其长，进行参考东西各科之新理，以求其是"，也就是要"融会东西之学说"[2]。或者如有的文章所说的："取东西而熔为一冶，发挥之，光大之，青青于蓝，冰寒于水，岂非由二者调和而生耶？"[3]融会中西文化，目的在于创造近代新文化。鲁迅在当时就明确提出，这种新文化应是："外之既不后于世界之思潮，内之仍弗失固有之血脉，取今复古，别立新宗。"[4]

对中西文化持会通融合主张的，在当时不限于革命党人，资产阶级改良派的头面人物如严复、梁启超也具类似态度。严复说："统新故而视其

---

[1] 师蘉：《学术沿革之概论》，《醒狮》1905年第1期。
[2] 凡人：《开通学术议》，《河南》1908年第5期。
[3] 张继煦：《叙论》，《湖北学生界》1903年第1期。
[4] 鲁迅：《文化偏至论》，《河南》1908年第7期。

通，苞中外而计其全。"①梁启超阐释"新"的含义时指出："一曰淬厉其所本有而新之，二曰采补其所无而新之。二者缺一，时乃无功。"②这里还需要提到不大为人注意的孙宝瑄的说法。他认为："居今世而言学问，无所谓中学也、西学也、新学也、旧学也、今学也、古学也，皆偏于一者也。惟能贯古今，化新旧，浑然于中西，是谓之通学。通则无不通矣……号之曰新，斯有旧矣。新实非新，旧亦非旧。惟其是耳，非者去之。惟其实耳，虚者去之。惟其益耳，损者去之。是地球之公理通矣，而何有中西，何有古今？"③这段话颇有点哲理味道，中心是一个"通"字，把中西、新旧、古今之学融会贯通，而会通的过程也就是选择的过程，取其是、实、益，去其非、虚、损，即取其精华，弃其糟粕。

20世纪初，如何对待中西文化有各种各样的主张，并进行了论争和批评。在各种意见中，应该说融会中西以创造新文化的见解是有积极意义的，是符合文化发展的轨道的。象中国这样一个落后于世界潮流的历史文化悠久的大国，要想迎头赶上，独立富强，既不可能拒绝吸收西方资本主义文化，也不能否定自己的文化传统，全盘照搬西方文化，只能根据中国的实际，对中西古今文化取其精华，弃其糟粕，融会贯通，创造发展新文化。这实际也就是继承、吸收、筛选、改造、整合的过程。认为文化不能分精华糟粕，也分不清精华糟粕，只能整体移植或整体否定，在理论上和事实上都缺乏根据。20世纪初关于中西文化问题的各种主张和争论，为我们做了很好的说明，提供了经验教训。

三

辛亥革命推翻了清王朝，建立了中华民国。但是，资产阶级的民主政

① 严复：《与〈外交报〉主人书》，王栻主编：《严复集》第3册，中华书局1986年，第560页。
② 梁启超：《新民说》，李华兴等编：《梁启超选集》，上海人民出版社1984年，第211页。
③ 孙宝瑄：《忘山庐日记》上册，上海古籍出版社1983年，第80页。

权只是昙花一现，为时很短。资产阶级革命派既屈服于国内外反动派的压力，也天真地认为"中华民国"已经建立，"革命之事毕矣"，今后所当努力的是政治建设和实业建设，放弃了政治上的斗争，也放弃了思想文化上的斗争。几个月后，政府北迁，袁世凯窃取了政权，实行专制独裁统治，搞帝制复辟，《临时约法》被撕毁，民主被践踏，"民国"成了空招牌。

革命的失败，反革命复辟活动的猖獗，在思想文化上的反映，是出现了一股尊孔复古逆流。在历史上，每当一种新制度的建立，总是要伴随着新旧势力之间的反复较量。而在思想文化领域里，代表没落势力的旧文化，不可能因一场政治风暴而消逝，一旦政治压力放松时就要对新思想文化进行反扑。辛亥革命以后的状况正是如此，随着资产阶级革命政权的丧失，反对民主、自由、平等的喧嚣伴之而起。康有为就大肆攻击辛亥革命及南京临时政府所颁布的政策法令是"扰民害民"，是"礼坏乐崩"的颠倒大变。他说："今天坛不祀，殆将经年，其他百神，殆将废祀，甚至孔子文庙，亦废丁祭，遂至举国礼坏乐崩，人心变乱……并五千年中国之礼教而去之，若尧、舜、禹、汤、文、武、周公、孔子而有知，应无不悼心而泣血也。"①这就不能不令人想起在此之前50年，曾国藩也曾撰文诅咒太平天国起义对孔子和封建礼教的冲击，发出了"乃开辟以来名教之奇变，孔子、孟子之所以痛哭于九原"的哀号。康有为这位戊戌变法时期的维新领袖，此时竟然连禁止赌博、娼妓、迷信等恶习陋俗都横加指责，说什么"若必禁妓，则淫风更乱"，"是绝人道"。与此同时，封建遗老遗少们纷纷活动，鼓吹尊孔复古。在北京成立"孔教会"并创办《孔教会杂志》后，各地的孔教会、孔道会、尊孔会、经学会等反动社团相继出笼。帝国主义分子对这股反动文化逆流也加以推波助澜，一齐鼓吹尊孔复古，"保存国粹"，要"孔教"与"耶教""携手合作"。袁世凯发布了《通令尊崇孔圣文》，在《中华民国宪法草案》里又规定，"国民教育以孔子之道为修身大本"，已经被革命政府废除的尊孔读经，又死灰复燃。如果说辛亥革命前

---

① 康有为：《议院政府无干预民俗说》，汤志钧编：《康有为政论集》下册，第827—828页。

资产阶级文化与封建阶级文化作斗争，是作为资产阶级民主革命的舆论先导，那么在袁世凯窃踞大总统后掀起的尊孔复古逆流，则是为帝制复辟作舆论准备。

帝制复辟和封建复古主义的反动逆流，表明资产阶级政权连同它的思想文化一齐失败了。"这种资产阶级思想只能上阵打几个回合，就被外国帝国主义的奴化思想和中国封建主义的复古思想的反动同盟所打退了。"[①]这是很值得我们思考的。

辛亥革命虽然推翻了清政府，结束了帝制，但是帝国主义不仅仍旧操纵着中国的政治，而且仍旧操纵着中国的经济命脉，封建经济在社会经济生活中也依然占着显著的优势。对于旧的封建剥削制度的经济基础，辛亥革命并没有给它以有力的触动，更谈不上变革。中国仍旧沉沦在半殖民地半封建社会的苦海里。在这种历史条件下，反映着旧的经济和旧的政治并为之服务的封建主义旧文化必然大量存在，甚至比它所依附的基础还要固结，不是一次冲击就能解决问题。况且，这种封建旧文化又与帝国主义奴化思想结成同盟，顽固地反对资产阶级新文化，在文化战线的两军对垒中占着优势。辛亥革命后资产阶级新文化败阵的事实，正是当时的新旧势力在总体力量上对比悬殊的反映。

在半殖民地半封建社会里，中国的民族资本主义是在帝国主义和封建主义的夹缝中产生并艰难地发展的，基础薄，力量弱，始终未能成为中国社会经济的主要形式。经济的软弱，表现为政治的软弱。民族资产阶级的软弱性是从娘肚子里带来的，是半殖民地的政治和经济的主要特点之一。他们对帝国主义和封建主义的软弱妥协，导致了革命的失败。同样，在思想文化上，资产阶级也表现得软弱无力。这种软弱性表现为：（一）中国资产阶级由于历史的局限性，既没有经过充分的资本原始积累，又缺乏充分的思想准备，因而未能形成类似西方早期启蒙思想家那样自成系统的思想体系，缺乏自己独立的理论形态。当中国资产阶级刚刚登上政治舞台的时

---

① 《新民主主义论》，《毛泽东选集》第2卷，人民出版社1991年，第697页。

候，就必须要和强大的内外敌人战斗。他们没有别的思想武器，不得不到西方前辈门下讨教，学来了进化论、天赋人权，共和国方案等。这些理论在当时中国的历史条件下具有反封建的意义，但中国的资产阶级革命派没有条件和能力对西方思想文化进行科学的分析、研究和消化，只是囫囵吞枣地把它们接受过来，这就导致了理论上的不成熟性和软弱性。（二）在资产阶级革命派中，相当多的人深受封建文化的熏陶。他们的头脑里既有资产阶级文化思想，又有封建主义的文化思想，有些人还相当浓厚。他们宣传"革命排满"，却带有浓厚的狭隘的大汉族主义思想。他们提倡"国粹"，固然有激励人们热爱祖国及其历史文化，树立民族自尊心的积极意义，但同时也宣扬了传统文化中的封建糟粕，有些人笼统鼓吹"孔子之学"，把封建纲常名教当做"吾族之灵魂"加以颂扬，鄙薄新学，崇拜旧学，阻碍了资产阶级新文化的发展，助长了封建复古主义的逆流。在辛亥革命后，他们中的一些人就与那股尊孔复古逆流汇合在一起。在资产阶级革命派中存在的封建主义毒素，本身就是软弱性的一种表现。（三）由于上述情况，资产阶级革命派在革命酝酿时期对封建思想文化的批判不得力、不彻底。而且他们主要的宣传阵地是在日本，在国内的影响不能不受到限制。辛亥革命后，南京临时政府虽然发布除旧布新的法令，但只是单纯宣布废除、禁止，没有系统地对封建文化进行批判。况且，这个政权本身寿命很短，即是那些法令也没有真正实行。有人说："1911年10月10日的中国革命，不过是宗法式的统一国家及奴才制的满清宫廷败落瓦解之表征而已。至于一切教会式的儒士阶级的思想，经院派的诵咒书符的教育，几乎丝毫没有受伤。"[1]说儒学思想文化"几乎丝毫没有受伤"，虽有偏激，不尽符合实际，却可以反映革命派对封建文化的冲击的软弱无力。

　　辛亥革命的失败，不仅宣告了资产阶级政治革命的失败，同时也宣告了资产阶级文化的失败。在世界资本主义已进入帝国主义阶段的时候，民族资产阶级从西方前辈那里学来的思想文化，作为反帝反封建斗争的指导

---

[1]《新青年之新宣言》，《新青年》1923年第1期。

思想，企求在中国建立资产阶级共和国，结局是在帝国主义和封建主义的进攻下失败了。正是在这个意义上，我们说资产阶级思想文化败下阵来。但是，这并不等于说资产阶级革命派在近代文化上所作的努力是没有意义的，也不是说辛亥革命时期所发展的资产阶级新文化没有它的历史作用和深远影响。

在辛亥革命时期，资产阶级新文化曾经发挥了同封建阶级旧文化作斗争的革命作用，并为五四前的新文化运动创造了条件，开辟了道路。五四前的新文化运动，是对辛亥革命后出现的封建尊孔复古逆流的反击。它以"民主"和"科学"为两大旗帜，反对旧道德提倡新道德，反对旧文学提倡新文学，反对文言文提倡白话文，并把斗争锋芒指向维护封建制度的"孔教"。如果我们不割断历史，实事求是地加以考察，就不难发现五四前新文化运动所提出的主要问题，几乎在辛亥革命时期都已经提出来了。新文化运动的领导人和参加者，都经历过辛亥革命，受过革命的洗礼，甚至参加了革命运动。他们当中的一些人，也曾在当时的报刊上发表文章，宣传资产阶级思想文化，反对封建阶级的旧思想文化，做出了应有的贡献。这样说并不是要抬高辛亥革命时期的文化，贬低新文化运动，而是说明历史的实际情况，尊重历史的本来面目。五四前的新文化运动，应该说是辛亥革命时期"文化革命"的继承和发展，它坚决地对封建文化展开了最猛烈的攻击，其明确性和彻底性，在中国文化史上是前所未有的。正是五四前新文化运动猛烈地批判封建文化，为马克思列宁主义在中国的传播创造了条件。

当然，五四前新文化运动的指导思想还是资产阶级民主主义的。这正表明资产阶级思想文化虽然无力指导中国人民反帝反封建斗争取得胜利，改变半殖民地半封建社会，但并不意味着资产阶级思想文化失去了它的作用和意义。资产阶级思想文化在反对封建思想文化的斗争中，仍然发挥着它的作用。五四运动后，马列主义在中国传播，中国共产党成立，中国革命由资产阶级领导的旧民主主义革命变为无产阶级领导的新民主主义革命。中国民主革命的指导思想，也由资产阶级民主主义变为马克思列宁主义。这样，在五四以后的文化运动中，居于领导地位的是无产阶级新文化。资产阶级文化虽不居于领导地位，但它还是文化运动中的盟员，在反对帝国主义文化和封建主义文化的战斗中起作用。这从新民主主义革命时期中文化运动的实践历程可以表现出来。

从辛亥革命时期及其前后的文化运动的历史实际，可以看到，文化的变革和政治、经济的变革是紧紧联系在一起的，但文化的变革和政治、经济的变革又不尽相同，有其特殊性。政治的变革可以通过暴力革命去夺取政权，打碎旧的国家机器，经济变革如封建土地所有制，可以经过土地改革来加以改变，而文化的变革则不可能通过一次批判运动或革命就能解决问题。文化要受社会生产方式的制约，又有自己的发展规律。它是长期不断积累的，具有延续性。在它发展的过程中也发生变化，但这种变化不是靠暴力，而是由于社会生产方式、阶级、政治等的变化而引起变化，是由于自身新旧斗争而推陈出新。然而旧思想文化也没有因此而完全消失，而是在发展变化中积淀下来，顽强地存在着。那些不适于社会需要的旧思想文化的糟粕，不会自动消除，必须经过批判斗争。但是，它不可能经过一两次批判就能完全解决。从戊戌变法时期、辛亥革命时期到五四前的新文化运动，资产阶级新文化同封建阶级旧文化进行了三次斗争，一次比一次更广泛、深化，对扫荡封建思想文化的作用也越来越大，但都没有也不可能彻底消除封建思想文化。而且在经过批判之后，一有机会还会泛起蔓延。直到今天，某些封建主义和帝国主义的思想文化也还在社会上散发着腐朽的气味。可见清除腐朽的旧思想文化，是长期的、艰巨的任务，需要坚持不懈地进行斗争。

（原载《历史研究》1989年第5期）

辛亥革命时期文化四题 *

　　辛亥革命时期，是中国近代文化发展的一个重要阶段。虽然近年来学术界对此已给予了愈来愈多的关注，但是，其中一些问题还有必要做进一步的研究。本文将着重从文化的时代主题、中西文化的讨论、士人知识结构的转变、传统学术的转型四个方面，作一简要的论述。

一　鲜明的时代主题

　　近代中国的历史，既是中国人民受尽屈辱、灾难深重的历史，也是中国人民勇猛抗争、以鲜血涤雪耻辱的历史。列强发动的每一次战争，都使中国更深地沦入半殖民地的深渊。同时，每一次战争也使国人进一步觉醒，爱国主义精神日益增强，"救亡图存"、"振兴中华"之声成为时代的最强音。要救亡图存、振兴中华，就必须反对帝国主义侵略和推翻清政府的腐朽统治。反帝反封建斗争，争取独立、民主、富强，始终是中国近代历史的主题。近代中国出现的一切问题，无不与这一主题息息相关，近代文化的发展变化也不例外。

　　在辛亥革命时期，帝国主义与中华民族、封建主义与人民大众的矛盾

* 与宋小庆合撰。

的展开和激化，都是空前的。就前者而言，经过了60年的殖民侵略，列强已逐步控制了中国政治、经济命脉。从一国的进攻，到八国的联合入侵，短短数十年中，国都竟然两度沦落，越来越多的国人对于"亡国灭种"有了切肤之痛。同时，清廷"量中华之物力，结与国之欢心"的媚外、腐朽，使越来越多的人对它丧失了最后一点信心，转而以武器的批判或批判的武器对其发起冲击。于是，这一时期文化的时代主题也就较之以往变得益发鲜明，即发扬民族主义精神、鼓吹爱国主义、提倡民权平等、批判封建主义等，被明显地凸现出来。

在20世纪初，中国人开始提出并比较普遍地使用"帝国主义"这个概念，并对帝国主义的侵略本性有了进一步的认识。他们指出：帝国主义"乃膨胀主义也，扩张版图主义也，侵略主义也"[1]，"兼弱攻昧，为此主义之本领；利己损人，为此主义之目的；而内充实其国力，外张其权势，为此主义实行之顺序。其在外交台上，以诡秘出之；其对未开人种，以暴力压之。假文明之面，行野蛮之实……欧美日本诸强国，群奉此主义"[2]，而中国则成了它们争夺的"舞台之中心点"。时人认识到，面对帝国主义的侵略，要想挽救民族危机，就必须振作国民的民族主义精神，"非以我国民族主义之雄风盛潮，必不可能抗其民族帝国主义之横风逆潮也"[3]。

中国何以会积贫积弱，遭受侵略？就是因为有腐败的清政府的专制统治。这样，在人们以革命或改良的方式挑战专制政治的同时，对封建主义文化的批判也受到了前所未有的重视。无论是对天地鬼神的信仰，还是对祖先神灵的崇拜，都被视为违反科学的陋习，必须予以清除[4]；一向神圣不可侵犯的君王如今也遭到了清算，即使是对当朝天子，不仅可以骂其为"未辨菽麦"的"小丑"，更有人公开发誓要以张良之铁锥、荆轲之利

---

① 自强：《论帝国主义之发达及二十世纪世界之前途》，张枬、王忍之编：《辛亥革命前十年间时论选集》第1卷上册，生活·读书·新知三联书店1960年，第53页。
② 《时事漫论——帝国主义》，《译书汇编》1902年第2卷第5期。
③ 邓实：《政治通论外篇卷一：通论四（帝国主义）》，《政艺通报》1902年第5期。
④ 导迷：《无鬼说》，张枬、王忍之编：《辛亥革命前十年间时论选集》第1卷下册，第861—862页；真：《祖宗革命》，张枬、王忍之编：《辛亥革命前十年间时论选集》第2卷下册，生活·读书·新知三联书店1963年，第978页。

刃"直取国中专制魔王之首于百步之外"①；千百年来被人奉为至圣先师的孔子，由于教人忠君、服从，也被斥为"致胎中国二千年专制之毒、民族衰弱之祸"的"民贼"②。简言之，中国封建主义文化中的核心观念纲常伦理等，这时无不受到了批判。

鲜明的时代主题表现在文化的各个领域，从哲学、教育、史学、文艺，到体育卫生、社会风俗习惯等，都有所涉及。这里仅举数例，以具体说明。

"东亚风潮勤鼓吹，青年有责振神州"③，这时，许多诗人已不再热衷表现小圈子里的低吟浅唱，而是要触摸激越跳动的时代脉搏；他们不再满足于抒发阴晴圆缺、离愁别绪的个人伤感，而是要道出国家、民族的血泪故事。从秋瑾的"拼将十万头颅血，须把乾坤力挽回"，到罗仲霍的"忍见铜驼卧荆棘，神州遍地劫灰飞"；从高旭的《爱祖国歌》，到马君武的《从军行》，那成千上万首荡气回肠的诗篇，无不表达了作者共同对民族危机日益加深的忧虑，对河山破碎的悲愤，和救国救民的豪情壮志。

"道故事以写今忧，借旁人而呼肤痛"④，昔日被统治者视为"不登大雅之堂"的戏剧，这时也成为革命者唤起民众、救国救民的利器。据不完全统计，从1903年到1912年，在革命报刊上发表的杂剧、传奇、京剧和其他地方戏等各类戏曲剧本，不下六七十种。其中，既有本国历史题材，也有外国历史题材，还有反映现实生活的，它们大都以反对帝国主义侵略和清政府专制统治、鼓吹自由平等为主旨，饱含着炽热的情感，慷慨激昂，动人心弦。

直抒胸臆的诗歌、戏剧如此，就是那些传统学问的研究者也不再是不问世事、心如枯井。"学亡则亡国，国亡则亡族"，"同人痛国之不立，而学之日亡也，于是瞻天与火，类族辨物，创为《国粹学报》一编"⑤。黄节

① 吴魂：《中国尊君之谬想》，张枬、王忍之编：《辛亥革命前十年间时论选集》第2卷上册，第546页。
② 宁调元：《太一丛话》，山西古籍出版社1996年，第142页。
③ 杨天石、王学庄编著：《南社史长编》，中国人民大学出版社1995年，第106页。
④ 佩恩（陈去病）：《论戏剧之有益》，张枬、王忍之编：《辛亥革命前十年间时论选集》第1卷下册，第962页。
⑤ 黄节：《〈国粹学报〉叙》，张枬、王忍之编：《辛亥革命前十年间时论选集》第2卷上册，第43—45页。

道出的正是国粹派兴学以救国的初衷。至于史学这门古老的学科，也正是在这时以对旧史学的猛烈批判揭开了中国史学发展的新篇章。

西方社会科学学说传播的进展，在20世纪初尤为显著。其中，对中国思想界影响最大的，当属进化论和天赋人权学说。这是当时学界的新风，进步学人的心之所好。

反对帝国主义和封建主义，是为了实现国家的独立、民主和富强，这本是一个问题的两个方面。即使是对现实政治愤怒、哀伤、绝望到极点的时候，国人也没有丧失对国家、民族美好未来的憧憬和希望。看看这一时期创办的刊物和发表的文章，《二十世纪之支那》、《醒狮》、《新世纪》、《新广东》、《新湖南》、《新民丛报》、《中国新报》、《中国新女界杂志》、《新世界学报》、《二十世纪之中国》等等，仅从标题观之，就可以强烈地感受到时人对于中华崛起于新世纪的企盼。"我中国不愤不发，斯亦已耳，如睡斯觉，如梦斯醒，于二十世纪而效法人十九世纪之所为，吾知风声所向，全球震惊，始而虎俄之专制为之倾覆，继而自由平等之实幸转移欧美，世界和平之极点，将起点于东方，二十世纪之中国，为民权之枢纽矣。""苟吾国人人求为英雄志士，不肯居人下，不肯让俄人、英人、法人争先，则二十世纪之中国，必有振兴之一日，必有与白种不两立之一日。为此事者，负此职者，非吾辈童子而谁？吾愿诸君，各用才力，以百折不回之气，而谋国事，则中国之兴，可翘足而待也。"①此类内容，可谓比比皆是。

不仅要争取国家的独立、民主与富强，而且要创造出崭新的文化。在这个问题上，国人也有了更大的气魄和自觉。"今日者，乃吾学界中四千年未有之一大开辟也。绝亚洲大陆，横渡太平洋，涉美欧非澳诸区域，国殊教，人异俗，先二十周世纪，挟聪明智识之长，肆力于所见所闻，抽理于赜，断事必纲，网罗故实，摘英撷采，用学术为当时倡，通内外之邮，汇古今之全，风驰电激，薄影而飞，鼓自然之动力，借以操纵世宙，俾并

---

① 薛锦江：《二十世纪之中国》，张枬、王忍之编：《辛亥革命前十年间时论选集》第1卷下册，第529页。

出于一途。"①

　　上述事例表明，辛亥革命时期的文化全面、准确地反映了时代的主题，体现了时代主题的要求，并成为推动革命和社会进步的精神动力。

二　中西文化的论争

　　中西文化问题虽不是文化的时代主题，但在中国近代文化史上无疑是一个重要问题。如何对待中西文化，在近代中国一直是人们关注的问题，也是不断发生争论、见解歧异的问题。1902年，杨度在《〈日本学制大纲〉后序》一文中指出："欲于今日持欧化主义，则顺国民之感情而摇国家之基础，其弊也，舍己从人而外不知其他。欲持国粹保存主义，则亦不足以固国家之基础而先以阻国民之进步，其弊也，是己非人而外不知其他。"他认为："欲求无弊，则莫如以日本之两主义后先相继者，吾以之同时并重……同时并教，无所偏倚。"②

　　杨度对于欧化主义和国粹保存主义利弊得失的概括是否全面、准确，我们暂且不论。但是该文所揭示的"趋新"的欧化主义、"偏旧"的国粹主义，以及"无所偏倚"的中间路线，确实为这时在如何对待中西文化这个问题上很有代表性的三种思路。对此，学术界已有所研究，我们也不拟展开论述。这里，只想对几种思路的一些特点及其相互关系谈一点看法。

　　欧化主义者非常重视对西方文化的学习、传播，同时对中国传统文化持激烈的批判态度，这是大致不差的。但是，需要强调的是：其一，他们批判的矛头主要集中在封建的三纲五常、孔孟儒学。他们倡言"孔丘之革命"，是因为"孔丘砌专制政府之基"③，从而揭示出传统儒学与专制主义的内在联系。他们还宣传科学道理，反对封建迷信、陋俗。应该说，他们的

---

① 陈黻宸：《〈新世界学报〉叙例》，陈德溥编：《陈黻宸集》上册，中华书局1995年，第528页。
② 杨度：《〈日本学制大纲〉后序》，刘晴波主编：《杨度集》，湖南人民出版社1986年，第72—73页。
③ 绝圣：《排孔征言》，张枬、王忍之编：《辛亥革命前十年间时论选集》第3卷，生活·读书·新知三联书店1977年，第208页。

批判实为当时新文化发展所必需，是为建设新文化而扫除障碍。对此，他们有着一份自觉："不将古来迂谬之学说，摧陷而廓清之，则新世界之文明无自而入。"① "欲昌明真道德，又不可不排斥伪道德。盖伪道德与真道德实有不能两立之理。"② 其二，侧重对中国传统的批判，并不意味着就是对国家的未来丧失了信心。相反，他们坚信并致力于民族的复兴。主张努力吸收外来文明的马君武就充满信心地断言："以中国飞扬突起于二十世纪，以中国优尚之人种，横行于此地球，何难之有！"③ 在进行文化批判的时候，他们是说了一些过头的话，如：认为中国的国粹"已属于过去之陈迹"，"尤当早于今日陈诸博物馆"。但是，恐怕这并非主流。况且这类说法往往是出现在以"动则称国粹"者为对象的、带有论争性的文章中。而且即使是在这类批评国粹主义的文章中，他们也还是肯定了周秦学术、两汉政治、宋明理学等"国粹"的历史价值，即当时"皆可超越一世，极历史之伟观，较诸希腊罗马未或下也"。他们只是强调随着社会的进化，应该创造新文明而不能临摹旧文化。他们之所以在论说中有所偏重乃至趋于极端，是因为他们更担心"若专是古而非今，尊己而卑他，标异于人，而以助国界之愈严明，梦想草昧，而使人群之退化"④。"醉心欧化"的人不能说不存在，但不应将主张学习西方者都归之为"醉心欧化"。因此，当时论敌国粹派所赠的"醉心欧化"，不能说是对这一思路全面的、本质的准确概括。

关于国粹保存主义者，当时的情况复杂，有封建守旧派、"中体西用"的洋务派，也有资产阶级的改良派和革命派。这里，我们只想针对其中的资产阶级改良派和革命派的情况强调两点。

第一，他们侧重挖掘传统文化的正面价值，有所谓"古学复兴"之说，但并非无批判地肯定。比如，他们也反对儒学独尊、提倡思想自由。不是把孔子及儒学作为圣人和圣经来崇拜，而是作为历史人物和文献典籍

---

① 《教育泛论》，张枬、王忍之编：《辛亥革命前十年间时论选集》第1卷上册，第403—404页。

② 愤民：《论道德》，张枬、王忍之编：《辛亥革命前十年间时论选集》第3卷，第853页。

③ 马君武：《创造文明之国民论》，莫世祥编：《马君武集》，华中师范大学出版社1991年，第123页。

④ 反：《国粹之处分》，张枬、王忍之编：《辛亥革命前十年间时论选集》第3卷，第193页。

来研究分析，也就是说，要把儒学从独尊的统治的地位降为普通的学术流派。

第二，针对欧化主义者对本民族优秀传统重视不够的弱点，这两派有意识地用发扬国粹来"激动种性，增进爱国的热肠"，试图从传统中汲取推进社会进步的精神动力。同时对西学输入所造成或有可能造成的负面影响，提出批评与警示。在中、西学之间，他们确实偏重前者，但不能据此指责他们排斥了后者。1908年，一些南社成员"悯国粹之陵夷，古典之不振"，在日本东京组织复古社，其宗旨是"专研究古学，以与新说相融合"[①]。实际上，此派中不少人都明白，要保存国粹，"欲救以学，则必揩拭双眸，盰衡六合，甄采老、墨，吸纳佛、耶，驱策化、电、声、光，观摩培、笛、达、赫，然后提挈儒术，互相衡量，醇疵毕见，始萃一炉，鼓铸既烈，精光四溢。斯国粹署名，乃其实克副。若摭拾琐碎，钩稽异同，株守片隅，重研哲理，纵缘新法比附，究属变相汉学，趣注末节，无俾本体，横流日甚，亦终必亡"[②]。正因为有了这等心胸和见识，此派中的一些人物才能够"以新理新法治旧学"，在传统学术的转型过程中做出独特的贡献。所以，正如同不应以国粹派的批评来论断欧化主义者"醉心欧化"，我们也不必根据欧化主义者的批评断言国粹保存主义为复古、排外。

至于调和论者，就表面观之，似乎他们也确实有超越欧化与国粹，调和古今和新旧的意愿。但究其实，他们实际上大都还是有所偏重的。这尤其需要研究者细心地考察和甄别。比如杨度，一方面如上文所引，他主张欧化主义与国粹保存主义"同时并教，无所偏倚"；另一方面，作为清末修律中的法理派的代表人物，他又明确提出："礼教并不能谓之天经地义，不过治民之一政策而已。审时变之所宜，应以何种政策治其民者，即以何礼教治其民，一切政治、法律、教育，皆视之以为转移，无所谓一成而不可变者也。"[③]其重点是要以"新"代"旧"。反之，修律中的礼教派代表人

---

① 《复古社广告》，杨天石、王学庄编著：《南社史长编》，第113页。
② 周祥骏：《答〈国粹学报〉胡仲明书》，杨天石、王学庄编著：《南社史长编》，第186页。
③ 杨度：《论国家主义与家族主义之区别》，刘晴波主编：《杨度集》，第530页。

物劳乃宣虽然对"偏于旧者"和"偏于新者"都有所批评，并且颇具辩证地提出"有古而后有今，今者古之孺也。有今而后有古，古者今之积也"。然而，究其实，劳乃宣是论"道则从古从旧，器则是从今从新"①。实质上，劳乃宣坚持的还是"中体西用"的路数，以维护封建礼教为出发点，反对法理派的变法主张。

顽固保守封建文化，或者只限于吸收西方的工艺，反之，一切照搬西方，都不是正确对待中西文化的态度。因此，当时也有一些人对偏颇的、错误的思想主张提出了批评，指出："闻之开新、守旧两派之言矣。开新者曰：欲造新中国，必将中国一切旧学扫而空之，尽取泰西之学一一施于我国。守旧者曰：我欲强我国，行我古代圣王之法而有余，不必外法；或但取其艺学。二家之见，所谓楚则失矣，齐亦未为得也。"他们认为，不论对于中国文化或西方文化，都不应该是一概接受或一概排斥，而要加以具体分析："夫我国之学，可遵守而保持者固多，然不合于世界大势之所趋者亦不少，故对于外来之学，不可不罗致之。他国之学，固优美于我国，然一国有一国之风俗习惯，夏裘而冬葛，北辙而南辕，不亦为识者所齿冷乎？然则对于我国固有之学，不可一概菲薄，当思有以发明而光辉之。对于外国输入之学，不可一概拒绝，当思开户以欢迎之。"总的原则应该是："吸食与保存两主义并行"，"拾其精英，弃其糟粕"，而"于西学庶免食而不化之讥，于中学冀呈晦而复明之象"②。他们对待中西文化的态度，是"合数千年吾国国学之精粹，各取其长，进而参考东西各科之新理，以求其是"，也就是要"合古今、贯东西而熔铸于一炉"③。这就是说，融会中西文化，目的在于创造近代新文化。鲁迅在当时就明确提出：这种新文化应是"外之既不后于世界之思潮，内之仍弗失固有之血脉，取今复古，别立新宗"④。

在如何对待中西文化的各种主张中，应该说融会中西以创造新文化的

---

① 劳乃宣：《论古今新旧》，《桐乡劳先生遗稿》，1927年桐乡卢氏刻本。
② 师董（高旭）：《学术沿革之概论》，杨天石、天学庄编著：《南社史长编》，第46页。
③ 凡人：《开通学术论》，张枬、王忍之编：《辛亥革命前十年间时论选集》第3卷，第334页。
④ 鲁迅：《文化偏至论》，《鲁迅全集》第1卷，人民文学出版社1996年，第56页。

见解是有积极意义的，是符合文化发展的轨道的。像中国这样一个在近代落后于世界潮流的历史文化悠久的大国，要想迎头赶上、独立富强，既不可能拒绝吸收西方资本主义文化，也不能否定自己的文化传统，全盘照搬西方文化，只能根据中国的实际，对中西古今文化取其精华，弃其糟粕，融会贯通，创造发展新文化。这实际也就是继承、吸收、筛选、改造、整合的过程。

三　知识结构改变

士人知识结构的改变，仍然是这一时期一个重要的文化现象。

自从儒学在历史上取得独尊地位之后，就逐渐成为士人知识结构的主体。以体用兼备、明体达用自诩的儒学，不仅关注个体的修养，更为王朝的统治提供理论支持和制度规范。"通经"便能"致用"的思维逻辑，一向为大多数人所认同。及至晚清，为了应对危局，统治者不仅主动兼采非儒学派，而且被迫接受了中体西用的现实。但是，观念的变革是有一个过程的。就知识结构的调整而言，无论是曾国藩的"孔门四科"说，还是张之洞的《书目答问》，基本上都还是在以儒学为核心的传统框架中为士子"指示门径"。

维新派则已有所不同。康有为曾指出："昔者，大地未通，号称史学者，只识本国而已"，"今则环球通达，天下为家……援古证今，会文切理，一开口即当合万国论之，否则虽以钱、王之学，亦村学究而已。"①著有《廿二史考异》100卷的钱大昕，其博闻强记一向为世之公认。而今康有为却是以西学为尺度，比量出前人知识结构上的不足，这一批评思路就有了新的特点。但是，受西学传播阶段性的影响以及自身知识结构的主观局限，康有为这时拟订出的施教计划，仍带有明显的过渡色彩，他虽然重

①康有为：《日本书目志》，姜义华、吴根梁编校：《康有为全集》（三），上海古籍出版社1992年，第702页。

视西学，但与对中学的如数家珍相比，康有为对西学的认识和介绍显然要粗浅得多，而且对中学内容的删减也缺少必要的力度①。到辛亥革命时期，情况又有了进一步的改变。那些以革命或改良的手段对清政府统治及封建专制主义发起正面冲击的人们，已开始自觉地清理、批判传统文化，这自不必言。撇开意识形态的考虑，单就学术本身来说，时人已明确地认识到：随着社会的进化，既不应该、也不能够再企图以一家之学、一人之力去包打天下。"西人所称一人万能之时代，乃野蛮之世，法简而事易治，群小而智力粗浅。若世界文明，必以分业协力之，愈繁赜而愈进化。……则学问但求专精足矣，不贵兼众人所长也。"②这时，一些知识分子开始明显地、有意识地将求知的重点从中学转到了西学。据对孙宝瑄读书日记的粗略统计，从1901年至1906年数年之间，他阅读的新书刊多达六十余种。也许在对同一类问题的比较中，我们会更清楚地看到其间的发展与变化。如，同是讨论当代学术、品评前辈学人，南社成员周实的立论与前引康有为的说法就有所不同。周实指出："夫当今时局，既为四千年来创有之时局，则此后学术亦当为四千年来创有之学术。"他认为在这个大时代中人们"应治之学术"，起码应包括政治、教育、实科、文科四大方面的内容，并且非常具体地开列出政治学、伦理学等20多门学科。并且强调："以上仅举其概，已浩如渊海，终身为之而不能尽。况乎一科又复千枝万派，不可屡述耶。回视乾嘉时所谓文人学士者，真可云井蛙辽豕也已。"③从字面上看，井底之蛙与村野学究无非都是形容人的学识浅陋，很难说有多大的不同。然而，在前面的引文中，二者的含义却是有着明显的差别：康有为以村野学究指乾嘉学人，只是嫌其知识结构有所不足，并没有否定该学派本身的价值；而周实的"井蛙"之说则不然，因为他根本就把乾嘉之学排斥在"应治学术"之外。又比如，关于对学生的教育，康有为的《长兴学

---

① 如康有为在《桂学答问》中以"资质稍鲁者"为对象，以三四年为期，一口气开列出有关中学的古今著述140余种，另有西学的书籍40余种，不仅读遍，且有"熟读精考者"。他断言："学至此，则圣道王制，中外古今、天文地理，皆已通矣。"显然，这套教学计划如果在实践中不是有所取舍的话，是很难操作的。
② 孙宝瑄：《忘山庐日记》上册，第614页。
③ 周实：《与郡肃廷书》，杨天石、王学庄编著：《南社史长编》，第179—150页。

记》、《桂学答问》所反映出的还是改良后的书院特色，蔡元培的《学堂教科论》所要构建的则已完全是近代的学科体系。当年，梁启超曾根据《长兴学记》及其亲身所受教育，把长兴学舍的教育内容归纳为义理、考据、经世、文字四大科目，17个子目。蔡元培则是按有形理学、无形理学、道学三大类，开列出四十多个子目。而问题的关键还不在于学科数量的增加。这里，有两点尤其值得注意。其一，在《学堂教科论》的开篇，蔡元培就点明了其述作之旨：他是以曾沉溺旧学、终于迷途知返的过来人的身份，为来者指点迷津，以免他们重蹈覆辙，从而表现出强烈的弃旧从新的意愿。其二，那全部是"或采译语，或用日本人所定"的四十余个科目，同时也就构成了作者心目中"今之学术"的基本框架和主要内容①。这也就决定了读书人日常的读书方向和内容。"凡修普通学者，宜以平日课程为本，而读书以助之。苟课程所受，研究未完，而漫焉多读杂书，虽则有所得，亦泛滥而无归宿。且课程以外之事，亦有先后之序，此则修专门学者，尤当注意。"②这已不再是大开书单，而是根据近代的学科建制，要求学子们有选择地阅读，康有为、蔡元培之间已有了明显的差异。如果我们再稍稍往前追溯一下，都是为修身而修学，在晚清岭南著名学者朱次琦那里，还只是"修身者，不读书不可也。读书之实五，曰：经学、史学、掌故之学、性理之学、辞章之学"③。蔡氏的修学却完全是围绕着近代的学堂教育而展开。民国初年，康有为指责"若废科举而用学校，则学者自听讲义课读本之外，束书不观"④，虽有失公允，但总还算事出有因。

除了进步学人主动追求新知之外，清廷的废科举、书院，兴学堂、奖励留学，也在更大的范围内对人们的知识结构进行着一种具有导向性、强制性的调整。

一般认为，清末教育改革推动了中国教育近代化进程，同时又依然保留着浓厚的封建色彩。前者主要表现为对西方教学方式、方法和内容有意

---

① 蔡元培：《学堂教科论》，高叔平编：《蔡元培全集》第1卷，中华书局1984年，第139、142页。
② 蔡元培：《中学修身教科书》，高叔平编：《蔡元培全集》第2卷，第185页。
③ 《朱九江年谱》，徐世昌编：《清儒学案》（四），中国书店1990年，第171页。
④ 康有为：《中国还魂论》，汤志钧编：《康有为政论集》下册，中华书局1981年，第927页。

识的引进，西学科目的明显增多、渐成体系等。而其封建性则突出体现在中体西用的指导思想，忠君、尊孔的教育宗旨，以及在课程设置方面对儒家经典的重视。然而，西学的传播与儒学的衰微，作为一个趋势并不会因为统治者的抗拒和固守而发生根本性的改变。这一点就是在清廷主持的教育改革中也可看出某些端倪。以下反映清末学堂读经讲经课程的表格[①]，是根据清廷颁布的有关章程综合而成的：

学堂名称	周课时合计	约占总课时百分比
初级师范	45（5年）	25%
优级师范	15（3年）	13%
中等学堂	45（5年）	25%
中等学堂文科	50（5年）	28%
中等学堂实科	15（5年）	8%
改订中等学堂文科	31（5年）	17%
改订中等学堂实科	15（5年）	8%

从上表可以得出这样几点认识。

首先，面对儒学衰微这一趋势，清统治者既有固守、抗拒的一面，也有被迫调整以顺应潮流的一面。作为癸卯学制的主要拟订者，张之洞很清醒地意识到改书院、变科举、兴学堂给儒学正统地位造成的冲击。他对经学课程的强调，就是对这种冲击的回应。"至于立学宗旨，无论何等学堂，均以忠孝为本，以经史之学为基。"——张之洞的这种想法发自真诚，他对儒学地位的捍卫亦是不遗余力。但另一方面，张之洞又是识时务的。他不愿意看到儒学的衰微，但却从未奢望还能以科举、书院来拯救儒学的命运。他所做的不过是防范在前（加强经学课程），以及补救于后（奏设存古学堂）。

其次，分科教育进一步减弱了儒学的影响。宣统元年，清廷批准学部所请，在中学堂实施分科教育。分科之后，经学在文科中的课时仅增加了3%，但在实科中却被降为通习课，课时减少了17%，而实科中的算学、外语、理化、博物等课程的分量则都有所加重，课时增幅在3%—9%。宣统

[①] 朱有瓛主编：《中国近代学制史料》第2辑上、下册，华东师范大学出版社1983年。

二年底，学部根据各方意见，又提出了分科教育的改订方案。虽然因清廷的灭亡而未及实施，但其间的变化仍值得注意。如文科的经学课时已经少于分科之前，程度也相应地有所下降。实科的经学课时虽未变化，但却取消了五年级的读经。

再次，专门学堂不设读经课程。较之分科教育，专业化潮流对儒学的冲击在大量出现的专门学堂里表现得更为明显。在专门学堂中不设专门的读经课程，甚至在清末最后几年发展迅速的法政学堂也同样如此，虽然这种学堂的宗旨是为朝廷培养专门的政治、法律人才。此类学堂的儒学教育，大都由人伦道德一科来承担，一般每周为1—2个课时，仅约占总课时的3%—5%。

总之，虽然统治阶级这时仍然强调尊孔崇儒，坚持中体西用，但在实践中，则是对"用"日益重视，其内容也逐渐丰富，从实用技术到兼顾学理，由西艺发展到西政，甚至出现了以"用"压"体"的趋势。理学家的明体卫道之作和汉学家的解经注经，多被官方指责为空谈性命、空疏无用。在学校中，与"体"相关的课程不断被压缩，而讲授西学的课程则有大幅度的增加。官方正统儒学显现给世人的，主要是日益僵化且与专制王朝命运紧密相关的、以三纲五常为核心的道德学说，与社会的发展愈发脱节。

教育、考试体制的变革，对于人们知识结构的调整产生了很强的导向作用。被人轻视的出洋留学，成为了名利兼收之举。"今出洋求学可得富贵名誉，较之一秀才、举人、进士、翰林，不能必得，得之亦为侥幸，而又与学问无关系者，相去远矣。夫航洋可学、可贵、可富、可名誉。"[1] 况且"自东国游学途辟，东学之输入我国者不少，新书新报年出无穷，几于目不暇给，支那人脑界于是不能复闭矣"[2]。反之，那些固守旧学之辈，则明显地感到了生存的压力。"自国家变法以来，校士皆以策论考试，所最重者外洋之法，凡能外国语言文字者，即命为学堂教习，束脩极厚，故当

---

①《劝同乡父老遣子弟航洋游学书》，张枬、王忍之编：《辛亥革命前十年间时论选集》第1卷上册，第386页。
② 刘大鹏：《退想斋日记》，山西人民出版社1991年，第739页。

时人士俱舍孔孟之学而学西人之学，以求速效。间有讲求孔孟之道，谨守弗失，不肯效俗趋时者，竟呼之为'顽固党'，非但屏逐之，而且禁锢之。"他们自怜自怨，徒唤奈何。"时运之使然，无可如何者也"，"天意茫茫，令人难测"①。虽然清廷对经学在课程设置中的比重有具体的规定，但事情的发展有其自身的逻辑，而并不以清廷的主观意志为转移。所以，在教育实践中，突破清廷有关章程的规定，致使在学堂教育中经书废读，在当时已不是个别的现象，对此有大量的材料可以证明。不仅如此，时人已直接将批评的矛头指向了规定读经的章程本身。比如，张謇不仅撰文批评小学读经不切实际，而且在《呈学部文》中，对规定小学读经的章程公开提出批评②。还有人则是借日人之口批评小学读经："至经籍繁多，必不可令儿童背诵，以伤脑力；惟宜列为专门之学，以待学人之研究。若以列于普通教育，亦未见成童以下之学者真能治此也。"③停止小学读经，这对于改变知识结构可算是一种釜底抽薪的做法，其意义深远。民国年间，张謇以及曾主持湖北自强学堂的程颂万都"自悔前之失计"，转而重提小学读经，理由之一就是少不读经，"及其成年受室，则与旧书长绝"④，"一切经书不复寓目"⑤。学者钱穆则指出："民国以来，中国学术界分门别类，务为专家，与中国传统通人通儒之学大相违异。"⑥这从不同角度说明了清末知识结构变化的成效。

　　无论是得风气之先的知识分子主动的自我调整，还是按照政府导向被迫作出改变，都反映出这一时期知识分子的思想观念、知识结构已经发生了很大的变化。

---

① 刘大鹏：《退想斋日记》，第126、140、147页。
② 张謇：《学制宜仿成周教法师孔子说》、《呈学部文》，张謇研究中心、南通市图书馆编：《张謇全集》第4卷，江苏古籍出版社1994年，第22、86—87页。
③ 杨度：《支那教育问题》，刘晴波主编：《杨度集》，第44页。
④ 李肖聃：《星庐笔记》，岳麓书社1983年，第35页。
⑤ 张謇：《尊孔会第一次演说》，张謇研究中心、南通市图书馆编：《张謇全集》第4卷，第148页。
⑥ 钱穆：《现代中国学术论衡》序，岳麓书社1986年。

四 传统学术的近代转型

从学术史的角度来看，传统学术特别是一家独尊的儒学，自道咸以来就已呈败象。两千年来，学者们把大量的精力投入到儒学研究中，仅据《四库全书总目》、《皇清经解》和《皇清经解续编》所做的不完全统计，围绕着总字数不超过70万言的13部儒家经典，人们就撰写了多达数千种、共2.3万余卷的著述。学者们不仅注释、阐发经典本身，而且还要注前人所"注"。然而，这种畸形的、表面的学术繁荣并不能掩盖其内在的危机。时至晚清，儒学汉宋两大主流派别的一个共同弱点就是多因袭而少创造，其研究的对象和判断是非的标准都是儒家的经典、先贤的注疏。"千古学术，孔、孟、程、朱已立定铁案，吾辈只随他脚下盘旋，方不错走了路。"①——这就是当时一位理学家所标榜的治学原则。至于清代汉学一系，正如蔡元培指出："其实乃朱学尊经笃古之流派，惟益缩其范围，而专研诂训名物。又推崇汉儒，以傲宋明诸儒之空疏，益无新思想之发展。"②没有思想的解放和新方法的引进，包括儒学在内的传统学术已很难求得进一步的发展。对此，时人的不满和批评早已是不绝于耳。

辛亥革命时期的反孔批儒、提倡科学、新知，打掉了儒学身上神圣的光环，使人们能够尝试以科学的方法进行理性的研究，这就为整个学术的发展提供了必要的条件。

首先，张扬理性精神，反对文化专制。这时人们对儒学的抨击，已不再陷于狭隘的门户之争，而主要是从追求思想自由、反对专制主义的角度，对封建文化进行清理、批判。激烈批评孔学的凡人，其看法是有代表性的。他指出：反孔是为了"破专制之恶魔"、"谋人类之独立"、"立学界前途之大本"；孔学自整体观之，"适用于今时者殆寥寥，无足取法"，况且传统学术又非孔学能独擅其美，墨子之兼爱，佛学之平等，黄老之清静，申韩之整肃，汉唐之清流、党人，乃至考据、训诂、杂家、小说，均

① 贺瑞麟：《答蒋少园书》，《清麓文集》卷7，光绪二十五年传经堂刻本，第14页。
② 蔡元培：《中国伦理学史》，高叔平编：《蔡元培全集》第2卷，第101页。

有可取之处，今人正当"合数千年吾国国学之精粹，各取其长，进而参考东西各科之新理，以求其是"，"何必株守一家之言，不深图世界万世之业钦"①！还有人指出：专制政体固然可恶，而"学术之专制尤可畏"②；以正统自居、排斥新理新说的儒学"道统"，"即学术之专制也"，它使人"不能独辟思想"，"其狭隘之范围，阻滞学术岂浅鲜哉"③。

破除对古圣先贤的迷信，也就意味着对自身理性的肯定。翻阅这一时期的报刊，时常可以看到这类说法："我之所见为是者，则断然以为是，虽一国非之所不顾也"④；"养成上天下地，惟我自尊、独立不羁之精神"⑤；"启明思潮横溢欧陆，其特色，一言蔽之曰：以理性主义与个人自由主义二者，仇君权教权，欲尽举旧有之制度文物而一新之也"⑥；等等。这反映出，伴随着政治斗争的开展和新思潮的传播，在一些具有新思想的知识分子当中，已出现了一种强调自尊、自立，张扬理性的趋向，并几乎成为一种时尚影响到了思想文化界。

其次，提倡科学、新知。这一时期人们对科学的理解、运用，已不再限于用来富国强兵的声、光、化、电、算之类的自然科学技术，除了上面提到的理性精神之外，科学开始被人视为人文学科的基础，并可用它品评学术，从而具有了方法论的意义。如留日学生陈榥批评儒家经典、古圣先贤的谈理论道"率诡异之言，杳杳冥冥，如空洞之有物。以斯为高，以斯为至"。所以，有着几千年历史的中华古国，"仍不免以无学见羞于五洲"⑦。所谓无学，他说得非常明白，就是指没有"科学"和科学的基础。其文贯穿的一个精神，就是强调以求真理为目的的学术研究，必须以客观事实为依据，而不能一味主观虚构。同样，蔡元培在分析中国伦理学千百

---

① 凡人：《开通学术议》，《无圣篇》，张枬、王忍之编：《辛亥革命前十年间时论选集》第3卷，第267—268、344—350页。

② 陈黻宸：《经术大同说》，陈德溥编：《陈黻宸集》上册，第534页。

③ 《道统辩》，张枬、王忍之编：《辛亥革命前十年间时论选集》第1卷下册，第738页。

④ 《教育泛论》，张枬、王忍之编：《辛亥革命前十年间时论选集》第1卷上册，第402页。

⑤ 邹容：《革命军》，中国史学会主编：《辛亥革命》第1册，上海人民出版社1957年，第352页。

⑥ 旒共：《兴国精神之史曜》，张枬、王忍之编：《辛亥革命前十年间时论选集》第3卷，第299页。

⑦ 陈榥：《心理易解》自序，清光绪初年版。

年少有进步的原因时，也将"无自然科学以为之基础"列为首位①。马君武是把逻辑学视为"科学之科学"，是"求真理之第一要法"、"实一切学术之根源也"②。王国维是以"无系统"来批评传统史学"不可谓之科学"，他并且认为可以此衡量所有学术③。吴稚晖则指出："科学之名词，不专属于物质，其表则名质数力，其里则仁义道德。凡悬想者为哲理，而证实者乃科学。道德仁义，不合乎名数质力者为悬想；以名数质力理董之者，是为科学。"④

这时，人们不仅从一般意义上推崇科学的价值，而且在学术研究中有意识地学习、借鉴西方学术的理论方法。即如以保存国粹为己任的人也认识到："凡国学微言奥义，均可借哲种之学，参互考验，以观其会通。"⑤有人更进而断言："未有西学不兴，而中学能兴者"⑥，"异日发明光大我国之学术者，必在兼通世界学术之人，而不在一孔之陋儒固可决也。……故今日所最亟者，在授世界最进步之学问之大略，使知研究方法"⑦。

思想的解放，治学方法的更新，使人们得以不囿于旧说，取得了诸多令人耳目一新的建树。如：文艺学方面，王国维的《〈红楼梦〉评论》、《人间词话》、《宋元戏曲考》；伦理学方面，蔡元培的《中国伦理学史》、刘师培的《伦理学教科书》；史学方面，梁启超的《中国史叙论》、《新史学》，曾鲲化的《中国历史》，夏曾佑的《中学中国历史教科书》，刘师培的《周末学术史序》，以及章太炎、刘师培对清代学术史的研究；等等，大多成为具有标志性的著述。它们突破了维新时期康有为等将中西学术作简单比附的局限，恰如时人所言："专以新理新法治旧学，故能破除旧时一切科臼障碍"，"以新理研旧学，精矣"⑧。可以说是开了一代新风。再从

---

① 蔡元培：《中国伦理学史》，高叔平编：《蔡元培全集》第2卷，第107页。

② 马君武：《伦理学之重要及其效用》，莫世祥编：《马君武集》，第180页。

③ 王国维：《东洋史要序》，姚淦铭、王燕编：《王国维文集》第4卷，中国文史出版社1997年，第381页。

④ 燃（吴稚晖）：《书〈神州日报〉〈东学西渐〉篇后》，张枬、王忍之编：《辛亥革命前十年间时论选集》第3卷，第476页。

⑤ 《拟设国粹学堂启》，张枬、王忍之编：《辛亥革命前十年间时论选集》第2卷下册，第631页。

⑥ 王国维：《〈国学丛刊〉序》，姚淦铭、王燕编：《王国维文集》第4卷，第367页。

⑦ 王国维：《奏定经学科大学文学科章程书后》，姚淦铭、王燕编：《王国维文集》第3卷，第71、73页。

⑧ 前句为孙宝瑄自诩，后者是他对友人章太炎的赞誉。孙宝瑄：《忘山庐日记》上册，第529、566页。

文化部门分类的变化来看，一是原有学科内容、体系在这时出现进一步改变，如经学衰落、诸子学兴起；资产阶级新史学的建立、白话文运动的开展，使传统的史学、语言学领域发生深刻变化。一是新领域、新学科的发展，如哲学、法学、政治学、社会学、经济学、逻辑学、伦理学等。学科体系的变化，打破了传统经、史、子、集的分类。可以明显看出，这一时期，传统学术已经在向近代转型。下面以史学和白话文运动为例，略作具体说明。

在辛亥革命时期，梁启超、章太炎、刘师培、陈黻宸、马叙伦等一批政治观点不尽一致的学者，却对史学的发展提出了倾向颇为相同的看法。他们的意见大致可以归纳为以下两个方面。

其一，对旧史学的批判。梁启超抨击旧史学有"四弊"："知有朝廷而不知有国家"，"知有个人而不知有群体"，"知有陈迹而不知有今务"，"知有事实而不知有理想"。他进而指出："四弊"存而"二病"生："能铺叙而不能别裁"，"能因袭而不能创作"。由于有了"四弊"、"二病"，以致皇皇二十四史竟成了"帝王将相家谱"、"相斫书"、"墓志铭"[1]。章太炎则把传统史学的弊病归纳为五点："尚文辞而忽事实"、"因疏陋而疑伪造"、"详远古而略近代"、"审边塞而遗内治"、"重文学而轻政事"[2]。刘师培也指出："中国史书之叙事详于君臣而略于人民，详于事迹而略于典制，详于后代而略于古代。"[3]

其二，对新史学的构想。就历史观而言，梁启超主张以进化论为指导，使历史学能够"叙述人群进化的现象而求其公理公例"。就史学范围而言，他们主张打破以帝王将相为主体的旧史学的格局，努力提高"民史"的地位，大大拓展史学研究领域，丰富史学内容。陈黻宸指出："史者，民之史也，而非君与臣与学人词客所能专也。"他并且对外国史学"于民事独详"表示了肯定[4]。当时，无论是马叙伦提出的"史学大同"说，

① 梁启超：《新史学》，《饮冰室合集》第9册，中华书局1989年，第3—4页。
② 章太炎：《救学弊论》，《章太炎全集》（五），上海人民出版社1985年，第102—103页。
③ 刘师培：《中国历史教科书·凡例》，《刘师培全集》第4册，中共中央党校出版社1997年，第275页。
④ 陈黻宸：《独史》，陈德溥编：《陈黻宸集》上册，第574、562页。

还是陈黻宸在《独史》一文中为新史学所拟订的纲目，都明显反映出欲突破旧史学体系束缚的意图。而梁启超、章太炎关于编纂中国通史的构想，就更是规模宏大、包罗万象，其视野之广阔，远非传统史家所能比拟。此外，在研究中有意识地借鉴西例、西法，以弥补传统史学的局限，这在当时也具有一定的普遍性。即如刘师培在《中国历史教科书·凡例》中所指出："西国史书多区分时代，而所作文明史复多分析事类"，在历数了中国旧史的弱点之后，他明确表示："今所编各课其用意则与旧史稍殊。"

应该承认，这批学人对旧史学的批判和对新史学的构想与实践，虽然还有许多不甚周密的地方，但是对中国史学的发展，特别是史学近代化，还是起到了积极的推动作用，它标志着史学的近代转型。

关于白话文，这个问题在戊戌维新时期就已被注意，但当时在社会上的影响还比较有限。到1900年以前，完全用白话文的报刊仅有六七种而已。到辛亥革命时期，对中国文字繁难、言文相分的批评则日益增多，提倡白话文的呼声逐渐高涨。有人提出：中国"欲文化之普及"、"百业之兴起"，就必须将文字分为"应用"和"美术"两类，前者"代记忆、代语言"，为人人所当习，故不求高深，且可杂以俚语、讹字。而以"典雅高古为贵"的"美术之文字"，则被说成是专门之学，"不特非人人所必学，即号为学者亦可以不学，犹习工业者不必兼农事，习理化者不必兼政法也"①。张謇这期间自办教育时贯彻的就是这一思路②。刘师培一方面撰写《论中土文字有益于世界》，批评了无政府主义者废汉字之说；另一方面，在《中国文字流弊论》一文中，他也总结出中国文字的五大弊端，承认"言语与文字合则识字者多；言语与文字离则识字者少"。对此，他提出的解决办法是"用俗语"、"造新字"，特别是"宜仿《杭州白话报》之例，词取达意而止，使文体平易近人，智愚悉解"③。当时，刘师培、宋教仁、孙宝瑄、宋恕等人，都不约而同地力图参酌中西，对传统的文字学加以改

---

① 高凤谦：《论偏重文字之害》，张枬、王忍之编：《辛亥革命前十年间时论选集》第3卷，第11页。
② 张謇：《通海中学附国文专修科述义养修简章》、《论国文示师范诸生》，张謇研究中心、南通市图书馆编：《张謇全集》第4卷，第74—76页。
③ 刘师培：《中国文字流弊论》，《刘师培全集》第3册，第245页。

造，可见这个问题已在更大的范围内为人所关注。从实践上和社会影响上看，这一时期白话文报刊也大量增加。1901年至1911年，白话文报刊不下一百二三十种，几乎遍及全国各地。进入民国后，白话报刊仍然存在。此外，清末的白话小说、白话教科书的传播也不容忽视。可以说，如果没有这一时期打下的基础，那么，仅靠五四时期一份刊物、几个人的提倡，白话文运动是很难立即得到普遍响应的。

对白话文的提倡，其意义绝不仅限于语言文字的近代化和新文学的产生、发展，它还关系到新思想、新文化的传播。"保存国粹主义，为今日一大问题。国粹者何？即本国之文字是也。"[1]有这种看法的人在当时不在少数。另一方面，也有人真切地感到："今有中外大通，泰西之物多吾中国所本无，而中国乃以本有之字而借名之。丐词之生，从此始矣。此侯官严氏所以谓中国名新物无一不误也。"[2]可以说，白话文的普及，实为构建新文化、新学科所必需。关于这一点，到新文化运动时期就看得更清楚了。1920年，陈独秀在一次题为《我们为甚么要做白话文》的讲演中，不仅强调白话文具有的与文言文不同的"时代精神的价值"，非用白话文"不能达高深学理"（包括自然科学和社会科学两个方面），而且特别指出："白话文与古文的区别，不是名词易解难解的关系，乃是名词及其他一切词'现代的'、'非现代的'关系。"[3]

综上所述，我们可以得出两点认识。

第一，在中国文化史上，辛亥革命时期是近代文化发展的一个重要阶段。在这个阶段，孙中山为首的资产阶级革命派在从事政治、军事斗争的同时，传播革命的思想文化，进行反对封建旧文化的斗争，推动了思想文化的发展，这无疑是应该给予充分肯定的。但是，我们也应该指出：革命的文化毕竟不能等同于革命时期的文化。如果是从近代文化的角度去观察，那么就应该承认，这一时期文化的发展除了得益于革命者的努力之

---

[1] 孙宝瑄：《忘山庐日记》下册，第938页。
[2] 刘师培：《中国文字流弊论》，《刘师培全集》第3册，第245—246页。
[3] 陈独秀：《我们为甚么要做白话文》，《陈独秀文章选编》上册，生活·读书·新知三联书店1984年，第497页。

外，不革命的改良派，乃至反革命的清政府也都起了各自不同的作用——这里面当然存在着主动追求与被迫调整的差异，以及主观意愿同客观效果的背离，这都可以而且需要通过具体的研究做出实事求是的估价。将革命派、改良派以及革命、改良的对象统治者均纳入研究的视野，惟其如此，才能愈发彰显出近代文化的发展作为一个过程、一种趋势所具有的不可抗拒性。

第二，在近代文化发展过程中，辛亥革命时期处于一个承上启下的阶段。戊戌维新时期提出的一些问题，这时得以展开；这一时期文化的进步，又为日后文化的发展开辟了道路、创造了条件。不仅如此，实事求是地加以考察，就不难发现，五四前新文化运动所提出的主要问题，几乎在辛亥革命时期都已经提出来了，包括一些偏向的产生，也都可以追溯到辛亥革命时期。

（原载《北京师范大学学报〔社会科学版〕》2001年第6期）

辛亥革命与戏剧

"各种文学，都是应环境而产生的……是政治先行，文艺后变①。"辛亥革命时期，由于革命潮流的汹涌澎湃，戏剧与诗歌、小说等一样，也有了新的发展变化。资产阶级革命党人以戏剧作为宣传革命的武器，从而推动了戏剧本身的发展；而戏剧为资产阶级革命的需要服务，则对革命事业的发展起了应有的促进作用。探讨戏剧与辛亥革命的关系，以及它的发展变化，无疑是有意义的。

一

随着历史进入20世纪，中国政治舞台上也揭开了新的一幕。资产阶级革命派成为政治舞台上的主角，资产阶级民主革命运动成了时代的主流。"文字收功日，全球革命潮。"革命的洪流在滚滚向前。为了揭露以至推翻清政府的反动统治，资产阶级革命家们不仅着力于武装斗争，而且也重视宣传鼓动工作。他们运用了各种各样的宣传手段，包括戏剧在内的几乎所有的文艺形式。至迟在1903年，《黄帝魂》、《江苏》、《汉声》等革命书刊中，就已经登载如《新中国传奇》、《扬州梦》这样一些鼓吹反清革命的剧

---

① 鲁迅：《现今的新文学的概观》，《三闲集》，人民文学出版社1952年，第135页。

本，发表了主张改革戏曲的评论文章《观戏记》。1904年，创办了戏剧刊物《二十世纪大舞台》。

《二十世纪大舞台》是柳亚子（亚庐）、陈去病（佩忍、醒狮）等人合办的，半月刊，目前只见到两期①。刊登有剧本、论文、舞台掌故、梨园杂志、有关戏剧的诗词等，并附载小说。卷首登有照片，第一期是当时"中国第一戏剧改良家"汪笑侬和"日本大运动家名优"宫崎寅藏的肖像。刊物的宗旨是："以改革恶俗，开通民智，提倡民族主义，唤起国家思想，为唯一之目的。"这是我国最早的专业戏剧杂志，也是一本特有的以宣传反清革命为目的的文艺刊物。它的创办，不仅在我国戏剧史上具有重要地位，而且在辛亥革命史上也是独放异彩的。

《二十世纪大舞台》发表的戏剧论文，除柳亚子的《发刊词》外，有陈去病的《论戏剧之有益》、《告女优》、《南唐伶工杨花飞别传》等。在它的前后，革命书刊登载有关戏剧评论的文章为数很少，现在见到的有《黄帝魂》收载的《观戏记》，《安徽俗话报》发表的陈独秀的《论戏曲》（1904年第11期）②，而汉血、愁予在所编京剧《崖山哀》的"导言"中也阐述了他们的戏剧主张。在中国戏剧史上，尤其是明清两代，曲论著作不少，但像这样的戏剧论文，则是新颖的。综观这些文章，虽缺乏较系统的理论，但确有值得注意之处。

重视和强调戏剧的社会作用，提高戏剧及艺人的社会地位。在中国封建社会，统治者及文人学士既把戏剧拿来供自己享受玩乐，"缓歌慢舞凝丝竹，尽日君王看不足"，又对它十分贱视、仇视，或"鄙其　猥"，认为"不登大雅之堂"，或看作"邪宗"，如同洪水猛兽，三令五申，严厉禁毁。他们当中的一些人虽然也"重视"戏剧，但却是要把它纳入维护封建统治的反人民的轨道，实际上是在摧残戏剧。与封建阶级不同，资产阶级革命家们首先看到了戏剧具有广泛的群众基础，为广大人民所喜闻乐见，"举凡士庶工商，下逮妇孺不识字之众"都喜欢看戏，即在"豆棚柘社"间，

---

① 据阿英《辛亥革命书征》说刊行四期，但北图和上图所藏均两期，四期似不确。
②《新小说》1905年第2卷第2期转载此文，署名三爱，将白话改为文言。

"父老杂坐，乡里剧谈，某也贤，某也不肖，一一如数家珍"①。戏剧之所以
有很广泛的群众基础，是跟它具有不同于其他文艺形式的特点分不开的。
它通过演员在舞台上塑造鲜明生动的艺术形象，"词俚"，"情真"，乐人，
动人，"便是聋子也看得见，瞎子也听得见"，不独更易为群众所接受，且
对观众有很强烈的感染力，潜移默化，而移人性情。陈去病在《论戏剧之
有益》中说："苟一窥睹乎其情状，接触乎其笑啼哀乐，离合悲欢，则鲜不
情为之动，心为之移，悠然油然，以发其感慨悲愤之思而不自知。以故口
不读信史，而是非了然于心；目未睹传记，而贤奸判然自别。"《观戏记》
的作者也认为："夫感之旧则旧，感之新则新，感之雄心则雄心，感之暮
气则暮气，感之爱国则爱国，感之亡国则亡国，演戏之移易人志，直如镜
之照物，靛之染衣，无所遁逃。"正因为戏剧具有"入之易而出之神"的
"同化力"，从而他们认为用戏剧来宣传反清革命，比起演讲、学堂、书刊
及其他文艺形式收效更快更好，是"开通风气第一方便的法门"，甚至说：
"其奏效之捷，必有过于劳心焦思、孜孜以作《革命军》、《驳康书》、《黄
帝魂》、《落花梦》、《自由血》者，殆千万倍"；"较诸合众国民，在米利坚
费城府中独立厅上，高撞自由之钟，而宣告独立之檄文，夫复何以逊让？"
他们十分强调戏剧的社会作用和社会效果，重视戏剧"普及于一般社会
之国民"，认为"演戏之为功大矣"，"戏馆子是众人的大学堂，戏子是众
人的大教师"，一反封建社会长期形成的鄙视戏剧的传统观念和态度，大
大提高了戏剧的社会地位，提高了艺人的社会地位。他们尊重被贱视的艺
人，陈独秀在《论戏曲》中指出，演戏不是"贱业"，从中国戏曲的发展
来说，"当今的戏曲原和古乐是一脉相传的"，不应贵古而贱今；以西洋各
国的情况看，演戏和"一国的风俗教化极有关系"，因而"是把戏子和文
人学士一样看待的"。演戏和其他职业是平等的，"世上人的贵贱，应当在
品行善恶上分别，而不在于执业的高低"。他们还为南唐优伶杨飞花谱传，
赞扬京剧演员汪笑侬为"当今剧班革命第一巨子"，劝告女艺人和男艺人

---

① 本节引文，均见上述各篇，不一一注出。

一样激发爱国思想，甚而鼓动革命青年"一决藩篱，遁而隶诸梨园菊部之籍"，与艺人一起，"对同胞而发表宗旨，登舞台而亲演悲欢"。他们寄希望于戏剧界，要使"美洲三色之旌旗，其飘飘出于梨园革命军"。由于资产阶级革命家们不能正确认识文艺和社会政治的关系，把戏剧的作用片面夸大，甚至颠倒了它们之间的关系。但是，他们从革命斗争需要出发，看到了戏剧在广大群众中所发生的巨大作用，充分肯定戏剧的社会意义，把它的社会地位提到相当的高度，却是前所未有的。从我国戏剧理论发展上来看，不能不说是一大成就。

资产阶级革命家们所以如此重视戏剧，目的在于借戏剧来为反清革命服务。因此，着意提倡编演新戏，"道故事以写今忧，借旁人而呼肤痛"，成为他们的戏剧理论的另一主要内容。柳亚子在《二十世纪大舞台发刊辞》中鲜明地阐述了这一观点，他说："今以霓裳羽衣之曲，演玉树铜驼之史，凡扬州十日之屠，嘉定万家之惨……皆绘声写影，倾筐倒箧而出之，华夷之辨既明，报复之谋斯起……吾侪崇拜共和，欢迎改革，往往倾心于卢梭、孟德斯鸠、华盛顿、玛志尼之徒，欲使吾同胞效之……今当捉碧眼紫髯儿，被以优孟衣冠，而谱其历史，则法兰西之革命，美利坚之独立，意大利、希腊恢复之光荣，印度、波兰灭亡之惨酷，尽印于国民之脑膜，必有欢然兴者。"这就是说，戏剧要紧密地配合革命，通过谱演时事和中外历史故事，宣传救亡图存、反清革命、民权共和等思想，以唤醒国民，激励士气。这种主张，对推动当时戏剧活动的活跃和富有生气是有功绩的。

主张革新戏剧，这是资产阶级革命家借戏剧来为革命服务所必然要提出的问题。晚清，资产阶级改良派鼓吹"诗界革命"、"文体革命"、"小说界革命"，在文艺领域内掀起了一股浪潮，冲破了萎靡、僵化的局面，出现了兴盛的新气象。戏剧革新，接踵而起。从政治目的说，无疑是判分两途，改良派和革命派各有自己的政治需要。但从文艺本身来看，却是受这股潮流的影响的。资产阶级革命家们认为，戏剧改革着重的是剧本问题，当时的京剧及其他地方剧种，在剧本的思想内容上存在两大缺点：一是陈腐，如"神仙鬼怪之荒唐，功名富贵之俗套，淫邪绮腻之丑状"，数见不鲜；一是"专演前代时事，全不知当今情形，其于激发国民之精神，有乎古而遗乎今"。这种状况，显然不适应革命的需要，非加以改革不可，尤其是前一种情况更应当"一概屏绝"。因而他们主张要编演有利于反清革命的历史剧和时事剧，题材不论中外，"或编明季稗史而演汉族灭亡记，或采欧美近事而演维新活历史"。他们赞扬那些编演唤起国民爱国心的新戏的男艺人，也希望女艺人能起来编演这类有益于人心世道的新戏。除去剧本的思想内容需要改革外，在语言和表演艺术上也应当使观众能够接受。他们指出："编剧最忌太文，文则滞，滞则不能雅俗共赏，且不能流露于管弦；而一般社会中人，尤难深印脑蒂。"要解决这个问题，就必须"力反前弊，排场唱白，设科打诨，均从时伶所演诸剧中胎出"，"说白则以中国通行语演之，以便阅者易明"。这些见解是可取的。尽管作为戏剧的特点，需要演员在舞台上的再创造，但剧本是一剧之本，演员只能在这个基础上发挥其才能。没有好的剧本，演员再有才能也演不出好戏来。

　　显然，20世纪初年资产阶级革命家们对文艺的认识还是幼稚的，不科学的。他们的戏剧主张，所着眼的是它的社会作用，所强调的是直接表现与反清革命有关的内容，实际上是把戏剧只作为从属于反清革命需要的一种工具，而忽视了作为文艺的本质特征，即具体形象地反映社会生活。这种简单、狭隘的主张，无疑是有很大的片面性，不能不给戏剧创作带来消极的影响。资产阶级革命家们的戏曲理论尽管存在很大的片面性，但较之古典的曲论，应该说是新颖的，进步的，它在中国戏曲理论发展史上具有重要的地位。

二

　　戏剧理论的探讨和宣传，目的是为了指导和影响戏剧的艺术实践。资产阶级革命家们在剧本创作上作出了颇大的努力，取得了可观的成绩。不完全的统计，从1903年到1912年，在革命报刊上发表的杂剧、传奇、京剧和其他地方戏等各类戏曲剧本不下六七十种。即如影响很大的同盟会机关刊物《民报》，也刊登剧本，或出单行本。这些剧本，既有本国历史题材，也有外国历史题材，还有反映现实生活的。特别值得提出的，是邹容、徐锡麟、秋瑾等的革命事迹，在他们牺牲后不久就被编成剧本，来给予歌颂和传播。在这些剧本中，所表现的思想倾向，主要有以下几个方面：

（一）反对帝国主义侵略。这方面的作品，比较集中于揭露沙俄侵略我国东北的罪行，主要有《黑龙江》、《俄占奉天》、《三百少年》等。如《黑龙江》，写1900年沙俄出兵侵略我国东北，强行霸占黑龙江畔的江东六十四屯，对中国人民进行惨绝人寰的大屠杀。剧本通过刻划阿穆尔军区司令格里布士奇这个反面人物，来揭露沙俄对外扩张的野心和凶恶残暴的面目："赫赫炎炎树国旗，亚洲是我殖民基。时常须用暴殄手，好等旁人怕露西。"它充满了对沙俄侵略者的仇恨和强烈的爱国主义激情。1903年，沙俄拒不从东北撤兵，激起中国人民极大愤慨，掀起了拒俄运动，留日学生在东京组织拒俄义勇队。就在这年，《汉声》刊登了杂剧《扬州梦》。《扬州梦》假托清初死难扬州人叫宗祖的魂灵降坛，向参加拒俄的留日学生演说当年清兵扬州屠城的惨状，要他们"知报复俄人，且先排去满人才是"，"要二百年前冤魂目儿瞑，除非是十八行省齐革命"。这种思想是有代表性的，它反映了当时革命者的一般倾向：要反对帝国主义的侵略，必须先进行推翻清政府的"排满革命"。而这种转变在1903年后愈来愈突出。

（二）反满的民族主义思想。汉血、愁予在申明编京剧《崖山哀》的宗旨时，即说："以使我国民引古鉴今，明夷辨夏，激动种族之观念，唤醒社会之良知为目的。"这可以代表此类剧作的共同思想倾向。这类剧本为数较多，主要如谱文天祥的《指南公》、《爱国魂》，元亡南宋的《崖山哀》，史可法扬州兵败自杀的《陆沉痛》，瞿式耜桂林抗清的《风洞山》，郑成功台湾抗清的《海国英雄记》，以及《长乐老》、《安乐窝》、《鬼磷寒》等。《风洞山》首折"先导"，写明遗民老和尚感叹一班遗老"都想做新朝廷的人物"，以填"招国魂"套曲来激发人心。其中两支是：

　　[缕缕金] 风淅淅，雨萧萧，再不要贪生怕死装腔调。洒热血仰天而笑，偌大的头颅不须保，偌大的乾坤再来造。

　　[越恁好] 胡儿大哭，汉儿大笑，卷起大风潮。倚仗着回天手段，驰铁马，舞金刀。髑髅乱掷东华道，把旧日的腥膻尽扫！中原，你从此是风光好。中原，你从此文明了。

1903年在《中国白话报》刊登的这出"先导"，鲜明地表现了要用暴力手段推翻清廷的强烈要求，充满胜利信心的乐观主义精神。这种"望他年怨气重吐，振起天声，廓清故宇"的思想在《陆沉痛》、《爱国魂》、《崖山哀》等剧中都有同样的反映。而《爱国魂》在塑造文天祥抗元被执、凛然不屈的形象时，写了他痛斥吕文焕、贾余庆的奴颜事元："待与你讲宗邦啊，叵耐你是石不化！待与你讲气节啊，叵耐你是璧染深瑕！只顾了新主嘉，由着了他人骂"，更好地衬托出文天祥的浩然正气。当时的作者们有这样一种看法，认为宋、明的亡于元、清，是由于汉奸事敌的缘故。因而他们非常痛恨汉奸，"戮尸碎骨，夷族灭宗，不足蔽其辜"。在剧作中对汉奸这类反面人物大加挞伐，"使其失心烂肺之丑态，生生活活现于舞台之上"，以使"国民睹之，自能勃生痛恨悲愤之心"。在《民报》上发表的《崖山哀》的头两出，着力描绘刘秉忠等人降元事敌的丑态，尽情地给以鞭挞。《长乐老》则是专门抨击明臣事清的作品。明遗臣张瑶星入清不仕，隐居栖霞山。他痛恨故友王国恩降清为东阁大学士，在王告老还乡时，于松风阁宴请，出新戏《长乐老》，借以痛骂王"好比墙头草，成者王侯败者寇，哪边风劲哪边倒"。《鬼磷寒》、《安乐窝》更直接攻击清政府的反动统治。后者以女丑扮演慈禧太后，揭露她"就是祖国沦亡，却也并不在意"，"正好向华堂筵宴，莫放金樽浅"的腐朽卖国的反动嘴脸。这些剧本饱含着炽热的感情，慷慨激昂，动人心弦，但也明显地表现了"夷夏之辨"的大汉族主义思想，对少数民族抱着偏见和歧视，从一个侧面反映了资产阶级革命派在反满问题上的局限性。

　　（三）反对君主专制，鼓吹自由平等。这类剧本的题材，也大都是中外历史事件，主要有《游侠传》、《博浪椎》、《摘星楼》、《断头台》等。《博浪椎》、《摘星楼》都是反暴君专制的，鼓吹"推翻这专制政府，扫灭那无道昏君"。《游侠传》写朱家等人结为团体，反对汉高祖刘邦的专制统治。朱家等人认为"这帝王二字，本是公共称呼，每一个人民，都该是个帝王资格"，然而"暴秦灭，刘汉初兴。那政体，全未改旧日章程。有谁讲，新主义，自由平等？有谁知，旧学说，民重君轻？"他们主张"这国家，归公股"，"这种族，演真派"，因而"要把这政体（君主专制），竭力推翻"，"要把这贼官，尽数屠歼"，"自建起，新政府，订立宪章。把民种，伸得起，黄族蕃昌！把民权，伸得起，黄族蕃昌！"《断头台》谱法兰西革命，山岳党罗拔士庇将废王路易十六审判处刑，以维护革命成果。作者以赞颂法国革命，来鼓吹推翻清朝专制政府，"唤起同胞兄弟，把自由旗耀，独立厅开，平等钟敲"，热烈欢呼"共和政府万岁"，"国民万岁"。在提倡振起女权、女子自由方面，也创作出一批剧本。《女中华》、《松陵女儿》等是激励"沉沉女界"奋发爱国精神，要"活婵娟，激起神州革命潮，看他年铜像儿巍巍云表"。而《花木兰》、《黄天荡》、《女英雄》等，则是描绘花木兰、梁红玉从戎抗敌的英雄事迹，以启迪妇女不让须眉、勇于为国的思想。

很可贵的是，在当时的剧本创作中，产生了一些直接反映革命党人可歌可泣的革命事迹的作品。1903年《苏报》案发生，邹容被捕入狱，浴血生即以此事件写《革命军传奇》，歌颂邹容（剧中托名周镕）为鼓吹革命而入狱的英雄气概。此剧发表于同年出刊的《江苏》第六期，反应是相当迅速的。《苍鹰击》、《皖江血》、《开国奇冤》都是写1907年徐锡麟安庆起义壮烈牺牲事，《苍鹰击》尤有特色。剧本假姓名为田丰，塑造了一个忧国忧民、为革命"拼捐七尺身"的"胸襟浩荡，意气激昂"的英雄形象。田丰痛恨清政府的卖国虐民："这仇怎忍？擅把俺家私赠人！这恨怎平？径由他脂膏朘民！中央集权搜括尽，一人独智余皆蠢。到如今，还掩耳偷铃心忒恨"。他揭露清政府"行新政，外观陡粉"，直斥慈禧太后和光绪皇帝有大罪。他还指责梁启超（托名新少年）是反复无常的小人，"一味贡谀，粉饰多端，荧惑众听……不过是觊觎复召，梦想赐环而已"。他表现了为革命不惜牺牲的高尚品德，"试看俺把滚热的一腔心血喷。鲜于花，红如锦，将醒醍乾坤洗净。有分教，革命的风潮一日比一日要紧"。《轩亭冤》、《六月霜》是歌颂秋瑾为"涮除专制毒，激起自由神"，"唤起国民魂"而奋斗牺牲。但是，写秋瑾的剧本比起写徐锡麟的剧本来，存在着较大的缺点，主要是没有把这个女革命家的英雄形象真实地再现出来，而写成只是男女平权的鼓吹者。

从上述的情况可以看出，这个时期发表的剧本，政治倾向是非常鲜明的。作者自觉地为政治需要而创作，紧密地为资产阶级民主革命服务。这种特点，在中国戏剧史上是空前的。它在激发人们的爱国主义精神，启迪人民的民主共和思想，促进反清革命的发展，有着不可磨灭的作用。但是，这些剧本也存在着明显的缺点，除上面提到的思想性方面的问题外，主要是艺术质量不高。艺术质量的不高，突出表现在没有塑造出性格鲜明的艺术形象。中国戏剧发展的历史过程中，曾产生了许多优秀的作品，塑造了一批典型的艺术形象，给予观众和读者印象十分深刻，历久不忘。而这个时期剧作的人物形象，则大都比较概念化。尽管有不少人物是慷慨激昂的，但缺乏丰满的有血有肉的性格。这些人物，多半成为作者的"传声筒"，有的简直是化装讲演。剧作者不是让政治倾向从人物和情节中自然地流露出来，而是让人物在那里宣布作者的政治观点。这种写法，也使一些历史剧出现了古代人说当代话、做当代事的非历史主义倾向。此外，这些剧本在艺术上也比较粗糙，受旧形式的束缚较大，甚至是沿用陈词套语，缺乏创新。创作的匆促急就，不少剧本往往只发表开头一二出，全本未完。至于采取已在舞台上消亡的杂剧、传奇形式来编剧，充其量只能起到文学剧的作用，不可能成为舞台剧。而戏剧的有生命，不仅供人案头欣赏，更重要的是在舞台上再现。这种种缺陷，限制这些作品在当时发挥更大的社会作用，也使之没有能够在以后的舞台上流传下来。事过境迁，政治上已失去需要之后，也就为人们所逐渐遗忘，只成为历史记录的一页。

三

随着资产阶级革命运动的日趋高涨，演剧活动也发生新的变化。上海的京剧舞台上，编演时事新剧和历史新剧比以前盛行了。主要倡导者是被称为"剧班第一革命巨子"的汪笑侬。他是满族人，本名德克俊，具有爱国思想，不仅通过戏剧来抒发他的爱国热情，还在《大陆》、《浙江潮》、《二十世纪大舞台》等革命报刊上发表诗文来抨击时政的腐败，抒发爱国思想。夏月珊、夏月润兄弟和潘月樵等京剧艺人，对新戏的编演也起了推动作用。他们在春仙、丹桂、新舞台等戏院，先后演出了《波兰亡国惨》、《瓜种兰因》、《桃花扇》、《长乐老》、《缕金箱》等新戏。这类戏往往直接讽刺和抨击清政府，受到了观众的热烈欢迎，但遭统治者的忌恨。汪笑侬因演《波兰亡国惨》，借外国故事来痛骂清政府，被卖国官僚勾结租界外国侵略者把它禁演了，而且此后这类戏一直遭到禁演。

京剧及其他剧种的传统剧目，大致都是历史题材，与群众关心的现实政治没有直接关系，也不直接表达群众的情绪和要求。时事新戏虽然反映的是当代生活，表现着群众切身的社会问题，但用的是传统的戏剧形式，这就产生了新内容和旧形式的矛盾问题。如何来解决好这个矛盾，当时还没有多少实践经验，处理得又比较草率生硬，穿西装唱皮黄，观众总觉得不自然，不易接受，有些观众认为演时事戏还不如改变为纯用话白更妥贴。在这种情况下，话剧这一新的剧种应运而生。

话剧在当时称为"新剧"或"文明戏"，以区别于流行的戏曲。它是在资产阶级民主革命思潮的刺激和影响下生长起来的，因而一开始就和革命运动关系密切。一些爱国的、倾向革命的知识分子，运用这一新型的武器来直接表现他们的政治思想感情，进行社会宣传。

话剧，不论从东京和上海的情况来看，可以说是创始于1907年[①]。这年，留日学生曾孝谷、李息霜（叔同）、欧阳予倩（其后还有陆镜若等人）

[①] 在这以前，上海虽有一些学校的学生演剧，但系非正式的业余演出，戏剧本身是抄袭京剧的时事新戏，没有脱出其范围，还不具备话剧的形式。

等为骨干的春柳社，在东京演出了话剧《茶花女》（第三幕）和《黑奴吁天录》。《黑奴吁天录》是根据林纾、魏易翻译的美国斯托夫人的同名小说改编的，戏分五幕，有完整的剧本，全部用口语对话，是纯粹的话剧形式。在思想性上，剧本比小说原作也有所提高。小说宣扬了基督教的人道主义，剧本则摒弃了这种宗教思想；小说的结尾是解放黑奴，而剧本的结尾却是黑人哲而治杀死黑奴贩子后逃走。这出戏富有强烈的反对民族压迫的思想，演出效果很好，观众很受感动，尤其受到留日学生和旅日革命人士的欢迎。日本戏剧界也给予很高的评价。《黑奴吁天录》是中国正规的、完整的话剧的一次公开演出，它标志着中国话剧的正式诞生。

春柳社在东京的演剧活动，还值得提出的是1909年初夏以申酉会名义上演的《热血》（《热泪》）。这个剧本是根据日本人译编的《热血》的再译编，原剧叫《杜司克》，是法国作家萨都的作品。故事大概是这样：流落罗马的法国某画家与女演员杜司克恋爱，而警察总监也爱上了她，因此很嫉妒画家。碰巧画家救了一个革命者，警察总监就借此逮捕他，判了死罪。杜司克因营救无效，刺杀了总监。当她赶到刑场时，画家已被枪杀，她也从城堡跳下自杀。这本是一出浪漫派的普通悲剧，当时为什么要选择它上演？欧阳予倩在《春柳回忆》中说，一个重要原因是由于"青年留学生当中革命空气相当浓厚，这个戏适合于客观形势。我们都不是革命党人，可是反对专制倾向自由的思想，不可能不影响到我们，尽管在我们四个人①当中每个人的感受有所不同，我们在排练的时候，不知不觉把一个浪漫派的悲剧排成宣传意味比较重的戏"。正是在这种倾向的支配下，他们没有照搬原作，而是根据客观形势的需要加以改编。例如原本被枪杀的只有画家一人，改本则是画家和革命者同时被绑到刑场，革命者向画家说，"专制必然会倒，自由平等的世界一定会到来"，"我们生前是朋友，死后还是朋友"；画家说："我们生前是同志，死后还是同志。"②这既改得自然，又适应人们的思想感情，因而能获得很好的社会效果。《热血》的

①指欧阳予倩、陆镜若、吴我尊、谢抗白四个主要演员。
②欧阳予倩：《春柳回忆》，《自我演戏以来》，中国戏剧出版社1959年，第166、173页。

演出，在中国留日学生中博得很高的评价。黄兴等同盟会员看了戏后都加以赞扬，认为给了革命青年很大的鼓舞。据说《热血》演出后的那几天，加入同盟的有四十余人，有人认为都是受了这出戏的感动。这种说法当然是夸张的，不符实际，但从传言中却可反映这出戏在鼓动人们的革命情绪上是起了作用的。

《黑奴吁天录》在东京演出后，影响及于国内。不久，王钟声在上海组织春阳社，演出该剧，不过剧本是另外改编的。这次演出不算成功，还没有摆脱戏曲传统格式的影响，夹杂着用锣鼓、唱皮黄等，但它毕竟是第一次用分幕的方法编剧，用布景灯光，在剧场作大规模的正式演出，应该说是话剧在中国本土的开端。这次演出，对京剧舞台的改革也产生了影响，当时也从事新剧活动的朱双云称："实开今日各舞台布景之渐。"[①]王钟声受了当时革命思想的影响，参加革命活动。他认为："中国要富强，必须革命；革命要靠宣传。宣传的办法，一是办报，二是改良戏剧。"[②]为了反对清政府的反动统治，他投身于新剧活动，组织剧社，还和任天知创办了一所培养新剧演员的通鉴学校。它虽仅存在两个多月，却是中国第一所戏剧学校。继《黑奴吁天录》之后，王钟声还演出了《秋瑾》、《徐锡麟》、《官场现形记》等宣传革命、揭露官场腐败的新剧。1908年5月以后，王钟声到北京、天津演出，和刘艺舟等将新剧播及于北方。他在天津演出时，曾与人合作，"就北马路大观戏园创建新舞台，布置颇为完美，为吾国从前所未有，故每日座客拥挤"[③]。1911年6月间，王钟声还在北京演出，因为他宣传革命和讽刺时政，遭到清朝统治者的迫害，被判"递解回籍，交地方官严加管束"。

受革命潮流影响，对初期话剧运动贡献较大的是任天知组织的进化团。任天知在日本时就和春柳社的社员熟悉，春柳社的《黑奴吁天录》演出成功后，他曾提议搬回国内演出，没有实现，于是单独回国从事新剧活

---

① 朱双云：《新剧史》，"春秋"栏，新剧小说社1914年。
② 梅兰芳：《戏剧界参加辛亥革命的几件事》，《辛亥革命回忆录》第1集，中华书局1963年，第356页。
③ 剑影客：《天津名伶小传·钟声先生传》，见官桂铨：《中国话剧创始人之一——王钟声》，《文史》第6辑，中华书局1978年，第250页。

动。1908年2月，他和王钟声在上海演出《迦因小传》。这出戏的意义，在于它使话剧的格式趋于完整。据当时从事新剧活动的徐半梅观后评价说："这一次《迦因小传》，才把话剧的轮廓做象了。"[①]1910年，任天知重来上海，成立了职业新剧团进化团。这个剧团除在上海演出外，还到南京、芜湖、汉口、宁波等地演出。所演剧目多半是反映当时的政治问题，暴露清政府的腐败，宣传革命，宣传爱国思想。尤其是武昌起义后，进化团更是热情配合当时的革命需要，编演了《黄金赤血》（劝募爱国捐）、《共和万岁》（歌颂辛亥革命的胜利）、《黄鹤楼》（赞武昌起义）等剧。这个剧团既具有浓厚的革命色彩，演出的戏又有强烈的政治鼓动性，反映了群众的思想情绪，因而很能吸引观众，受到热烈欢迎；但也因此遭到反动统治者的疑忌和迫害。武昌起义前，进化团在芜湖演出时曾被警察当局下令禁止，在汉口又遭湖广总督瑞　命令拘捕而逃回上海。1912年秋，进化团解体，从此在戏剧舞台上消失了。

进化团只存在近两年时间，但它的影响却很大，不仅对传播革命思想起了作用，而且在长江沿岸主要城市开展了话剧启蒙运动。在它的推动下，有的城市也成立新剧团。辛亥革命取得推翻清朝政府胜利后的一段时间内，新剧活动很活跃，除上海外，江苏、浙江、安徽、湖北、湖南、广东、福建、北京、河南等地都成立了新剧团体。1912年3月，原春柳社的部分成员陆镜若、欧阳予倩等组织了新剧同志会，建立春柳剧场，成为不同于进化团的新剧艺术的另一有影响的流派。因为它的演剧活动是在北洋军阀统治时期，这里只能略为提到。

四

辛亥革命时期，戏剧界不仅通过演戏来宣传反清革命，而且还直接投身

[①] 徐半梅：《话剧创始期回忆录》，中国戏剧出版社1957年，第24页。

于革命斗争中，有的人为革命事业而献出生命，更是为人们所称道和怀念。

应当首先提到的是王钟声。王钟声原名熙普，组织春阳社后改用这个名字，浙江上虞人。他曾留学德国多年[1]，1906年回国后，先后在湖南、广西任教。在广西系任职于法政讲习所（后改称法政学堂），据李任仁回忆说：“法政讲习所是官办的，那时广西巡抚已经换上林绍年，由林绍年兼任所长。内设官、绅两班。官班由刘人熙负责。……绅班由王熙普负责。王熙普是同盟会员，做事勇敢，说话大胆。1906年法政讲习所开会庆祝皇太后寿诞和预备立宪，巡抚林绍年也到来参加，王熙普在会上演说，说‘立宪是假的，清廷不去，中国无希望’。林绍年听了大不满意，不久就将他辞退。”[2]王钟声离开广西，即去上海、北京、天津等地从事新剧活动。1911年10月武昌起义，推动了资产阶级民主革命运动迅猛发展。11月3日，上海的同盟会员发动起义，至4日晨取得了胜利。上海起义的成功，攻占高昌庙江南制造局是个关键。当时王钟声在上海，曾参预其事。徐半梅在《话剧创始期回忆录》中说：“自从武昌一发动革命，他就抛弃了粉墨生涯，要去投笔从戎了。上海攻打高昌庙制造局的一夜，他也加入去冲锋。他在这一夜十二时，到丹桂第一台后台去，借了一身军装、一把指挥刀，就此打扮起来，出发到南市打仗去了。”据章天觉《回忆辛亥》记载，3日下午，王钟声与京剧艺人夏月润、毛韵珂（艺名七盏灯）等曾参预密议是夜十时攻制造局。在进攻时，王钟声等人“奋勇争前”。上海光复后，在推举都督的问题上发生了争执，李平书等提议光复会的李燮和为都督，遭到拥陈其美者的反对，王钟声激烈抗言：“如上海不须都督则已，若需要都督，非陈君莫属。苟举非其人，余决以身家性命掷之。”[3]6日，沪军都督府成立，陈其美为都督，李燮和等十一人任参谋，王钟声是其中之一。不过，他任职的时间很短，前后只有9天，15日即辞去职务[4]。王钟声辞职后，

<hr>

[1] 一说留学日本，似不确。
[2] 李任仁：《同盟会在桂林、平乐的活动和广西宣布独立的回忆》，《辛亥革命在广西》上集，广西人民出版社1961年，第53页。王钟声哪一年到广西，记载不一，一说是1907年。
[3] 《辛亥革命史丛刊》第2辑，中华书局1980年，第157—158页。
[4] 1911年11月19日《民立报》刊登都督府通告说：“王君（熙普）于本府成立之初，被众举为参谋，到二十五日（阴历）因有事辞去。”

即离开上海，到天津从事革命活动。他住奥租界移风乐会会长刘子良家，暗中运动起义。当时，新军第六镇统制、革命党人吴禄贞被杀害，滦州起义正在酝酿，直隶总督陈夔龙"犹复逞其凶焰，恣杀无辜，违法丧权，无所不至"①。他密令警察总办杨以德勾结奥领事将王钟声逮捕，被捕的还有刘子良及演员多人，并搜出都督印信和文件信函等。12月3日，王钟声被杀害，时年还不到三十岁②。他临刑时面不改色，高呼"驱逐鞑虏，光复大汉"，慷慨就义。王钟声的被杀害，京津一带革命党人和社会舆论表示了极大的愤慨。陈夔龙等虽杀人不眨眼，但实际上很虚弱，不敢公开承认王钟声革命党人的身份，竟诬蔑他是"匪棍"，"乘乱煽惑"③，表现了临垮台前的挣扎。

曾和王钟声一起搞新剧，而又从事革命活动的有刘艺舟。刘艺舟又名木铎，湖北鄂城人。他在日本留学时，结识黄兴、宋教仁等人，加入同盟会。对于新剧，则由于受春柳社演出《黑奴吁天录》、《热血》等的影响，而引起兴趣。1910年回国后，与王钟声等合演新剧，鼓吹爱国思想，揭露清政府的腐败。武昌起义前后，刘艺舟在大连演出，并从事革命活动。他与张榕等人领导组织"同盟急进会"，推进东北的革命运动。1912年1月，山东同盟会员徐镜心、丘丕振等在大连筹划攻打登州，刘艺舟也参预其事，并捐助款项。他们率队约三百人，租用日轮"永田"十五号，于14日下午自大连启碇，次晨到登州。未经战斗，遂即光复④。军政府成立，举连承基为都督，姜炳炎为临时总司令，丘丕振为鲁军司令，刘艺舟任外交部长。不久，姜炳炎辞司令职，由刘艺舟代理⑤。但刘艺舟、丘丕振等因争夺权力，发生尖锐矛盾。刘艺舟联络烟台方面丁惟汾等人准备改组登州军

---

① 郭孝成：《直隶革命记》，中国史学会主编：《辛亥革命》第6册，第270页。

② 新《辞海》"王钟声"条约订生年为1874年（？），则虚岁三十八。但据剑影客在王钟声生前出版的《天津名伶小传·钟声先生传》（见官桂铨：《中国话剧创始人之一——王钟声》，《文史》第6辑）所记，宣统元年（1909）"其年方廿有六"，当生于1884年，应晚十年。

③ 梅兰芳：《戏剧界参加辛亥革命的几件事》，《辛亥革命回忆录》第1集，第358—359页。

④ 邹念之编译：《日本外交文书选译——关于辛亥革命》，中国社会科学出版社1980年，第216—217页。

⑤ 按刘艺舟自己及戏剧界的回忆，都说刘任登州都督。但据一些参加光复登州者的记述，都督为连承基。当以后者为可靠。参见《黄县革命史实》，《山东近代史资料》第2分册，山东人民出版社1961年；孙丹林：《山东辛亥革命之经过》，《辛亥革命回忆录》第5集等。

政府，与丘丕振几酿成武装冲突。经调解，刘艺舟等回归烟台。袁世凯为临时总统后，他离开烟台至上海，加入新舞台，与夏月珊、潘月樵等合作演戏。此后，他一直从事戏剧话剧，借演戏来讽刺揭露军阀官僚的反动统治。在励群剧社的小启中，刘艺舟声称他所以重新以铁板铜琶谋生活，是因为痛恨"豺狼当道"，"洪水横流"，欲借戏剧以"警世"、"励群"，"吾心之向，提倡人权，吾志所趋，铲除国贼。人溅之以铁血，吾溅之以心血，同利于国，利于身。吾志未酬，吾心不死！吾国一日不强，吾舌一日不弊。有生之日，即吾奔走鼓吹之年，碎骨粉身，亦吾之所不计"①。尽管刘艺舟有这样那样的缺点，但这种爱国主义的精神却是值得称道的。

直接投身于革命斗争的，不仅有新剧演员，也有京剧艺人，如夏月珊、夏月润弟兄和潘月樵（艺名小连生）等。夏氏弟兄和潘月樵都是上海著名的京剧演员，他们在革除梨园界某些陋规、编演时事新戏、改造舞台等方面，做出了一定贡献。辛亥革命前夕，上海各界各业先后组织商团，伶界商团的负责人是夏氏弟兄和潘月樵。他们跟同盟会的陈其美、沈缦云、商团会长李平书都有联系。上海起义，江南制造局的清军据守顽抗。商团攻打制造局时，夏氏弟兄、潘月樵等京剧演员，以及新剧演员，有许多人参加。在战斗中，潘月樵被子弹伤足，进化团团员多人伤亡，团员钱逢辛也因参加水上治安工作在黄浦江夜巡时中流弹身亡。上海的光复，戏剧界是作出了应有的贡献的。

武昌、上海起义后，军费浩繁，饷糈困难，革命党人不得不设法多方筹措。上海戏剧界对此十分同情，积极响应，除个人捐款外，并多次义演助饷。见于当时报纸登载的就有以下几次：1911年12月18日，新舞台演夜戏，入场券每张一元，所得全部汇交九江军政分府，拨助军饷；20日，竞义社在新舞台演日戏助饷，新舞台潘月樵、夏氏弟兄及全体艺员捐助中华民国学生军军费五百元，并义演夜戏以济军需；25、26日，大舞台演戏两夜，所收券资全部交沪军政府助饷；而著名京剧演员小子和（冯子和）、

① 欧阳予倩：《谈文明戏》，《自我演戏以来》，第204—205页。

小连生、七盏灯、盖叫天、夏月珊、夏月润、三麻子等十七人联合发起邀集四个舞台的全体艺员，轮流合演各种新戏，所得戏资全部捐助北伐联军总部作军饷；等等。这也是戏剧界对辛亥革命热情支持的实际表现。

辛亥革命时期，戏剧兴盛，出现了一个高潮，并有着前所未有的新发展。它的兴盛和发展，是由于革命潮流的刺激，资产阶级革命党人倡导和推动的结果。戏剧兴盛的高潮，正是同革命的高潮相俱而来的。可以说，没有辛亥革命的高潮，也不会产生一个戏剧运动的高潮。这在中国戏剧史上是值得注意的现象。但是，资产阶级在文化上比在政治上更加软弱。辛亥革命失败后，随着政治形势的急转直下，戏剧也日趋于走下坡路了。京剧没有什么新的起色，新剧也因迷失方向而停滞、衰败，文明戏变成了一个讽刺的名称。这又是值得注意的另一个现象。

（原载《北京师范大学学报〔社会科学版〕》1981年第5期）

辛亥文化革新与五四新文化运动

对于辛亥革命时期资产阶级革命派在思想文化方面的贡献及其历史地位，长期来评价不高，甚而被贬低。如有的研究者认为，近代80年的文化历程，经历了洋务运动的"中体西用"、维新思潮和新文化运动三个阶段，把辛亥革命时期的思想文化包括在维新思潮阶段，没有它的独立地位。有的研究者认为资产阶级革命派忽视了思想文化，其贡献远不如维新运动和新文化运动。有的研究者则认为，辛亥革命只是制度层次的变革，五四新文化运动才进而思想文化层次的变革。有的研究者甚至断言，辛亥革命只是打落中国最后一顶皇冠，别的毫无意义。这些论断或多或少存在着片面性，并不符合客观实际，不是实事求是的。对此，笔者曾撰文阐述自己的一点看法[1]。在这篇文章的结语中提到：在"辛亥革命时期，资产阶级新文化曾经发挥了同封建阶级旧文化作斗争的革命作用，并为'五四'前的新文化运动创造了条件，开辟了道路"。"'五四'前的新文化运动，应该说是辛亥革命时期'文化革命'的继承和发展。"这里说得简略概括，有必要加以具体阐述。

首先，研究思想文化不应局限于思想文化本身，不能只看当时在这方面做了多少事情来论定其贡献的大小，而应联系诸如政治等其他因素来考察。尤其是大的政治运动，它在思想文化上所产生的作用是不能低估的。

---

[1] 龚书铎：《辛亥革命与文化》，《历史研究》1989年第5期。

辛亥革命这场伟大的政治革命，推翻了清王朝的统治，结束了二千多年的君主专制制度，建立了中华民国。南京临时政府虽仅存在三个月，《临时约法》也终于被撕毁，但是这毕竟是"三千年一大变局"，震撼了中华大地。如此巨大的政治变局，不可能不对思想文化的变化发生影响。这种作用和影响，不是报刊一般宣传所能代替的。事实上辛亥革命无疑是对封建主义旧制度、旧观念、旧思想、旧习俗一次猛烈的冲击，使资产阶级的民主制度、民主思想、共和国观念深入人心。辛亥革命后，尽管有袁世凯和北洋军阀的反动统治，有尊孔复古逆流，但民主、自由的风气和潮流却也在向前发展。

辛亥革命后，文化事业有了发展。首先是教育事业的发展。以1912年为例，该年大中小学学生总数超过1911年的一倍，其中女学生增加得更多。这些新型的知识青年中的一部分人，成为五四新文化运动传播新思想、推动时代观念发展的重要力量。其次是新闻出版事业出现新局面。仅就报纸而言，武昌起义后，"一时报纸风起云涌，蔚为大观"。半年内，全国报纸由十年前的100多种，增加至近500种，总销数达4200万份[①]。这是前所未有的。许多报纸议论时政，宣传民主、科学和各种社会政治思想。第三是政党、社团如"雨后春笋，蓬勃兴起"。1912年10月，仅在民政部立案的团体就有85个。据有的记载，政党、社团数目曾高达300多个。在社团中，为数不少是文化、学术团体。这些社团集合了当时一批有志于研究学术和社会问题的知识分子和青年学生，创办刊物，举行讨论会、演讲会，邀请学者讲学，大大活跃了当时的思想界。上述辛亥革命后出现的新的发展变化，显然是由于辛亥革命及其建立的民国的结果。

就思想文化本身而言，如果我们不割断历史，实事求是加以考察，就不难发现五四前新文化运动所提出的主要问题，几乎在辛亥革命时期都提出来了。五四前新文化运动的发生无疑是时代的需要，具有时代的特点。但是，作为文化运动本身，它又是有着发展衍变的过程，不是突如其

[①] 戈公振：《中国报学史》，第181页。

来的。毛泽东同志在《新民主主义论》中说："在'五四'以前，中国的新文化运动，中国的文化革命，是资产阶级领导的。"他还指出："在'五四'以前，中国文化战线上的斗争，是资产阶级的新文化和封建阶级的旧文化的斗争。在'五四'以前，学校与科举之争，新学与旧学之争，西学与中学之争，都带着这种性质。"显然，在五四以前的新文化运动，就是资产阶级的文化运动。大体上说，近代中国的资产阶级文化运动是从维新运动时期开始的。由于发展资本主义的要求，更直接的是由于救亡图存、变法维新的政治运动的蓬勃发展，从而出现了这场资产阶级文化运动。辛亥革命时期，资产阶级革命派承续了戊戌新文化思潮，有所批判，有所继承，推进了资产阶级新文化向前发展。辛亥革命后，进一步发展为五四新文化运动，成为近代资产阶级新文化运动的最高潮。五四新文化运动也就是在辛亥革命时期新文化的成就和不足的基础上发生和发展起来的。

五四前的新文化运动，以"民主"和"科学"为两大旗帜，反对旧道德提倡新道德，反对旧文学提倡新文学，反对文言文提倡白话文，并把斗争锋芒指向维护封建制度的"孔教"。然而五四前新文化运动所提出的主要问题，几乎在辛亥革命时期都已经提出来了。人们称赞五四新文化运动是一次思想解放运动，认为这个时代掀起了前所未有的引进国外思想的局面，西方政治、文化思想广泛传播，诸如马克思主义、民主主义、无政府主义、实用主义、改良主义、新村主义、泛劳动主义、基尔特社会主义、国家社会主义等等，主义纷繁，学说杂陈。但是，这些主义、学说并不都是在五四运动前后才在中国传播，其中不少在辛亥革命时期即已输入了。在本世纪的最初十年间，欧美主要哲学流派和代表人物，从古代至近世，都介绍到中国来，如苏格拉底、柏拉图、亚里士多德、笛卡儿、培根、斯宾诺莎、霍布斯、达尔文、卢梭、孟德斯鸠、边沁、康德、黑格尔、叔本华、尼采以及詹姆士的实验主义。政治思潮如民主主义，随着资产阶级革命的发展而盛行。对于民主主义，当时革命党人认为最要紧的是民权，"世界万国，以有民权而兴，无民权而亡者，踵相接，背相望"。中国"之所以能脱之倾之去之除之复之者，在种吾民革命之种子，养吾民独立之精神，而可一言以蔽之曰：民权而已"①。在民权问题上，对女权的呼吁和争取是很突出的。他们提倡男女平权，认为"女权愈振之国，其国愈文明；女权愈衰之国，其国愈衰弱"②，倡言"二十世纪为女权革命世界"。五四前新文化运动中，陈独秀等人鼓吹人权，提出人格独立、个性解放等民主主义的思想主张，显然是对辛亥革命时期民权思想的继续和发展。五四前后在各种思潮中曾占有优势的无政府主义思潮，也是在辛亥革命时期被介绍到中国。其时，《新民丛报》、《东方杂志》、《浙江潮》、《江苏》、《民报》等报刊都刊载过介绍欧洲无政府主义的报导、评论。1907年，革命派中无政府主义信仰者分别在日本东京和法国巴黎创办《天义报》和《新世纪》，宣传无政府主义。无政府主义作为一种社会思潮，自有其基本的思想，但也存在着不同流派，提出了不同的主张。刘师培就认为无政府主义有三派，施蒂纳的个人无政府主义、托尔斯泰的消极无政府主义和克鲁泡特金的共产无政府主义。三派中施蒂纳的太高远，只有克鲁泡特金的"自由结合"说最为的当。而刘师培就是吸收克鲁泡特金的无政府主义，结合自己的思想，形成了具有特色的平等无政府主义体系。克鲁泡特金的无政府主义思想，五四运动前后在中国知识界颇有影响。

对中国产生伟大影响并成为实践的马克思主义的社会主义思潮，在本世纪开初就介绍到中国来了。革命派的报刊如《浙江潮》、《江苏》、《民报》等，发表了一些介绍社会主义学说的文章。其中以《民报》的贡献为大，朱执信的表现为突出。朱执信在文章中肯定社会主义社会是"最进步之社会"，并介绍了马克思《共产党宣言》的阶级斗争学说。尽管他对社会主义的认识还较肤浅，乃至有所误解，但在当时来说却是很难得，很有远见的。由于国内和国际的状况，中国资产阶级革命家有其特点，他们所要进行的是推翻封建专制制度的资产阶级民主革命，却又看到西方资本主义社会"富者益富，贫者益贫"，存在着"不均"和"不公"，因此认为应当用社会主义来救治资本主义的弊病，"举政治革命社会革命毕其功于一

---

① 张枬、王忍之编：《辛亥革命前十年间时论选集》第1卷上册，第70、66页。
② 张枬、王忍之编：《辛亥革命前十年间时论选集》第1卷下册，第924页。

役"。他们对社会主义的介绍和同情，也就不足为奇了。资产阶级革命派对社会主义学说的介绍，当时虽没有产生什么社会影响，但其前驱的作用是不应抹杀的。

辛亥革命党人和五四新文化运动倡导者，宣传民主主义思想，都是反对封建三纲五常，批评儒学，直至把矛头指向孔子。这里既表现为政治、伦理的民主，也表现为学术的民主。辛亥革命党人反对儒学独尊，提倡诸子学。诸子学的兴起，在于乾嘉学派，汪中、王念孙、俞樾、孙诒让等人都做了贡献。但是，诚如刘师培所说，他们的研究"大抵甄明诂故，掇拾丛残，乃诸子之考证学，而非诸子之义理学也"①。章太炎、刘师培、邓实等人的提倡和研究诸子学，则是"诸子之义理学"。他们用新理论研究诸子学，章太炎撰《诸子学略说》，刘师培发表了《周末学术史序》，《国学振兴社讲义》第一分册也刊载《诸子系统说》等。刘师培等人把复兴古学看成是类于欧洲的文艺复兴，而复兴古学的内容即在于复兴诸子学。不论他们鼓吹复兴古学有什么弊病，且亦不能与欧洲文艺复兴相提并论，但他们把长期被排压的诸子学提到与孔学同等的重要地位，揭发出诸子学中有价值的内容，则是有意义的。

与提高诸子学地位相联系的，显然是降低了儒学的地位。就是说，儒学从独尊的统治的地位降为普通的学术流派。在章太炎等人看来，儒家不过是诸子中的一家，而其经典也不过是孔门的教科书或历史文献。他们还进而对儒家和儒家思想进行了批评。章太炎说："儒家之病，在以富贵利禄为心"；"儒术之害，则在淆乱人之思想"②。刘师培认为汉儒的家法、东汉的谶纬、韩愈的道统、宋明的理学都是"伪学"，是君主进行思想统治的工具。有的人以"贵我"即人的独立精神来批评儒家学说，指斥"儒者立说"是"剥丧人权，阻碍进步，实为人道之蟊贼"③。"中国之所倡儒者，并非孔孟，乃人君假之以为奴隶之介绍者，故唯不儒然后可以办事，儒则熏

---

① 刘师培：《周末学术史序·总序》，《刘申叔先生遗书》第14册，1936年宁武南氏铅印本。
② 汤志钧编：《章太炎政论选集》上册，中华书局1977年，第289、291页。
③ 《教育泛论》，《游学译编》1903年第9期。

心于奴隶也。于是遍览累朝之儒臣奴媚外种者十之八九，是除孔孟之外，凡所谓儒者，皆奴隶之学也。"[①]在《警钟日报》、《国民日日报》、《中国白话报》、《河南》、《民吁报》、《民立报》以及《天义报》、《新世纪》等不少报刊上，都刊载有批评儒学的文章。在批评儒学思想中，比较集中批判封建伦理纲常，如有的文章指出："三纲之制，取政治、法律、风俗、伦理概而包之，以陶镕中国于专制之下，成为中国人第三天性不能自拔。积而久之，制造出一种有君无臣、有长无幼、有男无女，至不平等，至不自由，永无释放，永无进步之教化。"[②]

革命党人从批评儒学，进而重新评价孔子。在他们的评论中，首先是将作为"圣人"的孔子变为"凡人"的孔子。康有为在戊戌维新时虽然批判儒学的某些方面，但却标榜"孔子改制"的旗号，尊孔子为教主，主张立孔教为国教。而章太炎、刘师培等人则认为孔子不过是当时诸家中的一家，如刘师培说：孔子"也是个儒家的一派，一定说他是'至圣先师'，却也未免太过的"[③]。或认为"吾国学有渊源，非止孔孟一支，平其心，静其气，无所重轻，兼采众说，以求公理，则虽余固未能谓孔孟无可取也。唯强余以为至圣，沮人生之自由，禁学术之发达，再为第二汉武，定于一尊，则余不忍泯此良心也"[④]。因此，提出"无圣"的主张。否定孔子"至圣先师"的地位，打破了偶像崇拜，解放了思想。一般来说，他们对孔子在学术教育上的贡献都是肯定的，甚至认为周秦诸子之中"未有出孔子之右者"。但是，他们也批评孔子学说、思想中的弊端，有的指出孔子思想有泥古守旧、排斥异己、不重实学；有的认为"孔子之教，唯在趋时"，"湛心利禄"[⑤]。更为激烈的则说，中国"历数千年无进取，孔氏之罪也"[⑥]；"孔丘砌专制政府之基，以荼毒吾同胞者，二千余年矣。……欲支那

①《劝同乡父老遣子弟航洋游学书》，《游学译编》1903年第6期。
②《迷信儒教之心理》，《民立报》1913年9月3日。
③光汉：《孔子传》，《中国白话报》1904年第13—14期。
④凡人：《无圣篇》，《河南》1908年第3期。
⑤汤志钧编：《章太炎政论选集》上册，第290—291页。
⑥帝召：《孔子秋祭之感想》，《民吁报》1906年10月10日。

人之进于幸福，必先以孔丘之革命"①。此外，在资产阶级革命派的报刊中，有的文章从历史发展的眼光来评价孔子，认为孔子所处的时代为"封建之时代"，"其语言之不适用于今世界者，更仆难终"②；孔子"乃代表其一时，非代表于永世。今日有大于孔子者，则代表将移于今；后日有大于今日代表者，则代表复移于后"③。对于孔子和儒学的这些言论，其激烈程度不亚于五四新文化运动。五四新文化运动时，陈独秀、李大钊、易白沙等人对孔子的评论，都不是完全否定的，而是既有批判又有肯定。他们反对孔教，批判三纲五常，"掊击孔子为历代君主所雕塑之偶像的权威"，"掊击专制政治之灵魂"，认为孔子之道"不合于现代社会之生活"。但是，他们也肯定了孔子和孔学的历史地位和价值，如陈独秀就明确表示，"反对孔教，并不是反对孔子个人，也不是说他在古代社会无价值"④；李大钊也认为，"孔子于其生存时代之社会，确足为其社会之中枢，确足为其时代之圣哲，其说亦确足以代表其社会及时代之道德"⑤。从上所述不难看出，五四新文化运动的反传统，在对待孔子和儒学上，所持的态度和所涉及的问题，和辛亥革命时期基本上是一样的，可以说是一脉相传。

对待诸子学、孔子和儒学的问题，也就是对待中国传统文化的问题。在辛亥革命时期，在资产阶级革命派中出现了一个派别叫"国粹派"。国粹派以"保种、爱国、存学"为宗旨，鼓吹保存国粹，提倡发扬国学。这种国粹思潮的兴起，其中主要一点是针对当时社会上存在的"醉心欧化"的思想倾向。鸦片战争后，在对待西方文化问题上曾不断发生争议。随后，对于中国固有文化也有了不同的认识和评价。大约在19世纪末20世纪初，社会上也就出现了"醉心欧化"而对自己民族文化盲目否定的虚无主义观点。有人对西方盲目崇拜，"尊西士为圣神，崇欧人为贵种"⑥，鼓吹"彻底输入文明"。正如章太炎所说："近来有一种欧化主义的人，总说

---

① 绝圣：《排孔征言》，《新世纪》1908年第52号。
② 《道统辨》，《国民日日报汇编》1904年第3集。
③ 凡人：《无圣篇》，《河南》1908年第3期。
④ 《孔教研究》，《每周评论》1919年第20号。
⑤ 《李大钊选集》，人民出版社1959年，第79页。
⑥ 《论中国对外思想之变迁》，《警钟日报》1904年6月2日。

中国人比西洋人所差甚远，所以自甘暴弃，说中国必定灭亡，黄种必定剿绝。因为他不晓得中国的长处，见得别无可爱，就把爱国爱种的心，一日衰薄一日"①。国粹派针对"醉心欧化"者的民族文化虚无主义思想，主张发扬国粹，用国粹来"激动种姓，增进爱国的热肠"，从中国传统文化中求得排满革命的助力。然而欧化主义者则认为，中国的国粹"已属过去之陈迹"，"尤当早于今日陈诸博物馆"②。在对待中西文化问题的争论上，不论国粹派或欧化主义者，都存在着片面性。国粹派强调发扬国粹，不免偏重旧学而轻薄西学，有些人甚至把封建纲常名教当做"吾族之灵魂"加以颂扬，更是错误。国粹派注意了文化的传承性和民族性，但忽视了文化的时代性，忽视了文化的近代化，不能不表现出文化的保守倾向。欧化主义者注意了文化的时代性，注意文化"无分于东西"，要吸收西方的新文明，但认为"万事当以进化为衡"，忽视东西文化各有创造，各具特点，从而抹煞了文化的传承性和民族性，陷于民族文化虚无主义。五四新文化运动及其后的长期对于中西文化问题的争论，所谓"东方文化"派、"中国本位文化"派和"全盘西化"派，其实质都是辛亥革命时期这两种文化思潮的延伸。即如把东方文化归之于"精神"的，西方文化为"形质"的；东方文化是"静"的，西方文化是"动"的等说法，在当时也都提出来了。

五四新文化运动的一大贡献是反对文言文提倡白话文，此后白话文在社会上被普遍应用。但是，白话文运动并非始于五四时期，也不是象胡适自己夸耀的那样是他的新发明和首倡，在辛亥革命时期已经存在着白话文运动。清末完全用白话文的报刊，在戊戌维新时期已被注意，从1897年至1900年间大约办了六七种。到了20世纪初，白话文报刊大量增加。从1901年到1911年，白话文报刊不下一百二三十种。其中多的年份，一年就创办二十多种。几乎遍及全国各省，都创办白话报刊，甚至边疆地区如西藏、新疆、蒙古等地都办有白话报（《西藏白话报》、《伊犁白话报》、《蒙古白话报》），可以说很是兴盛。这些白话报刊中，相当一部分是宣传革命思

---

① 《演说录》，《民报》1906年第6期。
② 反：《国粹之处分》，《新世纪》1908年第44号。

想的，也可以说是为了革命的需要而创办的。白话文比文言文更易于普及和宣传群众，更能服务于革命。与此相关，白话报刊的创办还为了"开通民智"，认为"白话报者，文明普及之本也。白话推行既广，则中国文明之进行可推矣"①。显然，正是辛亥革命推动了白话文运动出现第一个高潮；而白话文运动也为革命做出了贡献，发挥了它的作用。进入民国，白话报刊仍然存在。除去白话报刊外，清末的白话小说和白话教科书等的传播也不容忽视。这就为五四新文化运动提倡白话文打下了广泛的基础。如果没有这样的基础，五四时期只是由于一个或几个人、一份刊物一提倡就立即能普遍推行，是难以达到的。

还需要提到新文化的宣传者、倡导者。辛亥革命时期从事革命活动的一些重要人物，同时也都做文字工作，热心宣传新文化，批判旧文化。有的人革命活动虽不明显，但撰文批判儒学则很突出。这些人物中，主要如陈独秀、蔡元培、鲁迅、吴虞、马君武、李大钊等。正是陈独秀、蔡元培等人，后来成了五四新文化运动的倡导者和参加者。很明显，辛亥时期的文化革新者，也就是五四新文化运动的推行者，是同一批人，也是同一代人。或许可以这样说，不论从人的因素来看，或从所提的问题来看，五四新文化运动是辛亥文化革新的延伸和发展。辛亥革命时期的文化革新为五四前新文化运动奠定了基础。

（原载《北京师范大学学报〔社会科学版〕》1991年第5期）

---

① 《论白话与中国前途之关系》，《警钟日报》1904年4月25日。

论孙中山的文化观

　　孙中山一生奔走于革命，他虽然没有专门系统地研究过文化问题，但对文化问题是很重视的，尤其是辛亥革命以后。在他遗留下来的五百多万字论著、演说、书信中，包含着很丰富的文化思想，涉及到许多重要文化问题。本文即就孙中山关于文化的观念、对中西文化的认识等问题做些初步探讨。

一

　　对于"文化"这一概念，孙中山没有下过什么定义，也未曾就其对象、范围专门做过阐述。因此，难以直截了当地揭示出这位伟大革命家关于文化含义的认识，只有从他的著述中去爬梳钩稽。

　　在孙中山的著述中，对于"文化"一词的使用相当广泛。为了便于了解，有必要择其主要者列举如下："世界文化"和"中国文化"，"西方文化"和"东方文化"，"欧洲文化"和"亚洲文化"，"霸道文化"和"王道文化"，"功利强权的文化"和"仁义道德的文化"，"物质的文化"和"精神的文化"，"旧文化"和"新文化"，以及"正义仁道的文化"，"打不平的文化"，"平等解放的文化"，"反叛霸道的文化"，"哲学的文化"，"宗教的文化"，"伦理的文化"，"科学的文化"，"工业的文化"，"农民的文化"，等等。

如果分析一下上面列举的种种名目的文化，是可以大致体认出孙中山的基本文化观念的。归结起来，主要有以下几点：

（一）孙中山提到的种种文化，范围很广泛，既有哲学、宗教、伦理等观念形态的文化，也有工业以及衣、食、住、行等物质方面的文化。他在《复吕超函》中曾说："近代世界文化之宏规，实以实业为首。"[①]事实上孙中山是把精神的和物质的都包容于文化的范畴，应该说属于广义的文化概念。需要说明的是，孙中山对于"文化"一词并没有科学的界定，他使用得比较随便，比如有时就用来表明人的知识水平或受教育的程度。

（二）在孙中山看来，文化不是固定不变的，而是随着时代的前进发展变化，因而有旧文化和新文化的差异，新文化要打破旧文化，并且超过旧文化。

（三）孙中山认为世界上不同的地区、国家、民族具有不同的文化形态，中国的文化不同于英国的文化，东方的文化不同于西方的文化。他还在经过分析比较后，指出了东西文化的优劣。

（四）在分析不同文化形态的基础上，孙中山进一步区分了文化的不同性质。他指出，在各种文化中，既有"合乎正义人道"的，也有"不合乎正义人道"的；既有"正统"的，也有"反叛"的；既有"压迫人"的，也有"求平等解放"的；既有"悲观"的，也有"乐观"的……

孙中山所涉及的这些文化问题，都没有详细展开，也缺乏理论深度，但它的基本观念是明确的，态度也是鲜明的。尤其是关于"正义"和"非正义"两种文化的提法，无疑具有积极意义。

在上面列举的例子中，曾提到物质文化和精神文化。对于这二者的关系，孙中山提出了自己的解释。他认为，物质与精神二者"相辅为用"，"不可分离"，"全无物质亦不能表现精神，但专持物质则不可也"。孙中山的高明之处是没有将物质和精神割裂开来，对立起来，而是把二者看作互

---

① 《复吕超函》，《孙中山全集》第6卷，中华书局1985年，第586页。

相依存和互相作用的统一体。这是他的文化观一个合理的因素。然而也需要指出，孙中山对于物质和精神二者的地位和作用，并不是同等看待的。在这二者之间，他更重视的是精神，而不是物质。在孙中山的演说中，曾一再具体阐述他的观点，并明确地说："两相比较，精神能力实居其九，物质能力仅得其一。"①

显然，孙中山过分夸大了精神的作用，而且也没有进一步指出精神力量的动因是什么。正是在这种思想支配下，使他对中国所以有几千年文化的问题，做出了不正确的解释。他说："中国的文化自何而来呢？完全是由于宣传。大家都知道中国最有名的人是孔子，他周游列国，是做什么事呢？是注重当时宣传尧、舜、禹、汤、文、武、周公之道。他删诗书，作《春秋》，是为什么事呢？是注重后世宣传尧、舜、禹、汤、文、武、周公之道。所以传播全国，以至于现在，便有文化。"②不可否认，文化的传播离不开宣传，或者说离不开传递手段。但是，把文化的播衍完全归之于宣传，完全归之于个人的精神作用，则是片面的。中国古代文化的漫衍流传，更根本的因素是中国的社会经济、政治，以及文化自身的承续性，不"都是由于孔子在二千年以前所做的宣传工夫"。

值得注意的是，孙中山虽然片面夸大精神的作用，但他突出精神的反作用，或者说突出人的主体性，人的主观能动性，是有其现实的原因和合理性的。孙中山很强调精神的作用是在辛亥革命后，特别是在五四运动以后。他在经历了辛亥革命、二次革命、护国战争、护法运动等一次又一次的失败后，总结了失败的教训，认为革命所以失败，不是因为如武器等物质能力的不足，而是由于国民党内部的腐朽、涣散，由于革命精神的缺少。从这点出发，孙中山突出精神的作用，强调"革命精神者，革命事业之所由产生也"，就不足为奇了。孙中山是革命实践家，不是思辨的哲学家，他谈论问题往往不是从严密的理论思辨出发，构筑他的理论体系，而是从现实需要着眼，有针对性地去解决实际存在的问题。这也许是孙中山

①《在桂林对滇粤军的演说》，《孙中山全集》第6卷，第12—13页。
②《在广州对国民党员的演说》，《孙中山全集》第8卷，中华书局1986年，第566—567页。

的思维方式的一个特征，是他的文化性格的表现。

孙中山从突出精神的作用，进而提出关于人性或人格修养、人的价值的问题。文化问题的归结是人的问题。人格、价值观都是文化的内涵。在孙中山的著述中，尤其是在后期，经常谈论人性或人格的问题。孙中山是在吸收西方自然科学学说的基础上，以进化论的观点来认识人类。他认为人类是由动物进化来的，所以多少带有"兽性"，"要人类进步，是在造就高尚人格。要人类有高尚人格，就在减少兽性，增多人性。没有兽性，自然不至于作恶。完全是人性，自然道德高尚"①。减少兽性，就是减少人的动物性；增多人性，就是增多人的文化性。造就高尚人格，改造心理，改变观念，目的是为了救国救民，为了革命事业，"应世界之潮流，而建设一政治最修明、人民最安乐之国家"②。为此，孙中山多次严肃批评国民党内部和军队中热衷于升官发财的思想，以及涣散无组织纪律的状态，要求"要在政治上革命，便先要从自己的心中革起"。他还提出"革心"的意见，例如：

（一）正心。孙中山认为"欲聚此四万万散沙，而成为一机体结合之法治国家"，就是要以正心、修身为发端。正心、修身的内容，是发扬中国固有的道德。孙中山受传统儒学文化的影响，很注意人的自我修养和完善，但忽视所受社会和阶级的制约。

（二）合群。针对组织涣散的情况，孙中山特别强调要"合群"，发挥"群力"，"合大家力量，用一种宗旨，互相劝勉，彼此身体力行，造成顶好的人格"③。他提出"团体救国"，而不是"个人救国"。

（三）立志。孙中山很反对一些人借革命图个人私利，借革命这条路做终南捷径，来升官发财。他谆谆告诫革命党人，平日"要立志为民众做大事"，而"不可存心做官发财"，如果存心做官发财，便失去党员的真精神。

①《在广州全国青年联合会的演说》，《孙中山全集》第8卷，第316页。
②《建国方略》，《孙中山全集》第6卷，第159页。
③《在广州全国青年联合会的演说》，《孙中山全集》第8卷，第316页。

（四）献身精神。孙中山激励人们学习黄花岗七十二烈士的志气，"为国家，为人民，为社会，为世界来服务"，树立这种新的道德观念。在这里，他进一步阐明了人的价值问题，指出："若因革命而死，因改造新世界而死，则为死重于泰山，其价值乃无量之价值。"[1]孙中山不仅是言者，又是行者。他把自己的一生都献给中国人民的革命事业，鞠躬尽瘁，死而后已。他的行动体现了他的价值观。

二

在大致论述了孙中山对文化的一般问题的认识之后，有必要进而探讨他对近代争论不休的中西文化问题的态度。

孙中山是一位富有民族感情的伟大爱国主义者，他很珍视自己民族的固有文化，并且以此为骄傲。在他的论著和演说中，经常称颂中国是一个数千年的文明古国，有很好的文化，是很有创造能力的民族，为世界人类文化的发展做过重大贡献。他反对对自己民族文化的妄自菲薄，批评对民族文化所抱的虚无主义态度，指出："现在中国人看见了外国的机器发达，科学昌明，中国人现在的能力当然不及外国人。但是在几千年前，中国人的能力是怎样呢？从前中国人的能力还要比外国人大得多。外国现在最重要的东西，都是中国从前发明的。"[2]他还具体指出，中国不仅发明了指南针、印刷术和火药这些重要的东西，而且在衣食住行方面，如茶、丝、豆腐、烹调、拱门、吊桥等，也做出贡献。

但是，孙中山不是一个复古主义者，而是一个现实主义者。他称颂中国古代文化的成就，是为了纠正一种盲目否定民族文化传统的偏向，增强民族自尊心和自信心，而不是为了发思古之幽情，陶醉于过去的成就。孙中山很反对那种"崇拜古人的心思"，批评"泥古而不通今"的人。他面

---

① 《在桂林对滇粤军的演说》，《孙中山全集》第6卷，第35页。

② 《三民主义》，《孙中山全集》第9卷，中华书局1986年，第250页。

对现实，实事求是地承认中国文化后来是"停滞不前了"，"时至今日，这种文明已经和人民群众完全格格不入了"[①]。孙中山有着广阔的胸怀和敏锐的眼光，他之所以感到中国文化的停滞落后，是从世界范围来考察比较的。他看到了"欧美近一百年来的文化雄飞突进，一日千里，种种文明都是比中国进步得多"[②]；"在物质方面不逮固甚远，其在心性方面，虽不如彼者亦多"[③]。

孙中山不仅看到并承认中国文化后来停滞不前，落后于欧美，而且不断探索停滞不前的原因。从他的著述中，可以看出他的分析是多方面的：

（一）政治的专制，"不是焚书坑儒，便是文字狱，想种种办法去束缚人民的思想，人民那里能够自由去求文化的进步呢？"

（二）崇拜古人的心思，"不是好读书不求甚解，便是述而不作，坐而论道，把古人言行的文字，死读死记，另外来解释一次，或把古人的解释再来解释一次。你一解释过去，我一解释过来，好像炒陈饭一样，怎么能够有进步呢？"[④]

（三）"中国数千年，以文为尚"，"以其文论，终不能谓为富丽殊绝"，然而其流弊乃至以能文为万能，"多数才俊之士，废弃百艺，惟文是务"[⑤]。

（四）"中国亦素自尊大，目无他国，习惯自然，遂成孤立之性。故从来若欲有改革，其采法惟有本国，其取资亦尽于本国而已，其外则无可取材借助之处"[⑥]，"因为无法进行比较、选择而得不到发展，它也就停滞不前了"[⑦]。

关于中国文化停滞落后的原因，我们也许可以比孙中山找出更多的理由来，或者责备他没有说到根本之处。但是，他举出的这些原因应该说是符合实际的，是有见地的，在今天看来仍不失有现实意义。

[①]《与〈伦敦被难记〉俄译者的谈话》，《孙中山全集》第1卷，中华书局1981年，第86页。
[②]《三民主义》，《孙中山全集》第9卷，第315页。
[③]《建国方略》，《孙中山全集》第6卷，第180页。
[④]《在桂林学界欢迎会的演说》，《孙中山全集》第6卷，第63—69页。
[⑤]《建国方略》，《孙中山全集》第6卷，第179页。
[⑥]《建国方略》，《孙中山全集》第6卷，第224页。
[⑦]《与〈伦敦被难记〉俄译者的谈话》，《孙中山全集》第1卷，第86页。

　　孙中山探究中国文化停滞不前的原因，阐明中国为什么贫困落后，目的是为了改变这种状态，使中国能够进步富强，与欧美并驾齐驱。他面向世界，为使中国能"跟上世界的潮流"而奋斗。基于这样的出发点，孙中山反对闭关自守，明确指出："必然使我们的国家对欧洲文明采取开放态度。"具体一点说，就是"要去学欧美之所长"，"如果不学外国的长处，我们仍然退后"①。

　　怎样学习西方的文化，应该抱什么态度？对于这个问题，孙中山也做了明确的回答。他认为学习外国必须保持民族的独立地位，从中国的国情出发，指出："中国几千年以来社会上的民情风土习惯，和欧洲的大不相同。中国的社会既然是和欧美的不同，所以管理社会的政治自然也是和欧美不同，不能完全仿效欧美，照样去做，像仿效欧美的机器一样……我们能够照自己的社会情形，迎合世界潮流去做，社会才可以改良，国家才可以进步。"②从自己的国情出发去吸收他国的文化，这个基本原则无疑是正确的。但是讲"国情"的人，并不都是赞成吸收西方的文化。有一种"国情论"者却是以所谓不适合中国的国情为理由，反对学习外国先进的和有用的东西。孙中山与此不同，他是在主张"对欧洲文明采取开放态度"的前提下，反对全盘照搬西方文化。

　　关于对待西方文化，孙中山态度鲜明地反对两种极端：一是极端排外，一是极端崇拜外国。他说："中国从前是守旧，在守旧的时候总是反对外国，极端信仰中国要比外国好；后来失败，便不守旧，要去维新，反过来极端的崇拜外国，信仰外国是比中国好。因为信仰外国，所以把中国的旧东西都不要，事事都是仿效外国；只要听到外国有的东西，我们便要去学，便要拿来实行。"③

　　从十三岁起孙中山就接受西方教育，并且一生都在努力学习西方有益的东西。但他作为一个中国人，深深热爱自己的祖国，对自己的民族和

①《三民主义》，《孙中山全集》第9卷，第25页。
②《三民主义》，《孙中山全集》第9卷，第320页。
③《三民主义》，《孙中山全集》第9卷，第316—317页。

人民负责。他不以西方人的标准为标准，不以西方人的是非为是非。他曾经批评"西方人中有一种普遍的误会，以为中国人本性上是闭关自守的民族，不愿意与外界的人有所往来，只是在武力压迫之下，才在沿海开放了几个对外贸易的口岸。这种误会的主要原因，是由于对中国历史缺乏了解"①。他也很不赞成有些中国人不加分析盲目地学习西方，批评那种一味醉心于西方文化的人。即如留美学生中，有些人"到了美国之后，不管中国为什么要派留学生，学成了以后，究竟对中国有什么用处，以为到了美国，只要学成美国人一样便够了。所以他们在外国的时候，便自称什么'佐治'、'维廉'、'查理'，连中国的姓名也不要。回国之后，不徒是和中国的饮食起居，不能合宜，就是中国的话也不会讲。所以住不许久，便厌弃中国，仍然回到美国……甚至有在美国的时候，连中国人住的地方，都不敢去；逢人说起国籍来，总不承认是中国人"②。这是在半殖民地半封建社会里被扭曲的不正常的文化心理和性格。对此，孙中山既痛心又愤恨，他责备这种学生"是无志，只知道学人，不知道学成了想自己来做事"。有些人因极端崇拜外国而对自己的国家和人民不负责任，但也有更多的人不因自己祖国的贫弱而嫌弃，为"化贫为富，转弱为强"，而担负起责任，甚至献出自己的生命。历史上出现的现象虽然已成往迹，但在一定的条件下有的也会再泛起，尤其是有传袭性和惰性的文化心理更是如此。

在孙中山反对全盘照搬西方、反对极端崇拜外国的言论中，还涉及到"新文化"和"旧传统"的关系问题。孙中山在《三民主义》的演讲里曾经批评"一般醉心新文化的人"，能否因此认为孙中山不赞成新文化？这里所说的"新文化"指的是什么？孙中山在这里提到的"新文化"，是有具体所指的，从他说过的话里可以清楚了解。他说："现在受外来民族的压迫，侵入新文化，那些新文化的势力此刻横行中国。"③从文意看来，所

①《中国问题的真解决》，《孙中山全集》第1卷，第248页。
②《在广州岭南生欢迎会的演说》，《孙中山全集》第8卷，第538—539页。
③《三民主义》，《孙中山全集》第9卷，第243页。

谓"新文化"实是指西方文化。那么，孙中山所批评的"醉心新文化的人"，主要应是针对那些"全盘西化论"者。事实上孙中山并不反对新文化，而是赞颂新文化。五四运动刚过不久，他在《致海外国民党同志函》中即指出："自北京大学学生发生五四运动以来，一般爱国青年，无不以革新思想，为将来革新事业之预备。于是蓬蓬勃勃，抒发言论。国内各界舆论，一致同倡。各种新出版物，热心青年所举办者，纷纷应时而出。扬葩吐艳，各极其致，社会遂蒙绝大之影响。虽以顽劣之伪政府，犹且不敢撄其锋。此种新文化运动，在我国今日，诚思想界空前之大变动……倘能继长增高，其将来收效之伟大且久远者，无可疑也。"孙中山不仅高度评价新文化运动"实为最有价值之事"，而且从新文化运动中得到鼓舞和启发，认为"吾党欲收革命之成功，必有赖于思想变化"，从而提出了"激扬新文化之波浪，灌输新思想之萌蘖"①。

主张全盘照搬西方文化，必然要否定传统文化，把"新文化"和"旧传统"完全对立起来。孙中山批评的那种"醉心新文化的人"，就是排斥旧传统，"以为有了新文化，便可以不要旧道德"。孙中山是主张发扬固有文化，恢复固有的道德、知识和能力，并且提出恢复"一切国粹"，这是否意味着他走向了另一极端，不分精华、糟粕地要全部恢复传统文化呢？孙中山主张发扬固有文化，反对"全盘西化"，但没有因此而走向另一极端。在他的论著、演说中，提到恢复"一切国粹"的，仅见于《三民主义》。且不论他的演说有时候用词并不很严谨，而由于针对某一问题也难免有所强调，即就"一切国粹"这句话而言，还需要加以具体分析，尤其应当联系孙中山的整个文化思想来考察。就字义说，"国粹"二字，在习惯应用上虽含有盲目崇拜意味，但其本义则是指我国传统文化的精华。据此，说恢复"一切国粹"，也不是不可以。从孙中山文化思想的整体看来，他是反对旧思想的，不同于国粹主义者的保守复古。就在他演讲《三民主义》前一年，曾经明确指出新旧思想的矛盾冲突，"旧思想要消灭新思想，

---

① 《致海外国民党同志函》，《孙中山全集》第5卷，中华书局1985年，第210页。

新思想也要消灭旧思想";"就人群进化的道理说,旧思想总是妨碍进步的,总是束缚人群的。我们要求人群自由,打破进步障碍,所以不能不打破旧思想"①。可见孙中山并不是要恢复一切旧传统,而是反对盲目排斥一切传统,"我们固有的东西,如果是好的,当然是要保存,不好的才可以放弃"②。好的保存,不好的放弃,这就是孙中山对传统文化的基本态度。

这里有必要再就孙中山对儒学文化的认识略加阐述,以进一步具体了解他的传统文化观。孙中山对《大学》中所说的"格物、致知、诚意、正心、修身、齐家、治国、平天下"很推崇,认为"象这样精微开展的理论,无论外国什么政治哲学家都没有见到,都没有说出,这就是我们政治哲学的知识中独有的宝贝"③。但他并不盲目尊崇孔孟儒学,而是历史地、客观地对待,指出:"孔孟,古之圣人也,非今之科学家。且当时科学犹未发明也,孔孟所言有合于公理者,有不合于公理者。"④对于固有的道德,如忠孝、仁爱、信义、和平,孙中山主张要发扬光大,却不能因此就断言孙中山要恢复封建道德。固有的道德不等于都是封建道德,何况即使是封建道德也需要具体分析。孙中山对于"孝"是不加批判地完全肯定,加以赞美,而对于"忠"的解释则与封建道德的含义根本不同。他强调"忠"是忠于国,忠于民,而不是忠于君,并且严厉批判君为臣纲,指出:"君臣主义,立为三纲之一,以束缚人心。此中国政治之所以不能进化也。"⑤事实上孙中山对固有道德不仅既有继承又有所批判,而且赋予资产阶级的新含义。

需要指出,孙中山对待中西文化的态度前后有所变化。在辛亥革命以后,尤其是在本世纪10年代后期20年代前期,他更多称赞中国固有文化,对西方文化总的评价较低,在一些论述中反复地说:"中国是四千余年文明古国,人民受四千余年道德教育,道德文明比外国人高若干倍,不及外国

---

① 《在广州欢宴各军将领会上的演说》,《孙中山全集》第8卷,第469页。
② 《三民主义》,《孙中山全集》第9卷,第243页。
③ 《三民主义》,《孙中山全集》第9卷,第247页。
④ 《平实尚不肯认错》,《孙中山全集》第1卷,第383页。
⑤ 《三民主义》,《孙中山全集》第9卷,第188页。

人者，只是物质文明"①；"我们现在要学欧洲，是要学中国没有的东西。中国没有的东西是科学，不是政治哲学。至于讲到政治哲学的真谛，欧洲人还要求之于中国"②。孙中山为什么会有这样的变化，应当如何解释？

还在辛亥革命前，孙中山就发现西方社会物质文明虽然进步，但社会问题不少，所以主张要将政治革命与社会革命毕其功于一役。辛亥革命仿效欧美，没有解决中国的问题，此后的努力也一再失败，中国社会呈现的局面是变乱不已，是帝国主义支持下的军阀专制统治。而经过第一次世界大战和十月革命，西方文化不仅在某些西方人士的观念中被认为已经破产，就是在中国一些人士的心目中也变得暗淡无光。有的人如梁启超一反既往，从原来鼓吹学习西方文化转而宣扬东方文化，并要以中国文化来拯救西方。当时又有一股主张"全盘西化"的思潮，展开了一场中西文化问题的论争。孙中山的着重强调发扬固有文化，是和这个时代的和文化的背景分不开的。但他不同于梁启超辈对包括科学在内的西方文化丧失信心，转而乞灵于东方文化；也不同于有的人要全世界都走"孔家的路"，未来文化就是"中国文化之复兴"；更不同于他们以此来反对马克思主义，反对社会主义。孙中山从不反对从西方文化中学习中国所没有的东西，尤其可贵的是他热情欢迎十月革命后苏联的新文化。他所强烈抨击的是西方帝国主义压迫弱小民族，有强权无公理的"霸道文化"，主张用仁义道德的"王道文化"，去反对"霸道文化"。尽管孙中山用"霸道"和"王道"来概括和划分文化并不科学，也未免有陈旧之感，但有一点是明确的，这就是反对帝国主义侵略的强权文化，而"求一切民众和平等解放的文化"。所以，他强调指出，学欧洲的科学，振兴工业，改良武器，"不是学欧洲来消灭别的国家，压迫别的民族的，我们是学来自卫的"③。

中西文化问题是自鸦片战争后就存在的问题，长期争论不休，出现了各种思潮，如"中体西用"论，"国粹主义"，"全盘西化"论，等等。孙

---

①《在安徽都督府欢迎会的演说》，《孙中山全集》第2卷，中华书局1982年，第533页。
②《三民主义》，《孙中山全集》第9卷，第231页。
③《对神户商业会议所等团体的演说》，《孙中山全集》第11卷，中华书局1986年，第409页。

中山没有为这些思潮所囿，他批评了这些思潮，并提出了自己的主张："发扬吾固有之文化，且吸收世界之文化而光大之，以期与诸民族并驱于世界。"①这是孙中山对待中西文化的基本态度，也是他超出前人和同时代人的所在。

<h1 style="text-align:center">三</h1>

如何对待中西文化的问题，孙中山不仅是从道理上阐明自己的认识和态度，提出自己的主张，而且也体现在革命实践和学说中。正如他在《中国革命史》一文中说过的："余之谋中国革命，其所持主义，有因袭吾国固有之思想者，有规抚欧洲之学说事迹者，有吾所独见而创获者。"②

孙中山自称"所学多博杂不纯"，他的思想确实是庞杂的。不过就其渊源来说，不外乎继承传统文化和吸收西方文化。孙中山从十三岁起就受西方文化的濡染，但也肄习中国的典籍和探究中国的历史，受着中国思维方式、道德准则和价值观念的影响。他很仰慕汤武革命，是"应乎天，顺乎人"。他的民权思想继承了传统的"民贵君轻"、"国以民为本"等"民本"思想，而博爱观则吸收了墨子的"兼爱"、儒家的"仁"。他为之终生奋斗的"大同"理想社会，如不少研究者指出的，是因袭儒家经典《礼记·礼运篇》中所描绘的"大同"模式。孙中山对固有文化的继承是广泛的，从言论到精神都有被他汲取的内容，这里不一一列举。

孙中山晚年曾回顾说："我们近来实行革命，改良政治，都是仿效欧美。"③的确，他之谋中国革命，主要是仿效美国和法国；所持的三民主义，主要是吸收西方文化。

在辛亥革命以前世界上发生过的革命事件中，孙中山最赞美的是美国

①《中国革命史》，《孙中山全集》第7卷，中华书局1985年，第60页。
②《中国革命史》，《孙中山全集》第7卷，第60页。
③《三民主义》，《孙中山全集》第9卷，第314页。

独立战争和法国大革命。他认为这两次革命，以及自18世纪末至20世纪初的一百多年，都是为了争民权，是"君权与民权争竞之时代"。正是在这股民权革命潮流的影响下，先进的中国人接受了民权思潮的洗礼。按照孙中山的说法，提倡民权"就是顺应世界的潮流"；"民权发达，则纯粹之民国可指日而待"。他还把三民主义与林肯的民有、民治、民享相提并论，认为完全是相通的。民权思想是孙中山政治思想的基础，而其具体化就是自由、平等、博爱。自由、平等、博爱的口号，是孙中山从法国资产阶级革命那里吸收来的，也是他孜孜以求实现的目标。他把自由、平等、博爱同民族、民权、民生作了比较，认为这两个口号当中的道理是一样的。这就不难理解孙中山所以一再强调自由、平等、博爱这个口号，把它看做是"经纬万端"中的"一贯之精神"。也许可以这样说，自由、平等、博爱在孙中山的文化观中是具有指导意义的。

孙中山的哲学思想，深受达尔文进化论的影响。他曾说"于西学雅癖达文之道"，并且对之十分称赞。孙中山认为达尔文的进化论是"时间上之大发明"，而牛顿的万有引力是"空间之大发明"，两者可以互相比美。他甚至推崇达尔文的功劳，比世界上许多皇帝的功劳还要大些。孙中山无疑是在进化论的引导下，来从事使中国转弱为强、转贫为富的活动的。

民权主义的五权宪法是孙中山的创造，但其主要思想是从西方的政治学说中吸收来的。18世纪法国启蒙思想家孟德斯鸠著《论法的精神》一书，主张将国家职权分为行政、立法、司法，以防止专制独裁的弊病。"三权分立"说在欧美资产阶级国家产生了深远的影响。孙中山赞许孟德斯鸠的"三权分立"说是"欧洲立宪之精义"，并加以采纳。

孙中山对西方文化的吸收是博杂的，他的民生主义即采纳了美国亨利·乔治在《进步与贫困》一书中所主张的土地单一税法。他还从俄国克鲁泡特金的《互助论——进化的一个因素》著作中摄取了"互助"的思想，从英国约翰·穆勒的《自由论》接受了对自由要有范围限制的观点，等等。

值得提出的是，孙中山对西方文化不盲从，不全盘照搬，而是面向中国的现实，进行严肃认真的研究，经过自己的独立思考，加以抉择，有所取舍。而且在他长期的革命生涯中，随着思想认识的发展，对西方文化某些方面的看法也有变化。

达尔文的进化论曾经为孙中山所称赞和接受，但在辛亥革命后，他对生物进化论所持的"优胜劣败，弱肉强食"的观念提出了批评，认为"此种学说，在欧洲文明进化之初，固适于用，由今观之，殆是一种野蛮之学问"①。这种学说已不能适用，"应主张社会道德，以有余补不足"，"相匡相助"。孙中山这一思想，是从《互助论》汲取的。他在《孙文学说》中说得更为明显："社会国家者，互助之体也；道德仁义者，互助之用也。人类顺此原则则昌，不顺此原则则亡。"②不过孙中山也不是完全反对或抛弃达尔文进化论的原则，他承认"物种以竞争为原则，人类则以互助为原则"，实际上是融合两种理论，而以己意加以解释阐发。

关于孙中山的民权思想，一般都认为是接受卢梭《民约论》的"天赋人权"说。其实，这种看法并不完全准确。卢梭是法国大革命的思想前导，他的民权思想深刻地影响了《人权宣言》。孙中山效法法国大革命，接受了自由、平等、博爱的口号。也吸收了卢梭"主权在民"的思想，称赞卢梭"提倡民权的始意，更是政治上千古的大功劳"。但是，卢梭主张人民的权利是生而自由平等的，各人都有天赋的权利。孙中山对于卢梭人权是"天赋"的说法则不赞成，认为这种说法没有根据，推到进化历史上并没有这样的事实。他指出"民权不是天生出来的，是时势和潮流所造出来的"③，并进而提出以"革命民权"来代替"天赋民权"。孙中山的这个观点，可以说是对卢梭民权学说的一个重要发展。

对于自由、平等，孙中山的思想认识前后也有变化。孙中山革命一生始终在求中国之自由平等，他在1924年一次演说中把三民主义归结为"争平等"，即争民族平等、政治平等和经济平等。然而在他晚年比较强调的

①《在北京湖广会馆学界欢迎会的演说》，《孙中山全集》第3卷，中华书局1984年，第423页。
②《建国方略》，《孙中山全集》第6卷，第196页。
③《三民主义》，《孙中山全集》第9卷，第264页。

是对自由、平等的限制，认为"由于自由太过，便生许多流弊"，甚至说
"中国革命之所以失败，是误于错解平等、自由"①。孙中山很赞赏穆勒的说
法，主张个人的自由要有一个范围来限制，不能无限制地扩充。其实，他
对自由的真正含义也有误解，以致把散漫也当作自由的一种表现。他提
出："在普通社会中有平等、自由，在政治团体中便不能有平等、自由。政
治团体中的分子有平等、自由，便打破政治的力量，分散了政治团体。"②
显然是很片面的。孙中山所以提出政治团体中不能有平等、自由，是鉴于
国民党内部的涣散，影响了革命的一再失败。但由此而认为不能有平等、
自由，混淆了自由和纪律、平等和组织领导的关系，不能不说是错误的。

孙中山采纳了孟德斯鸠"三权分立"的原则，但不以照搬为满足，而
是要创造。他学习西方文化的前提是结合中国的情况来考虑，告诫人们
"先当知为中国人，中国人不能为欧美人，犹欧美人不能为中国人，宪法
亦犹是也"③。三权分立是欧美的需要，至于中国则应该从自己的需要出发，
况且"外国近来实行这种三权分立，还是不大完全"。因此，孙中山要
"集合中外的精华，防止一切的流弊"④。他从中国传统的政治制度中吸收了
考试制度和监察制度，与行政、立法、司法"连成一个很好的完璧，造成
一个五权分立的政府"。这是孙中山对孟德斯鸠"三权分立"说的发展。

从孙中山的思想体系来看，他确实在尽力"集合中外的精华"。三民
主义是孙中山思想的主体，而这个主义，正如他明确申明的，"实在是集
合古今中外的学说，顺应世界的潮流，在政治上所得的一个结晶"。这是
无可争议的。但是，也有一种意见认为，孙中山的革命思想基础是继承中
国的道统，三民主义就是在发扬光大中国的道统。这种说法并不符合实
际，研究过三民主义学说的人都会清楚地看出，孙中山的思想主要是渊源
于西方文化，他的革命思想基础是效法美利坚、法兰西，而不是继承中国
的道统。在孙中山的言论中，也一再谈到这个问题。如说："革命的这种风

---

① 《在黄埔军官学校的告别演说》，《孙中山全集》第11卷，第268页。
② 《在黄埔军官学校的告别演说》，《孙中山全集》第11卷，第268页。
③ 《与刘成禺的谈话》，《孙中山全集》第1卷，第494页。
④ 《三民主义》，《孙中山全集》第9卷，第355页。

潮，是欧美近来传进中国的。中国人感受这种风潮，都是爱国志士，有悲天悯人的心理，不忍亡国灭种，所以感受欧美的革命思想，要在中国来革命"①；"中国人的民权思想都是由欧美传进来的。所以我们近来实行革命，改良政治，都是仿效欧美"②。1913年孙中山在一次演说中明确指出，中国几千年君主专制，到辛亥革命"始成共和、采美利坚、法兰西之美政，以定政治之方针"③。如果联系前面介绍过的孙中山从西方文化中所吸收的主要内容，当会更具体地理解他所说的这些话。然而孙中山也曾说过："三民主义首渊源于孟子，更基于程伊川之说。孟子实为我等民主主义之鼻祖。社会改造本导于程伊川，乃民生主义之先觉……不过演绎中华三千年来汉民族所保有之治国平天下之理想而成之者也。"④这应如何解释？对于孙中山的这段话，需要跟当时的具体背景联系起来考察，不应只从字面上下断语。这是孙中山同一位日本人谈话中提到的，当时国共合作。他针对这个日本人的问题回答，主要在于说明三民主义不是来之于列宁的学说，因而把它仅归之于演绎中国传统文化而成，这是不难理解的。事实上孙中山的三民主义虽然继承了传统文化，但把它仅归之于演绎传统文化而成，既不符合三民主义的思想实际，也与他自己屡次讲过的话相出入。

（原载《北京师范大学学报〔社会科学版〕》1986年第6期）

---

①《在黄埔军官学校的告别演说》，《孙中山全集》第11卷，第268页。
②《三民主义》，《孙中山全集》第9卷，第314页。
③《在神户国民党交通部欢迎会的演说》，《孙中山全集》第3卷，第43页。
④《与日人某君的谈话》，《孙中山全集》第9卷，第532页。

孙中山与传统文化

一

孙中山是中国民主革命的先行者。他一生为救国救民而奔走革命，鞠躬尽瘁，死而后已。为了指导中国革命，孙中山在摸索中建构了一整套思想学说，集中体现为三民主义。他自称："三民主义就是救国主义。"为什么这样说？"因为三民主义系促进中国之国际地位平等、政治地位平等、经济地位平等，使中国永久适存于世界。"[①]正是这种强烈的爱国主义思想、振兴中华的责任心，使孙中山建构了三民主义学说。

孙中山申明，他的三民主义是"集古今中外的学说，顺世界的潮流，在政治上所得的一个结晶"。三民主义的确如孙中山所说，集合了古今中外的学说。这也是孙中山对待中外文化和进行文化建设的态度。他曾经明确提出自己的主张："发扬吾固有之文化，且吸收世界之文化而光大之，以期与诸民族并驾于世界。"[②]孙中山不仅提出并阐明其主张，而且也将其体现在革命实践和学说中。正如他在《中国革命史》一文中所说的："余之谋中国革命，其所持主义，有因袭吾国固有之思想者，有规抚欧洲之学说事迹者，有吾独见而创获者。"[③]显然，孙中山的三民主义既是"因袭"了中

---

① 《三民主义》，《孙中山全集》第9卷，第184页。
② 《中国革命史》，《孙中山全集》第7卷，第60页。
③ 《中国革命史》，《孙中山全集》第7卷，第60页。

国的传统思想文化和"规抚"西方的学说，又是经过他自己的"独见而创获"。

任何一个思想体系、主义、学说都不可能无所依借而凭空产生，都必须从已有的思想材料出发。这些思想材料，既有本国传统的积累，也有外国思想家的遗产。孙中山三民主义体系的产生，也是从中国的传统文化和西方的思想学说出发的。孙中山自己说"所学多博杂不纯"，不论其思想如何庞杂，就其渊源而言，不外乎继承传统文化和吸收西方文化，用孙中山自己的话说，叫做"因袭"和"规抚"。

但是，任何一个思想体系、主义、学说的产生，都不可能只是依靠过去的思想资料，其根源在于现实社会的要求。建构思想体系，提出主义、学说的人，是生活于现实社会的，他们之所以建构思想体系，提出主义、学说，是现实社会的需要，是为了解决现实社会的问题。孙中山建构的三民主义，不例外地也是为了解决当时中国所面临的现实问题。诚如前面所引孙中山自己的表述，三民主义是为了救中国，使中国摆脱被帝国主义侵略、奴役因而贫穷、落后的地位，走上独立、民主、富强的道路，永久适存于世界。无疑，这是孙中山创建三民主义的立足点、出发点。

这里涉及解决社会现实问题与吸收古人、外国人的思想资料的关系。显然，二者关系，以现实为源，以已有的思想资料为流。孙中山是从近代中国民主革命的需要出发，一手伸向古代，一手伸向外国，在传统文化和西方思想学说中寻找、吸收有益的东西来建构三民主义；是让传统文化、西方思想学说适应近代中国的民主革命，而不是让近代中国民主革命去适应传统文化、西方文化。思想文化是时代的产物，每一思想体系，每一主义、学说，都必然有着时代的烙印，具有鲜明的时代特征。而那些传统的、外国的思想资料，也都融会在现实性、时代性之中，成为思想体系、主义、学说的组成内容。这就需要经过思想家本身的分析、筛选、整合和创造，也就是孙中山所说的"独见而创获"。

孙中山所说的"独见而创获"，不仅限于自己的创见，而且也包含对传统文化和西方文化作出新的理解、阐释和发展。这里举"民本"思想为例，以为说明。孙中山从中国传统文化中继承了"民本"思想，还在1894年《上李鸿章书》中就提出"国以民为本"。随后，在《香港兴中会章程》中又说："切实讲求当今富国强兵之学，化民成俗之经……务使举国之人皆能通晓，联智愚为一心，合迩遐为一德，群策群力，投大遗艰。则中国虽危，无难挽救。所谓'民为邦本，本固邦宁'也。"[①]他也接受了孟子的"民为贵，社稷次之，君为轻"的思想，赞赏黄宗羲的《明夷待访录》，并从中选录了《原君》、《原臣》两篇翻印，以宣传民主革命思想。但是，孙中山不是简单地"因袭"传统的"民本"思想，他以自己的创见而赋予其新的含义，并加以发展。传统的"民本"思想虽然是"以民为本"，但却是"以君为主"，民受治于君，民无权而君有权，与近代民主思想不同。孙中山创建的三民主义是要"以民立国"，他说："我们三民主义的思想，就是民有、民治、民享。这个民有、民治、民享的意思，就是国家是人民所共有，政治是人民所共管，利益是人民所共享。"[②]孙中山认为有这样的政府，人民才"真为一国之主"，而国中之百官，上而总统，下而巡差，"皆为民之公仆"，是为人民"服役"的。他一再强调："中华民国和'中华帝国'不同，帝国是以皇帝一人为主，民国是以四万万人为主。我们要想真正以人民为主，造成一个驾乎万国之上的国家，必须要国家的政治，做成一个'全民政治'。"[③]所谓"全民政治"，孙中山的解释是"四万万人来做皇帝"。一人做皇帝的"家天下"和四万万人做皇帝的"公天下"，显然是根本不同的。孙中山从接受"以民为本"的传统文化的影响，吸收西方的"民有、民治、民享"，注入了创建民国的时代精神，发展为"以民为主"、"全民政治"，这就与原来的传统意义上的"民本"思想区别开来，成为孙中山的创获。这个例子可以说明，在孙中山思想体系中，传统文化也好，西方文化也好，都是服务于创建"中华民国"的现实需要。探讨孙中山思想与传统文化的关系，这是应当首先把握的一点。

---

① 《孙中山全集》第1卷，第22页。
② 《三民主义》，《孙中山全集》第9卷，第394页。
③ 《在广州全国青年联合会的演说》，《孙中山全集》第8卷，第323页。

二

孙中山思想体系的渊源，既继承了传统文化，又吸收了西方文化，那么，其中哪一种对他的影响更为主要？对于这个问题，研究者一直都有不同意见。有一种意见认为，孙中山革命的思想基础是继承中国的道统，三民主义就是在发扬光大这个道统。这就是说，孙中山的思想体系主要或基本是来自于传统的儒家思想。这是需要探讨的。

孙中山的思想无疑受到传统文化尤其是儒家文化的影响，这在后面还要谈到。但是，从总体上说，他之谋中国革命，主要是效法美国和法国；所持的三民主义，主要是吸收西方文化。在孙中山的言论中，一再谈到这个问题。他说："革命的这种风潮，是欧美近来传进中国的。中国人感受这种风潮，都是爱国志士，有悲天悯人的心理，不忍亡国灭种，所以感受欧美的革命思想，要在中国来革命。"[1]1912年，孙中山在一次演说中明确指出，中国几千年君主专制，到辛亥革命"始成共和，采美利坚、法兰西之美政，以定政治之方针"[2]。

在辛亥革命以前世界上发生过的革命事件中，孙中山最赞美的是美国的独立战争和法国大革命。他认为这两次革命，以及自18世纪末至20世纪初的一百多年，都是为了争取民权，是"君权与民权争竞之时代"。正是在这股民权革命潮流的影响下，先进的中国人接受了民权思想的洗礼。孙中山说："中国人的民权思想都是由欧美传进来的。所以我们近来实行革命，改良政治，都是仿效欧美。"[3]按照孙中山的说法，提倡民权"就是顺应世界的潮流"；"民权发达，则纯粹之民国可指日而待"。他还把三民主义与林肯的民有、民治、民享相提并论，认为是完全相通的。正是以此为"规抚"，孙中山的理想是在中国建立一个民有、民治、民享的"人民之政府"。他曾经说："以民立国之制"，传统的儒家文化中不存在，于是"不

<hr>

[1]《在黄埔军官学校的告别演说》，《孙中山全集》第11卷，第268页。
[2]《在神户国民党交通部欢迎会的演说》，《孙中山全集》第3卷，第43页。
[3]《三民主义》，《孙中山全集》第9卷，第314页。

得不取资于欧美"①。即如前面说到的，为孙中山所肯定接受的儒家"民贵君轻"一类"民本"思想，也不同于近代的民主思想。

民权思想是孙中山政治思想的基础，而其具体化就是"自由、平等、博爱"。"自由、平等、博爱"的口号，是孙中山从法国资产阶级革命那里吸收来的，也是他孜孜以求实现的目标。他把自由、平等、博爱同民族、民权、民生作了比较，认为这两个口号当中的道理是一样的。这就不难理解孙中山一再强调自由、平等、博爱这个口号，把它看做是"经纬万端"中的"一贯之精神"。

民权主义的五权宪法是孙中山的创造，但其主要思想是从西方的政治学说中吸收来的。18世纪法国的启蒙思想家孟德斯鸠著《论法的精神》一书，主张将国家职权分为行政、立法、司法，以防止专制独裁的弊病。"三权分立"说在欧美国家产生了深远的影响。孙中山赞许孟德斯鸠的"三权分立"说是"欧洲立宪之精义"，并加以采纳。

从十三岁起孙中山就接受西方教育，并且一生都在学习西方有益的东西。他反对闭关自守，一再批评"守旧不变"、"排外自大"，以致不能进步，"不及欧美各国之强盛"。在《孙文学说》中，他集中批判了那种"荒岛孤人"的思想。他说：

> 中国亦素自尊大，目无他国，习惯自然，遂成为孤立之性。故从来若欲有所改革，其采法惟有本国，其取资亦尽于本国而已，其外则无可取材借助之处也。……而向未知国际互助之益，故不能取人之长，以补己之短。中国所不知不能者，则以为必无由以致之也。虽闭关自守之局为外力所打破者已六七十年，而思想则犹是闭关时代荒岛孤人之思想……②

但是，作为一个中国人，孙中山深深热爱自己的祖国，对自己的民族

---

① 《中国革命史》，《孙中山全集》第7卷，第60页。
② 《孙中山全集》第6卷，第224页。

和人民负责。他反对不加分析盲目照搬西方文化，批评那种一味醉心于西方文化的人。他不以西方人的标准为标准，不以西方人的是非为是非。他面向中国的现实，对西方文化进行了严肃认真的研究，经过自己的独立思想，加以抉择，有所取舍。例如，孙中山吸收卢梭的"主权在民"的思想，但对卢梭关于人权是"天赋"的说法则不赞成，认为这种说法没有根据。他指出"民权不是天生出来的，是时势和潮流所造出来的"①，并进而提出以"革命民权"来代替"天赋人权"。孙中山的这一观点，可以说是对卢梭民权学说的一个重要发展。孙中山采纳了孟德斯鸠的"三权分立"的原则，但不以照搬为满足，而是结合中国的情况来考虑。他告诉人们"先当知为中国人，中国人不能为欧美人，犹欧美人不能为中国人，宪法亦犹是也"②。三权分立是欧美的需要，至于中国则应该从自己的实际需要出发，况且"外国近来实行这种三权分立，还是不大完全"。因此，孙中山要"集合中外的精华，防止一切的流弊"③。他从中国传统的政治制度中吸收了考试制和监察制度，与行政、立法、司法"连成一个很好的完璧，造成一个五权分立的政府"。这是孙中山对孟德斯鸠"三权分立"说的发展。

孙中山批判欧美的资本主义政治制度，认为它的弊病是人民群众并没有真正参政的机会。孙中山指出：我们"所主张的民权，是和欧美的民权不同。我们拿欧美已往的历史来做材料，不是要学欧美，步他们的后尘，是用我们的民权主义，把中国造成一个'全民政治'的民国，要驾乎欧美之上"④。

三

孙中山的思想体系虽然主要是从西方文化吸收养料，但并不意味着传

①《三民主义》，《孙中山全集》第9卷，第264页。
②《与刘成禺的谈话》，《孙中山全集》第1卷，第494页。
③《三民主义》，《孙中山全集》第9卷，第353页。
④《三民主义》，《孙中山全集》第9卷，第314页。

统文化不是其重要组成部分。孙中山受传统文化的影响并加以继承，他从来没有离开或抛弃传统文化。

孙中山虽从小就在外国学校读书，受西方文化的濡染，但他也肄习中国的典籍，探究中国历史和风俗民情。他在复翟理斯的信中说："幼读儒书，十二岁毕经业。……（十九、二十岁时）复治中国经史之学。……于中学则独好三代两汉之文……于人则仰中华汤武暨美国华盛顿。"[①]孙中山的儒学根底虽然不如康有为等科举出身者深厚，但他也受儒学和其他固有文化的濡染陶冶，受中国思维方式、道德准则和价值观念的影响。作为一个热爱自己祖国的中国人，特别是作为一个领导中国革命的领袖，孙中山没有也不可能与中国传统文化完全离异。即使在辛亥革命以前，也是如此。

如前所述，孙中山一再指出他领导的辛亥革命是效法欧美。但是，他也把他的革命事业看成和"汤武革命"一样神圣，是对他们的继承和发扬。他说："首事革命者，如汤武之伐罪吊民，故今人称之为圣人。"[②]"革命者乃圣人之事业也。孔子曰：'汤武革命，顺乎天而应乎人。'"[③]孙中山这样说，不应是单纯出于宣传的需要，他的确非常仰慕汤武革命，称："'顺乎天而应乎人'，'吊民伐罪'，也都是求人民的幸福。"

对于共和制度，孙中山主要是吸收欧美的，但又强调是"复三代之规"。他说："共和者，我国治世之神髓，先哲之遗业也。我国民之论古者，莫不倾慕三代之治，不知三代之治实得共和之神髓而行之者也。"[④]又说："复三代之规而步泰西之法，使万姓超苏，庶物昌运，此则应天顺人之作也。"[⑤]孙中山的这种认识是否准确，另作别论，但可以看出他认为他所主张的共和制度不仅是"步泰西之法"，也是"复三代之规"的，没有因学习西方而与传统离异。而孙中山为之终生奋斗的"天下为公"的"大

---

① 《孙中山全集》第1卷，第47—48页。
② 《在檀香山正埠荷梯厘街戏院的演说》，《孙中山全集》第1卷，第226页。
③ 《在旧金山丽婵戏院的演说》，《孙中山全集》第1卷，第441页。
④ 《与宫崎寅藏平山周的谈话》，《孙中山全集》第1卷，第172—173页。
⑤ 《复翟理斯函》，《孙中山全集》第1卷，第46页。

同"理想社会，如不少研究者指出，是因袭儒家经典《礼记·礼运篇》中所描绘的"大同"社会模式。至于三民主义中民族、民权、民生所阐发的思想，也无不包含着对传统文化的继承和发扬，这里不加赘述。

辛亥革命以后，孙中山的确愈来愈多地批评西方文化存在的弊端，更多地称赞中国传统文化。如他对《大学》中所说的"格物、致知、诚意、正心、修身、齐家、治国、平天下"就很推崇，认为"像这样精微开展的理论，无论外国什么政治哲学家都没有见到，都没有说出，这就是我们政治哲学的知识中独有的宝贝"①。他主张恢复固有的道德、知识和能力，恢复"一切国粹"。对于固有的道德，如忠孝、仁爱、信义、和平，孙中山认为要发扬光大。但是，不能因此认定孙中山在辛亥革命后回归于传统文化。既然辛亥革命前孙中山没有离异传统文化，全盘接受西方文化，那么，辛亥革命后也就谈不上他对传统文化的回归。即就辛亥革命后的实际情况而言，也不能说孙中山回归于传统文化。

孙中山不是复古主义者，他不是要恢复一切旧传统，盲目尊崇旧传统。他很反对那种"崇拜古人的心思"，批评"泥古而不通今"的人。他指出："如能用古人而不为古人所惑，能役古人而不为古人所奴，则载籍皆似为我调查，而使古人为我书记，多多益善矣。"②对于固有文化，好的保存，不好的放弃，能用古人而不为古人所惑，能役古人而不为古人所奴，这是孙中山的基本态度。事实上，孙中山对于传统文化不仅既有继承又有所批判、摒弃，而且赋予其时代的新含义。如对固有道德"忠"的解释，他强调"忠"是忠于国、忠于民，而不是忠于君，并且严厉批判君为臣纲，指出："君臣主义，立为三纲之一，以束缚人心，此中国政治之所以不能进化也。"③这就与封建道德的含义根本不同。

孙中山曾经批评"醉心新文化的人"，能否因此认为他只要"旧传统"不要"新文化"？事实并非如此。孙中山在这里批评的"醉心新文化的

---

①《三民主义》，《孙中山全集》第9卷，第247页。
②《建国方略》，《孙中山全集》第6卷，第224页。
③《三民主义》，《孙中山全集》第9卷，第188页。

人"，是有具体所指的，并不是要笼统地和"旧传统"完全对立起来，是指那些完全排斥旧传统而醉心于欧化或西化的人。孙中山曾经明确指出新旧思想的矛盾冲突，"旧思想要消灭新思想，新思想也要消灭旧思想"；"就人群进化的道理说，旧思想总是妨碍进步的，总是束缚人群的。我们要求人群自由，打破进步障碍，所以不能不打破旧思想"①。而对于新文化，孙中山则加以赞颂。五四运动刚过去不久，他在《致海外国民党同志函》中即指出：

> 自北京大学学生发生五四运动以来，一般爱国青年，无不以革新思想，为将来革新事业之预备，于是蓬蓬勃勃，抒发言论。国内各界舆论，一致同倡。各种新出版物，为热心青年所举办者，纷纷应时而出，扬葩吐艳，各极其致，社会遂蒙绝大之影响。虽以顽劣之伪政府，犹且不敢撄其锋。此种新文化运动，在我国今日，诚思想界空前之大变动。……倘能继长增高，其将来收效之伟大且久远者，或无疑也……

孙中山不仅高度评价新文化运动"实为最有价值之事"，而且从新文化运动中得到鼓舞和启发，认为"吾党欲收革命之成功，必有赖于思想之变化"，从而提出了"激扬新文化之波澜，灌溉新思想之萌蘖"②。

孙中山肯定传统文化，并不反对新文化，也不菲薄西方文化，不故步自封。他有着广阔的胸怀和敏锐的目光，认真地比较了中西文化，看到了"欧洲近一百年来的文化，雄飞突进，一日千里，种种文明都是比中国进步得多"③。孙中山始终是面向世界，为使中国能"跟上世界潮流"而奋斗终生。基于这样的出发点，他认为："恢复了我们固有的道德、知识和能力，在今日之世，仍未能进中国于世界一等地位，如我们祖宗当时为世界

① 《在广州欢宴各军将领会上的演说》，《孙中山全集》第8卷，第469页。
② 《孙中山全集》第5卷，第210页。
③ 《三民主义》，《孙中山全集》第9卷，第315页。

之独强的。恢复我一切国粹之后，还要去学欧美之所长，然后才可以和欧美并驾齐驱。如果不学外国的长处，我们仍要退后。"①孙中山直到晚年都在留心探索革命的道路，并从国际上吸收新鲜的养料。后来，他提出学习十月革命后的俄国，认为"我党今后之革命，非以俄为师，断无成就"②。孙中山直至逝世，也没有回归于传统。

（原载《中山大学学报论丛》1995年第5期）

①《三民主义》，《孙中山全集》第9卷，第215页。
②《致蒋中正函》，《孙中山全集》第11卷，第145页。

孙中山文化思想的时代价值

　　孙中山先生是近代中国民主革命的先行者，20世纪中国的伟人。他全心全意地为了改造中国而耗费了毕生的精力，真是鞠躬尽瘁，死而后已。他在为改造中国而奋斗的过程中，对于中国的文化问题也十分关注，发表了许多很有价值的见解，阐明了他对中国固有文化、西方文化以及创建中国新文化的主张。

　　近代中国，西方文化传播，与中国固有文化发生碰撞交会。面对着文化的新变局，对如何对待中国固有文化，如何对待西方文化，成为人们关注、思考的问题。众说纷纭，归纳起来，大致有四种主张：一、固守传统文化，反对西方文化；二、中学为体，西学为用；三、"醉心欧化"或全盘西化；四、中西文化会通。中西文化问题是个长期争论不休的问题，在现实生活中它还存在。因此，探讨孙中山的文化思想，他对近代中国争论不休的中西文化问题的态度，不仅是历史文化研究的重要课题，也有其时代价值。

　　关于孙中山对中西文化问题的论说，内容很丰富，这里主要谈以下几点。

一　对中国固有文化，既不应盲目否定，也不能泥古、崇古

　　孙中山是一位富有民族感情的伟大的爱国主义者，他很珍视自己民

族的固有文化，并且以此为骄傲。他经常称颂中国是一个数千年的文明古国，有很好的文化，为世界人类文化的发展做过重大贡献。他反对对自己的民族文化妄自菲薄，批评对民族文化抱虚无主义的态度。他说："我们固有的东西，如果是好的，当然是要保存，不好的才可以放弃。"①他还具体指出，中国不仅发明了指南针、印刷术和火药，而且在衣食住行方面，如茶、丝、豆腐、烹调、拱门、吊桥等等，也做出了贡献。

但是，孙中山不是复古主义者，他称颂中国古代文化的成就，是为了纠正一种盲目否定民族文化传统的偏向，弘扬民族精神，增强民族自尊心和自信心，而不是陶醉于过去的成就，引导人们向后看。孙中山反对那种"崇拜古人的心思"，批评"泥古而不通今"的人，认为中国文化后来是"停滞不前了"，只"把古人言行的文字，死读死记，另外来解释一次，或把古人的解释再来解释一次，你一解释过去，我一解释过来，好像炒陈饭一样，怎么能够有进步呢？"②他主张要做到"能用古人而不为古人所惑，能役古人而不为古人所役"③。

孙中山承认中国文化后来停滞，目的是为了改变落后状况，使中国能够进步。因此，他反对闭关自守，主张"对欧洲文明采取开放态度"，"要去学欧美之所长"，"如果不学外国的长处，我们仍要退后"④。

二 对于西方文化要吸收，但不能全盘照搬

怎样学习西方文化，应该抱什么态度？对于这个问题，孙中山做了明确的回答。他认为学习外国必须保持民族的独立地位，从中国的国情出发，指出："中国几千年以来社会上的民情风土习惯，和欧洲的大不相同。中国的社会既然是和欧美不同，所以管理社会的政治自然也是和欧美不

---

① 《三民主义》，《孙中山全集》第9卷，第243页。
② 《在桂林学界欢迎会的讲话》，《孙中山全集》第6卷，第69页。
③ 《建国方略》，《孙中山全集》第6卷，第224页。
④ 《三民主义》，《孙中山全集》第9卷，第251页。

同，不能完全仿效欧美，照样去做，像仿效欧美的机器一样。……我们能够照自己的社会情形，迎合世界潮流去做，社会才可以改良，国家才可以进步。"①不仅政治"不能完全仿效欧美"，"一味的盲从附和"，文化也不能全盘照搬。孙中山的这一基本原则是很正确的。

关于对待西方文化，孙中山态度鲜明地反对两种极端：一是极端排外，一是极端崇拜外国。他说："中国从前是守旧，在守旧的时候总是反对外国，极端信仰中国要比外国好；后来失败，便不守旧，要去维新，反过来极端的崇拜外国，信仰外国是比中国好。因为信仰外国，所以把中国的旧东西都不要，事事都是仿效外国，只要听到外国有的东西，我们便要去学，便要拿来实行。"②显然，孙中山反对极端崇拜外国，反对全盘照搬西方，对于西方文化，要从中国国情的实际出发，有所抉择。

三　赞扬新文化，主张文化创新

一个民族、国家的文化，既有传承性，又要随着时代的发展而创新。文化不创新，就会停滞，以至衰落。对于新文化，孙中山给予热情的称颂。五四运动刚过不久，他在《致海外国民党同志函》中指出："自北京大学学生发生五四运动以来，一般爱国青年，无不以革新思想，为将来革新事业之预备，于是蓬蓬勃勃，抒发言论。国内各界舆论，一致同倡。各种新出版物，为热心青年所举办者，纷纷应时而出，扬葩吐艳，各极其致，社会遂蒙极大之影响。虽以顽劣之伪政府，犹且不敢撄其锋。此种新文化运动，在我国今日，诚思想界空前大变动。……倘能继长增高，其将来收效之伟大且久远者，或无疑也。"孙中山不仅高度评价新文化运动"实为最有价值之事"，而且从新文化运动中得到鼓舞和启发，认为"吾党欲收革命之成功，必有赖于思想之变化"，从而提出了"激扬新文化之波澜，

---

①《三民主义》，《孙中山全集》第9卷，第320页。
②《三民主义》，《孙中山全集》第9卷，第316—317页。

灌输新思想之萌蘖"①。

孙中山正确对待中西文化，不仅表现在论说上，而且体现在他的三民主义学说中。

孙中山申明，他的三民主义是"集古今中外的学说，顺世界的潮流，在政治上所得的一个结晶"。在《中国革命史》一文中，他更具体地说："余之谋中国革命，其所持主义，有固袭吾国固有之思想者，有规抚欧洲之学说事迹者，有吾独见而创获者。"②

任何一个思想体系的建构，都不可能无所依藉而凭空产生，都必须从已有的思想资料出发。这些思想资料，既有本国传统的积累，也有外国思想家的遗产。孙中山三民主义学说的产生，就其思想渊源而言，不外乎继承本国固有文化和吸收西方文化，用他自己的话说，叫做"因袭"、"规抚"。

但是，任何一个思想体系的产生，都不可能只是依靠过去的思想资料，其根源在于现实社会的要求。孙中山建构三民主义学说，是为了解决当时中国所面临的现实问题，如他自己所说，"三民主义就是救国主义"，是为了救中国，使中国摆脱被西方列强侵略因而贫穷落后的地位，走上独立富强的道路。无疑，这是孙中山创建三民主义学说的立足点、出发点。现实的需要是源，已有的思想资料是流，孙中山就是从近代中国民主革命的需要出发，在传统文化和西方文化中寻找、吸收有益的东西来建构三民主义学说的，是让传统文化和西方文化适应于近代中国的民主革命，而不是让近代中国的民主革命去适应传统文化、西方文化。这就需要经过思想家的分析、筛选、整合和创造，也就是孙中山所说的"独见而创获"。

孙中山先生关于对待中西文化的思想是宝贵的历史遗产，今天仍有其时代价值，值得我们继承、发扬。

（原载林家有主编：《孙中山研究》，中山大学出版社2008年）

---

① 《致海外国民党同志函》，《孙中山全集》第5卷，第209—210页。
② 《中国革命史》，《孙中山全集》第7卷，第60页。

孙中山文化思想研究述评

　　孙中山是近代中国伟大的革命先行者。他为祖国的独立和自由而奋斗终生，立下了丰功伟绩。这样一位伟大的人物，理所当然地受到人们的敬仰和尊崇，也引起研究者极大的注意。建国三十五年来，对于孙中山的研究，在近代中国人物里，可以说是成果最多，成绩最大。这些研究涉及的方面相当广泛，包括对于孙中山在各个历史时期的评价，三民主义研究，孙中山的哲学思想、教育思想研究等。但是，如果我们认真地检阅一下成果，就会发现对于孙中山的各个方面并不是都研究到了，还存在着薄弱乃至空白的环节。比如对于孙中山文化思想的研究就很薄弱，除去一些论著中偶尔涉及到，迄今还没有一篇专门论述的文章。这种疏漏，不能不说是研究工作的缺憾。

　　孙中山的文化思想之所以没有引起研究者的应有的注意，是有其原因的。三十多年来，中国近代史的研究偏重于政治史，尤其是反帝反封建斗争方面，文化史的研究几乎是空白，孙中山的文化思想自然也不会被提到研究的范围中来。此外，由于孙中山是伟大的革命家、政治家、思想家，人们注重于研究他的革命事迹和政治思想，因而对于文化思想方面可能有所忽视。然而像孙中山这样伟大的历史人物，他的业迹和思想都是丰富复杂的，重要问题要研究，次要的问题也需要研究，才能对他作出全面的深刻的评价。

　　下面就研究孙中山的论著中涉及有关文化思想的问题作一些综述。

一　孙中山文化思想的体系问题

孙中山文化思想的体系是什么，这是研究孙中山的文化思想首先要遇到的一个根本性的问题。对于这个问题，还没有专门的文章来予以论述，但在有些文章中则是提到了的。有的作者认为，孙中山文化思想的根源和体系，是批评地接受了祖国文化，审慎地吸收西洋文化，运用自己的独立思考，融会贯通，发扬光大[①]。作者根据孙中山自己的概括来加以表述，应该说是确切的，符合实际的。但是作为问题来研究，就不能仅停留于笼统的概括上，需要进一步加以具体化。

在孙中山的思想中，毫无疑问，既接受了祖国传统文化，又吸收了西方文化。问题是孙中山接受了哪些祖国传统文化，吸收了什么西方文化，以何者为主？或者说，构成孙中山文化思想体系的基本点是什么，它的核心又是什么？对于这些问题，研究者虽然没有直接的论述，但在一些文章中也多少有所涉及。有的文章认为，孙中山的出身、学习、生活等和康有为一类出身封建地主家庭、受过完整封建文化教育、渴望仕途登进的知识分子不同，封建思想意识对他影响不大，比较容易接受西方资产阶级的科学与民主思想[②]。至于孙中山所接受的具体内容，论者一般都认为他以大半辈子的光阴从西方资产阶级文化中寻找救国真理，学来了进化论、天赋人权论和资产阶级共和国的方案。从上述的论断，我们可以得出这样的认识，构成孙中山文化思想体系的主体部分是西方资产阶级文化，尽管他也接受了中国传统文化。而作为这个文化思想体系的核心，则如孙中山自己所一再强调的，"虽经纬万端，要其一贯之精神，则为自由、平等、博爱"。自由、平等、博爱，也就是孙中山文化体系的指导思想。这是他的文化思想所以区别于以封建伦理纲常为核心的儒学体系的根本点。当然，孙中山的文化思想体系是庞杂的，要弄清楚它有待今后的认真研究。

---

① 罗隆基：《为什么要纪念孙中山先生》，《人民日报》1956年11月12日。
② 陈锡祺：《孙中山为创建共和国而斗争的伟大功勋》，中华书局编辑部主编：《纪念辛亥革命七十周年学术讨论会论文集》上册，中华书局1983年，第63—99页。

二 孙中山与中国传统文化问题

关于孙中山与中国传统文化的关系，首先的问题是孙中山接受、继承了中国传统文化的哪些内容。在一些研究者的论著中，都认为孙中山继承了中国古代"天下为公，世界大同"的传统精神。有的文章指出：孙中山先生曾手写过《礼运·大同》的一段文字，勖勉国人。他把封建时代所向往的理想，充实以社会主义的新倾向。一方面适应当前的需要，一方面也继承了民族文化的优秀传统①。肯定孙中山继承了中国古代文化《礼运》篇中的"大同"理想的优秀传统，这是不错的，也没有什么争议。

其次，是孙中山批判中国封建传统思想文化的问题。有的论著中指出，孙中山对中国的封建传统思想文化作了一定程度的批判。他以反对封建君主专制的民主主义立场，痛斥了宣扬孔孟之道的四书五经是长期以来束缚人们的思想工具，而封建统治者则利用它来培养"盲从之性"的奴隶主义，使人们不敢触动封建专制制度。他还抨击"君权神授"的儒家天命论思想，认为其目的都是为了愚弄人民和反对革命。研究者也指出，孙中山对封建思想文化的批判，还很不够，不彻底②。对于这个问题，研究者的看法基本上是一致的。但是，在关于孙中山看待"中国固有的道德"的问题上，研究者的解释和评价却存在着歧异。一种意见认为，孙中山主张恢复的忠孝、仁爱、信义、和平等中国固有的道德，实际上是封建的道德，是错误的思想；论者说，是抽象地继承儒家的某些道德概念，而没有识别它的反动实质③。另一种意见认为，孙中山所说的固有道德，虽与中国古代的一些道德的字眼相同，但内容不一样。它不是以"三纲"为内容的封建道德，是忠爱国家和民族的道德，是资产阶级性的道德。在当时来说，它具有进步的、积极的意义。不过，孙中山所说的中华民族这个固有

---

① 任继愈：《继承文化遗产》，《光明日报》1956年11月11日。

② 侯外庐主编：《中国近代哲学史》，人民出版社1978年，第419—421页；邵德门：《中国近代政治思想史》，法律出版社1983年，第264—266页。

③ 王忍之：《孙中山的政治思想》，中国人民大学中国历史教研室主编：《中国近代思想家研究论文选》，生活·读书·新知三联书店1957年，第168—169页；侯外庐主编：《中国近代哲学史》，第421页。

的道德，在一定程度上的确是与封建道德没有划清界限，而且在他批判那种否定中华民族有优良文化传统时，却提出恢复包括道德在内的所谓"一切国粹"，这就走向了另一极端[1]。在这两种不同的意见中，前者看来存在着笼统否定的偏颇，缺少具体分析；后者作了实事求是的分析，因而评价比较合乎客观实际。对于传统文化包括道德在内的批判继承，是一个长期纷争的复杂问题，这里也有"左"的思想的影响，还需要继续探讨才能弄清楚。

三 孙中山与西方文化问题

关于孙中山接受了哪些西方文化和他主张吸取什么西方文化的问题，除上面提到的进化论、天赋人权论等外，近几年来，研究者比较着重强调的是孙中山主张学习外国先进的科学技术，因为科学技术是外国的长处，是中国没有的东西[2]。这些论文所以着重强调孙中山主张从西方文化引进科学技术，是有现实原因的。这是由于现实的"四化"，重视科学技术，实行对外开放政策，从而回顾历史以为借鉴。而孙中山晚年也曾经这样强调过，他说："我们现在要学欧洲，是要学中国没有的东西。中国没有的东西是科学，不是政治哲学。至于讲到政治哲学的真谛，欧洲人还要求之于中国。"不过，也不能因此就认为孙中山只主张学习外国的科学，不赞成或不去吸取外国文化中其他方面的东西，还是应当进行全面的考察。

在关于孙中山主张的怎样学西方文化的问题上，一些论文中也涉及了。有的文章认为，孙中山反对夜郎自大，闭关自守，拘泥于中国古代文明，提倡向外国长处学习，但也反对照抄照搬，一切依赖外国，必须有所

---

[1] 萧万源：《孙中山哲学思想》，中国社会科学出版社1981年，第249—253页。

[2] 陈锡祺、段云章：《孙中山二十世纪初的预见》，《学术研究》1978年第2期；段云章：《孙中山的中国近代化理想》，《中山大学学报（社会科学版）》1979年第4期；汤照连：《孙中山关于国民经济现代化的思想》，《中山大学学报（社会科学版）》1979年第4期。

选择。而学习外国的长处，应是建立在中国固有文明的基础上[1]。孙中山对待西方文化的态度，并不像有的论著所片面强调的那样，而是反对两种极端的。他既批评那种"极端信仰中国要比外国好"，盲目排斥的思想；也反对"极端的崇拜外国，信仰外国是比中国好。因为信仰外国，所以把中国的旧东西都不要，事事都是仿效外国"。在这里，孙中山反对因崇拜外国而失去了中国人的自信力，认为"我们固有的东西，如果是好的，当然是要保存，不好的才可以放弃"。孙中山对待中西文化的基本态度是正确的，值得我们进一步研究。

在关于对待西方文化的问题上，有的著作中还论述了孙中山对世界主义的批判。作者指出，世界主义是帝国主义文化侵略的手段，它与政治、经济侵略是相互为用的，孙中山正是认为世界主义是"变相的帝国主义"或"变相的侵略主义"，这就触及了世界主义的本质。作者还指出，孙中山认为也可以讲世界主义，但孙中山所指的世界主义根本不同于帝国主义的世界主义，它在很大程度上是"世界大同"的同义语，即是"对于世界诸民族各保持吾民族之独立地位，发挥吾固有文化，且吸收世界之文化而光大之，以期与诸民族并驱于世界，以驯致大同"[2]。

与上述问题有关的是关于"大亚洲主义"的问题。作者指出，孙中山提出"大亚洲主义"的口号，矛头是针对西方帝国主义以及为殖民主义提供理论依据的"文化"，而其自身的基础则是"王道"、"我们固有的文化"和"仁义道德"。实际上是与西方帝国主义"霸道的文化"相对立的观念，即"求一切民众和平、平等、解放的文化"。但这并不意味着对于西方文化的简单排斥，而只是反对那种为帝国主义列强侵略亚洲民族作辩护的"霸道的文化"。从作者的阐述可以看出，孙中山提倡"大亚洲主义"和批判世界主义的基本思想是一致的，即以中国固有的文化——王道文化为基础，吸取西方有用的文化，反对帝国主义的霸道文化。作者也指出，孙中

---

[1] 王启勇:《努力寻求"医国"之方——略谈孙中山先生怎样向外国长处学习》，《广西民族学院学报》1979年第1期；陈锡祺、段云章:《孙中山二十世纪初的预见》，《学术研究》1978年第2期。
[2] 张磊:《孙中山思想研究》，中华书局1981年，第58—59页。

山"大亚洲主义"根本不同于日本帝国主义及其走狗所鼓吹的"大亚洲主义"。但是，它存在着对于日本帝国主义抱有某种程度的幻想的严重缺点；况且应用"王道"、"固有文化"和"仁义道德"等陈腐的概念，也不能明确地反映亚洲人民在20世纪20年代的解放斗争的实践[①]。

关于孙中山对世界主义的批评和提倡"大亚洲主义"的问题，过去很少研究，作者注意及此，专门提出来加以探讨，并作了较切合实际的评价，这是有意义的。但还嫌较简略，有的提法也还可以商讨。至于像王道文化、霸道文化的说法，本世纪的二三十年代间曾流行过，它的背景、内涵等都有待深入研究。而对于孙中山有关世界主义和"大亚洲主义"的思想，也需要与他的文化思想体系联系起来进行整体研究，才能有深刻的认识。

四　孙中山与五四新文化运动

五四新文化运动，是中国文化史上具有革命意义的一件大事。孙中山与五四运动和新文化运动的关系，自然是研究者感兴趣的问题。一些论著认为，孙中山虽然没有直接参与五四运动和新文化运动，但对这次运动的评价是很高的，给予了充分的肯定和赞扬，指出"此种新文化运动，在我国今日，诚思想界空前之大变动"，"实为最有价值之事"。另一方面，研究者也认为，孙中山受到五四新文化运动的积极影响，使他认识到思想文化工作的重要性，并着手开展这项工作，以"激扬新文化之波澜，灌溉新思想之萌蘖"[②]。关于孙中山对文化的社会作用的认识的研究，还有待开展。

除上述这些问题外，在具体部门文化方面，主要是孙中山的教育思想、移风易俗的思想等，研究者也有所论述，这里就不一一列举了。

---

① 张磊：《孙中山思想研究》，第54—58页。
② 李时岳、赵矢元：《孙中山与中国民主革命》，辽宁人民出版社1981年，第231—232、243页；胡绳武、金冲及：《从辛亥革命到五四运动》，湖南人民出版社1983年，第285页。

孙中山把他的一生献给了中国人民的革命事业。在革命生涯中，他来不及专门集中地研讨文化问题，但在他的著作中所包含的文化思想却是很丰富的。研究者所谈到的上述的那些问题，只是孙中山文化思想的一部分。至于有关文化方面的另一些问题，如文化与经济、政治的关系，精神文化与物质文化的关系，中国文化的来源，中国古代文化比西方先进而后来落后的原因，等等，在孙中山的著作中都谈到了。可以说，有关文化的重要问题，孙中山几乎都涉及了。孙中山的文化思想是值得研究的，而且需要作系统的专门的研究。过去这方面的研究工作非常薄弱，今后应当给予应有的重视。

（原载《孙中山研究述评国际学术讨论会论文集》，

北京大学历史系1985年）

五四时期的新文化运动

　　1915年9月，陈独秀在上海创办的《青年》杂志出刊，标志着新文化运动的兴起。《青年》杂志从第2卷第1号（1916年9月）起改名为《新青年》。1917年1月，陈独秀应北京大学校长蔡元培的聘请，任文科学长。《新青年》编辑部也从上海迁到北京。其时，在北京大学任教的新文化界人士李大钊、胡适、钱玄同、刘半农等参加了《新青年》的编辑或撰稿工作，鲁迅也从1918年第4卷起开始为之撰稿。《新青年》由个人主编改为同人刊物，它与北京大学的结合，扩大了阵地与影响，形成了一个以《新青年》为核心的新文化阵营。在《新青年》的影响下，大大小小宣传新文化的报刊大批涌现出来，形成一次新文化运动。五四新文化运动自发生之日起，人们就对它褒贬不一，直至如今，虽然已经过了80年，对此仍然是众说纷纭，评价各不相同，观点相去甚远，需要继续探讨。

一　五四新文化运动是对社会现实的回应，是中国近代历史发展的必然，不是"情绪化"的产物

　　五四新文化运动并不像有些人所说的是"情绪主义"的产物，把五四新文化运动归之于陈独秀、李大钊等人"情绪主义"的产物，显然是不妥当的，把问题简单化了。陈独秀、李大钊等新文化运动的倡导者当然是有

感情的人，在他们对当时社会、文化状况的是非判定、好恶选择中，本身就有着感情问题。但不能把这种感情因素归结为"情绪主义"，更不能因此就断言五四新文化运动是"情绪主义"的产物。他们对封建文化的批判，对新文化的提倡，都是在经过对社会现实的严肃思考后所作出的抉择，这种抉择是感情的，更是理性的。新文化运动是对当时社会现实的回应，也是中国近代历史发展的必然。

作为观念形态的文化，不是观念自己产生的，更不是从"情绪"中产生的。唯物史观的基本原理是：存在决定意识。毛泽东指出："一定的文化是一定社会的政治和经济在观念形态上的反映。""中国自从发生了资本主义经济以来，中国社会就逐渐改变了性质，它不是完全的封建社会了，变成了半封建社会，虽然封建经济还是占优势。这种资本主义经济，对于封建经济来说，它是新经济。同这种资本主义新经济同时发生和发展着的新政治力量，就是资产阶级、小资产阶级和无产阶级的政治力量。而在观念形态上作为这种新的经济力量和新的政治力量之反映并为它们服务的东西，就是新文化。没有资本主义经济，没有资产阶级、小资产阶级和无产阶级，没有这些阶级的政治力量，所谓新的观念形态，所谓新文化，是无从发生的。"[1]这里之所以把毛泽东的这段话引录下来，是因为有些人已经淡忘或离开了马克思主义的基本原理，从观念甚至是从情绪来谈论这样一次伟大文化运动的产生，难免掉入唯心史观的泥淖。

辛亥革命后，袁世凯窃取胜利果实，登上了民国大总统的宝座。他破坏民主共和，实行专制独裁，大搞帝制复辟。而与政治倒退相伴随的则是思想文化领域出现了尊孔复古的逆流。1912年，袁世凯下令尊崇伦常，"要全国人民恪守礼法"。1913年，他又颁发"尊崇孔圣"的通令。1914年，袁世凯在其正式颁发的祭孔告令中声称："孔子之道，亘古常新，与天无极。……国纪民彝，赖以不坠。"他诬蔑辛亥革命以来"纲常沦弃，人欲横流，几成为土匪禽兽之国"[2]。随即他亲率百官到孔庙祭孔。其后又下

---

[1]《新民主主义论》，《毛泽东选集》第2卷，第694、695页。
[2]《政府公报》1914年9月26日。

令正式恢复前清的祭天制度，并亲自到天坛祭天。祀孔祭天的活动是复辟帝制的先行，正如鲁迅所说，"跟着这事而出现的便是帝制"。在这种氛围下，各地也相继出现了各种名目的尊孔复古组织，如孔教会、孔道会、孔社、宗圣会、尊崇孔道会、尊孔文社、经学会、读经会等等。其中影响最大的是康有为的孔教会。康有为对辛亥革命后废除尊孔读经深感不满，说什么这是"亘古未有之变，俎豆废祀，弦诵声绝，大惊深忧"①；"灭国不足计"，而灭孔教"是与灭种同其惨祸"。康有为及孔教会还掀起请愿运动，要求中国当"以孔教为国教"，"编入宪法"。这些组织与北洋军阀相唱和，攻击辛亥革命，谩骂民主共和，鼓吹非孔教、非复辟不能救中国。历史事实清楚地表明，袁世凯的所谓文庙祀孔、天坛祭天不过是恢复帝制的前奏；"武圣"张勋与"文圣"康有为联手导演了一出复辟的闹剧。

与此同时，鬼神迷信思想在社会上也甚嚣尘上。在中国传统文化中，积淀了许多鬼神迷信和神秘主义的消极内容，民国成立后，对鬼神迷信思想的鼓吹带有一些新的特点，即与西学的某些内容相结合，甚至披上科学的外衣。1917年，俞复、陆费逵与长期从事扶乩活动的杨光熙等人在上海成立灵学会，设立圣德坛，并出版会刊《灵学丛志》，把中国传统的鬼神信仰与西方的灵学相结合，进行迷信活动。他们声称，灵学是"专研究人鬼之理，仙佛之道，以及立身修养种种要义"，"实为凡百科学之冠"，"即谓之圣学可也"②。灵学会得到了军阀、政客以及一些社会名流的支持，于是祭天、请神、祀鬼、扶乩流行一时，各种名目的迷信团体也在各地纷纷出笼。

既然反动的政治总有腐朽的文化为之张目，那么捍卫共和、反对倒退就势必要痛击这股尊孔复古和鬼神迷信的逆流。正是在这样一个背景下，新文化运动的倡导者高扬起民主和科学的大旗，对封建文化发起了猛烈的冲击。

五四新文化运动也是近代中国历史发展的必然。1840年鸦片战争后，

---

① 康有为：《致北京孔教会电》，汤志钧编：《康有为政论集》下册，第921页。
② 《余冰臣先生书》，《灵学丛志》1918年第1卷第3期。

伴随着封建阶级无可挽回地没落，以儒学为核心的传统文化也不可避免地面临着新文化的冲击和挑战。尤其是在中国资产阶级登上历史舞台后，更是公开提出了本阶级的政治主张和文化要求。1894年中日甲午战争后，随着维新思潮的发展，康有为、梁启超、严复、谭嗣同等人开始抨击君主专制、纲常名教，批评汉学、宋学，主张民权、自由、平等。这可以说是新文化运动的起点。辛亥革命时期，革命党人进一步批判封建的纲常名教，提出如果不"扫荡三纲，荡涤五伦"，中国就不能"提自由之空气，振独立之精神，拔奴隶之恶根，救民众之悲运"[①]。革命派把批评的矛头指向孔孟，提出"三纲革命"、"圣人革命"。有的认为，"孔子之学，仅列周季学派之一耳"，不能说他是"至圣先师"[②]。把孔子的学说仅看成是一个学派，这就否定了"圣人"和"圣学"的绝对地位。有的则明确反对尊孔，指出"因孔子专门叫人忠君服从，这些话都很有益于君的。所以那些独夫民贼喜欢他的了不得，叫百姓尊敬他，称他为至圣，使百姓不敢一点儿不尊敬他，又立了诽谤人的刑法，使百姓不敢说他不好"。"总而言之，孔子虽好，必不能合现在的时候了。我但望吾同胞做现在革命的圣贤，不要做那忠君法古的圣贤。"[③]尽管维新派也曾批判封建的伦理纲常，但他们是打着孔子改制的旗号，而且还向光绪皇帝上书，要求把孔教定为国教。维新派是在孔子旗号的掩护下来批评儒学传统中的某些东西，革命党人则反对尊孔，这无疑是中国历史文化上的一大进步。五四新文化运动批纲常名教、反对孔教，认为孔子之道不合于现代社会生活等，这和革命党人对待孔子和儒学的态度基本上是一致的，可以说是一脉相传的。当然，五四新文化运动无论是在深度还是在广度上，都超过了辛亥革命时的文化思潮，它是对维新思潮和革命思潮的继承和发展，是中国近代历史发展的必然，而不是"情绪主义"的产物。

把五四新文化运动说成是陈独秀、李大钊等新文化倡导者的"情绪的

---

① 《伦理学平等厄言》，《经世文潮》1903年第2期。
② 刘师培：《论孔子无改制之事》，《刘申叔先生遗书》第45册。
③ 君衍：《法古》，《童子世界》1903年第31号。

宣泄"、"非理性感情在起作用",显然是不符合历史实际的。他们对封建文化的批判,对新文化的提倡,是对中国近代以来新思想、新文化的继承和发展,是在经过对社会现实、思想文化严肃思考后作出的抉择。这种抉择是建立在理性分析的基础之上,是对现实的客观回应。

二 五四新文化运动提倡民主和科学,反对旧思想、旧传统, 其主要的内容,是反对孔教,批判封建纲常名教,主张 文学革命,并没有完全否定传统

五四新文化运动的基本内容是提倡民主和科学。陈独秀在《青年》杂志创刊号上发表了《敬告青年》一文,痛数了当时中国社会的黑暗,号召青年向陈腐的封建思想意识展开斗争,疾呼:"国人而欲脱蒙昧时代,羞为浅化之民也,则急起直追,当以科学与人权并重。"在"人权"与"科学"的基础上,发展成为"民主"与"科学"。1919年1月,陈独秀在代表《新青年》撰写的《本志罪案之答辩书》中表示坚决"拥护那德莫克拉西(Democracy)和赛因斯(Science)两位先生",而"要拥护那德先生,便不得不反对孔教、礼法、贞节、旧伦理、旧政治;要拥护那赛先生,便不得不反对旧艺术和旧宗教;要拥护德先生又要拥护赛先生,便不得不反对国粹和旧文学"。文章明确宣告:"我们现在认定只有这两位先生,可以救活中国政治上、道德上、学术上、思想上一切的黑暗。"[1]他们正是以民主和科学为武器,对阻碍社会进步的封建文化展开猛烈的批判。

五四时期先进的知识分子表现出了宽阔的眼界和宏伟的气魄,他们所要解决的问题不仅仅局限在文化层面,而且是要救国,要"再造中华"。尽管《新青年》标榜"批评时政,非其旨也",事实上陈独秀、李大钊等人并没有脱离政治。新文化运动就是由尊孔复古、帝制复辟的社会现实引

---

①《新青年》1919年第6卷第1期。

发出来的。正如陈独秀所说："这腐旧思想布满国中，所以我们要诚心巩固共和国体，非将这班反对共和的伦理文学等等旧思想，完全洗刷得干干净净不可。否则不但共和政治不能进行，就是这块共和招牌，也是挂不住的。"①因此，在新文化运动中，陈独秀、李大钊等人批评旧思想、旧传统的针对性是很鲜明的。

那么，五四新文化运动究竟反什么传统，是不是"全盘性的反传统"，这是需要探讨的问题。

新文化运动的反传统，从总体上说，从所针对的问题和要解决的问题说，焦点是反孔教。而反孔教的提出，是由于袁世凯和北洋军阀大搞尊孔复辟，由于康有为及孔教会等要求北洋政府"以孔子为大教，编入宪法"而引起的。新文化运动的倡导者和参加者，如陈独秀、李大钊、吴虞、易白沙等人，都撰文对尊孔复古逆流给予猛烈抨击。他们认为社会是进化发展的，孔子之道不适应于现代社会生活，不能定为国教并编入宪法。陈独秀认为："文明进化之社会，其学说之兴废，恒时时视其社会之生活状态为变迁。"②"'孔教'本失灵之偶像，过去之化石，应于民主国宪法，不生问题。"③李大钊也指出，社会、道德都是进化发展的，"孔子之道，施于今日之社会为不适于生存"④；"孔子者，数千年前之残骸枯骨也。宪法者，现代国民之血气精神也。以数千年前之残骸枯骨，入于现代国民之血气精神所结晶之宪法，则其宪法将为陈腐死人之宪法，非我辈生人之宪法也"⑤。新文化运动倡导者还指出，孔教是维护专制制度的，与民权、平等思想背道而驰。李大钊断言："孔子者，历代帝王专制之护符也。宪法者，现代国民自由之证券也。专制不能容于自由，即孔子不当存于宪法。"⑥陈独秀也强调说，民主共和国重在平等精神，孔教重在尊卑阶级，"若一方面既然

---

① 陈独秀：《旧思想与国体问题》，《新青年》1917年第3卷第3期。
② 陈独秀：《孔子之道与现代生活》，《新青年》1916年第2卷第1期。
③ 陈独秀：《宪法与孔教》，《新青年》1916年第2卷第3期。
④ 李大钊：《自然的伦理观与孔子》，中国李大钊研究会编注：《李大钊文集》第1卷，人民出版社1999年，第250页。
⑤ 李大钊：《孔子与宪法》，中国李大钊研究会编注：《李大钊文集》第1卷，第245页。
⑥ 李大钊：《孔子与宪法》，中国李大钊研究会编注：《李大钊文集》第1卷，第245页。

承认共和国体，一方面又要保存孔教，理论上实在是不通，事实上实在是做不到"①。他还指出，尊孔就是为了复活帝制复辟，"盖主张尊孔，势必立君；主张立君，势必复辟"②。

新文化运动倡导者反对将孔教编入宪法，必然要集中批判封建的三纲五常。他们认为孔教的核心是礼教，是别尊卑、明贵贱的等级制度，是对人的束缚和压抑。陈独秀认为，"儒者以纲常立教，为人子为人妻者，既失个人之独立人格，复无个人之独立财产"③。吴虞在《礼论》一文中指出："礼为人君之大柄"，"以尊卑贵贱上下之阶级为其根本"④。鲁迅1918年在《新青年》发表了著名的白话小说《狂人日记》，猛烈抨击吃人的礼教。吴虞随后发表了《吃人与礼教》一文予以赞扬。他说："我觉得他这日记，把吃人的内容和仁义道德的表面看得清清楚楚，那些戴着礼教假面具吃人的滑头伎俩，都被他把黑幕揭破了。"他最后呼吁："到了如今，我们应该觉悟：我们不是为君主而生的！不是为圣贤而生的！也不是为纲常礼教而生的！什么'文节公'呀，'忠烈公'呀，都是那些吃人的人设的圈套来诳骗我们的！我们如今应该明白了！吃人的就是讲礼教的，讲礼教的就是吃人的呀！"⑤

陈独秀等人还批评封建统治者独尊儒学造成对学术思想的专制，阻塞人的智慧。陈独秀指出："今效汉武之术，罢黜百家，独尊孔氏，则学术思想之专制，其湮塞人智，为祸之烈，远在政界帝王之上。"⑥李大钊认为："豪强者出，乘时崛兴，取之以盗术，胁之以淫威，绳之以往圣前贤之经训，迟之以宗国先君之制度。锢蔽其聪明，夭阏其思想，销沉其志气，桎梏其灵能，示以株守之途，绝其迈进之路，而吾之群遂以陵替。"⑦吴虞在《儒家主张阶级制度之害》一文中也说："自孔氏诛少正卯，著'侮圣

① 陈独秀：《旧思想与国体问题》，《新青年》1917年第3卷第3期。
② 陈独秀：《复辟与尊孔》，《新青年》1917年第3卷第6期。
③ 陈独秀：《孔子之道与现代生活》，《新青年》1916年第2卷第4期。
④ 吴虞：《礼论》，《新青年》1917年第3卷第3期。
⑤ 《新青年》1919年第6卷第6期。
⑥ 陈独秀：《宪法与孔教》，《新青年》1916年第2卷第3期。
⑦ 李大钊：《民彝与政治》，中国李大钊研究会编注：《李大钊文集》第1卷，第154页。

言'、'非圣无法'之厉禁，孟轲继之，辟杨、墨，攻异端，自附于圣人之徒；董仲舒对策，以为诸不在六艺之科、孔氏之术者，皆绝其道，勿使并进；韩愈《原道》'人其人，火其书，庐其居'之说昌，于是儒教专制统一，中国学术扫地。"他疾呼："儒教不革命，儒学不转轮，吾国遂无新思想、新学说，何以造新国民？悠悠万事，惟此为大已吁！"[①]事实就是如此，"独尊孔氏"、"绳以往圣前贤之经训"的结果，必然是思想的僵化，学术文化的萎败，死气沉沉，毫无生机。

如果说新文化运动倡导者反对专制、反对孔教、批判封建纲常名教等是属于民主的内容，那么他们提倡的科学则是反对迷信、盲从和武断，树立积极、进取的科学精神。蔡元培在北京信教自由会的演讲中宣传科学，否定上帝创造世界。他说："人智日开，科学发达，以星云说明天地之始，以进化论明人类的由来，以引力说原子说明自然界之秩序，而上帝创造世界之说破；以归纳法组织伦理学、社会学等，而上帝监理人类行为之说破。于是旧宗教之主义不足以博信仰。"[②]陈独秀在《有鬼论质疑》一文中，指出"灵学"完全是奸民作伪，用以欺人牟利的骗人之谈，提倡"灵学"的人完全是一群妖孽，他号召青年"赶紧鼓起你的勇气，奋发你的毅力，剿灭这种最野蛮的邪教和这班兴妖作怪的胡说八道的妖魔"[③]。鲁迅也指出："现在有一班好讲鬼话的人，最恨科学，因为科学能教道理明白，能教人思路清楚，不许鬼混，所以自然而然的成了讲鬼话人的对头。"[④]

在批判鬼神迷信的同时，《新青年》等报刊还反对偶像崇拜，主张追求真理。他们批评"言必称尧、舜、禹、汤、文、武、周、孔，义必取于《诗》、《礼》、《春秋》"的风习，提出要在"学术上破除迷信，思想自由"[⑤]，要破坏"偶像的权威"。陈独秀说："吾人信仰，当以真实的合理的为标准；宗教上政治上道德上自古相传的虚荣欺人不合理的信仰，都算是

---

① 《新青年》1917年第3卷第4期。
② 蔡元培：《在信教自由会之演说》，高叔平编：《蔡元培全集》第2卷，第490—491页。
③ 《新青年》1918年第4卷第5期。
④ 鲁迅：《随感录》，《新青年》1918年第5卷第4期。
⑤ 《新青年》1916年第2卷第4期。

偶像，都应该破坏。此等虚伪的偶像倘不破坏，宇宙间实在的真理和吾人心坎儿里彻底的信仰永远不能合一。"①

新文化运动的另一重要内容是"文学革命"，即反对旧文学，提倡新文学，反对文言文，提倡白话文。1917年，胡适、陈独秀先后在《新青年》发表了《文学改良刍议》、《文学革命论》，掀起文学改革运动。而《新青年》从第4卷第1号（1918年1月）起改用白话文，采用新式标点符号，形成为白话文运动。鲁迅在这场文学革命中主要是通过他的创作实践，在自己的作品中，出色地将反封建的革命内容与白话文的形式结合起来。1918年4月起，他陆续在《新青年》上发表了《狂人日记》等白话小说，对文学革命作出了极其重要的贡献。作为新诗奠基之作的是郭沫若的《女神》。闻一多曾评论说："若讲新诗，郭沫若君的诗才配称新呢，不独艺术上他的作品与旧诗词相去最远，最要紧的是他的精神完全是时代的精神——20世纪底时代的精神。有人讲文艺作品是时代底产儿，《女神》真不愧为时代的一个肖子。"②

以上所述，可以说是新文化运动中反传统主要的内容。新文化运动的倡导者之所以注重批判孔教及其伦理纲常，除去现实政治的原因外，还有思想认识的因素。例如陈独秀就认为儒家的纲常伦理，支配政治、学术、旧文学等各方面，伦理问题是根本问题，"此不攻破，吾国之政治、法律、社会道德，俱无由出黑暗而入光明"③。陈独秀把伦理道德的作用看成决定一切的因素虽有偏颇，但从当时的社会状况来说，从北洋军阀和康有为等掀起尊孔复古的逆流来说，则是必然的，有其合理性。

新文化运动的发展，引起了反动军阀的仇视和恐惧，他们诬蔑新文化是"异端邪说"、"洪水猛兽"，企图用强力办法来压制它。一些持文化保守主义立场的人士也对新文化运动进行攻击。林纾在《公言报》发表《致蔡鹤卿太史书》，攻击新文化运动是"覆孔孟，铲伦常"，"尽废古

---

① 陈独秀：《偶像破坏论》，《新青年》1918年第5卷第2期。
② 闻一多：《〈女神〉之时代精神》，《创造周报》1923年第4期。
③ 陈独秀：《答吴又陵》（孔教），《新青年》1917年第2卷第5期。

书，行用土语为文字"，是"叛亲蔑伦"、"人头畜鸣"。《东方杂志》的主编杜亚泉连续发表文章抨击新文化运动。他指责新思想、新文化自西方输入，"直与猩红热、梅毒等之输入无异"，破坏了以儒家思想为举国上下衡量是非的统一标准，造成"人心迷乱"、"国是丧失"、"精神破产"。要结束这种"混乱的局面"，只有以儒家思想来加以"统整"，使西洋学说"融合于吾固有文明之中"，"融合西洋思想以统整西界之文明，则非特吾人之自身得赖以救济，全世界之救济亦在于是"①。章士钊则攻击新文化运动"谋毁弃固有文明以尽"，主张"新旧调和"论。他鼓吹"吾儒礼教之说，当复起于今日"②，认为不仅中国要重建儒家的礼教，而且中国的礼教对西方也有普遍意义。梁漱溟在其《东西文化及其哲学》一书中反对新文化运动，维护儒家文化。他认为儒家文化不仅在精神上优于西洋文化，就其终极而言，也无悖于现代的要求，全世界都将走"中国的路，孔家的路"。

杜亚泉等人给新文化运动所加的罪名，是"人心迷乱"、"精神破产"、"毁弃固有文明以尽"等等。现在有人则指责新文化运动是"全盘反传统"，"造成依附于传统中的道德尊严及其社会规范性被摧毁"，由此产生了种种思想混乱。时间相去约80年，然而对新文化运动的否定却是一致的。

指责新文化运动是全盘反传统、摧毁中国固有文明殆尽，是不符合历史实际的。如前所述，新文化运动中反对旧思想、旧传统的主要内容是反对将孔教列入宪法、批判封建纲常名教和旧文学；不存在全盘反传统、摧毁中国固有文明的问题。如果孔教、儒学的正统统治地位动不得，封建纲常名教不该批判，那就另当别论了。其实，在近代中国，批判封建纲常名教，至晚在戊戌维新时期已经开其端。辛亥革命时期进一步发展，并对孔子进行批评。新文化运动的反对孔教、封建纲常名教，是以前的继承和发展。如果说这就是全盘反传统，那么维新人士、革命党人岂不是早就"全

① 伧父：《迷乱之现代人心》，《东方杂志》1918年第15卷第4期。
② 章士钊：《对作》，《甲寅周刊》1927年第1卷第40期。

盘反传统"？

新文化运动的倡导者尽管对尊孔、对儒家的纲常名教进行了猛烈的抨击，但对孔子、孔学并没有完全否定。如被称为"只手打'孔家店'老英雄"的吴虞，在他致陈独秀的信中就说，"不佞常谓孔子自是当时之伟人"[1]。陈独秀肯定了孔子的历史地位和孔学的历史价值，表示"反对孔教，并不是反对孔子个人，也不是说他在古代社会无价值"[2]，孔学是"当时社会之名产"，"使其于当时社会无价值，当然不能发生且流传至于今日"[3]。李大钊也认为："孔子于其生存时代之社会，确足为其社会之中枢，确足为其时代之圣哲，其说亦确足以代表其社会其时代之道德"。他明确表示："余之掊击孔子，非掊击孔子之本身，乃掊击孔子为历代君主所雕塑之偶像的权威也；非掊击孔子，乃掊击专制政治之灵魂也。"[4]在文学方面，陈独秀等人提出了"文学革命"的口号，并对传统文学做了重新评价。他们斥"桐城谬种，选学妖孽"，而对于被封建统治阶级视为不登大雅之堂，并一再遭禁毁的戏曲、小说，则极力推崇，称之为"文学之正宗"，"粲然可观"的"佳构"，从此使它们受到了社会上前所未有的重视。仅就以上情况而言，也可以看出新文化运动并没有完全否定传统，没有视中国传统文化尽为糟粕，说不上彻底摧毁了传统，是"全盘反传统"。

五四新文化运动没有也不可能造成传统文化的中断。传统文化无论是精华还是糟粕，许多东西直至今天仍然存在于现实社会中，并没有在五四新文化运动中发生中断。伟大的五四反帝爱国运动，八年的全民抗日战争，中国共产党所起的中流砥柱的作用，指导中国人民取得新民主主义革命胜利和社会主义社会建设的中国化的马克思主义——毛泽东思想，都和继承和发扬优秀的文化传统分不开。这也可以说明，所谓五四新文化运动后传统文化发生中断的说法，是与事实不符合的。这里有一个用什么观点、标准来对待传统文化的问题。传统不是永远不变的东西，而是随着社

---

① 《新青年》1917年第2卷第5期。
② 陈独秀：《孔教研究》，《每周评论》1919年第20号。
③ 陈独秀：《答常乃惪》（孔教），《新青年》1917年第3卷第2期。
④ 李大钊：《自然的伦理观与孔子》，中国李大钊研究会编注：《李大钊文集》第1卷，第249—250页。

会的发展、时代的前进而发展变化的。在历史发展的长河中，在不同的时代，传统文化会积淀下一些东西，淘汰一些东西，同时也会吸收外来文化和有所创新。认为对传统文化中的某些糟粕提出批评就会造成传统文化中断，是没有根据的。社会发展需要与之相适应的文化，落后、陈腐的文化成分阻碍社会的进步，优秀、进步的文化则推动社会的发展。新文化运动的倡导者们并非只是一味破坏，破旧正是为了立新。他们对于一切腐朽的封建文化进行的尖锐批判，不仅有利于社会的进步，而且促进了文化自身的建设和发展。

在新文化运动中，有的人如陈独秀、钱玄同确实在当时特定的环境下说过一些过激的言论。陈独秀曾声称："无论政治学术道德文章，西洋的法子和中国的法子，绝对是两样，断断不可调和迁就的。……若是决计守旧，一切都应该采用中国的老法子，不必白费金钱派什么留学生，办什么学校，来研究西洋学问。若是决计革新，一切都应该采用西洋的新法子，不必拿什么国粹，什么国情的鬼话来捣乱。"[1]钱玄同比陈独秀更进一步，他主张："欲废孔学，不可不先废汉文；欲驱除一般人之幼稚的、野蛮的、顽固的思想，尤不可不先废汉文"；"欲废孔学，欲剿灭道教，惟有将中国书籍一概束之高阁之一法。"[2]这些言论，涉及传统文化和制度的各个方面。单从这些带有愤激之情的言论来看，是颇像"全盘反传统"、"全盘西化"的主张的。对于一次文化运动、一股社会文化思潮来说，在发生发展过程中，出现某种过激的言论，是常见的现象。问题在于对这些言论是在什么情况下说的要做具体分析，它在整个运动（或思潮）中居于什么地位，是不是主流，是不是起支配作用，这是我们研究问题时应当把握的。列宁说得好："在社会现象领域，没有哪种方法比胡乱抽出一些个别事实和玩弄实例更普遍、更站不住脚的了。挑选任何例子是毫不费劲的，但这没有任何意义，或者有纯粹消极的意义，因为问题完全在于，每一个别情况都有其具体的历史环境。……如果不是从整体上、不是从联系中去掌握事实，如

---

① 陈独秀：《今日中国之政治问题》，《新青年》1918年第5卷第1期。
② 钱玄同：《中国今后之文字问题》，《新青年》1918年第4卷第1期。

果事实是零碎的和随意挑出来的，那么它们就只能是一种儿戏，或者连儿戏也不如。"[1]

五四前的新文化运动，是资产阶级新文化反对封建阶级旧文化的一次激烈斗争。它在思想上给封建主义以空前的沉重打击，破除了封建教条对人们的思想束缚，对中国人民特别是知识青年的觉醒起了巨大作用。这是在新的历史条件下又一次思想解放的潮流，它促使人们更迫切追求救国救民的真理，为马克思主义在中国的传播创造了有利的条件。

三 以五四运动为界，新文化运动分为前期和后期，后期是前期的发展，谈论新文化运动不能只谈前期不谈后期，更不能以前期排斥后期

五四运动以后，新文化运动有了新的发展，除原来的资产阶级新文化外，又增加了马克思主义的革命的新文化，并逐渐在思想文化领域占据主导地位。

当新文化运动兴起的时候，1914年到1918年的第一次世界大战震动了全世界。第一次世界大战结束，中国作为协约国的成员，首次以战胜国身份出现在战后的谈判桌前。人们对此充满着幻想，以为"公理战胜了强权"，以为中国在巴黎和会上关于废除不平等条约的提案会获得成功。但是，在巴黎和会上，帝国主义列强不顾中国的反对，将战败的德国在山东攫取的权益尽数转给了日本。消息传来，举国哗然。到头来是"强权战胜了公理"，人们的幻想破灭了。"中国的土地可以征服而不可以断送！中国人民可以杀戮而不可以低头！"1919年，伟大的五四运动迅速席卷了全国。而在此前，1917年俄国发生十月革命，建立了世界上第一个社会主义国家。正当帝国主义列强对中国滥施强权之时，新生的苏维埃政权却主动提

---

[1]《列宁全集》第28卷，人民出版社1990年，第364页。

出废除不平等条约，好坏对比如此鲜明，不能不使人有所省悟。在人们心目中对曾经被奉为效法榜样的西方资本主义产生了怀疑，以致破灭。"帝国主义压迫的切骨的痛苦，触醒了空泛的民主主义的噩梦"，"学生运动倏然一变而倾向社会主义"——年轻的瞿秋白曾这样道出了时人的心声。此时的《新青年》公开发表宣言称："我们相信世界上的军国主义和金力主义（按：指帝国主义和资本主义）已经造成无穷罪恶，现在是应该抛弃的了。"① 十月革命促进了中国人民的觉醒，中国的先进分子受到十月革命胜利的鼓舞，从十月革命的胜利看到了中国的新出路。中国人民终于在绝望和彷徨中从十月革命中学到了一样新的东西，这就是马克思列宁主义。从此，中国的面貌就起了变化。

马克思列宁主义在中国，主要是通过李大钊等这样一些在前期新文化运动中起骨干作用的先驱者传播开来的。李大钊于1918年7月在《言治季刊》上发表了《法俄革命的比较观》，指出十月革命的社会主义性质，希望中国人民迎接新的革命潮流。11月，北京群众在天安门举行庆祝欧战胜利大会，李大钊在会上发表了题为《庶民的胜利》的演说，赞扬十月革命的胜利。同年出版的《新青年》第5卷第5号上，发表了这篇演说词和他的更详尽的论文《布尔什维主义的胜利》，欢呼"试看将来的环球，必是赤旗的世界"。这两篇文章，是中国最早的宣传十月社会主义革命的文献。第二年，他主编出刊了《新青年》的"马克思研究"专号，并发表了著名的长文《我的马克思主义观》，第一次比较系统地、准确地介绍了马克思主义的三个组成部分——唯物史观、政治经济学、科学社会主义，并指出三者不可分割的关系，"而阶级竞争说恰如一条金线，把这三大原理从根本上联络起来"② 。李大钊还组织了"马客士主义研究会"，团结一些进步青年学习、研究马克思主义和俄国革命。1919年4月出版的《每周评论》第16号，摘译了《共产党宣言》第二章《无产者共产党人》中的一段。文前的按语说："这个宣言是马克思和恩格斯最先最重大的意见……其要旨在主

---

① 《新青年》1919年第7卷第1期。
② 中国李大钊研究会编注：《李大钊文集》第3卷，第19页。

张阶级战争，要求各地劳工联合，是表示新时代的文书。"在李大钊的主持下，《晨报》副刊也开辟了一个"马克思研究"专栏，从5月到11月，陆续刊载马克思的《劳动与资本》的中译文，以及马克思、列宁等的传记。《国民》杂志于第2卷也刊载《马克思和恩格斯〈共产党宣言〉》（第一章）、《马克思的历史的唯物主义》等译文。1919年7月在湖南长沙创刊由毛泽东主编的《湘江评论》，对宣传十月革命也起了重要作用。马克思、恩格斯、列宁的著作也被翻译出版。马克思主义在中国广泛传播开来。这样，就使1915年开始发展起来的新文化运动发生了根本的变化，由一个资产阶级文化运动逐步地发展为一个广泛宣传马克思主义的新文化运动。

马克思主义的传播之所以逐渐成为新文化运动的主流，绝非由于几个知识分子一时的感情冲动。中国人民是在对各种主义的比较、实践之后，才最终选择了马克思主义的。其间贯穿始终的是先行者对社会现实深沉的理性思考，而不是非理性的冲动，更不是简单的盲从。它是思考后的选择，是对现实的回应。1920年8月，蔡和森在法国给毛泽东的信中说："我近对各种主义综合审谛，觉社会主义真为改造现世界对症之方，中国也不能外此。"毛泽东表示赞同并指出："我看俄国式的革命，是无可如何的山穷水尽诸路皆走不通了的一个变计，并不是有更好的方法弃而不采，单要采这个恐怖的方法。"[①]周恩来在对当时种种思潮进行认真比较后下定决心："我们当信共产主义的原理和阶级革命与无产阶级专政两大原则"，"我认的主义一定是不变了，并且很坚决地要为他宣传奔走"[②]。先进的中国人就是经过这样一番理性的思考和艰苦的斗争，才完成了从对十月革命的向往到坚定地信仰马克思主义的转变的。

马克思主义在中国传播，并不是一帆风顺的，而是经历了严重的斗争和艰辛的历程。马克思列宁主义传入中国后，同时存在的还有其他种种主义，诸如资产阶级民主主义、实验主义、改良主义、无政府主义、新村主义、泛劳动主义、基尔特社会主义、国家社会主义等等。马克思主义

①《新民学会资料》，人民出版社1980年，第148页。
②《周恩来书信选集》，中央文献出版社1988年，第40、46页。

开初只是其中的一家。马克思主义与这些思潮在社会改造的浪潮中竞相传播，斗争是不可避免的。

马克思主义在当时不仅遭到反动政府的封禁，也受到各种反马克思主义思潮的围攻。对此，马克思主义者予以坚决反击。从1919年到1923年，马克思主义和反马克思主义进行了三次著名的论战，先后战胜了以胡适为代表的实验主义和社会改良主义，以张东荪、梁启超为代表的资产阶级改良主义，以黄凌霜、区声白为代表的无政府主义。在中国革命的实践中，在思想理论的斗争中，其他各种主义很快便销声匿迹，只有马克思主义为中国人民所接受，并且成为中国革命的指导思想。中国人民正是经过研究、比较和鉴别，最终才选择了马克思主义作为救国救民的理论武器。

马克思主义为什么能够在中国广泛传播，刘大年同志在生前发表的最后一篇论文《评近代经学》中有精辟、扼要的论述。他指出："第一，中国先进分子一直指望向西方寻求到救国救民的真理，帝国主义残暴侵略中国的历史和现实，使那种指望破灭了。毛泽东说的中国人向西方学习，'为什么老师总是侵略学生呢'，道出了那种指望破灭的情景。走西方资本主义的老路救中国，此路不通。第二，俄国十月革命，布尔什维克建立起无产阶级领导的政权，马克思主义理论变为现实的社会制度。中国先进分子面前出现了一条新的道路：应用马克思主义，走社会主义的道路救中国。孙中山说，'马克思主义是三民主义的好朋友'，中国革命要'以俄为师'，是彻底的民主主义者首先说出的马克思主义对中国前途的意义。第三，马克思主义是一个科学思想体系。它关于经济基础与上层建筑的关系、生产力与生产关系的矛盾与适合、私有制社会里阶级矛盾与阶级斗争、社会制度由低级向高级发展的理论，深刻明晰。《共产党宣言》各种译本或内容介绍，首先出现。中国人依据自己的文化背景、现实生活，对这个思想很容易接受下来，把它作为改变半殖民地半封建中国命运的斗争武器。第四，马克思主义与中国传统文化中古典的朴素的唯物辩证法的思想是可以沟通的。也就是说，中国人接受马克思主义哲学思想有内在的根据。尽管中国古典哲学与马克思主义哲学产生于相隔遥远的历史时代，属于截然不同的社会意识形态，属于不同的世界观和思想体系，但中国古代典籍复杂多样，其中关于唯物辩证法的思想，一向是人们所熟知的。自然它的形式是中国传统的。"①

中国共产党是非常重视理论指导的党。从诞生之日起，就把马克思列宁主义确立为自己的指导思想，马列主义之于中国共产党，永远只是行动的指南，而绝不是教条。近些年来有一种说法，认为中国人民接受的马克思主义不是真正的马克思主义，而是俄国十月革命后从苏俄接受来的教条主义。这种说法不符合历史实际，把问题简单化了。不能说苏俄不是马克思主义，只是教条主义，果真如此，怎么可能会有发展了马克思主义的列宁主义；同样，也不能说中国人民从苏俄学来的只是教条主义。况且中国人民接受的马克思主义，并不只是从苏俄来的。如李大钊的《我的马克思主义观》，显然是受日本学者河上肇的影响。杨匏安、李达、李汉俊等早期马克思主义的传播者，都是在日本留学期间接受马克思主义的。而周恩来、蔡和森等许多留法勤工俭学的青年，则是在法国研究和接受马克思主义的。他们如饥似渴地阅读《共产党宣言》和其他马克思主义经典著作。在国内，1920年，陈望道全文翻译的《共产党宣言》中文本在上海出版。据罗章龙回忆，当时在北京也有据德文《共产党宣言》翻译的中文油印本。1883年、1888年恩格斯先后为《共产党宣言》德文、英文版所作的序言中一再明确指出"构成《宣言》核心的基本原理"是："每一历史时代主要的经济生产方式与交换方式以及必然由此产生的社会结构，是该时代政治的和精神的历史所赖以确立的基础，并且只有从这一基础出发，这一历史才能得到说明；因此人类的全部历史（从土地公有的原始氏族社会解体以来）都是阶级斗争的历史，即剥削阶级和被剥削阶级之间、统治阶级和被统治阶级之间的斗争的历史……"②这说明中国共产党人接受的唯物史观和阶级斗争学说，都是马克思主义的基本原理，而不是什么苏俄的教条主义。

---

① 《明清论丛》第1辑，紫禁城出版社1999年，第46页。
② 《马克思恩格斯选集》第1卷，人民出版社1995年，第257页。

革命的实践需要革命的理论，而革命的理论又必须与革命的实践相结合。这是马克思主义的基本立场、观点和方法在实际运用中的原则要求，同时也是在具体实践过程中对待马克思主义的根本态度和方法。中国共产党人在以马克思列宁主义为指导进行中国革命的具体实践过程中，一直致力于把马克思列宁主义的普遍真理同中国革命的具体实际相结合，努力探索适合中国国情的革命道路。毛泽东是杰出的代表。1927年大革命失败以后，中国革命的前途和命运一下子变得扑朔迷离起来——究竟走一条怎样的道路，才能取得革命的最后胜利？在此艰难困境之中，毛泽东通过长期深入的调查研究，认为中国革命的实际之最大的特点是必须让占人口绝大多数的农民参加到革命运动中来，在强大的反革命势力占据着中心城市而广大的农村则是反革命统治的薄弱环节这种情况下，必须"走农村包围城市，最后夺取全国政权"这样一条切合中国实际的革命道路。这是一条不同于苏俄式的成功的革命道路，它不是教条式地对待马克思列宁主义的结果，而是在坚持马克思列宁主义的同时创造性地运用马克思列宁主义于中国实际的结果。以毛泽东为代表的中国共产党人着眼于中国革命的实际，着眼于马克思列宁主义理论的实际运用，在将马克思列宁主义普遍真理同中国革命具体实际相结合解决中国问题的过程中，形成了毛泽东思想。这是马克思列宁主义与中国实际相结合的一次历史性飞跃。在中国共产党历史上曾经发生过右倾机会主义和"左"倾机会主义的错误。这些错误，都是脱离了马克思列宁主义普遍真理和中国具体革命实际相结合的正确轨道，使中国革命遭受挫折和失败。而毛泽东思想则是在同右倾机会主义和"左"倾机会主义的斗争中产生和发展的，它体现了这条正确轨道。毛泽东思想是中国化的马克思主义，是马克思主义的重大发展，是马克思主义在当时的中国发展的最高成就。正是因为有了这一强大的思想武器，中国人民才取得新民主主义革命的胜利，才成功地实现了从新民主主义到社会主义的转变，并取得建设社会主义的巨大成就。

社会主义制度建立以后，究竟如何来建设社会主义，中国共产党人围绕这个问题进行了长期而艰辛的探索。党的十一届三中全会以后，以邓小平为代表的中国共产党人在总结建国以来正反两个方面经验的基础上，在研究国际经验和世界形势的基础上，在改革开放的崭新实践中，找到了建设有中国特色的社会主义的正确道路，创立了邓小平理论。这是马克思列宁主义与中国实际相结合的又一次历史性飞跃。邓小平理论是马克思列宁主义基本原理与当代中国实践和时代特征相结合的产物，是毛泽东思想的继承和发展，是当代中国的马克思主义，是马克思主义在中国发展的新阶段，是五四以来马克思主义在中国传播和发展的最新成就。20年来改革开放和现代化建设的成功实践说明，邓小平理论是指导中国人民在改革开放中胜利实现社会主义现代化的正确理论。在当代中国，只有邓小平理论而没有别的理论能够解决社会主义的前途和命运问题。

四　从五四新文化运动提倡科学和民主，到党的十五大提出建设有中国特色社会主义的文化，是一脉相承、不断完善和发展的

马克思主义的传播，丰富了新文化运动的内涵，并使之具有了新的发展方向。无视这一点，断言马克思主义的传播使新文化运动偏离了正常的发展轨道，进而否定马克思主义指导下的革命文化，这是出于偏见，不是历史的真实。新文化运动高扬的科学和民主的旗帜，在五四运动后，由于马克思主义的传播并逐渐成为新文化运动的主流，而得到了继承和发展。毛泽东指出："五四运动的发展，分成了两个潮流。一部分人继承了五四运动的科学和民主的精神，并在马克思主义的基础上加以改造，这就是共产党人和若干党外马克思主义者所做的工作。另一部分人则走到资产阶级的道路上去，是形式主义向右的发展。"[①]

显然，中国共产党人并没有偏离五四新文化运动提倡的科学和民主

---

① 《毛泽东选集》第3卷，第832页。

的方向，而是继承了科学和民主的精神，并在马克思主义的基础上加以改造。他们要求的已不再是抽象的个人自由和少数人享有的资产阶级民主，而是广大人民群众的无产阶级民主。李大钊引用列宁的话指出："德谟克拉西（民主）有两种：一为中产阶级的德谟克拉西，一为无产阶级的德谟克拉西。"他认为，无产阶级用"工人政治"不用德谟克拉西，"是鉴于德谟克拉西被资产阶级沿用坏了"。"工人政治"，从实质上说，"亦是德谟克拉西的一种"①。陈独秀也指出："大多数的无产劳动者困苦不自由"，是不符合民主的②。"资本主义时代也不过是少数人得着幸福，多数人仍然被压在少数人势力底下，得不着自由与幸福的。""共和政治为少数资本阶级所把持……要用他来造成多数幸福，简直是妄想。""主张多数幸福，只有社会主义的政治。"③这样就指明了民主的阶级实质和应该追求什么样的民主。至于他们所理解的科学，则已不再仅仅局限于自然科学以及吸收了某些自然科学成果的唯心主义学说，而更重要的是指科学的世界观和方法论，即对马克思主义这一科学理论的掌握和运用。这就大大拓展了科学内涵，正如时人所说："自马克思倡其唯物的历史观以后，举凡社会的科学，皆改其面目。"④

以马克思主义为指针，以中国共产党为领导的新民主主义革命扫除了文化发展的障碍，为民族文化的复兴奠定了坚实的基础。新文化的倡导者对旧文化的批判和对新思想的提倡，实质上是为了人的解放与重塑。中国的资产阶级之所以未能完成这一任务，不仅在于资产阶级理论的局限，关键在其阶级的软弱性。软弱的中国资产阶级无力改变中国半殖民地半封建的社会现实，无法使中华民族摆脱被压迫、被奴役的悲惨境遇。马克思主义在中国的传播，不仅为人们提供了一个进行文化批判的锐利武器，更重要的是在马克思主义指导下，中国共产党所领导的革命就是要从根本上动摇、摧毁封建文化存在的社会基础和制度依托，实现民族独立和人民解

① 李大钊：《由平民政治到工人政治》，中国李大钊研究会编注：《李大钊文集》第4卷，第142—143页。
② 陈独秀：《答柯庆施》，《新青年》1920年第8卷第3期。
③ 陈独秀：《国庆纪念底价值》，《新青年》1920年第8卷第3期。
④ 《五四运动前马克思主义在中国的介绍与传播》，湖南人民出版社1986年，第360页。

放，进而迎来文化的复兴。从张扬个性、追求个人的自由，到结成坚强的集体去与恶势力抗争，以实现民族的解放；从少数知识分子对帝国主义、封建主义的口诛笔伐，到唤起并领导广大人民对其实施武器的批判，这显然不是对新文化运动方向的背离，而是进一步的深化和发展。革命既为人的真正解放创造了历史的前提，同时又使人们在斗争中进一步解放着个性。千百年来一直受着剥削和压迫的贫苦农民，在中国共产党的领导下奋起斗争，由自发的反抗变为自觉的斗争；暴力革命摧毁着封建的族权、神权和夫权，使中国妇女看到了一片新的天地，这些又何尝不是更大的解放，更深刻的启蒙！中国共产党领导革命、建立新的社会制度，不也正是为了解除民族压迫和封建统治对人民个性的束缚，以实现"几万万人民的个性的解放和个性的发展"①。

1940年，毛泽东在《新民主主义论》一文中提出新民主主义文化的思想，是对科学和民主精神继承和发展的最好的例证。毛泽东指出："民族的科学的大众的文化，就是人民大众反帝反封建的文化，就是新民主主义的文化，就是中华民族的新文化。"②在这里，毛泽东对从五四运动后开始的新民主主义文化的特点作了概括，这就是"民族的科学的大众的"。

所谓民族的文化，首先是"反对帝国主义压迫，主张中华民族的尊严和独立的"。其次，"应该大量吸收外国的进步文化，作为自己文化食粮的原料"。但是，这种吸收是批判的吸收，弃其糟粕，取其精华，"所谓'全盘西化'的主张，乃是一种错误的观点"。而且吸收外来的进步文化，也必须和民族的特点相结合，有"民族的特点"、"民族的形式"。

所谓科学的文化，就是"反对一切封建思想和迷信思想，主张实事求是，主张客观真理，主张理论和实践一致的"。对于中国封建社会中创造的灿烂的古代文化要加以继承发扬，这是"发展民族新文化提高民族自信心的必要条件"。但是，"决不能无批判地兼收并蓄"。尊重自己的历史，"不是颂古非今，不是赞扬任何封建的毒素。对于人民群众和青年学生，

---

① 《论联合政府》，《毛泽东选集》第3卷，第1060页。
② 《新民主主义论》，《毛泽东选集》第2卷，第708—709页。(有关《新民主主义论》的引文不另注。)

主要的不是要引导他们向后看，而是要引导他们向前看"。

所谓大众的文化，就是"它应为全民族中90%以上的工农劳苦民众服务，并逐渐成为他们的文化"。

新民主主义文化和新民主主义经济、政治，构成新民主主义革命的纲领。它是马克思主义普遍真理与中国革命具体实践相结合的产物，是对马克思主义的重大发展。

1949年中华人民共和国成立后，中国人民从新民主主义走上社会主义道路，并取得了建设社会主义的巨大成就。特别是中国共产党的十一届三中全会以来，在以邓小平为核心的第二代中央领导集体的领导下，在新中国成立以来革命和建设成就的基础上，总结历史经验和教训，成功地走出一条建设中国特色社会主义的道路，创立了邓小平理论。江泽民同志在党的十五大报告中，根据邓小平理论和党的基本路线，围绕建设富强、民主、文明的社会主义现代化国家的目标，进一步明确了党在社会主义初级阶段建设有中国特色社会主义经济、政治和文化的基本目标和基本政策，对党在社会主义初级阶段的基本纲领作出了科学的概括。

在这个基本纲领中，关于建设有中国特色社会主义的文化，明确指出："就是以马克思主义为指导，以培育有理想、有道德、有文化、有纪律的公民为目标，发展面向现代化、面向世界、面向未来的、民族的科学的大众的社会主义文化。这就要坚持用邓小平理论武装全党，教育人民；努力提高全民族的思想道德素质和教育科学文化水平；坚持为人民服务、为社会主义服务的方向和百花齐放、百家争鸣的方针，重在建设，繁荣学术和文艺。建设立足中国现实、继承历史文化优秀传统、吸收外国文化有益成果的社会主义精神文明。"有中国特色社会主义的文化，反映我国社会主义经济和政治的基本特征，又对经济和政治的发展起巨大促进作用。而其根本是要在全社会形成共同理想和精神支柱，始终不渝地用邓小平理论教育干部和群众，深入持久地开展以为人民服务为核心、集体主义为原则的社会主义道德教育，加强民主法制教育和纪律教育，引导人们树立正确的世界观、人生观、价值观，大力弘扬爱国主义、集体主义、社会主义和艰苦创业的精神。这个建设有中国特色社会主义文化的基本目标和基本政策，无疑是对毛泽东思想的继承和发展，是民族的科学的大众的新民主主义文化向民族的科学的大众的社会主义文化的发展。

（原载《人民日报》1999年5月6日，题为《正确评价五四新文化运动》，后收入《五四运动与20世纪中国的历史道路》，人民出版社2001年）

五四新文化运动的评价问题

如何认识、评价五四新文化运动，一直是众说纷纭，意见不一。搞清楚这个问题，对于建设有中国特色的社会主义文化是有益的。因为无论是主张全盘西化者，还是主张复兴儒学的人，以及那些对现在的文化建设有着种种意见的人们，都经常回头讲五四新文化问题，要从新文化运动讲起。现在有人认为新文化运动全盘反传统，造成了"依附于传统中的道德尊严及其社会规范性被摧毁，激发出全盘西化的空想"；指责五四新文化运动是"情绪主义"的产物，造成了中国传统价值的断层，导致现在中国价值失范，由此产生了各种思想混乱。还有人认为新文化运动是过激主义，造成了文化传统的断层，等等。对此，只想着重谈两点看法。

一、五四新文化运动是不是情绪主义的产物？把五四新文化运动归之于陈独秀、李大钊等人"情绪主义"的产物，显然是不妥当的，把问题简单化了。陈独秀、李大钊等人当然是有感情的，在他们对当时社会、文化状况的是非判定、好恶选择中，本身就有着感情问题。但不能把这种感情因素归结为"情绪主义"，更不能因此就说五四新文化运动是"情绪主义"的产物。他们对封建文化的批判，对新文化的提倡，都是在经过对社会现实的严肃思考后所做出的抉择，这种抉择是感情的，更是理智的。新文化运动既是对社会现实的反应，也是近代历史发展的必然。

首先，新文化运动是对社会现实的反应。当时，以袁世凯为代表的北洋军阀在窃取了辛亥革命的成果后，实行专制独裁统治，搞帝制复辟。而与政治倒退相伴随的则是在思想文化领域出现了尊孔复古的逆流。1912
年，袁世凯下令尊崇伦常，要"全国人民恪守礼法"。1913年，他又颁发
"尊崇孔圣"的通令。1914年，袁世凯在其正式颁发的祭孔告令中声称：
"孔子之道，亘古常新，与天无极。……国纪民彝，赖以不坠。"他诬蔑辛
亥革命以来"纲常沦弃，人欲横流，几成为土匪禽兽之国"①。随即他亲率
百官到孔庙祭孔。其后又下令正式恢复前清的祭天制度，并亲自到天坛祭
天。祀孔祭天的活动是复辟帝制的先行，正如鲁迅所说，"跟着这事而出
现的便是帝制"。在这种情况下，各地也相继出现了各种名目的尊孔复古
组织，如孔教会、孔道会、孔社、宗圣会、经学会、读经会等等。这些组
织与北洋军阀相唱和，攻击辛亥革命，谩骂民主共和，鼓吹非孔教、非复
辟不能救中国。此后历史的发展更是清楚地表明，所谓文庙祀孔、天坛祭
天不过是恢复帝制的前奏；"武圣"张勋与"文圣"康有为联手导演了一出
复辟的闹剧。既然反动的政治总有腐朽的文化为之张目，那么捍卫共和、
反对倒退，就势必要痛击这股尊孔复古的逆流。正是在这样一个背景下，
新文化运动的提倡者们高扬起科学、民主的大旗，对封建的文化发起了猛
烈的冲击。

　　同样道理，五四运动之后，马克思主义的传播之所以逐渐成为新文
化运动的主流，也绝非源于几个文人一时的感情冲动。我们无须复述近代
中国人学习西方所历尽的坎坷，以及他们是怎样由寄希望于"公理战胜强
权"，到最终得出资本主义文明的实质就是"强权即公理"这一结论。这
里，只想指出这样一个简单的事实：五四运动后，虽然社会主义思潮的影
响日益扩大，但它又是流派繁多、鱼龙混杂。各种无政府主义、新村主
义、工读主义、基尔特社会主义、泛劳动主义等等，都披着社会主义的外
衣。在这种情况下，难道先进的中国人只是凭着个人感情的好恶、在某种
情绪的支配下而选择了以马克思主义为代表的科学社会主义？当然不是。
其实只要我们回顾一下李大钊、陈独秀等就"问题与主义"、无政府主义、

---

① 《政府公报》1914年9月26日。

社会主义等重大问题所进行的理论阐发和激烈论战，研究一下毛泽东等少年中国学会会员对各种主义的比较与实践，再看看蔡和森、周恩来等追求真理的先进青年对法兰西文明的切身感受以及瞿秋白对红色苏俄的访问给年轻的心灵所带来的影响和震动，那么我们就不难发现，这里贯穿其中的始终是先行者对社会现实深沉的理性思考，而不是非理性的冲动。新文化运动正是这种思考后的抉择，是对现实的积极回应。

其次，新文化运动是近代历史发展的必然。一定的文化是一定的政治、经济的反映，它体现着时代的特点。鸦片战争后，伴随着封建阶级无可挽回地没落，以儒学为核心的传统文化也不可避免地面临着新文化的冲击和挑战。尤其是在资产阶级登上历史舞台后，更是公开提出了本阶级的政治主张和文化要求。甲午战争后，随着维新思潮的发展，康有为、梁启超、严复、谭嗣同等人开始抨击君主专制、纲常名教，批判汉学、宋学，主张民权、自由、平等。这可以说是五四新文化运动的起点。在辛亥革命时期，革命党人进一步批判封建的纲常名教，提出如果不"扫荡三纲，荡涤五伦"，中国就不能"提自由之空气，振独立之精神，拔奴隶之恶根，救民众之悲运"[1]。革命派把批评的矛头指向孔孟，提出"三纲革命"、"圣人革命"。有的认为，"孔子之学，仅列周季学派之一耳"，不能说他是"至圣先师"[2]。把孔子的学说仅看成是一个学派，这就否定了"圣人"和"圣学"的绝对地位。有的则明确反对尊孔，指出："因孔子专门叫人忠君服从，这些话都很有益于君的。所以那些独夫民贼喜欢他的了不得，叫百姓尊敬他，称他为至圣，使百姓不敢一点儿不尊敬他，又立了诽谤人的刑法，使百姓不敢说他不好。""总而言之，孔子虽好，必不能合现在的时候了。我但望吾同胞做现在革命的圣贤，不要做那忠君法古的圣贤。"[3]尽管维新派也曾批判封建的伦理纲常，但他们是打着孔子改制的旗号，而且还向光绪帝上书，要求把孔教定为国教。维新派是在孔子旗号的掩护下来批

① 《伦理学平等危言》，《经世文潮》1903年第2期。
② 刘师培：《论孔子无改制之事》，《刘申叔先生遗书》第45册。
③ 《法古》，《童子世界》1903年第31号。

评儒学传统中的某些东西，革命党人则反对尊孔，这无疑是中国历史文化上的一大进步。五四新文化运动批判纲常名教、反对孔教，认为孔子之道不合于现代社会生活等，这和革命党人对待孔子和儒学的态度基本上是一致的，可以说是一脉相传的。当然，新文化运动无论是在深度还是在广度上，都超过了辛亥革命时期的革命思潮，它是对维新思潮和革命思潮的继承和发展，是近代历史发展的必然，而不是"情绪主义"的产物。

二、对于所谓反传统和激进主义造成了中国文化的断层和道德失范的论点，应该如何认识。这里有几个问题需要考虑。

（一）在新文化运动中，有的人如陈独秀、钱玄同等确实在当时特定的环境下发表过一些过激的言论，但这不是新文化运动的主流，不能仅根据个别人的个别言论来判定新文化运动是全盘反传统。如当时钱玄同曾提出过要以英文或法文代替汉文的主张，这不仅在当时曾引起轩然大波，而且成为了日后人们指责新文化运动全盘反传统的重要例证。其实就在钱玄同的文章发表的同时，陈独秀便已公开对钱玄同的主张表示了异议。此后，他又在《本志罪案之答辩书》一文中明确指出：对于钱玄同因"愤极了才发出这种激切的议论"，"本志同人多半是不大赞成的"。至于钱玄同本人更是从没有把自己视为新文化运动（包括新青年社）的代言人，他所发表的不过是有待讨论的个人见解。也正因为如此，他才会在那篇《中国今后之文字问题》一文的最后特别指出："本社同人，及海内志士，关于此问题，如有高见，不论赞成与反对，尤所欢迎。"

（二）五四新文化运动是否要完全否定传统，即"全盘反传统"，这是值得探讨的。断言新文化运动是"全盘反传统"，并不符合历史实际，未免武断。新文化运动对传统的批判主要集中在三个方面：（1）以进化论的观点来阐明孔子之道不适应于现代社会生活，不能编入宪法，不能把孔教定为国教。陈独秀的《孔子之道与现代生活》、《宪法与孔教》和李大钊的《孔子与宪法》、《自然的伦理观与孔子》等文章，都论述了这个问题。（2）揭示了维护专制制度的孔教与民主、平等思想是背道而驰的。如陈独秀强调说，民主共和国重在平等精神，孔教重在尊卑阶级，"若一方面既然承认共和国体，一方面又要保存孔教，理论上实在是不通，事实上实在是做不到"①。他还指出："主张尊孔，势必立君；主张立君，势必复辟。"②（3）以个人独立人格集中批判封建的纲常名教。如鲁迅的名著《狂人日记》、《我之节烈观》，吴虞的《家族制度为专制主义之根据论》、《儒家主张阶级制度之害》、《吃人与礼教》等，都是揭露封建礼教的罪恶，尖锐批判忠、孝、节伦理道德的危害。这三个方面可以说是新文化运动中反传统的最主要的内容。就像陈独秀所说的，伦理的觉悟"为吾人最后觉悟之最后觉悟"。况且，他们对于孔子和孔学也并没有全盘否定。如陈独秀认为孔学也有优点，不是"一无可取"。他肯定了孔子和孔学的历史价值，表示"反对孔教，并不是反对孔子个人，也不是说他在古代社会无价值"③。李大钊更明显地表达了对孔子及其学说的认识和态度，认为"孔子于其生存时代之社会，确足为其社会之中枢，确足为其时代之圣哲，其说亦确足以代表其时代之道德"④。他们反孔更主要是反对被历代君王所雕塑出的作为偶像的权威。同时，我们还要看到，新文化运动提高了非儒学正统的传统文化的地位，如小说、戏曲、民间文学、民俗学等，从此使它们受到了社会上前所未有的重视。所以，不能说五四新文化运动彻底摧毁了传统，是"全盘反传统"。

（三）关于所谓传统断层、道德失范的问题。五四新文化运动没有也不可能造成传统文化的断层。传统文化无论是好的还是坏的，许多东西直至今天依然存在于现实社会中，并没有在五四新文化运动中发生断层。伟大的五四反帝爱国运动，八年的全民抗日战争，共产党人在其中所起的中流砥柱的作用，都和发扬民族的优秀传统有关。优秀传统在凝聚民族力量、反抗外来侵略方面，起到了不小的作用。这也可以说明，所谓五四新文化运动后传统文化发生断层的观点，是与事实不符的。就道德问题而言，首先，应该指出的是，所谓道德沦丧、失范的提法，在中国历史上屡

---

① 陈独秀：《旧思想与国体问题》，《新青年》1917年第3卷第3期。
② 陈独秀：《复辟与尊孔》，《新青年》1917年第3卷第6期。
③ 陈独秀：《孔教研究》，《每周评论》1919年第20号。
④《自然的伦理观与孔子》，《李大钊选集》，第79页。

见不鲜，道德问题并不是在新文化运动后才首次被凸现出来。其次，新文化运动反对封建道德是进步的，无可非议。如果说批判封建道德就是传统断层或道德失范，那么应该说断得好、失得好。而且五四新文化运动不仅批判旧的封建道德，而且还提倡新道德，是道德建设而非道德失范。这里有一个用什么标准、观点来对待传统文化的问题。传统不是永远不变的东西，而是要随着社会的发展、时代的前进而发展变化的。在历史发展的长河中，在不同的时代，传统文化会积淀下一些东西、淘汰一些东西，同时也会有所吸收和创新。中国传统文化既融汇了国内各民族的文化，也吸收了外来文化。最突出的例子就是吸收了印度的佛学，以及明末清初对西学的吸纳。认为对传统文化某些不好的东西提出批评就会造成断层，这是没有根据的。社会发展需要与之相适应的文化，落后、陈腐的文化成分会阻碍社会的进步，优秀、进步的文化则能推动社会的发展。新文化运动的倡导者们并非只是一味破坏，破旧正是为了立新。他们对于一切腐朽的封建文化进行的尖锐批判，不仅有利于社会的进步，而且促进了文化自身的建设和发展。揆之于历史，在哲学、文学、史学、教育等各个领域，都留下了他们革故鼎新的创造和贡献。之所以有人会提出新文化运动造成了传统文化断层，问题的焦点恐怕还在于如何看待儒学的正统地位问题。五四新文化运动提出"打倒孔家店"，冲击儒学的正统地位。但儒学正统地位的失去，实际始于南京临时政府的成立。而儒学正统地位的丧失，是历史的进步。反之，如果认为应该维护儒学的正统地位，自然就会认为传统文化发生断层了。

五四新文化运动自其发生之日起，人们就一直对它褒贬不一。其中，有的人是站在本位文化的立场上，抓住新文化运动的提倡者的某些言论而对之大加攻击；有的人则是以同样的言论为依据，站在西化的立场上，把全盘西化视为五四精神的真谛。此外，更有一些人出于政治考虑，指责新文化运动冲击了传统，造成了信仰真空，从而导致了马克思主义的传入。毋庸讳言，发生在八十年前的新文化运动，对于传统文化和西方文化确有过一些偏激的言论，这其中的教训也值得我们研究和吸取。但是，我们评价任何一个历史事件或人物，都要看它的主流和本质，不能只抓住枝节、现象去下结论。切忌在指责前人偏颇的同时，自身却仍在犯着简单化、片面化的毛病。至于那种非学术的、出于某种目的而强历史以为我用的做法，尤其应该予以摒弃。

（原载《河北大学学报〔哲学社会科学版〕》1996年第1期）

五四新文化运动再认识

　　五四新文化运动从开始就遭到一些人的反对。这种反对、否定的声音到现在仍然不断。例如说新文化运动是"全盘反传统",是"激进主义"的产物,是"破坏主义",它导致中国价值的失范,造成文化传统的断层,由此产生社会动荡混乱,后来发展为"文化大革命",等等。这些说法不符合历史实际,是出于误解、曲解,或者是偏见。

　　五四新文化运动既是反对尊孔复古逆流,也是反对袁世凯的帝制复辟。就在1915年,陈独秀等人拿起了批判的武器,而蔡锷等人则是以武器进行批判,两者互相配合。也可以说新文化运动起了舆论先导的作用。新文化运动是辛亥革命后社会现实的反应。

　　新文化运动是近代历史发展的必然,新文化运动举起民主和科学两面大旗、批判纲常名教、开展白话文运动等等,并不是突然提出的,而是鸦片战争以来先进中国人追求探索历程的集中表现。它为马克思主义在中国传播创造了条件,而在五四运动的推进和俄国十月革命的影响下,新文化运动具有新的内容和特点,这就是马克思主义。

　　说新文化运动是全盘反传统,是破坏主义,造成中国文化断层,这是误解。虽然新文化运动中有人说了一些偏激的话,但不是主流。他们主要是反对把孔教定为国教、编入宪法,批判封建伦理纲常。他们并没有完全否定传统文化,包括孔子和儒学。他们不仅破旧,也立新。加上破坏主义的罪名太大了。科学和民主、新文学、新道德、白话文等等都是立。有破有立，这也是符合文化发展规律的，这些对后来中国社会的发展起了积极促进作用。直到现在，包括否定新文化运动的人，也是受其影响的，也沾了它的光。

新文化运动并没有使中国传统文化断层，好的、坏的到现在都存在，当然也去掉一些，主要还是伦理纲常。所谓断层，不是笼统说传统文化，实际上是孔子和儒学的正统地位问题。这从当时争论中就表现出来，林纾攻击新文化运动是"覆孔孟，铲人伦"，杜亚泉指责新文化运动是破坏了以儒学思想为举国上下衡量是非的统一标准，造成人心迷乱，精神破产。梁漱溟也反对新文化运动，维护儒学，认为全世界都将要"走孔家道路"。现在纠缠的仍然是所谓"复兴儒学"、弘扬儒学、争儒学的正统地位。所谓断层就断在这里。孔子和儒学的正统地位在清末已被动摇，而动摇它的正是章太炎、刘师培等国粹派，辛亥革命、南京临时政府成立后，孔子和儒学已失去了正统地位。

新文化运动有偏差、缺陷，有绝对化、简单化的倾向。强调文化的时代性，是对的，但忽视了文化的民族性。毛泽东的《新民主主义论》总结了新文化运动以来的文化论争，既反对全盘西化，又反对复古主义，提出了"民族的、科学的、大众的文化"，这既是对五四精神的继承发扬，也是对其缺点的纠正，是真正科学的结论。

（原载《高校理论战线》1996年第6期）

谈五四精神

一个大的运动，不仅在发生的当时人们对它毁誉不一，而且在运动过后成为历史，人们对它的认识和评价也往往是很不一样的。五四运动就是如此。五四运动虽然发生在七十年前，但直到今天人们对它的认识和评价仍然存在分歧。诸如五四是否造成中国文化的"断层"或"真空"，五四的精神是什么，等等，议论纷纷，其说不一。

说起五四精神，人们很自然就会想到科学和民主这两面大旗。的确，这两个口号在现代中国影响很大，在现在也还需要继续发扬。在现实社会生活中，民主和科学还没有完全实现。这要有个过程，需要作不懈的努力。

但是，五四的精神，不仅是科学和民主。五四运动既是文化运动，又是政治运动；而且就其核心和影响的广泛性而言，是政治运动。为反对英、美、法操纵巴黎和会，拒绝中国的正义要求，北京的学生于5月4日（1919年）举行示威游行，要求"外争国权，内除国贼"，取消"二十一条"，"还我青岛"，拒绝在和约上签字等。运动很快扩展到全国，形成了一个全国范围的爱国运动的高潮。6月，运动进一步发展，不仅学生，广大工人、商人、店员也都投入了运动。终于迫使北京政府将曹汝霖等人免职，拒绝在对德和约上签字。五四运动表现出强烈的反帝反封建的爱国主义精神。这一爱国主义精神，在新民主主义革命时期影响很大，在实现社会主义现代化的今天，仍然需要继承发扬。

至于文化运动，也有前后发展的问题。五四运动以前的新文化运动，主要是提倡科学和民主。五四运动把新文化运动推向一个新的阶段，发展为以传播马克思主义为主流的文化运动。《新青年》杂志成为宣传马克思主义的主要阵地。当时各种主义、思潮纷纷涌现，除马克思主义外，还有实用主义、无政府主义、基尔特社会主义、新村和工读互助主义等。但这些差不多只是昙花一现，没有能在中国社会扎下根来，只有马列主义得到了发展。马列主义和中国的革命实践相结合，产生了毛泽东思想。在马列主义、毛泽东思想的指引下，中国人民终于推翻了帝国主义、封建主义和官僚资本主义的统治，结束了半殖民地半封建社会，建立了新中国。无疑这也是五四的精神。

总之，我们讲五四精神，至少应包括爱国主义、科学和民主、马克思主义等方面，而马克思主义后来成为指导思想。当然五四的精神还可以提出其他的，如勇于进取、革新的精神等，这里就不多谈了。

（原载《史学月刊》1989年第1期）

五四时期的反传统

　　1919年爆发的五四运动，到今年整整七十年。如果以1915年陈独秀在上海创办《青年》杂志（后改名《新青年》）为开端的新文化运动算起，则是七十多年了。七十多年来，人们对新文化运动，对五四运动，持续不断地研究，刊行了大量的论文、专著、回忆录，成绩很大。不过在繁多的论著中，评论很不一样，而且不同的说法越来越多。关于五四前的新文化运动，有的认为其根本精神是科学和民主；有的认为是人的解放；有的认为是非理性主义的；有的则强调为全盘反传统；等等。各有所据，各是其是。这并不奇怪，人们由于思想认识、方法、角度、立场的不同，对于历史上发生的事件的理解和评判自然会不相同。本文不是全面论述新文化运动，只就反传统的问题谈点看法。

　　有必要说明的是，"反传统"一词虽常被使用，但推敲起来，并不确切。所谓传统，是历史的沿袭和沉积，内涵广泛。它是一个中性词汇，不含褒贬。在传统中，既有优良的、革命的传统，又有落后的、陈腐的传统。对于优良的、革命的传统，当然要继承和发扬，对于落后的、陈腐的传统则应予批判、清除。因此，笼统地提"反传统"，并不确切，容易给人造成误解，以为传统全是坏的，统统都要反掉。就五四时期的新文化运动而言，一些论著称为"反封建"，较之"反传统"一词明确、准确。为便于说明问题，这里沿用"反传统"的提法。

一

　　五四新文化运动举起民主和科学两面大旗，向一切腐朽的封建文化展开了猛烈的冲击，宣称："要拥护那德先生，便不得不反对孔教、礼法、贞节、旧伦理（忠、孝、节）、旧政治（特权人治）。要拥护那赛先生，便不得不反对旧艺术（中国戏）、旧宗教。要拥护德先生又要拥护赛先生，便不得不反对国粹和旧文学。"[①]先进的知识分子表现出了宏伟的气魄，他们所要解决的问题不仅是文化，而是要救国，要"再造中华"。尽管《新青年》标榜"批评时政，非其旨也"，事实上陈独秀、李大钊等人并没有脱离政治，他们发动新文化运动正是由专制复辟的社会政治现实引发出来的，从政治到文化，由文化到解决政治。"这腐旧思想布满国中，所以我们要诚心巩固共和国体，非将这班反对共和的伦理文学等等旧思想，完全洗刷得干干净净不可。否则不但共和政治不能进行，就是这块共和招牌，也是挂不住的。"[②]

　　那么，五四前掀起的新文化运动究竟反什么传统，是不是"全盘性的反传统"，这是首先要探讨的问题。

　　新文化运动的倡导者中，言辞最激烈的大概要数陈独秀和钱玄同。陈独秀曾声称："无论政治学术道德文章，西洋的法子和中国的法子，绝对是两样，断断不可调和牵就的。……若是决计守旧，一切都应该采用中国的老法子，不必白费金钱派什么留学生，办什么学校，来研究西洋学问。若是决计革新，一切都应该采用西洋的新法子，不必拿什么国粹，什么国情的鬼话来捣乱。"[③]钱玄同比陈独秀更进一步，他主张："欲废孔学，不可不先废汉文；欲驱除一般人之幼稚的、野蛮的、顽固的思想，尤不可不先废汉文"；"欲废孔学，欲剿灭道教，唯有将中国书籍一概束之高阁之一法"[④]。这些言论，涉及传统文化和制度的各个方面。单从这些带有愤激之

---

① 陈独秀：《本志罪案之答辩书》，《新青年》1919年第6卷第1期。
② 陈独秀：《旧思想与国体问题：在北京神州学会讲演》，《新青年》1917年第3卷第3期。
③ 陈独秀：《今日中国之政治问题》，《新青年》1918年第5卷第1期。
④ 钱玄同：《中国今后之文字问题》，《新青年》1918年第4卷第4期。

情的言论来看，是颇像"全盘反传统"、"全盘西化"的主张的。对于一次文化运动、一股社会文化思潮来说，在发生发展过程中，出现某种极端的、过激的言论，是常见的现象。问题在于这些言论在整个运动（或思潮）中居于什么地位，是不是主流，是不是起支配作用。这是我们研究问题时应当把握的。

新文化运动的反传统，从总体上说，从所针对的问题和要解决的问题说，焦点是孔教。这个问题的提出，是由于袁世凯和北洋军阀大搞尊孔复辟，由于康有为及孔教会等要求北洋政府"以孔子为大教，编入宪法"而引起的。新文化运动的倡导者和参加者，如陈独秀、李大钊、吴虞、易白沙等人，都撰文给予猛烈抨击。他们的主要论点，归纳起来，大致有以下几点：

（一）以进化论的观点来阐明孔子之道不适应于现代社会生活，不能编入宪法，不能定为国教。陈独秀认为："文明进化之社会，其学说之兴废，恒时时视其社会之生活状态为变迁。"[1]"'孔教'本失灵之偶像，过去之化石，应于民主国宪法，不生问题。"[2]李大钊也指出了社会、道德都是进化发展的，"孔子之道，施于今日之社会为不适于生存"[3]；"孔子者，数千年前之残骸枯骨。宪法者，现代国民之血气精神也。以数千年前之残骸枯骨，入于现代国民之血气精神所结晶之宪法，则其宪法将为陈腐死人之宪法，非我辈生人之宪法也……"[4]

（二）以民权、平等的思想来揭示维护专制制度的孔教与之背道而驰，反对将孔教定入宪法。李大钊断言："孔子者，历代帝王专制之护符也。宪法者，现代国民自由之证券也。专制不能容于自由，即孔子不当存于宪法。"[5]陈独秀也强调说，民主共和国重在平等精神，孔教重在尊卑阶级，"若一方面既然承认共和国体，一方面又要保存孔教，理论上实在是不通，

---

[1] 陈独秀：《孔子之道与现代生活》，《新青年》1916年第2卷第4期。
[2] 陈独秀：《宪法与孔教》，《新青年》1916年第2卷第3期。
[3] 《自然的伦理观与孔子》，《李大钊选集》，第80页。
[4] 《孔子与宪法》，《李大钊选集》，第77页。
[5] 《孔子与宪法》，《李大钊选集》，第77页。

事实上实在是做不到"①。他们还指出，尊孔是为了复活复辟，"盖主张尊孔，势必立君；主张立君，势必复辟"②。

（三）集中批判三纲五常，认为孔教的精华是礼教，是别尊卑明贵贱的阶级制度，"儒者以纲常立教，为人子为人妻者，既失个人之独立人格，复无个人独立之财产"③。鲁迅的名著《狂人日记》、《我之节烈观》，吴虞的《家族制度为专制主义之根据论》、《儒家主张阶级制度之害》、《吃人与礼教》等，也都是揭露封建礼教的罪恶，尖锐批判忠、孝、节伦理道德的危害。

以上三点，可以说是新文化运动中反传统最主要的内容。新文化运动的倡导者之所以注重批判孔教及其三纲五常，除去现实政治原因外，还有思想认识的因素。这里以陈独秀为例。陈独秀认为儒家的伦理纲常，支配政治、学术以及旧文学、旧戏等各方面，伦理问题是根本问题，政治、学术都是枝叶问题，"此不攻破，吾国之政治、法律、社会道德，俱无由出黑暗而入光明"④。因此，他断言伦理的觉悟，"为吾人最后觉悟之最后觉悟"⑤。陈独秀强调反对封建伦理纲常，从中国当时的社会状况来说，从北洋军阀和康有为等掀起尊孔复古的逆流来说，是必然的、合理的；但从认识上、理论上说，则是有偏颇的。这种偏颇，就在于把伦理道德的作用强调到不恰当的地位，把它看成了决定一切的因素，而忽视了社会经济、政治这些更为根本的领域。1919年底，李大钊发表了《物质变动与道德变动》一文，就是试图用马克思主义的唯物史观来说明道德和经济的关系。这是新文化运动的发展，也可以看做是对陈独秀说法的校正。

至于说陈独秀认为伦理纲常是支配其他的根本，因而他反对孔教，反对三纲五常，就是"全盘反传统"。这种引伸的说法，未免把问题简单化，也不符合实际。陈独秀要反对的是什么，跟他对问题认识如何，这是两个

---

① 陈独秀：《旧思想与国体问题》，《新青年》1917年第3卷第3期。
② 陈独秀：《复辟与尊孔》，《新青年》1917年第3卷第6期。
③ 陈独秀：《孔子之道与现代生活》，《新青年》1916年第2卷第4期。
④ 陈独秀：《答吴又陵》（孔教），《新青年》1917年第2卷第5期。
⑤ 陈独秀：《吾人最后之觉悟》，《新青年》1916年第1卷第6期。

问题，不能混同。陈独秀认为伦理纲常是支配其他的，所以解决中国问题的根本在于解决伦理纲常，这与"全盘反传统"并不是一码事。其实，在近代，批判封建伦理纲常，至晚在戊戌维新时期已经开其端。辛亥革命时期进一步发展，并对孔子进行抨击。新文化运动的反对伦理纲常，是以前的继承和发展。如果说批判三纲五常就是"全盘反传统"，那么，维新人士、革命党人岂不是更早就"全盘反传统"？

陈独秀在新文化运动期间发表的有关反孔教、批三纲五常的文章，缺少学术的、理论的深度，更多的是宣传鼓动。这些文章的积极意义和作用无疑是很大的，但是也存在不少问题，当时及后来都不断有人提出诘难。陈独秀在一些复信或文章中，答复虽很简略，但也可以使我们较全面了解他对待孔学的态度。在这些复信或文章中，陈独秀对孔学作了两点说明：一是承认孔学有优点，"尚平实近乎情理"，不是"一无可取"；二是肯定孔子和孔学的历史价值，表示"反对孔教，并不是反对孔子个人，也不是说他在古代社会无价值"[①]，孔学是"当时社会之名产"，"使其于当时社会无价值，当然不能发生且流传至于今日"[②]。如前所述，他之"不满于儒家者，以其分别男女尊卑过甚，不合于现代社会之生活"[③]。陈独秀的这种观点，在当时是有代表性的。例如李大钊，他也认为"孔子于其生存时代之社会，确足为其社会之中枢，确足为其时代之圣哲，其说亦确足以代表其社会其时代之道德"。李大钊还表示："余之掊击孔子，非掊击孔子之本身，乃掊击孔子为历代君主所雕塑之偶像的权威也；非掊击孔子，乃掊击专制政治之灵魂也。"[④]李大钊的这段话，比陈独秀更明显地表达了对孔子及其学说的认识和态度。

事实上，陈独秀自己也是继承了优良的传统的。他反对孔教，批判三纲五常，是为了救国，为了中国的民主、富强，强烈地表现了"以天下为己任"的优秀传统。他在《我之爱国主义》一文中，提出了持续的治本的

---

① 陈独秀：《孔教研究》，《每周评论》1919年第20号。
② 陈独秀：《答常乃惪》（孔教），《新青年》1917年第3卷第2期。
③ 陈独秀：《阴阳家》，《新青年》1918年第5卷第1期。
④《自然的伦理观与孔子》，《李大钊选集》，第79—80页。

爱国主义六项意见，即：勤、俭、廉、洁、诚、信。他认为这六项，"实救国之要道"。不需要做什么论证分析，显而易见，这六项都源之于传统，而且与儒家思想分不开。

需要说明的是，本文不是全面论述新文化运动的反传统，只着重阐明批判孔教及其伦理纲常，涉及"全盘反传统"的问题，至于文学革命、戏剧改良等问题都没有谈到。如关于旧文学，陈独秀等人在于反对旧文学中不适用的部分，对小说、戏曲则很重视，并提高其地位。这些问题，不再详述。

二

新文化运动的倡导者，一方面批判孔教及其伦理纲常，一方面主张人权平等。这是一个问题的两个方面，不能分开。

还在《新青年》创刊时，陈独秀在《敬告青年》一文中，就提出人权平等，号召青年冲破封建束缚，"自主的而非奴隶的"，要有"个人独立平等之人格"。其后，他又从经济上来说明与独立人格的关系，指出："现代生活，以经济为之命脉，而个人独立主义，乃为经济学生产之大则，其影响遂及于伦理学。故现代伦理学上之个人人格独立，与经济学上之个人财产独立，互相证明，其说遂至不可动摇；而社会风纪，物质文明，因此大进。"[1]陈独秀正是从近代资本主义生产方式来揭示个人独立人格的必然性和必要性。除经济的缘由外，陈独秀还从政治上来加以阐述。他把惟民主义作为政治的原则，强调主权在民，认为"近世国家主义，乃民主的国家，非民奴的国家。民主国家，真国家也，国民之公产也，以人民为主人，以执政为公仆者也"[2]。在其他文章中，也常有类似的说法，如"共和立宪制，以独立、平等、自由为原则"。这样，陈独秀就从经济上、政治

---

[1] 陈独秀：《孔子之道与现代生活》，《新青年》1916年第2卷第4期。
[2] 陈独秀：《今日之教育方针》，《青年杂志》1915年第1卷第2期。

上、伦理道德上提出了近代资产阶级的原则，而其核心是个性解放；虽然都不详尽，也不够深刻。

中国社会经历了长期的封建专制统治，封建的宗法制度，儒家的伦理纲常，成为桎梏人的思想、行动的枷锁。进入近代，尤其是19世纪末20世纪初，对此虽不断有所批判，有所冲击，但变化不大。因此，辛亥革命后封建复古逆流甚嚣尘上，大有把已在社会上传播的共和民主、民权平等的思想扑灭之势。这关乎中国人的命运，也关乎中国社会的前途。正是在这种态势下，陈独秀等人发动了一场更为猛烈的批判封建伦理纲常的斗争。他们揭露宗法制度的恶果，指出："一曰损坏个人独立自尊之人格；一曰窒碍个人意思之自由；一曰剥夺个人法律上平等之权利；一曰养成依赖性，戕贼个人之生产力。"[①]他们认为，三纲之说造成"率天下之男女，为臣、为子、为妻，而不见有一独立自主之人格"[②]。陈独秀等人所强调的，是尊重个人独立自主的人格，而封建伦理纲常、宗法制度恰恰与此背道而驰。所以，二者为"绝对不可相容之物，存其一必废其一"。

关于人的问题，在清末一些有识之士就提出来。戊戌时期，严复主张"鼓民力，开民智，新民德"，梁启超宣传塑造有独立自主人格的"新民"。而到了新文化运动时，陈独秀等人更集中、广泛地鼓吹尊重个人独立自主之人格，这无疑是进一步发展。

陈独秀等人之所以强调要有个人独立自主之人格，是因为个人是社会、国家的基础，"社会是个人集成的，除去个人，便没有社会；所以个人的意志和快乐，是应该尊重的"[③]；"集人成国，个人之人格高，斯国家之人格亦高；个人之权巩固，斯国家之权亦巩固"[④]。没有个人的独立人格，个人的权利，个性的解放，思想的解放，个人的智慧才能便不能释放出来，个人的主动性、自觉性、积极性和创造性便不能发挥出来，社会便不能进步，国家也难以达到民主、富强。

---

① 陈独秀：《东西民族根本思想之差异》，《青年杂志》1915年第1卷第4期。
② 陈独秀：《一九一六年》，《青年杂志》1915年第1卷第5期。
③ 陈独秀：《人生真义》，《新青年》1918年第4卷第2期。
④ 陈独秀：《一九一六年》，《青年杂志》1916年第1卷第5期。

个人是社会的基础，但是，个人和社会不是对立的，而是一个有机的结合体。人在地球上生活，不可能是个人的单独存在，都是作为社会的人而存在，有人和人之间的制约，有个人和社会之间的制约。这里就有一个自己和他人的关系、个人和社会的关系问题。新文化运动的倡导者注意到这个问题，他们在尖锐批判封建主义对个人独立自主人格的束缚，提倡自由平等的同时，还指出个人应该尊重社会，说："社会是个人的总寿命，社会解散，个人死后便没有联续的记忆和知觉；所以社会的组织和秩序，是应该尊重的。"[1]如果每个人只有自己，没有他人和社会，随心所欲，无限制自我膨胀，社会将归于破裂崩溃，个人也就随之消亡。"持极端自利主义者，不达群己相维之理，往往只知有己不知有人，其极至将破坏社会之组织。"个人独立自主的人格，个人的权利，应该受到社会的尊重，而各人也应该对社会承担义务。陈独秀在谈到青年人生的归宿时，就认为作为新青年，应是"内图个性之发展，外图贡献于其群"，要"不以个人幸福损害国家社会"[2]。陈独秀的话虽然是七十多年前说的，但在今天还可以给我们以启示。

新文化运动的倡导者有着敏锐的眼光，宽阔的胸怀，强烈的责任感。他们发动新文化运动，是为了解放全体国民，为了民族国家的独立、民主、富强。因此，陈独秀强调开展"国民运动"，以造成"多数优秀国民的政治"。李大钊在当时更注意到农村和农民问题，认为："我们中国是一个农国，大多数的劳工阶级就是那些农民。他们若是不解放，就是我们全体国民不解放；他们的苦痛，就是我们国民全体的苦痛；他们的愚暗，就是我们国民全体的愚暗；他们生活的利病，就是我们政治全体的利病。"他希望知识青年到农村去，在改变农村经济构造的同时，把"精神改造的种子"，"输入到山村里村落里去"，"开发他们，使他们知道要求解放，陈说痛苦，脱去愚暗，自己打算自己生活的利病的人"[3]。改造农村，开发农

---

① 陈独秀：《人生真义》，《新青年》1918年第4卷第2期。
② 陈独秀：《新青年》，《新青年》1916年第2卷第1期。
③ 《青年与农村》，《李大钊选集》，第146—147页。

民，在中国确实是个严重问题。中国是一个农业大国，农村和农民的封建、贫困、落后、愚昧的状况不改变，单靠少数知识分子精英，是难以使中国实现民主、富强的。对农村和农民的埋怨、鄙视、指责都无济于事，只有输入知识去改造它，开发它，才能奏效。

陈独秀、李大钊等人批判封建伦理道德，宣传个性解放、精神改造，是本着人道主义的精神，为了建立新的伦理关系。陈独秀在五四后曾指出，"新文化运动是主张教人把爱情扩充，不主张教人把爱情缩小"。他批评一些青年"误解了新文化运动的意思"，"他并没有将爱情扩充到社会上，他却打着新思想新家庭的旗帜，抛弃了他的慈爱的、可怜的老母"①。批判封建伦理道德，是因为它束缚人、压制人，使人失去独立的人格，而不是不要任何伦理道德。一个社会没有伦理道德规范，将会失序而陷于混乱，其严重后果显而易见。针对当时出现的否定一切的极端思想偏向，陈独秀明确表示："道德为人类之最高精神作用，维持群益之最大利器，顺进化之潮流，革故更新之则可，根本取消则不可也。"②他提醒具有这种思想的青年注意："可怜许多思想幼稚的青年，以为非到一切否定的虚无主义，不能算最高尚最彻底。我恐怕太高尚了要倒下来，太彻底了要漏下去呵！"③

三

社会发展需要与之相适应的文化，而进步的思想文化也推动社会的发展。新文化运动的倡导者对一切腐朽的封建文化，进行了尖锐猛烈的批判，既是为了社会的进步，也是为了文化自身的建设。认为新文化运动只有破坏，没有建设，甚至把它和十年动乱的所谓"文化大革命"混为一谈，并不符合实际，也没有根据。新文化运动表现了批判的精神，也注

---

① 陈独秀：《新文化运动是什么》，《新青年》1920年第7卷第5期。
② 陈独秀：《答淮山逸民》，《新青年》1917年第3卷第1期。
③ 陈独秀：《虚无主义》，《新青年》1920年第8卷第1期。

重创造的精神，陈独秀等人为求得社会进化，"不得不打破'天经地义'、'自古如斯'的成见"。同时，他们也强调要注重创造的精神，认为"创造就是进化，世界上不断的进化只是不断的创造，离开创造便没有进化了"①。且不论个性解放就是革故更新的创造，即如具体文化部门哲学、文学、史学、教育等等，都有开新的创造。正是新文化运动的创造精神，对现代中国文化的发展做出了伟大的贡献。

新文化运动中，对于传统文化和西方文化虽然出现过一些偏激的言论，但它的主流并不像有的论著所认为的是"全盘西化"（包括赞赏的和指责的）。这里有思想方法、研究方法的问题，评判一个历史事件或人物，要看它的整体、主流、本质，不能只抓住局部、枝节、现象去下结论，攻其一点，不及其余。更不应当因为自己论点的需要，而强历史以为我所用。科学应该是严肃的、客观的，不能随心所欲。即以新文化运动的倡导者陈独秀为例，他的确发表过一些有"全盘西化"倾向的言论，但如对他在这个时期发表的文章加以总体考察，就可以看出他不是"全盘西化"的主张者。在陈独秀看来，输入外来的学说不是盲目的，应是有选择的。既然要有所选择，就有选择的标准、依据。他认为这个标准是"需要"，"评论一种学说有没有输入我们社会的价值，应该看我们的社会有没有用他来救济弊害的需要"。不论陈独秀的"需要"标准是否确切，但有一点是清楚的，他不赞成有用无用的西方文化一古脑儿全盘输入。据此，陈独秀还批评那种不分青红皂白以"新"为标准的主张。他说："现在有许多人说，达尔文的学说，写实主义、自然主义的文艺，马格斯的社会主义，都是几十年前百年前的旧学说，都有比他们更新的，他们此时已经不流行，不时髦了。这种论调完全把学说当做装饰品，学说重在需要，装饰品重在时新，这两样大不相同啊！"②社会、文化的发展无疑是不断更新，一种学说也要继续发展才有生命力，但不等于任何新的都是好的，都真有道理，不是以新为时髦，为装饰品。

---

① 陈独秀：《新文化运动是什么》，《新青年》1920年第7卷第5期。
② 陈独秀：《学说与装饰品》，《新青年》1920年第8卷第2期。

文化要进步、发展，就需要有创造。要创造，就不能满足，固步自封。陈独秀对此也发表了中肯的意见，指出："我们不但对于旧文化不满足，对于新文化也要不满足才好；不但对于东方文化不满足，对于西洋文化也要不满足才好；不满足才有创造的余地。"①对于如何创造，陈独秀提出"综合"的主张，这就是"综合前代贤哲、当代贤哲和我们自己所想的，创造政治上、道德上、经济上的新观念，树立新时代的精神，适应新社会的环境"②。文化的创造，不能完全抛弃传统，也不能全盘照搬外来的，而是对中外古今的文化，经过独立思考，加以筛选、综合，创造出适应新社会环境的新文化。

文化的创造是一个长期的过程，不可能一蹴而就，急于求成是无济于事的。1919年五四前夕，陈独秀在回顾新文化运动并回答一些"有速成癖"的人的说法时，指出："创造文化，本是一民族重大的责任，艰难的事业，必须有不断的努力，决不是短时间可以得着效果的事。这几年不过极少数的人在那里摇旗呐喊，想造成文化运动的空气罢了，实际的文化运动还不及九牛之一毛，那责备文化运动的人和以文化运动自居的人，都未免把文化太看轻了。"③陈独秀对新文化运动和文化建设的艰巨性、长期性的估计，是实事求是的。他的这段话，对今天的文化建设来说，仍然可以给我们以启示。七十多年前发生了震动古老中国的新文化运动，七十多年后的今天又出现了颇引人注目的文化讨论。当然这次讨论也是和现实分不开，人们感叹这是回归，言外之意是七十年来文化不仅没有发展，而且是回到当年了。现实和当年不能说没有任何相似之处，七十多年的文化发展速度不算快，不尽人意，但也不能因此否定变化是大的。需要的是科学地分析问题之所在，而不是埋怨、指责，或否定一切。文化建设不是一次两次大的冲击就能完成的，它是长期的、艰巨的任务，希望速成并不切合实际，当不能实现的时候又往往会陷于失望悲观。

①陈独秀：《新文化运动是什么》，《新青年》1920年第7卷第5期。
②陈独秀：《〈新青年〉宣言》，《新青年》1919年第7卷第1期。
③陈独秀：《文化运动与社会运动》，《新青年》1921年第9卷第1期。

对待传统文化和外来文化，应该有科学的分析的态度。新文化运动中对于传统文化一些偏激的、绝对化的言论，既造成了社会上的某种逆反心理，保守者作为反击的口实，又为"全盘西化"论者开了端倪。几十年来，保守传统文化和全盘西化争论不休，时伏时起，但都没有能够很好解决文化建设的问题。在今天的文化讨论中，这两种主张仍然存在。从五四新文化运动后几十年的经验教训来看，我们的文化问题的解决，必须跳出在这两种主张里转圈子才能有出路。

（原载《北京师范大学（社会科学版）》1989年第3期）

五四运动时期反对封建文化专制的斗争

　　五四运动是一场政治运动，也是一场文化运动。这场反封建的新文化运动，以1915年《新青年》的出版为其开端。当时，运动的领导者陈独秀、李大钊、钱玄同、鲁迅等人以《新青年》为阵地，鲜明地树立起民主和科学两面大旗，向封建主义的思想文化展开勇猛的进攻。他们反对袁世凯之流推行的政治专制和思想文化专制，主张政治民主和思想文化民主；反对对封建文化传统的迷信、屈从，主张解放思想，尊重科学，对文化传统进行重新评价；反对保守复古，主张革新创新，从而掀起了我国"思想界空前之大变动"。

一

　　中国二千多年的封建社会，随着封建君主专制的中央集权制度的不断加强，在思想文化上的控制禁锢也愈来愈严厉。明清两代，这种封建专制主义达到了高度的强化。

　　作为封建主义思想体系的核心孔孟之道——程朱理学，在明皇朝建立后即被大力提倡和推行。朱元璋把孔子之言视为"治国良规"，"诚万世师也"。朱棣令人修《四书大全》、《五经大全》和《性理大全》，指定为"国子监、天下府州县学生员"必读之书，从而把理学提到了突出的统治地位。明初还实行了以八股取士的科举方法，规定专从《四书》、《五经》里出题，应考的人只能根据朱熹及其他宋儒的注疏发挥，必须"代古人语气为之"，不许有个人的见解。同时，又大兴文字狱，文网极密，文士往往因一字一句招忌得祸而遭杀戮。由于思想控制和束缚十分厉害，这就大大限制了人们的创造性。在思想界，以程朱理学为"儒学正宗"，"专心性理"，"谨绳墨，守儒先之正传，无敢改错"①。在文学界，则是充满着宣扬封建道德、为统治阶级点缀升平和歌功颂德的风气，复古摹拟，内容贫乏平庸，毫无生气。这种情况，使明代的学术文化长期处于衰退状态。

封建统治者对思想文化的专制，必然要引起人们的不满和反对。明代嘉靖、万历年间，随着封建统治阶级日益腐化堕落，穷奢极欲，社会矛盾趋于尖锐化，在思想文化领域也不可避免地要出现较大的破绽，产生出所谓"异端"，即反理学、反复古摹拟的思潮。进步思想家李卓吾反对以孔子之是非为是非，著名戏剧家汤显祖主张讲"情"反对讲"理"，公安三袁提倡"独抒性灵，不拘格套"。他们打破了封建正统思想在学术文化界的死气沉沉的统治，放出了鲜艳多姿的奇葩。当然封建统治阶级即使已经十分腐朽，必不会容许这种"离经叛道"的"异端"思想出现和存在，而是力图加以扼杀。但是，强权只能摧残人身，不能消灭思想。李卓吾其人被囚而死，其书被焚毁，其思想却流传后世，影响深远。五四时期新文化运动的代表人物，就把他作为一个光辉的先驱者。

清皇朝在镇压农民大起义、统一全国后，继承明朝加强君主专制制度，加强思想上的统治，极力提倡孔孟之道，定理学于一尊。康熙对理学推崇备至，称之为"集大成而继千百年绝传之学，开愚蒙而立亿万世一定之规"。清代继续推行八股取士的科举制度，大兴文字狱，实行文化专制和恐怖政策。清代的文字狱多于中国历史上任何一个朝代。进步思想家龚自珍在诗中说："避席畏闻文字狱，著书却为稻粱谋。"跟着而来的是"万马齐喑"的"可哀"局面。空疏的理学，只有因循旧说，毫无新东西；烦

①《明史》卷282《儒林一》，乾隆武英殿刻本。

琐的考据，支离破碎，使人们的精力耗费在搞些无实无用的注经解经上面。士林风气败坏。

清政府的腐败，社会矛盾的激化，外国资本主义的侵略，引起一些有识之士去重新考虑问题，企图打破这种"万马齐喑"的局面。鸦片战争前后，林则徐、龚自珍、魏源等地主阶级中比较开明的官吏和知识分子，从烦琐考据和空疏理学中挣脱出来，讲求"经世致用"，注意研究实际问题，要求了解外国情况，要求改革国内政治。他们把粗浅的"西学"知识和中国的"经世之学"结合起来，有力地冲击了封建正统思想文化的垄断和束缚，在中国近代史上"开一代风气"，较早地起了启迪的作用。资产阶级改良主义者把龚、魏作为他们的先驱，承认"晚清思想之解放，自珍确与有功焉"。

19世纪末叶，中国的维新派人物发出了冲击网罗的呼声，要求摆脱封建思想文化对人们的钳制和束缚。他们尖锐地批判君主专制制度，反对封建伦常礼教，反对八股科举，宣传民权、进化思想，使当时知识界中的一部分人开始摆脱封建思想的某些束缚。但是，维新派人物自己就背着沉重的封建思想包袱，他们不敢触动封建思想文化的代表孔子，而是打着尊孔的旗号"托古改制"，向封建主义屈从、妥协。

戊戌维新运动失败后，资产阶级民主革命派掀起了又一次思想解放潮流。他们宣传天赋人权、自由、平等，提出了民主共和国的方案，其中一些人对封建伦理道德、对孔学也曾有所批判。但总的来说，他们主要是着力于政治思想的宣传，没有认真地、有力地进行一场反对封建意识形态的文化革命，甚至于同封建思想作了妥协。辛亥革命推翻了二千多年的封建君主专制制度，使民主共和国的观念深入人心。但是，社会的经济基础没有变，上层建筑也没有变。"中华民国"有名无实，甚至连这块招牌也挂不上去。袁世凯、张勋、康有为之流在极力进行复辟帝制的同时，在思想文化领域内掀起了一股尊孔复古的逆流。"定孔教为国教"的鼓噪，"发扬国粹，维持国俗"的叫嚷，设坛扶乩的流行，等等，一切陈腐、愚昧、落后、反动的东西都被当成宝贝保存下来。

历史总是在新与旧、进步与反动的反复斗争中曲折前进的。一次新思想的解放潮流，随之而来的往往是旧思想的顽强抵抗和反扑，因为在一切意识形态领域内传统都是一种巨大的保守力量。然而新思想既然已经冲破了旧思想的牢笼而萌现，它也就要在社会上产生影响，并逐渐扩展开来。五四新文化运动既是对当时封建文化专制、尊孔复古逆流的反击，也是以前进步的和民主主义思潮的继承和发展。

二

五四新文化运动的反封建的彻底性是前所未有的。领导这次运动的激进民主主义知识分子，对一切封建旧思想、旧文化都做了激烈的抨击。他们毫不含糊地申明："要拥护那德先生（民主），便不得不反对孔教，礼法，贞节，旧伦理，旧政治。要拥护那赛先生（科学），便不得不反对旧艺术，旧宗教。要拥护德先生又要拥护赛先生，便不得不反对国粹和旧文学。"他们坚信："只有这两位先生，可以救活中国政治上道德上学术上思想上一切的黑暗。"①

这里，值得提出的是，激进民主主义知识分子认为袁世凯的尊孔复古，是出于复辟帝制的需要，也是用来控制和束缚人民的思想。因此，他们从反对政治专制、主张政治民主出发，进而反对文化专制、主张文化民主。

尊孔读经，是反动统治阶级推行文化专制的主要表现，其危害极大。陈独秀指出："今效汉武之术，罢黜百家，独尊孔氏，则学术思想之专制，其湮塞人智，为祸之烈，远在政界帝王之上。"②李大钊也说："豪强者出，乘时崛兴，取之以盗术，胁之以淫威，绳之以往圣前贤之经训，迟之以宗国先君之制度。锢蔽其聪明，夭阏其思想，销沉其志气，桎梏其灵能，示

---

① 陈独秀：《本志罪案之答辩书》，《新青年》1919年第6卷第1期。
② 陈独秀：《宪法与孔教》，《新青年》1916年第2卷第3期。

以株守之途，绝其迈进之路，而吾之群遂以陵替。"①事实就是如此，"独尊孔氏"、"绳之以往圣前贤之经训"的结果，必然是思想的僵化，学术文化的萎败，死气沉沉，毫无生机。

不打破思想文化的专制，思想将不可能活泼，学术文化将不可能发展。激进民主主义知识分子正是充分看到了这种危害性，因而发出了打倒"孔家店"的战斗呼声，反对"尊圣"、"尊古"，指出"犯此二戒，则学术将无进步之可言"②。他们提出"诸子平等，不尚一尊"的主张，认为"无论何种学派，均不能定为一尊，以阻碍思想文化之自由发展"③。这里所说的自由、平等虽然没有脱出资产阶级思想的范畴，但激进民主主义知识分子敢于反对统治阶级把孔学定于一尊，反对文化专制，要求学术民主，解放思想，使新思想新文化得以冲破封建专制思想的牢笼而自由发展，使人们能够"常有自由进取之精神"，这不能不在当时知识界产生巨大的影响。正是经过五四新文化运动，孔子这个偶像才动摇了，关于他的"禁区"才算打开。

五四时期激进民主主义知识分子反对文化专制的另一个重要内容，就是要求有"健全的舆论"。他们主张不同的学术思想应该"反复辩论"，"参究互议"，反对以"社会言论武断之力"，轻率地"对于异说加以距辟"。李大钊指出，造成这种"社会言论武断"恶劣风气的原因，是由于"一国专制之积习，沦浃既深，民间持论之态，每易昧于商榷之旨，好为抹杀之辞"④。这种见解是深刻的。他不是把"社会言论的武断"仅仅归之于"民间持论之态"，而是指出了这是由于思想上政治上长期的专制统治所造成的，把斗争的矛头指向了封建专制主义。李大钊还指出"武断"、"距辟"的做法流弊很大，他说："对于异说加以距辟，无论其说之本非邪说淫辞，真理以是而隐，不得与后世共见，其害滋甚。即令为邪说矣，淫

①《民彝与政治》，《李大钊选集》，第44页。
②独秀、孟和、半农：《随感录》，《新青年》1918年第4卷第4期。
③《通信》，《新青年》1917年第2卷第5期。
④《民彝与政治》，《李大钊选集》，第50—51页。

辞矣，其背理之实亦不能昭示于天下后世，其害仍隐中而无由逃。"①这就
是说，轻率地抹杀不同的见解，正确的东西就可能被埋没，而且"真理正
义，且或在邪说淫辞之中"；即使是谬误的，也不能采取简单的"距辟"
的办法，这种做法实际是使谬误掩盖起来，谬误依然存在，而人们却不知
道它是谬误的，很有容易被人误信的危险，其危害更大。因此李大钊呼吁
对于"异说"要采取慎重的态度，要有自由讨论的风气，"最后象定之辞，
勿得轻用，终极评判之语，勿得漫加"，这样才能形成"健全之舆论"②。而
只有形成"健全之舆论"，创造性的新颖的见解才不会被抹杀，学术文化
才能繁荣发展。

　　文化专制还有一种表现形式，就是迷信"往圣前贤之经训"，"而甘
为圣哲之虚声劫夺以去"，"低首下心甘为其傀儡"。迷信"圣哲"及其经
训的结果，就会造成"膜拜释、耶、孔子而外，不复知尚有国民之新使命
也；讽经诂典而外，不复知尚有国民之新思想也……斯民秉彝之明，悉
慑伏于圣智之下，典章之前，而罔敢自显，遂以荒于用而绌于能耳"③。正
是基于这种认识，激进民主主义知识分子极力反对"言必称尧、舜、禹、
汤、文、武、周、孔，义必取于《诗》、《礼》、《春秋》"的风习，提出
要在"学术上破除迷信，思想自由"④，要破坏"偶像的权威"。陈独秀说：
"吾人信仰，当以真实的合理的为标准；宗教上政治上道德上自古相传的
虚荣欺人不合理的信仰，都算是偶像，都应该破坏。此等虚伪的偶像倘不
破坏，宇宙间实在的真理和吾人心坎儿里彻底的信仰永远不能合一。"⑤激
进民主主义知识分子主张打倒骗人的偶像，破除迷信，是要使国民觉醒，
解放个性，成为一个独立自主的人，以显示其聪明才智，发挥其创造新文
化的能力。因而他们认为："如不顾自己，只是学着古人，便是古人的子
孙。如学今人，便是今人的奴隶。如欲不做他人之子孙与奴隶，非从破除

① 《民彝与政治》，《李大钊选集》，第52页。
② 《民彝与政治》，《李大钊选集》，第53页。
③ 《民彝与政治》，《李大钊选集》，第42、43页。
④ 陈独秀：《袁世凯复活》，《新青年》1916年第2卷第4期。
⑤ 陈独秀：《偶像破坏论》，《新青年》1918年第5卷第2期。

迷信做起不可。"①

　　激进民主主义知识分子反对对封建"偶像"权威及其经书的迷信崇拜，反对"尊圣"、"尊古"，同时也反对"尊国"——国粹主义，反对锁国闭关，要求放眼世界，学习西方的文化，以在世界上挣得地位。当时的所谓国粹论者，就是封建顽固派。这班人顽固地拒绝新思想、新文化，竭力反对民主进步，把中国封建社会最腐朽、落后的事物都当成"国粹"保存下来。鲁迅曾经形象而尖锐地嘲讽说："只要从来如此，便是宝贝。即使无名肿毒，倘若生在中国人身上，也便'红肿之处，艳若桃花；溃烂之时，美如乳酪'。国粹所在，妙不可言。"②他列举国粹论者盲目自大的种种表现，例如说："中国地大物博，开化最早；道德天下第一"；"外国物质文明虽高，中国精神文明更好"；"外国的东西，中国都已有过；某种科学，即某子所说的云云"③。总之，在盲目国粹论者的心目中，"以为欧洲夷学，不及中国圣人之道"。这些人的虚骄自大而又愚昧无知，到了十分可笑和可悲的地步。陈独秀指出："盲目之国粹论者，抱残守缺，往往国而不粹。"他认为，"吾人之于学术，只当论其是不是，不当论其古不古；只当论其粹不粹，不当论其国不国；以其无中外古今之别也"④。这就是说，学术文化不能固步自封，抱残守缺，只有吸取中外古今正确的、精华的东西，才能有所发展，有所前进。在激进民主主义知识分子看来，"道与世更"，时代已经前进了，就应该有适应新时代的新思想、新文化，不能"以历史之陈死人，制服社会之活心理"。他们着眼于现实，展望于未来，对未来充满了信心。鲁迅说："要我们保存国粹，也须国粹能保存我们。保存我们，的确是第一义。只要问他有无保存我们的力量，不管他是否国粹。"⑤

　　要能保存我们，为了现在和将来，激进民主主义知识分子就要求打破一切"因袭的重担"，"冲决过去历史之网罗，破坏陈腐学说之囹圄"。李

---

① 刘半农：《我之文学改良观》，《新青年》1917年第3卷第3期。
② 鲁迅：《随感录三十九》，《鲁迅全集》第1卷，人民文学出版社1961年，第394—395页。
③ 鲁迅：《随感录三十八》，《鲁迅全集》第1卷，第388页。
④ 独秀、孟和、半农：《随感录》，《新青年》1918年第4卷第4期。
⑤ 鲁迅：《随感录三十五》，《鲁迅全集》第1卷，第383页。

大钊指出："冲其网罗而卓自树立，破其勒　而突自解放，举一切迷蔽民彝之死灰陈腐，摧陷而澄清之，以畔夫旧贯而畅育其新机。"[1]他们要求对过去的文化传统进行重新评价，甚至采取大胆的彻底推翻的态度，丝毫不留情面。

激进民主主义知识分子认为："古今来之天经地义，未必永为天经地义，而邪说淫辞，则又未必果为邪说淫辞也。"[2]他们反对封建"道统"，否定被视为"天经地义"的孔孟之道，赞扬那些"离经叛道"的"邪说"和思想家，如对被"孟轲之徒，距之辟之"的墨子，称赞他的学说在"中国周秦时代哲学上之价值，固不减于孔、孟"；推崇王充《论衡》中的《问孔》篇是"具有大识力"的作品；对于李卓吾被"举世儒生，尽情谤谬"，"卒至囚其人，火其书"的遭遇深抱不平，称许"其书固犹流在人间"。

在文学方面，激进民主主义知识分子提出了"文学革命"的口号，并对传统文学做了重新评价。他们抨击汉赋、骈体文是雕琢阿谀、铺张空泛的"贵族古典文学"，目明代前后七子等为"妖魔"，斥"桐城谬种，选学妖孽"，而对于被封建统治阶级视为不登大雅之堂，并一再遭禁毁的戏曲、小说，则极力推崇，称之为"文学之正宗"，"粲然可观"的"佳构"。他们还主张打破"崇拜旧时文体之迷信"，反对文言文，提倡白话文，申明"白话为文学之正宗"，成为思想变革、思想解放的一个重大突破。

对于旧史学，在激进民主主义知识分子看来，"中国的历史没有一部是描写人民的历史，没有一部是写真社会的历史"[3]。这些史书，"不是大民贼的家谱，就是小民贼杀人放火的帐簿——如所谓'平定什么方略'之类"[4]。

当时的激进民主主义知识分子，由于还缺乏历史唯物主义的批判精神，在对待事物的方法上，犯了绝对化、片面化的毛病，好就是绝对的好，坏就是绝对的坏。因此，他们对于文化传统也就不能有分析地区别其

---

[1]《民彝与政治》，《李大钊选集》，第44页。
[2]《真理之权威》，《李大钊选集》，第88页。
[3]陶履恭：《我们政治的生命》，《新青年》1918年第5卷第6期。
[4]《通信》，《新青年》1918年第4卷第4期。

精华和糟粕，不能辩证地对待继承和否定的关系，既有所否定又有所继承，而是否定多于肯定，甚至采取全盘否定的态度；其中有些人盲目崇拜西方，鼓吹"全盘欧化"，这些都是错误的。但是，他们那种反封建的革命精神和勇气却是值得称赞的。他们面对着反动统治者的政治压力，面对着二千多年来形成的封建正统思想文化的沉重阻力，没有一丝一毫的示弱，勇往直前地进行激烈的斗争。为了追求真理，为了革命，他们表示"虽冒毁圣非法之名，亦所不恤"。他们公开申明："若因为拥护（德、赛）这两位先生，一切政府的迫压，社会的攻击咒骂，就是断头流血，都不推辞。"[1]在激进民主主义知识分子的头脑里，根本不存在什么"禁区"，而是要打破在思想文化专制下设置的种种"禁区"，破除迷信，解放思想。为了使民主形成一种社会风气，使科学在日常生活中为人们所接受，激进民主主义知识分子必然要极力"冲决历史之桎梏，涤荡历史之污秽"，革新和守旧"断断不可调和牵就的"，从而对历史舞台上的旧东西无疑是要多挤出一些。何况当时正是以"孔道为修身之大本"而定入宪法，倡读经以复古，奉扶乩为"国粹"，乌烟瘴气弥漫于世，这更是必须加以否定的。尽管由于反对封建文化专制的斗争限制了他们的视野，表现了非历史的观点，但正如恩格斯指出的："每一种新的进步都必然表现为对某一神圣事物的亵渎，表现为对陈旧的、日渐衰亡的、但为习惯所崇奉的秩序的叛逆。"[2]

三

毛泽东同志指出："五四运动所进行的文化革命则是彻底地反对封建文化的运动，自有中国历史以来，还没有过这样伟大而彻底的文化革命。当时以反对旧道德提倡新道德、反对旧文学提倡新文学，为文化革命的两大

---

① 陈独秀：《本志罪案之答辩书》，《新青年》1919年第6卷第1期。
② 恩格斯：《路德维希·费尔巴哈和德国古典哲学的终结》，人民出版社1972年，第28页。

旗帜，立下了伟大的功劳。"①正是这个有史以来从未有过的新文化运动，它否定了二千多年的封建传统，冲垮了封建孔学的一统天下，打破了封建思想文化的牢笼和禁锢，从而开创了一种自由讨论、百家争鸣的风气。

中国历史上，在学术文化领域曾经出现过百家争鸣的局面。春秋战国时代，诸子百家竞相争鸣，思想活跃，学术繁荣，被人们称颂为中国文化史上的"黄金时代"。然而五四新文化运动不论在内容上和规模上都远远超过历史上的文化运动。当时在思想文化领域，自由讨论的气氛很浓厚，确实生气勃勃。蔡元培主持北京大学，用资产阶级的教育方针加以整顿，主张"循'思想自由'原则，取兼容并包主义"，"破学生专己守残之陋见"，克服"数千年学术专制之积习"②，使这个从清末京师大学堂沿袭下来的腐败的"最高学府"注入了新鲜空气，开拓了一个自由讨论和研究的新局面。一些亲历者回忆当时的情形说："有人在灯下把鼻子贴在《文选》上看李善的小字注，同时就有人在窗外高歌拜伦的诗；在屋子的一角上，有人摇头晃脑、抑扬顿挫地念着桐城派古文，在另一角上是几个人在讨论着娜拉走出'傀儡之家'以后，她的生活怎么办？"③在课室里，"有马克思，也有克鲁泡特金；有易卜生，也有斯特林堡；有莎士比亚，王尔德，莫泊桑，梅特林克……也有但丁，席勒，托尔斯泰，高尔基……"④以《新青年》为旗帜，刊物的创办如雨后春笋，像《新潮》、《每周评论》、《新生活》、《少年中国》等都有很大的吸引力。各种各样的文化团体也纷纷出现，如马客士主义研究会、新闻研究会、平民教育讲演团、书法研究社、画法研究社等等。学术讨论、讲演会，也很活跃。这种新鲜、活泼的气象，如同回忆者所描述的："真像是季节中的春天。树木也罢，花草也罢，都想从干枝上迸出叶芽，开出花朵来。每个青年对将来都产生了诱人的幻想，有他自己的美丽辉煌的远景。"

---

① 《新民主主义论》，《毛泽东选集》第2卷，第700页。
② 蔡元培：《蔡元培选集》，中华书局1959年，第79、67页。
③ 杨振声：《回忆五四》，中国社会科学院近代史研究所编：《五四运动回忆录》上册，中国社会科学出版社1979年，第260—261页。
④ 川岛：《五四回忆》，中国社会科学院近代史研究所编：《五四运动回忆录》上册，第320页。

　　这种学术自由讨论的民主空气，是反对封建文化专制、思想解放的必然结果，反过来，它又会进一步推动思想解放。在那个时候，马克思主义、无政府主义、实验主义、国家主义、国粹主义等等，各种思潮，各种学说，各种派别，都在表现自己，都在宣称自己的合理性和正确性。新旧中西，真善美丑，香花和莠草，真理和谬误，都在竞存，都在争取阵地。在这种思想解放的潮流中，在自由讨论的空气中，引起人们不断地思考、追求和探索。"比如当时风行一时的易卜生名剧，到处演出的'傀儡家庭'，娜拉果断地离开郝尔茂走出家庭，倒是痛快，但她走到那里去呢？那时想脱离家庭的男男女女真是不能算少。是'读书不忘救国'还是'救国不忘读书'？是'回到图书馆、实验室里去'呢？还是'到民间去'？当真谈主义的是鹦鹉、是留声机，谈问题的才是博士？怎么博士自己也谈'实验主义'呢？究竟是实验主义呢还是布尔什维主义？……一连串的问题，不仅是在青年人的脑子里盘旋着，在前辈当中也不乏这样彷徨的人。"①究竟什么是最好的主义，什么是救中国的方案，在人们的思想上虽然没有统一的认识，但却激起了旋涡。

　　在十月革命的影响下，经过斗争、比较和鉴别，一些激进民主主义者接受并在中国传播马克思主义，转变为具有初步共产主义思想的知识分子。李大钊就是当时最早接受并传播马克思主义的优秀人物。他在五四运动前后陆续发表了不少文章，歌颂十月革命的胜利，宣传马克思主义，分析无产阶级革命必然胜利和帝国主义必然死亡。在《布尔什维主义的胜利》一文中，他说："在这世界的群众运动的中间，历史上残余的东西，什么皇帝咧，贵族咧，军阀咧，官僚咧，军国主义咧，资本主义咧，——凡可以障阻这新运动的进路的，必挟雷霆万钧的力量摧拉他们。他们遇见这种不可当的潮流，都像枯黄的树叶遇见凛冽的秋风一般，一个一个的飞落在地。由今以后，到处所见的，都是布尔什维主义战胜的旗。到处所闻的，都是布尔什维主义的凯歌的声。人道的警钟响了！自由的曙光现了！

────────────

① 川岛：《五四回忆》，中国社会科学院近代史研究所编：《五四运动回忆录》上册，第323页。

试看将来的环球，必是赤旗的世界！"[①]马克思主义的传播，不仅推动了五四新文化运动的发展，而且为新民主主义革命奠定了指导思想的基础，为中国共产党的成立准备了条件。

五四时期反对封建文化专制、思想解放的结果，鼓舞了人们敢于打破传统桎梏的革命精神和勇气，唤起了中国人民的进一步觉醒，锻炼、孕育了崭新的一代人物。半个多世纪以来，领导中国人民革命的无产阶级的领袖，老一辈的无产阶级革命家，著名的政治活动家、思想家、科学家、教育家、文学家、艺术家等，几乎大都领导过或参加过五四运动，或者从中受过洗礼，吸收了精神滋养。可以说，这次空前的文化革命，不仅开辟了中国新民主主义革命的历史新阶段，也培植、孕育了一代杰出的人才，是群星璀璨、人才辈出的伟大的时代。历史的实践生动地说明，在封建传统束缚禁锢之下，在文化专制的苦轭之下，只能窒息思想，扼杀人才，在政治压迫和精神奴役的漫长岁月中，是没有可能出现思想学术的繁荣局面的。

当然，随着时代的急剧变化和革命进程的发展，人们的思想和政治态度也必然随之发生变化。五四以后的中国，经历着前所未有的社会变革，经历着前所未有的大革命。历史的洪流滚滚向前，大浪淘沙。中国思想天空中所出现的群星，有的更加光芒闪耀，有的黯淡，有的殒落，有的消失。鲁迅就说过，当时的战士，不久之后，就有的高升，有的退隐，有的落荒。当然也有大批坚韧的战士，继续战斗。这是没有什么奇怪的，历史发展的客观规律就是如此。这也不会因此而减弱五四时期这场文化革命和政治运动的伟大光辉。

（原载《北京师范大学学报〔社会科学版〕》1979年第3期）

---

①《布尔什维主义的胜利》，《李大钊选集》，第117页。

"全盘西化"论的历史考察

一

"全盘西化"并不是时下才兴起的新鲜东西,在半殖民地半封建的旧中国就已经喧闹过一阵了。作为一种社会文化思潮,"全盘西化"论的出现并不偶然。它是在中国由一个独立的封建国家逐步沦为半殖民地半封建国家的状况下产生的,是西方文化传播进来以后中西文化冲突和融合过程中的产物。

19世纪40年代,中国在反对英国殖民主义者发动的鸦片战争中的失败,使历史发展的进程发生了重大转折,一步一步地变成了一个半殖民地半封建社会。战争的失败给中国人带来了屈辱和灾难,也使一些有识之士惊醒起来。人们开始在反思:为什么号称文物礼义隆盛的"天朝上国"却给被视为没有教化的"夷人"打败?中国文化是否有不如西方文化之处,西方文化有没有值得学习、吸收的东西?中国在对英战争中的失败,也反映中国封建的文化抵挡不住西方资本主义文化而败下阵来。实际上这是一次对中国文化的价值和西方文化的价值的检讨和认识。在面对现实而引起的思考之后,不能不承认西方文化也有长处,得出了"师夷长技"的结论。但是在长期被封建文化笼罩一切的情况下,哪怕是非常有限的"师夷长技",也会遭到强烈的反对。抱着"天朝上国"、"夷夏之辨"观念不放的人,就急忙出来谴责"师夷长技"是"失体孰甚"。如何对待中西文化的争议，就从这里开始。

在从鸦片战争后到中华人民共和国成立前的一百多年间，人们一直在探究如何对待中西文化的问题。在讨论中，议论繁复，意见歧异，诸如固守传统文化、反对西方文化的主张，"中学为体，西学为用"的主张，中西文化会通融合的主张，"复兴东方精神文明"的主张，"中国本位文化"的主张，等等。而"全盘西化"的主张，也就是在各种思潮浮沉递嬗过程中出现的一种。对于这种种议论和主张，一些研究者把它们归纳为三派，即固守传统派、调和折衷派和全盘西化派。其实这样的概括并不完全符合历史的客观实际，它抹煞了旧民主主义革命时期资产阶级新文化反对封建阶级旧文化的斗争和新民主主义革命时期中国共产党领导下的人民大众反帝反封建的文化这一主流。为了叙述的方便，这里还沿用习惯的说法。这几种思想主张虽然是历史上出现的，但也还没有成为陈迹，事实上都不同程度地影响到现在。

在晚清，卫护传统文化的势力很大。他们反对学习西方文化的任何东西，即使是火车轮船也不能学。"以堂堂中国，而效法西人，不且用夷变夏乎！"在他们看来，传统文化不论总体或各个方面都远比西方文化优越，尤其"孔孟之道"更是西方文化所没有的，是人类必须遵守的伦理准则，"盖舜尧孔孟之教，为天地立心，为生民立命，乃乾坤所由以不敝者也"[1]。因此，不仅不能学习西方文化，以免"用夷变夏"，而且还应当将"圣教行于泰西"，"用夏变夷"。当然这只是一种梦幻式的异想，实际上是表现了他们的固陋愚顽。但是这种思想和势力，在中国社会里是顽固地存在着，并很有影响。辛亥革命后的民国时期，帝制被推翻了，尊孔读经被废除了，而鼓吹封建复古主义的逆流还是多次泛起。民国初年，伴随着政治逆流而来的是文化上掀起了复古主义的恶浪，康有为、林纾等人主张尊孔读经，提倡旧礼教旧思想，反对新文化新思想。五四运动所进行的文化革命，正是针对这股封建复古主义思潮，提出"民主"和"科学"两大口

---

[1] 李元度：《答友人论异教书》，《天岳山馆文钞》卷36，光绪六年爽溪精舍刻本。

号，反对旧道德提倡新道德，反对旧文学提倡新文学。封建文化及其卫护者受到了前所未有的一次大冲击。然而五四运动过后不久，一股反五四精神的复古逆流又一次泛起。这股复古思潮还和当时的国际背景分不开。第一次欧洲大战后，由于战争给人类带来的灾难，在一些西方人士中发出了西方文化没落的悲叹，鼓吹起东方的精神文化。中国的辜鸿铭、梁启超、梁漱溟等人也发出了"复兴东方精神文明"的呼声，也就是复兴"孔子之道"的儒学文化。辜鸿铭在《春秋大义》中就说："西洋文明不成。为欧洲人的前途计，应该接受我们中国的精神文明，应该欢迎我们中国的孔子之道。"复古论调虽又喧闹一时，但不久即力竭而衰。抗日战争时期，又有一些人在拼命宣扬复古主义思想，也还是企图否定五四文化革命的精神，维护封建主义文化。当然民国年间鼓吹复古主义思想者与晚清维护封建主义文化的顽固派并不完全一样，后者顽固地拒绝接受西方文化的任何东西，前者则或多或少地受到西方文化的影响。

在19世纪的后40年里，流行的思潮是"中学为体，西学为用"。所谓"中学为体，西学为用"，就是要以儒学的四书、五经及其所阐述的伦理纲常为根本，吸收西方文化中的器械、科技、教育等以为辅助。"中体西用"论者主张"西学为用"，不同于顽固派的反对西方文化，在当时有积极作用，但其目的是为了保护中国的旧传统和旧秩序，和顽固派又是一致的。民国年间又出现所谓"中国本位文化"的主张。鼓吹这种主张的人认为，中国文化偏重于精神，西方文化偏重于物质，应以中国文化为本位，吸收西方的文化以为调和，也就是中国儒学文化的伦理纲常加西方的科学技术。尽管他们曾批评"中体西用"论，其实他们主张的基本思想和"中体西用"论是一致的。调和折衷派在维护封建文化方面与复古派实际也是同流。

"全盘西化"作为一种明确的主张提出，大致是在五四运动以后。但这种思想倾向在社会上出现，当在这以前，清末人们曾批评"醉心欧化"的思想。戊戌维新运动时，湖南维新人士樊锥的言论激烈，曾说："一切繁礼细故，猥尊鄙贵，文武名扬，恶例劣范，铨选档册，谬条乱章，大政鸿法，普宪均律，四民学校，风情土俗，一革从前，搜索无剩，唯泰西者是效。"①这段话，有人认为是"全盘西化"论最早见于报刊文字的。其实这是误解。单就"一革从前，搜索无剩，唯泰西者是效"看来，很像"全盘西化"的主张，不过紧接着樊锥还说，"用孔子纪年，除拜跪繁节，以与彼见而道群"，就不那么"全盘"了。当时顽固派攻击他说："且明言唯泰西者是效，何必再言孔子纪年，直曰以耶稣纪年可耳。"事实上樊锥不能算是"全盘西化"论者，他抨击封建顽固派因循守旧，主张向西方学习，是为了"保国、保种、保教"，即保中国、保黄种、保孔教，这和康、梁等维新派是一致的。如果联系他撰写的《黄山高等师范学校学约》，就可以更清楚看出他是以儒家文化思想为办学指针的。至于易鼐在《中国宜以弱为强说》中虽曾主张"改正朔，易服饰，一切制度，悉从泰西"，但从全文看来，还是要"通教以绵教"，使"二十年之后，圣教将遍行乎五大洲也"②，同样不能说是"全盘西化"论者。这里有一个方法上的问题，不能仅以某些言词为断，必须从总体思想上来考察。

公开明确鼓吹"全盘西化"的是胡适、陈序经等人。1926年，胡适在《我们对于西洋近代文明的态度》一文中抹煞中国传统文化的全部价值，无条件地颂扬西方资产阶级的文明。1929年，他又主张应该"承认中国旧文化不适宜于现代的环境，而提倡充分接受世界的新文明"③。同年，他在《中国基督教年鉴》发表了用英文撰写的《中国今日的文化冲突》一文，应用了Wholesale Westernization和Wholehearted Modernization两个词汇。潘光旦在《中国评论周报》上写了一篇英文书评，指出两词的意义不全同，前者可译为"全盘西化"，后者可译为"全力的现代化"，或"充分的现代化"。这是报刊上明确使用"全盘西化"一词。1935年"中国本位文化"、"全盘西化"争论时，胡适连续发表文章重申他是"完全赞成全盘西化论"的，"现在的人说'折衷'，说'中国本位'，都是空话。此时没

① 樊锥：《开诚篇》三，《湘报》1898年第24号。
② 易鼐：《中国宜以弱为强说》，《湘报》1898年第20号。
③ 胡适：《新文化运动与国民党》，《新月》1929年第2卷第10期。

有别的路可走，只有努力全盘接受这个新世界的文明"。不过，主张"全盘西化"最力的还要算陈序经。陈序经对胡适主张"全盘西化"的言论并不尽满意，认为他还不够彻底，"只是一种政策，而骨子里仍是一折衷论调"。陈序经于1932年著《中国文化的出路》一书（1934年1月出版），在"绪言"里申明撰写这本书的旨趣是："研究所谓东西文化，而寻出一种办法以为中国文化前途计的人，大约不出下面三个派别：（一）主张全盘接受西方文化的；（二）主张复返中国固有文化的；（三）主张折衷办法的。本书的旨趣，是将这三派的意见，来做一个比较的研究，而寻出那一条途径，或是那一种办法，是我们今后应当行的途径，或是我们必须采行的办法。"他在作了一番比较研究之后，得出了结论说："折衷的办法既是办不到，复古途径也走不通。他们的最大缺点是：前者昧于文化的一致与和谐的真义，而后者昧于文化发展变换的道理。前者以为文化的全部，好像一间旧屋子，我们可以毁拆他，看看那几块石或是木料可以留用；他们忘记了文化的各方面的分析，不外是我们自己的假定，而文化本身上，并没有这回事。后者以为环境时代是不变的，所以圣人立法，可以施诸万世而用于四海；他们忘记了圣人之所以为圣人，都不过是这种时代和环境的出产品"，因此，"我们的唯一办法，是全盘接受西化"。此后，陈序经又陆续发表了许多文章，反复为他的"全盘西化"论辩护。

可以看出，"全盘西化"论是在中国半殖民地地位逐步加深，中西文化冲突发展过程中，涌现出来的形形色色的社会文化思潮的一种，它带有深刻的时代特征和阶级烙印。

二

"全盘西化"论者所主张的"全盘西化"的内容，简单地说，就是中国的一切东西都要模仿欧美资本主义国家，好的坏的都要，连他们所产生的弊病也都要。他们认为，这是中国应走的道路。为什么中国必须"全盘西化"？综括起来，"全盘西化"派的主要理由有以下三点：第一点理由是，西方文化优于中国文化，中国文化很贫乏，一切不如人。胡适说："我们必须承认我们自己百事不如人，不但物质机械上不如人，不但政治制度不如人，并且道德不如人，知识不如人，文学不如人，音乐不如人，艺术不如人，身体不如人。"[①]陈序经也说："不能不承认中国文化无论在那一方面，都比不上西洋文化"，"从东西文化的内容来看，我们所有的东西，人家通通有，可是人家所有的很多东西，我们却没有。从文化的各方面的比较来看，我们所觉为最好的东西，远不如人家的好，可是我们所觉为坏的东西，还坏过人家所觉为最坏的千万倍"[②]。第二点理由是，"西洋文化是世界文化的趋势。质言之：西洋文化在今日，就是世界文化。我们不要在这个世界生活则已，要是要了，则除了去适应这种趋势外，只有束手待毙"[③]。第三点理由是，"文化本身是分开不得，所以他所表现出的各方面都有连带及密切的关系。设使因了内部或外来的势力冲动或变更任何一方面，则他方面也受其影响，他并不像一间屋子，屋顶坏了，可以购买新瓦来补好……所以我们要格外努力去采纳西洋的文化，诚心诚意的全盘接受他，因为他自己本身是一种系统，而他的趋势，是全部的，而非部分的"[④]。

"全盘西化"派虽然在这时有反对封建复古主义的一面，但他们的观点是错误的，他们的主张也是行不通的。难怪人们不断对之提出了诘难和批评，尽管其中的立场和观点并不一样。就连胡适自己也不能不承认"全盘西化"这个名词"的确不免有一点语病"，"'全盘'含有百分之一百的意义，而百分之九十九还算不得'全盘'"。他在1935年发表的《充分世界化与全盘西化》一文中提出把"全盘西化"改为"充分世界化"，理由是：第一，"避免了'全盘'字样，可以免除一切琐碎的争论"；第二，"避免了'全盘'的字样，可以容易得着同情的赞助"；第三，"我们不能不承认，数量上的严格'全盘西化'是不容易成立的。文化只是人民生活的方

① 胡适：《介绍我自己的思想》，《新月》1930年第3卷第4期。
② 陈序经：《关于全盘西化答吴景超先生》，《独立评论》1935年第142号。
③ 陈序经：《中国文化的出路》，商务印书馆1934年，第101—102页。
④ 陈序经：《东西文化观》，《岭南学报》1932年第5卷第1—4期。

式，处处都不能不受人民的经济状况和历史习惯的限制，这就是我从前说过的文化惰性。你尽管相信'西菜较合卫生'，但事实上决不能期望人人都吃西菜，都改用刀叉。况且西洋文化确有不少的历史因袭成分，我们不但理智上不愿采取，事实上也决不会全盘采取。你尽管说基督教比我们的道教、佛教高明的多多，但事实上基督教有一两百个宗派，他们自己就互相诋毁，我们要的是那一派？若说，'我们不妨采取其宗教的精神'，那也就不是'全盘'了"①。胡适的这番话是针对陈序经的。且不论所谓"充分世界化"实质上与"全盘西化"没有根本不同，仅就"全盘西化"而言，胡适的言论可以说明它在事实上不可能，在道理上也是说不通的。

这里不妨具体分析一下"全盘西化"论者所提出的中国必须"全盘西化"的几点理由。

首先的问题是：西洋文化是否就是世界文化？西洋文化是否是世界文化的趋势？所谓西洋文化就是世界文化，是世界文化的趋势的说法，显然不符合当时的客观实际。在"全盘西化"论喧嚣一时的年代里，世界处于帝国主义和无产阶级革命的时代，并不是西方资本主义的一统天下。1917年俄国十月革命的胜利，建立了第一个社会主义国家，从根本上动摇了资本主义世界统治，开辟了无产阶级世界革命的新时代。十月革命的道路，从根本上说来，是人类发展的共同的光明大道。正是在十月革命胜利的影响下，亚非拉殖民地半殖民地的民族解放运动持续高涨。第二次世界大战后，一批人民民主国家相继建立，民族民主运动和独立运动蓬勃发展。世界在社会主义和资本主义两种社会制度的对立中发展，这就是历史的趋势。相应地，现代文化也就是在两种社会制度对立下表现为社会主义文化和资本主义文化两种不同的趋势。在世界上，文化形态并不是单一的，而是多样的存在。"全盘西化"论者的错误，是他们把世界文化等同于西洋文化，把世界文化单一化，尤其是抹煞了社会主义文化的趋势。

至于说中国要生存只有去适应西洋文化的趋势，否则就要"束手待

① 胡适：《充分世界化与全盘西化》，《胡适文存》第4集第4卷，台北远东图书公司1953年。

毙"，同样是错误的。中国是一个半殖民地国家，遭受帝国主义列强的侵略，包括经济的、政治的、军事的和文化的。中国的贫困落后，是帝国主义、封建主义和官僚资本主义造成的。中国人民面临的迫切任务是反帝反封建，争取独立和民主。还在1924年，孙中山就曾强烈地批评西方帝国主义的文化是压迫弱小民族、有强权无公理的"霸道文化"，主张要"求一切民众和平等解放的文化"。他并不反对从西方文化中学习中国所没有的东西，但"不是学欧洲来消灭别的国家，压迫别的民族，我们是学来自卫的"。他在反对西方帝国主义侵略的强权文化的同时，还热情地欢迎十月革命后苏联的新文化。孙中山的认识是从他自己的革命生涯中体验得来的。正如毛泽东所说："孙先生以大半辈子的光阴从西方资产阶级文化中寻找救国真理，结果是失望，转而'以俄为师'，这是一个偶然的事件吗？显然不是。孙先生和他所代表的苦难的中国人民，一齐被'西方的影响'所激怒，下决心'联俄联共'和帝国主义及其走狗奋斗和拼命，当然不是偶然的。"[1]辛亥革命仿效欧美，没有解决中国的问题，资产阶级共和国幻灭了。以后的几十年里，西方的各种主义差不多都在中国流传过，但都是行不通的。只有中国共产党将马列主义的普遍真理和中国革命的具体实践相结合，领导中国人民进行了反帝反封建的新民主主义革命，终于取得了胜利，建立了中华人民共和国。中国人民没有"束手待毙"，而是站起来了。历史证明，"只有社会主义才能救中国"。

"全盘西化"论者既然认为"西洋文化就是世界文化"，必然是一切以"西洋"是尚，极端崇拜"西洋"。在他们的心目中，西方文化一切都好，中国文化一切"不如人"。他们这种站在资产阶级立场上形式主义地看待中西方的文化，是对五四运动所存在的缺点的发展。"五四运动的发展，分成了两个潮流。一部分人继承了五四运动的科学和民主的精神，并在马克思主义的基础上加以改造，这就是共产党人和若干党外马克思主义者所做的工作。另一部分人则走到资产阶级的道路上去，是形式主义向右的发

---

[1]《唯心历史观的破产》，《毛泽东选集》第4卷，第1515页。

展。"①所谓形式主义向右的发展，就是"全盘西化"的主张。

"全盘西化"论者的错误，还在于抹煞了两种文化的区别。列宁在批评社会党人的错误时指出："每一种民族文化中，都有两种民族文化。有普利什凯维奇、古契柯夫和司徒卢威之流的大俄罗斯文化，但是也有以车尔尼雪夫斯基和普列汉诺夫为代表的大俄罗斯文化。乌克兰也有这样两种文化，正如德国、法国、英国和犹太人有这样两种文化一样。"②这是因为任何一个民族或国家都存在着被剥削被压迫阶级和剥削压迫阶级的对立，而产生和形成了两种文化。这里既有民主性的优秀文化，也有腐朽的反动文化。即使是一个阶级，不论是剥削阶级和被剥削阶级，它们创造的文化，也包含着精华和糟粕两种成分。既然如此，就不能笼统说西方文化优于中国文化，中国文化无论在哪一方面都比不上西方文化。像复古主义者维护封建主义文化固然不对，而"全盘西化"论者无条件地宣扬西方资产阶级文化，虚无主义地对待传统文化，也是错误的。孙中山曾经批评对待西方文化的两种错误态度，一种是极端排外，"信仰中国要比外国好"；一种是极端崇拜外国，"信仰外国要比中国好"。

"全盘西化"论者否定民族文化传统，企图以全盘接受西方文化来取代，表现了他们对文化的传承性的无视。文化是随着时代的发展而发展的，有它的时代性。但是，文化又具有很强的传承性。一个时代的文化，除去反映该时代的经济和政治外，还和对前一时代的文化的继承分不开。正因为文化的这种特点，每个国家和民族在长期传承和累积的过程中形成了自己的民族精神、观念、感情和习惯，创造了具有各个民族特色的各个部门文化。对于外来文化，本土文化既有吸收的一面，又有排斥的一面。外来文化不可能取代或化掉本土文化，往往是本土文化改变或融合了外来文化。就近代西方文化在中国的传播来考察，西方文化和中国文化在冲突中逐渐融合或并存，而不是消灭或取代。是"化西"，而不是"西化"。同样，中国文化传播到西方也是如此。

①《反对党八股》，《毛泽东选集》第3卷，第832页。
②《关于民族问题的批评意见》，《列宁全集》第20卷，人民出版社1958年，第15页。

　　说"文化本身是分开不得"，要接受只能"彻底地全盘"，不能是部分的，这在理论上和事实上都是说不通的。如上所述，既然存在着社会主义文化和资本主义文化的区别，存在着民主性文化和腐朽性文化甚至法西斯文化的区别，就不可能也不应该全盘接受。为了强调接受"西化"只能"全盘"，不能部分，有的"全盘西化"论者甚至主张好的坏的都要，不仅要民主与科学，也要军国主义和金力主义。这就荒唐到失去理智的地步。所谓"全盘西化"的实质，于此可见。

　　对待西方文化和中国传统文化的态度，马克思主义者既反对"全盘西化"论和封建复古主义，也不同于调和折衷论。毛泽东在《新民主主义论》中指出："中国应该大量吸收外国的进步文化，作为自己文化食粮的原料……但是一切外国的东西，如同我们对于食物一样，必须经过自己的口腔咀嚼和胃肠运动，送进唾液胃液肠液，把它分解为精华和糟粕两部分，然后排泄其糟粕，吸收其精华，才能对我们的身体有益，决不能生吞活剥地毫无批判地吸收。所谓'全盘西化'的主张，乃是一种错误的观点。"又说："清理古代文化的发展过程，剔除其封建性的糟粕，吸收其民主性的精华，是发展民族新文化提高民族自信心的必要条件；但是决不能无批判地兼收并蓄。必须将古代封建统治阶级的一切腐朽的东西和古代优秀的人民文化即多少带有民主性和革命性的东西区别开来。"①无论是西方文化或中国传统文化，都应该经过认真地分析批判，弃其糟粕，取其精华，这是必须遵循的原则。

　　在新民主主义革命时期，尽管"全盘西化"派和"中国本位文化"派、复古派之间曾经争论不休，但他们有一个共同点，就是一致地排斥马列主义，否定中国共产党领导的新民主主义革命，反对走社会主义道路。他们的错误论调，理所当然地受到共产党人和马克思主义者的批评。中国文化的出路，是中国共产党领导中国人民建设中华民族的新文化。这种新文化，是民族的科学的和大众的文化，也就是人民大众反帝反封建的文

---

① 《新民主主义论》，《毛泽东选集》第2卷，第706—708页。

化。它是对五四运动的科学与民主精神的正确继承和发展，而成为近代文化的主流。历史的趋势，是向社会主义文化发展。

（原载《北京师范大学学报〔社会科学版〕》1987年第3期）

姚莹研究·交游篇（遗稿）

姚莹是嘉庆、道光年间颇有影响的人物，平生交游很广，所交多系政治、学术、文学等方面的卓识之士。对这些人物的探讨，不仅对研究姚莹是必要的，而且也有助于了解他们所处的时代。

颇为集中反映姚莹交往的，是道光二十三年（1843）姚莹因台湾兵备道任上抵抗英国侵略而被诬革职拿问解京，三十多名京官、名士到城郊长辛店迎接。他们的举动，是对姚莹在台湾抗英的支持，也是对他被诬拿问的同情。

姚莹被革职拿问，在朝野上下引起很大震动，"一时中外作诗著论甚众，闺阁中亦多感咏，近传台人复有舆论之刻"①，许多人为之鸣不平。山阳鲁一同写了《拟论姚莹功罪状》，指出姚莹在台湾抗英，只"见其功，未见其罪"。英军在中国"焚杀淫掠，动以万计。就如逆虏失风被剿，送死东陲，亦足以雪数年之深耻，偿士卒之冤痛"。如果"国家诛诸将以委城，而罪莹以敢战"，这就自相矛盾，失去"进退之义"，将使"边吏解体"，"东南之祸未有艾也"②。鲁一同激愤的言论，代表了要求抵抗外国侵略、对签订屈辱的《南京条约》不满的士大夫的共同呼声。

还在姚莹被逮问的消息传出时，他的好友们就十分关心。建宁张际亮（亨甫）、同乡张绍专程到江苏清江迎候，陪随姚莹至京；张绍还偕姚莹入

---

① 姚莹：《中复堂全集·后湘续集》卷2，同治六年刊本。
② 鲁一同：《通甫类稿》卷4，咸丰九年鲁氏自刻本。

刑部狱，以为护持。著名学问家汪中之子汪喜孙（孟慈）在山东济宁得讯后，放声痛哭以至呕血，并致书"以千秋相勉"。汪喜孙死后三年，姚莹听汪的女婿管嗣复（桐城派古文家管同之子）讲到这件事，非常感动地慨叹："嗟乎，交道之薄久矣，如孟慈、亨甫，其犹古人之风哉！"①

姚莹系狱时间不长，八月十三日（10月6日）入刑部狱，二十五日（18日）赦出。在短短十二天里，人们纷纷为之奔走营救，不少人到狱中探望慰问，其中有户部郎中汤鹏（海秋）、翰林院编修何绍基（子贞）、御史刘位坦（宽夫）等。

围绕台湾之狱的斗争是激烈的，它是鸦片战争中抵抗派和妥协派斗争的继续。当时，"台谏交章论救"，清廷不敢做得过分，只好将姚莹赦出，以同知直隶州知州分发四川了局。姚莹出狱后，朋友们大为兴奋，多次为之置酒庆贺。冯桂芬曾在居邸设宴，参与的有陈庆镛（颂南）、张穆、赵振祚、罗惇衍、庄受祺和潘曾玮。汤鹏宴于万柳堂，在座的有御史朱琦（伯韩）、陈庆镛、苏廷魁（赓堂）；户部郎中梅曾亮（伯言）、马沅（湘帆），主事王拯（少鹤）；翰林院编修何绍基，"席间话台湾事"。朱琦慨然赋诗，题为《癸卯（道光二十三年）九月朔日（1843年10月23日）集万柳堂宴姚石甫丈》。诗的开头就表示了"姚侯自狱出"，"忠愤得少泄"的心情。全诗凡五言138句，实记台湾抗英和冤狱事。

姚莹在京师往来冠盖，既有旧交，也有新知。朱琦、陈庆镛、何绍基、邵懿辰（位西）、王拯等，是姚莹系狱时或出狱后才结识的。翌年，姚莹从桐城寄信给朱琦说："都门相识于患难之日，怀抱略抒。……而拳拳于友朋生死患难之际，始终不二，尤足感人心脾。"在这封信中，姚莹还对在京师会聚的好友作了评骘："若乃伯言高文廉杰，力振一时；位西研道醇邃，志追千载；海秋之才拓古今，颂南之诚贯金石；赓堂之宏敏任事，子贞之渊懿植行；湘帆英爽，鹤田（吕贤基）贞纯；少鹤矫矫而锐才，翰臣（龙启瑞）恢恢而抗志。此皆迈古为期，不失其守，洵吾党之杰也。"②

---

① 姚莹：《中复堂全集·后湘续集》卷7。
② 姚莹：《中复堂全集·东溟文后集》卷8。

姚莹把他们引为"吾党之杰"，不仅因为他们支持抗英斗争，曾为冤狱鸣不平，还因为在吏风士司衰恶的境况下，在贪冒无已的鄙夫中，他们"文章气节，一秉坚贞"，诚一时佼佼者。

姚莹交往之人，相对而言，以家乡桐城和京师为多，以下分别列述。

张聪咸

张聪咸（1783—1814），字阮林，号傅崖，安徽桐城人。清嘉庆十五年（1810）举人，得觉罗官学教习，留京师，因咯血卒，年三十二。著有《左传杜注辨证》（又名《左传刊杜》）12卷、《汉晋各家逸史》、《谢承〈后汉书〉》、《王隐〈晋书〉》、《经史质疑录》2卷、《傅崖诗集》4卷。

姚莹在《吴子方遗文序》中记述了昔日与张聪咸等人的交往：

> 昔者吾党之盛也，在嘉庆九年（1804）以后。维时海帆、歌堂、岳卿年最长，植之、元伯、匡叔、竹吾差次，其年相若而吾兄事之者为六裹、聿原、子方、履周、阮林、明东、易卿，弟之者则子山也，后乃得鲁岑、小东、幼楂。此十数人者，皆以文章道义相切劘，吾所为左右采获以取益者也。子山最少，最先亡。后六年，阮林继亡，又八年而君（吴子方）亡。君之始亡，明东尝作传。未几，明东亦亡矣。自明东亡，而吾党益衰，诸人或困于饥寒，或牵于仕宦，学业往往中废，其卒能有成可传于后世者，盖不十人焉。……君久居京师，时方竞言考证，溺其学者，多与宋儒为难，君能辨其非，而欲从事于身心性命，庶几古之所谓志士矣！[①]

在《北园宴集诗序》中，姚莹忆记当年与张聪咸等人在北园宴集的情景：

---

① 姚莹：《中复堂全集·东溟文集》卷2。

北园者，桐城方竹吾之居也。环山带水，松竹郁深。投子龙眠，云烟苍翠接其外；广渊曲池，鱼鸟究儵然畅其中。近郭之胜，既无以逾矣！竹吾意气豪俊，文章书法尤善。故里中英豪咸乐游其地而交其人。嘉庆十一二年（1806、1807）间，则有李海帆、朱歌堂、方植之、马元伯、左匡叔、徐六襄、张阮林、刘孟涂、吴子方、光聿原、朱鲁存，此十数人者，皆以文章道义相取。余时年略少，每与往来，觞咏其中，以为竹林之游无以过也。戊辰（嘉庆十三年，1808）后乃各散之四方，虽间岁颇有会者，率寥落矣！已而阮林、子方、孟涂相继丧殁，竹吾亦困顿出游，至者益鲜。今秋余自海外暂归，当日同游，独歌堂、鲁存居里中，而阮林尊甫守亭先生、季弟允谐及子方季父岳卿以时相见，辄复欷歔。①

《后湘诗集》卷1收有北园宴集诗《夜饮方竹吾北园偕左筐叔、徐六襄、方履周、光律原、张阮林诸君》诗：

> 平生非达者，浩荡塞其内。时对素心人，忘形宇宙大。兹园面群山，左右环溪带。中有万竿竹，苍龙偃松盖。方干乃居此，佳兴亦自迈。到门俦侣熟，况值暑初退。解衣纵清言，壶觞遂倾醉。流飙沁荷岸，飞雪漱石濑。日落万峰明，鸟声一林碎。须臾山月白，千里有微霭。攀跻巉岩颠，极目流光晦。众星苍然列，河汉横素界。应有羽衣人，乘空弄瑷碟。吾将谢诸子，去探鸿蒙外。

《后湘诗集》卷2收有《再酬张阮林京师寄怀之作》，时张聪咸教习觉罗官学。诗云：

> 教习禄虽薄，颇亦任王事。况闻勤著书，身世赖修治。自惭仍飘

---

① 姚莹：《中复堂全集·东溟文外集》卷1。

泊，出处两不易。勉强排俗愁，开颜复长喟。

嘉庆十九年（1814），张聪咸病故。时姚莹在广州，闻讯为之哀伤，并赋诗志哀，题为《九月二十一日（11月2日）至羊城，谋归，忽闻故人张阮林殁于京师，惊哀有作，成七十四韵》。其中说：

> 甲戌（嘉庆十九年，1814）岁云暮，姚子理归策。呻吟病初愈，困顿怀空箧。海风苦侵人，棱棱砭肌骨。羊城复坚卧，十日未能发。忽闻北来语，我友京师殁。瞪目不能言，惊定一恸哭。殊疑此语误，遍访故乡戚。或云得家书，亡期果三月。急询不得详，大略为我说。自从入京师，日夜勤著述。书成逾百卷，辛苦尚搜葺。服杜有异同，三传多缺失。诸家汉晋史，遗散犹可掇。不肯厌奇零，只字如异璧。中更耽吟苦，精炼有奇癖。不顾世俗惊，那问鬼神泣。积思已况瘁，力尽乃呕血。卧席曾几朝，溘尔成永绝。闻言信非虚，顿足肠欲裂。忆我识君初，年甫十七八。意气陵曹辈，高才一时出。我仅逾成童，稍亦见头角。偶然一朝遇，抗论江河决。君闻大惊叹，谓得所创获。颇悔平生文，未是千秋业。以兹尽捐弃，奋志希先哲。广读未见书，精思入幽赜。君才本精悍，其气尤雄拓。作为古诗歌，奇光竞腾发。吾家惜抱翁，谓此无与敌。海内数奇才，指不二三屈。我既得所契，君亦深相结。晨夕共讨论，风雨共饥渴。后乃得数君，一一人中杰。情亲君最先，疵颣互敦责。岁在丁卯（嘉庆十二年，1807）秋，同买金陵楫。我先龙门化，君才独点额。归来无怨嗟，顾我生喜悦。题诗送我行，看我车轮北。我从京师反，正满征途雪。抱出一卷诗，丹铅君所阅。君既去西湖，我亦向南粤。从此长相思，谁知遂死诀。闻君始得荐，遂上都门辙。文采满京华，声名一朝赫。缄书七千里，与我言契阔。谓此新知多，终不故人若。又言所著书，次第可剞劂。独有平生诗，待我与合刻。念君区区意，开缄泪沾臆。如何君死时，一言不相及。与君六年别，学各有损益。夙昔疑义多，安能共参决。尝恨

道路长，书问徒相隔。君今去泉下，长此终缄默。君年今始壮，寿命一何促。修短固难期，天意无乃酷。昔君尝学仙，奇方试辟谷。家人苦相劝，我亦谓无益。又欲学金丹，华阳得秘笈。其说在运气，抱神固精液。我心知非谬，亦不为君祝。讵尔遂误君，此恨何由赎。[①]

姚莹赠、怀张聪咸的诗尚有多首。《后湘诗集》卷5有《赠张阮林》：

少陵千载后，学步总邯郸。君亦耽佳句，惊人语必安。疾风盘峻壑，大海舞回澜。郑重青松质，萧萧耐岁寒。

《送张阮林不及》：

故人镜湖去，江上柳条新。忆我归来日，停车雪满轮。欢娱已迟暮，别恨又逢春。杳杳云中雁，何由追夕尘。

卷6《九月晦日偕方履周、张阮林、吴子山、家易卿登西山》：

西山秋尽白草平，北风初初行衣轻。绿柳红枫自点缀，暮烟落日相凄清。霜鸿肃肃急征羽，野水濊濊回涧声。白发天涯几人在，有书不求涕泗横。

卷7收《有怀六襄、阮林》：

故人三岁住长安，书到南天掩泪看。念我江湖犹放弃，知君风雪正清寒。才名不信同昔辈，客路难忘是古欢。二十五弦天帝瑟，一从别后未曾弹。

---

① 姚莹：《中复堂全集·后湘诗集》卷2。

卷8《张阮林自京师寄诗，慷慨慰勉，情溢乎辞，因伤久别，辄赋怀六十韵奉答，兼示徐六襄、光律原》：

北厥黄金地，南交赤道天。斯人犹契阔，吾计益迍邅。雕鹗难为主，蛟龙下在渊。搏风曾九万，埋剑已三千。敢效穷途哭，羞从世俗怜。苍梧云暧暧，碧海石连蜷。废苑诃林外，荒台落日前。浮游尽炎瘴，回望极幽燕。葵藿心弥壮，金兰誓岂愆。每怀昭代圣，不忘故人贤。忆昔攀鸿侣，论交必凤轩。推君才巨手，惟我步随肩。同学师元晏，惊门讶仲宣。一时吾党盛，异代竹林传。气似风云上，文惭日月悬。致身心耿耿，许国义拳拳。偶尔怀荆璧，何期着祖鞭。看余翻潦倒，同辈毕腾骞。京下才如海，群公望似仙。蓬莱真缥缈，羽盖自联翩。日丽翔风馆，花开种玉田。公车纷尺牍，独处惜婵媛。莫以微斑点，犹知乐事专。横经来胄子，接席珥貂蝉。却念昔方泰，回思夜揖眠。河堤成瓠子，闽粤下楼船。闻上司农计，频虚水府钱。四方仍旱潦，屡诏复除蠲。主德符尧俭，衢讴祝舜年。谁分宵旰虑，臣自涕洟涟。如尔能殊俗，逢人莫斗妍。平生羞汲引，何处报埃涓。别恨徒深矣，新诗独沛然。探骊珠每得，博象力能全。倒水流三峡，回澜障百川。悬知心惨澹，未肯足便娟。自笑经营拙，惟期汗漫缘。出门怀宝玉，问俗饮贪泉。蜑妇冲江雨，蛮童宿岭烟。芳洲春拾翠，胜地汉遗钿。碧挂桐华小，红垂荔子圆。鹧鸪啼树满，螺蛤入云连。番鬼能通语，蚝诸强下咽。殊方经岁月，逆旅慎周旋。幕府狂容杜，诸生懒笑边。敢题鹦鹉赋，惟守阒宾毡。国有苍生望，昔逢盗贼延。杞忧戎莽伏，汉将出车还。杨仆威声重，卢循稔恶悛。可怜厌鼙鼓，从此罢戈鋋。荡析魂初定，苍茫眼欲穿。异乡悲路远，慈母正心牵。绝徼迷孤雁，空村数落鸢。地非秋浦别，客似仲翔迁。偶问曹溪法，曾通大鉴禅。牟尼行处照，蕉树是身坚。著论惟持白，穷经不草《玄》。是非询燕鹊，巧拙问夔蚿。安得乘风翼，相招绝海壖。春风将短鬓，相对劈华笺。

　　姚莹除与张聪咸以诗唱和外，还以书信论学。《东溟文集》卷3所收《与张阮林论家学书》，颇能体现姚莹为学的思想。全文如下：

　　阮林足下：春间得书，知近治经史甚锐，著述宏富，为之企羡。足下以英辨之才沉研古学，又处京师久，与名公时贤相砥砺，见闻广而采获勤，书成必有宏赡精确大过人者。仆倦游岭外，少师友之助，悄然块处，又得书甚艰，莫由稽考，辗转六年，无所成就。昔虞仲翔处广州穷愁，竟成《易传》，附圣经以自显。如仆者，远愧古人，近惭足下矣！大著《左传辨杜》刻否？亟欲见之。惟于命名之义，窃有未安者。左氏传自贾太傅始为训诂，刘子骏创通大义，后汉郑仲师、贾景伯、服子慎、许惠卿、颖子岩之徒皆有注。马季长谓贾君精而不博，郑君博而不精，已无可复加，但作三传异同说，则贾、郑之书可知矣。魏世王子雍亦有《左传解》，此皆通师硕儒之说也。至杜氏以为诸家皆肤引《公羊》、《穀梁》以释左氏，适足自乱，乃著《经传集解》，专修丘明之传以释经，其所论三体五例，详哉言也。又作长历，以推其岁时，撰释例以通其条辩。殚毕生之勤，成专家之业，大义举而训诂明，天文昭而地理核，自有左氏以来传注，未有若元凯者也，故南北学者皆为之疏义。刘光伯虽曾规其过失一百五十余条，未害其美。且随世诸家注传，尚多存者，光伯独为杜氏作疏，岂非其长不可掩耶！疏其书而规其短，乃光伯通见，足破疏家袒护之陋，非好攻之以为异同也。夫长短不容相掩，功过可以互明，贾、服、刘、马之异同并著其书，使后学者有所钻仰。自唐世奉敕修定正义，独用征南，而诸家注说如爝火辰星，荧然暗灭。此因当时学人之陋，亦孔冲远、颜师古之徒不能请闻于朝，兼存古训，故通人至今为恨。然以诸家之废而大不平于杜氏，此何说哉？亦犹朱子表章《六经》、《四书》，原令人先习注疏以通其训诂，其后学者不能见习，乃自放弃注疏，专治宋儒注义。今举世驳辨，咸谓宋儒灭绝旧注，徒言义理而废训诂，此何异盲人道黑白乎！《左传》补注之作，发端于元人赵汸，盖以杜为主，有不足，以陈傅良之说通之，非纠杜也。国朝顾宁人作《杜解补正》三卷，朱鹤龄作《读左日钞》十二卷、《补录》二卷，始有意正其阙误。而曰补曰钞，不居攻辨之名。近世惠定宇以左义名家，特搜辑服、贾之说，为《左传补注》。吾乡马器之前辈，慕惠氏之风，援光伯之说，亦有补注之作，意乃颇攻杜氏，向尝疑之。若惜抱先生，亦尝撰三传补注，在马氏之先，则又不过随所考证，其有未安，间为之说，并无意于长短之见。今足下书命名乃尔，无乃过乎？愿更详之。说经硁硁，贵渊通，不在攻击也。仆承家业，治经史，为诗古文之学三世矣。从祖惜抱先生，以诗古文鸣海内，学者多宗之。独先曾祖之学，久晦不章，一二巨公颇以不见遗书为憾，良由生平绪论见各书，未及撰录故也。昔顾宁人没，遗书得门人潘耒刊之，乃行于世；江慎修殁，遗书得乡人戴震表之，以闻于朝。矧为人子孙，而今先业荒坠，不肖兹甚矣。莹虽谫陋，敢不收罗缀辑，以质世之君子。而濒岁客游，不能以书自随，是以纂述久而未成。今具稿约五十余卷，百万言矣。族兄伯印以书来云，史馆修儒林、文苑二传，阐发幽隐，命仆以家集上诸公备采择。念书未成，惧不足以表章，然当国史谘求，而无以上闻，是没祖德也。不得已上《援鹑堂诗集》刻本及笔记稿本三卷，假伯印以致诸公。而汪瑟庵侍郎先见之，谓必当入传，惜不在史局，未知秉笔诸公以为何如耳？得足下书，始知惜抱先生有请附海峰入文苑传之语，此或别有微意。而足下以为先曾祖校论诸书，今时诸君子多未能窥见涯涘者，若仅以诗文入传，是以精深之学转为辞章掩矣。责仆于阐扬先人之大，舍本而存末，足下之言，岂不诚然哉！仆与伯印书亦未明言请入何传者，子孙不敢议其先祖之义，而于诗集列总目，又作后序，具述生平论学大旨，则仆意可知矣，足下想未之见也。足下于垂湮久佚之余，能推明前人不传之学而见其大，足下之诚宏矣。意在发扬幽隐，上佐国史，不为乡曲之私，不欲以辞章掩学问，足下之论公矣。数千里贻书故人，责其不能善扬先祖，足下之义笃矣。为人子孙，宜何如感愧乎！顾仆于此，窃有私中蓄之，久已不敢告人，今为足下陈之。莹闻君子立学，传于后世者道也，而不在文；功也，而不在德。道、功天下之公也，文、德一人之私也。道是以继先哲，功足以被来兹。若此者，已不必传天下。传之文者，载道以行，舍道以为文，非文也，技耳，技不足传君子。若夫德修于身，所以成已，非以为名，故曰：遁世不见知而无闷。先曾祖少孤，砺行孝友立于家，以教于孙，至今门内无敢惭德。忠信著于乡，以施族党，至今无间言。处身必恭以俭，接物惟诚以和，长老及见者至今称其风采，此德行之实也。先曾祖为文，根柢经史，恉渊思深，必得古人精意，不为放诞踦驳之论，取快一时。先曾祖之于文，可谓能载道矣！至其天资沉笃，强记博闻，自束发以终其身无间，故能淹通宏洽，不为拘墟孤陋之见，空疏无据之谭。其大者在笃信程、朱，以为非考证不足以多闻，而舍身心亦无以为学。汉儒谨守师法，训诂略备于前，宋儒讲论修明，义理大著于后，其道在守先待后，其功在风俗人心，学者当识其大，以体其微，去其矜心与其昏气，乃可以为学。俗儒务毁人以成己名，邪说好立异以乱是非，危言日出，贻害人心，亦何异乱法舞文之吏耶！此先曾祖生平兢兢不轻著述之微意也。其于道也，可谓不自矜矣。莹之生距先曾祖殁已十余年，家遭中落，藏书为人窃取几尽。又十余岁稍解读书，二十四岁编录遗集，又六七年，然后有以见先曾祖为学之实。窃谓先曾祖之可传者道也，而论道之言不可见，即所存著亦可得其大凡矣。若夫传之与否，则不系乎史，道苟不明，即空留姓氏何益。盖大元之作，百年后兴河汾讲道，《隋书》无传，古人之所重轻如彼。后有君子，将知人论世，亦以人光史册耳，岂能光人哉。此仆所以久蓄于中，惟惧道之不修，而不敢汲汲于史传也。足下又云，先生之学，可差肩于阎、惠诸君，窃以为骇。夫阎君龂龂博辩，以摘发前人自喜；惠君凿凿训故，以搜求古义专门。二君精博，均不可及。然其于圣人之道也，曾未望其藩篱，乃与宋儒为难，欲以寸莛破巨钟。若先曾祖则以考博佐其义理，于程朱之学见之真而守之笃，固与二君大异，今谓如此，毋乃非所敢安乎？宋人有好学者，千里寻师而遗其母，母使人谓之曰：子之学则成矣。如岁日荒，吾冻馁将死，何夫学成而母死，不如其弗学也。今之学人，不死其母者鲜矣！此先曾祖之所以大惧也。惜抱先生尝语莹编辑《援鹑堂笔记》，宜宽岁月为之，但取精，不敢速，不敢多也。先生手抄经部史部集部各一卷授莹以为式，今所编纂不惟表先曾祖已坠之书，亦以竟惜抱先生未成之志云尔。即惜抱先生孤立于世，与世所称汉学诸贤异趋，而海内学者徒以诗古文相推，于其说经论学罕有从者，风气使然，不能以一人挽也。三十年后，当有达者振兴，一辟榛芜而开之大道，莹与足下勉为其是书成以待后人之论定而已，足下戒之哉！毋夺于众咻，毋暗于正见，亦仆之所以望同志也。

姚莹曾为张聪咸作传，传文如下：

阮林名聪咸，一字傅岩，桐城张氏故太傅文端英之五世孙也。高祖工部右侍郎廷璓，祖贵西兵备道曾敩，皆以甲科贵。父元位，副榜贡生，巴州州判。君幼颖悟，为祖父钟爱。家故世族，又自矜贵。未冠能文，有才气，好作骈丽之体，睥睨同辈。年十九，游从祖蓉圃先生之门，见里人姚莹，与语大惊，悔其所作，尽焚之。曰：世固有不朽之学，此不可羞耶！是时阮林气方盛，有文章誉，莹乃最少，人以为难。由是博极群书，以著作为己任。诗尤雄丽，取法汉、魏，而以少陵为宗，沉挚雄劲，一洗昔人肤袭之陋。惜抱先生主钟山书院，阮林以诗往质，先生复书，有奇才之誉。先生未尝以奇才许后进，独阮林与刘君开得称。刘亦甚推君诗。嘉庆九年（1804），乡试罢归，遇太仓某，与论音学，如凤契语，人多不解者，独莹能辩，竟习之，遂通古今声韵，著《音韵辨微》八卷，以传其学。十二年（1807）再试，又罢，乃之吴下。友人李宗传令浙中，召教其子，大携书往，卒成《左传杜注辨证》。金坛段若膺重之，以为左氏后不可少。十五年（1810）举于乡，试礼部不第，得觉罗官学教习。留都下三年，屏酬应著书，搜辑汉、魏、晋、宋二十四家逸史，字淋漓几席，壁间皆遍。又兼治诸经不懈，以劳咯血。十九年（1814）二月卒，年三十二。闻者无不为之惜也！阮林性廉介，不妄取而好义，急人之难，如恐不及。与人交，诚笃有终始。学不趋时好，然书出虽异趣者亦服云。阮林在京日，尝自定其诗，致莹粤中，属与合刻，未至。及疾革，友人收其稿，得诗四百余首，杂文若干篇，《汉晋逸史》已成若干卷、未成若干册，《左传杜注辨证》十二卷，皆未刻。《经史质疑》一册，已刻。又《音韵辨微》、《六书正体》、《开宝诗品》数种轶。先是，《左传杜注辨证》成，以示姚莹。莹自岭外贻书劝之，以为杜学不可废，服、贾诸说虽存者不无善于杜氏，但当兼录，以俟折中，有所偏护则非。阮林乃易今名。临殁复语友人姚柬之：此书勿刻，其虚中又可嘉云。[①]

道光五年（1825），姚莹还为亡友张聪咸纂辑之《谢王二史辑遗》作序：

谢承《后汉书》若干卷，王隐《晋书》若干卷，吾友张阮林聪咸之所纂辑也。嘉庆十六年（1811）阮林会试不第，留京师专意著书，慨然有网罗放佚之志。既撰《左传杜注辨证》若干卷成，以为史书之善，如子长、孟坚尚矣。自蔚宗、承祚而下，不无讥焉。范书虽取材旧史，犹出一人之手，乖近尚鲜。《晋书》则唐文皇命诸臣分采十八家晋史编录而成，踳驳殊甚。唐代官书行，十八家之业遂废。其中容有胜新书者。今世所传唐以前遗书，犹时时见之。后汉诸家记载，未必遂愈蔚宗。然如荀悦《汉记》及《东观汉记》，世已刊行。而李贤、裴松之注《后汉书》、《三国志》，亦多存别说，思欲并二代佚史表而出之，勇于成书，所在搜罗，不遗余力，日书细字，几壁皆遍，而谢、王二家书居然可观。乃先比次其巨者，他条纪繁碎，未及纂

---

① 姚莹：《中复堂全集·东溟文集》卷6。

列，遂病且死，都中无人知其业者。吾族兄幼樁始终病事，见其用力
之勤，怜而收之，归于其家。阮林之妻，吾族姊也，藏袭以待其孤。
道光五年，吾由闽之京师，道里中，其家出示所藏，见此二书粗成卷
帙，乃为之叙。呜呼，阮林之为此也，是所谓事劳功半者耶！古人之
矻矻于著述也，非徒为身后名而已，以为道有所在，吾书所系大焉。
至于史者，著一代兴亡之迹，为法戒于天下万世，苟非其人，书不妄
作。故有敝毕生之精神而书卒不成，成而不及传，传而不能久者，亦
视其书为显晦，未可遽以幸不幸借口也。且夫著述之难，史为最。岂
不以求实事之难耶？一事甚微，已有传信传疑之异，况代历百年，人
愈数十，一一始终论次之曰，吾于此盖无失焉，不敢必也。及乎此一
言焉，彼一言焉，言者既多，吾上下栉比之，取其切于事而近于理
者，亦曰庶几可折衷矣。比创者难为功，而因者易为述也。前者果
善，后复何为。后人为之犹未尽，则仍以俟诸后。今必薄后尊先，不
亦迂乎！顾前人创之之功未可没，后人虽善，不能不考诸前，乃尽弃
置，则过矣。并前后而两存之，不惟前人之善者见，即后人之善者亦
逾见，此阮林之所矻矻也。吾独悲夫谢、王二君及十八家者，以当代
近代之人求当代近代之事，已不能尽敝一世之精神，书幸成而传复不
能久。阮林后千数百年，欲传已亡之书于千数百年以上，呜呼，阮林
虽欲不敝精神而死，其可得耶！而书又卒不成也，此书幸而或传，后
之览者亦略其文而哀其志哉！①

张聪咸于文字学亦有研究，曾与汉学家胡培翚讨论有关文字问题。胡
培翚《研六室文钞》卷4《与张阮林论阘阓橛梱书》云：

尊著《阘阓说》，以许氏《说文》解橛阘，俱云门梱。而郑氏
解阘为橛，解梱阓为一物，与《说文》异。乃援据《史》、《汉》及

---

① 姚莹：《中复堂全集·东溟文集》卷2。

各书音义疏证其说，可谓博已。培翚请以其说求之于经，经曰：公事自闑西，私事自闑东。又曰：由闑右。闑有东西左右之称，则闑之为中央竖木无疑也。经曰：不践阈，不履阈。阈言践、履，则阈之为门下横木无疑也。《尔雅》曰：橛谓之闑。则橛与闑为一物，亦无疑也。惟梱之名，经无名征。然《曲礼》曰：外言不入于梱，内言不出于梱。梱言不出不入，是有限域之义。《仪礼》扬触梱复，注云梱复谓矢至侯不著而还复，是亦止限之义。故郑解梱为门限，与阈同（各经疏俱依郑氏义，云阈门限也）。许氏解阈为梱，而《史记》冯唐传阃以内、阃以外（阃与梱同），《汉书》阃俱作闑。窃疑闑阈二字，古人得通称梱。许、郑各述所传，原可并存。但郑氏之说，尤与经合也。至《仪礼》古文之槷，与《周礼·匠人》之槷，皆为假借字，而义则殊。《周礼·匠人》之槷，与《尔雅》在地之臬，同谓于平地中树八尺之臬，以规识日景，非门中之闑，郑氏《考工记》注甚明。《尔雅》云在地者谓之臬，又云橛谓之闑，是臬与闑殊。郭氏以门橛释臬，则缪矣。《说文》槷作槸，字本义训为木相摩。《周礼》假槸为臬，而《仪礼》古文及《穀梁传》又假为门闑字。郑以《仪礼》今文作闑，其义较显，故注经从正字，不从假字。《说文》阈字，古文从洫，作閾。盖古字多假借，如《毛诗》筑城伊淢，亦是假借字。郑故从阈不从閾也。

胡培翚《研六室文钞》卷5另有《答张阮林论燕寝书》：

承辱惠书论燕寝，培翚反复细读，其中可疑者多，征信者少，已一一签附奉质，谨略举大者数事，断难合于经者，为足下陈之。足下之自立说，也谓郑氏路寝制如明堂之注为指小寝五，如明堂之五室而路寝仍有左右房。又谓小寝亦通名路寝，引《周礼》官人六寝为证。按郑氏注《礼》，每云天子路寝制如明堂，有五室。其笺《诗》则云天子燕寝有左右房。《郑志》答赵商又以顾命是西都宫室承先公之旧，犹诸侯制未及改作。周公制礼，别立于天子制于洛邑，宗庙路寝皆如明堂。是郑解路寝小寝制度截然分明。足下以小寝为五室，以路寝为有左右房，显与郑背，非郑义，章章明矣。《周礼》官人掌王之六寝之条注：六寝者，路寝一，小寝五。《玉藻》君退，适路寝听政，使人视大夫。大夫退，然后适小寝释服。《春秋经》或书公薨于路寝，或书薨于小寝，是路寝、小寝之名经中致为分晰，安得相通？此其不合者一也。来书又引《说苑》、《史记》，谓《春秋经》公薨于高寝，高寝当为庙寝。按三传及各注俱无庙寝之说，详《说苑》及《史记·秦本纪》文义，亦并未以为庙寝人鬼异居，岂有疾疾之时反置宫中之大寝、小寝不居，而居于庙寝之理。夫说经者广而求之传记，必其经传不详，注解多谬，而传记之说确然有徵，乃始引以为据。若经师之说本自分明，虽诸子百家传闻或异，犹不可引以乱经，况传记又无明文乎。此其不合者又一也。足下之驳拙著，也谓不当解《士昏礼》之及寝门为燕寝门，经中凡称寝门者，皆正寝门。窃思正寝称燕寝，亦称寝，则燕寝之门与正寝之门同名寝门，奚不可。若以诸经所言寝门多属正寝，则燕寝之制经内本少，唯此经若备。且上文"期初昏陈三鼎于寝门外"，郑注明云："寝，婿之室。"疏引父子异官释之，则此妇至及寝门揖入者亦为婿之寝，而断不在父之正寝成礼明矣。来书又以拙著谓燕寝有北堂为非，按北堂非别有一处，即在房中半以北，燕寝既有房，安得无北堂？《诗》云："焉得谖草"，言树之背传背北堂也。此为妇人思其君子而作，则所谓北堂者，当即指寝兴之地言之，而非必指正寝之北堂明矣。此非燕寝有北堂之明证乎？来书又以侧室不在君燕寝之旁，而在夫人燕寝之左右，即妾媵所居之东宫西宫。谓大夫、士以下皆有二侧室，与君同，若然，则《礼》所称君夫人三宫者，士之妻亦可云三宫矣，何太无差等耶。且侧室既为妾媵常居之所经，胡次云公庶子生就侧室耶？夫人生子居侧室之时，妾媵又出居何所耶？凡此诸谊，揆之于经，俱难协合，故不敢不献所疑，惟

足下察之。^①

胡培翚《研六室文钞》卷6《求是堂文集序》记述了与张聪咸等人的交往：

> 余交于君（按，指胡承珙）廿年矣。君为人勤恳和厚，待友以诚。忆自癸酉（嘉庆十八年，1813）定交都中，余与君系出同宗而世远，各自为谱，行次不可考。君年长余六岁，以兄弟称。其时，余同年张阮林亦交于君，而君邸舍又与郝丈兰皋近，四人者盖无旬月不会晤，晤则必谈经义。一夕饮君邸，酒酣乘兴步月瑶台，四人相与高谈纵辨于月色空明莽墟无人之地，可谓意气之盛。未几阮林病殁，其遗书《左传》，余为校之。又十年，郝丈殁，余为校其《春秋》、《尔雅》，求梓于世。今又校君之书，回忆身世交游生死之际，其亦重可伤也已。

《研六室文钞》卷7则收录了《左传杜注辨证书后》：

> 嘉庆十有九年甲戌（1814）二月，桐城阮林张君卒于都城旅次。其卒之前数日，出所著《左传杜注辨证》（初名《左传刊杜》，段氏懋堂谓其过激，乃易今名，《经韵楼集》中有《左传刊杜序》，即是书也），授家编修墨庄（按胡承珙字墨庄），属为删订。编修写副藏焉，而原书仍归其家，以写本属余校字，余因卒读是书。乌乎，《左传》自当阳《集解》出，而贾、服诸家之注遂佚矣。先大父朴斋先生撰《左传翼服》，凡古义之异于杜者，一一引申其说，宋以前诸书引古注有与杜注同者，亦为录出，以明杜之所本。盖《集解》多承用旧说，其自出新意，则往往纰缪难通。阮林是编，愤杜氏之袭旧而不著其名，又如长历非法，短丧诬礼，皆大乖于经义，乃博采众说，纠正其

---

^① 胡培翚：《研六室文钞》卷5，道光十七年刻本。

失，征引繁富，诚治是经者考订之资也。君锐于著述，博闻多识，六经子史，罔不寻览。于诗专学少陵，遗貌求神，竭尽心力。卒以为学过勤，撄疾以终，深可惜已！君所著书，已刻者有《经史质疑录》一册，未刻者，是编外，有《汉晋各家逸史》，内谢承《后汉书》、王隐《晋书》，俱已辑有成本，又有《傅岩诗集》八卷。君之疾也，姚孝廉幼楷与偕卧处，躬候汤药者月余。其殁也，徐农部樗亭及孝廉经纪其丧，殡敛尽情，不辞劳瘁。夫《礼》，朋友无服，其吊服加麻而已。至皆在他邦，则服袒免，与宗族五世者同。良以远出在外而死，无为之主，悲悯尤深故制为袒免之服，以厚之。今徐姚二君之笃于友谊如是。庶几古人重友之义复明，以视世之酒食征逐诩诩笑语反眼若不相识者，其相去何如哉。君讳聪咸，字阮林，一字小阮。庚午岁（嘉庆十五年，1810），与培翚同举于乡。在京师以力学相切劘，每有辩论，精悍之色见于眉宇。虽互相诘难，而论罢相说如初。

张聪咸同乡好友刘开在《与光栗原庶常书》中记述了与其交往之事：

君与余交有年矣，其经术之邃，学识之精，议论之卓越，余往时爱而畏之。而左君筼叔、张君阮林、姚君石甫皆后君而交者也。夫此数人者，各以古人砥砺而不甘于习俗。方其始之相得也，德业自期，贤豪自命，津津然唯恐不及相规以道义而勉以力学，盖不徒极宴游之欢，论说之敏矣。而余是时犹有疑焉，以为世不患无超世独出之才，而患无历物不渝之志，而少年负气之所期许者，恐其久有不可恃也。而诸子方励志勤行，固可无虑乎此。今者诸子之道已成耶，吾不得而知也。其或未成耶，吾不得而知也。独怪数年以来，各奔走于利禄，而困于身家之累，不闻有讲司之意，劝免之言，以为制举既得，遂可肆意而不必勉力也。[①]

---

① 刘开：《刘孟涂集·文集》卷4，道光六年檗山草堂刻本。

刘开还为张聪咸立传，《刘孟涂集·文集》卷10《张阮林传》：

余友张君阮林之卒也，既为诔以哀之矣，今复总叙其家世生平而为之传曰：君名聪咸，字阮林，一字小阮，号傅岩。太傅文端公之五世孙也。祖贵西兵备道讳曾敫，父巴州州判名元位。张氏为吾邑巨族，世有达官才人，亦且不乏。而文辞能直追古人，则自阮林始。阮林怯弱如不胜衣，其笔力精悍无前，振厉风发，不可一世。所为诗宗法少陵，其深造者几欲神合，近时之善学杜者未有能或之先也。往时姚惜抱先生见阮林所作，叹曰：其文其诗皆有雄杰之气，可谓异才矣！先生不轻许可人，而赏识阮林如此。阮林于经通左氏，于小学通音韵，于史熟于汉、晋逸事，著有《左传杜注辨正》及《经史质疑录》。阮芸台官保、王伯昇阁学、胡墨庄给谏皆深器之。余识阮林，在壬戌（嘉庆七年，1802）之冬，而识栗原也，先于阮林。后二年而得筐叔、六襄，又后二年而得石甫。当时意气相许，以古人为期，岁过从，欢宴无间。每当酒酣耳热，阮林则高歌杜诗，以泄其悲愤之怀。满座闻之，为之动容。自阮林殁，而盛会虚，吾辈虽有宴游，亦惨然不乐矣！阮林性简傲寡合，一时目为狂士。栗原尝谓余曰：昔嗣宗能为青白眼，今阮林亦是也。阮林既卒之三年，栗原、六襄皆赴官京师，石甫宦海隅，筐叔客豫州，余时自江右归里，经过旧游之地，俯仰徬徨，独增惆怅。回忆总角之欢，恍然在目。十数年中，故交云散，死别生离之感集于一时，而余年已及壮矣！阮林诗刊除浮艳，或不能悦众目，然思深力厚，精气盘结，神光外烛，必不终掩尘土之下，世固自有识者也。使天假之年，其所造岂复可量，而竟积劳以死！然阮林虽死，其诗之所就，已足以自传，传亦必得重名，但未卜时之迟速，要之历久论乃定耳。阮林中嘉庆庚午（十五年，1810）科乡试，以考馆得八旗教习。娶姚氏，今伯昂编修之妹也。有子二，皆聪颖善读书，必能继其父志者。阮林卒时，年仅三十有二。①

刘开的骈体文《再与光栗原书》中说：

> 今之作者，海内竞雄，准之前修，里中称盛。昔石甫撷芳于义
> 圃，阮林奋藻于文河，筐叔笃志于史裁，足下腾声于经术，并皆脱迹
> 尘网，抗踪儒林。②

刘开有长诗怀念张聪咸等人，题为《南州客中，有怀旧游，寄左孝廉
筐叔、光庶常栗原、张孝廉小阮、姚进士石甫四十韵》③。该诗说：

> 不挟南游策，安知楚越遥。人生原泛梗，欢宴敢终朝。玉宇惊
> 摇落，瑶琴久寂寥。冥心吾土木，得路尔云宵。四子同登选，诸侯
> 早见招（时石甫放赴粤东百制府之招）。姚、光方骋足，张、左亦连
> 镳。特出名无负，离居恨未消。才华空草野，心迹自渔樵。忆昔追先
> 典，相期出世器。有怀抱冰雪，得句走琼瑶。幽欲愁山鬼，高疑拂斗
> 杓。争传名骥出，齐叹阿龙超。砚北书千轴，天南酒一瓢。纵谈河落
> 坐，起舞剑横腰。意气原千古，遨游感六朝。大江曾泛月，建业共听
> 潮。高馆朱霞起，华筵绛蜡烧。一时初进酒，两岸尽吹箫。彩树光偏
> 满，流珠影欲跳。看人赠香草，独自拾芳椒。怀旧探溪曲，寻源到板
> 桥。歌楼半零落，舞扇早萧条。露洗胭脂泣，波流翡翠漂。乌呼！奈
> 何日月是可怜宵。胜景知难再，吾徒兴尚饶。鸾文腾白雪，蛟雨洒红
> 绡。自谓穷佳日，那知触迅飙。天高嗟雾隔，人散各云飘。兰向霜前
> 悴，桐从爨下焦。南州愁客路，北郭听乌茭。海鹤谁能畜，天龙我欲
> 雕。三山舟不到，五岳笔空摇。感叹陈蕃榻，凄凉季子貂。一秋悲独

---

① 刘开：《刘孟涂集·文集》卷10。
② 刘开：《刘孟涂集·骈体文》卷1。
③ 刘开：《刘孟涂集·前集》卷8。

处，两地此无聊。不惜相思苦，惟期令德昭。情虽同水月，思已极歌谣。纸贵元戎幕，星瞻使者轺。虚名空物望，前度忆风标。大雅今谁继，此心寒不凋。终须到霄汉，九奏续箫韶。①

《刘孟涂集·后集》卷1收有《左筐叔、光栗原、张小阮、姚石甫秦淮夜集》诗。诗中说：

薄酒不成醉，微风惊乍寒。高斋愁日晚，暝色起云端。坐久转无语，情深难尽欢。素心谁可托，憔悴楚江兰。②

张聪咸《左传刊杜》（《左传杜注辨证》）有段玉裁的序：

今张君阮林有《左》癖，蕴积既久，乃取自汉以来及于国朝诸儒说异杜者，参以己说，为《刊杜》若干卷。夫亦将求其是以裨左氏，而非欲求胜于前人以要名者。③

该书卷末有胡培翚跋：

夫《左传》自当阳《集解》出，而贾、服诸家之注遂佚。……盖《集解》多承用旧说，其自出新意，则往往纰缪难通。张君是编，愤杜氏之袭旧而不著其名，又如长历非法，短丧诬礼，皆大乖于经义，乃博采众说，纠正其失，征引繁富，诚足为治是经者考订之资也。……君所著书，其已刊刻者有《经史质疑录》一册，其未刻者，是编外有《汉晋各家逸史》，内谢承《后汉书》、王隐《晋书》，俱已辑有成本，其遗稿俱存姚幼楷孝廉处。

---

① 刘开：《刘孟涂集·前集》卷8。
② 刘开：《刘孟涂集·后集》卷1。
③ 段玉裁：《左传刊杜序》，《经韵楼集》卷4，光绪十四年秋树根斋刻本。

马瑞辰

马瑞辰（1777—1853）[1]，字元伯，一字献生，安徽桐城人。清嘉庆十五年（1810）进士，选翰林院庶吉士，后任工部都水司员外郎等官[2]。道光二年（1822）承办太庙工程，荐郎中，被罢职，发黑龙江效力，未几释归。卸任后又历江西白鹿洞、山东峄山、安徽庐阳等书院讲席。太平军攻陷桐城时，马瑞辰被逮而死。著有《毛诗传笺通释》三十二卷、《崇郑堂诗文集》[3]。《毛诗传笺通释》是马瑞辰的力作，自谓历时十六载，被认为是有关《诗经》的最有代表性的著作之一。

《毛诗传笺通释自序》：

> 昔周官六诗并教，比、兴、赋义久不分；迨汉世四家叠兴，齐、鲁、韩多早逸。毛学显自河间，实词微而旨远；郑《笺》传由棘下，亦派异而源同。余幼禀义方，性耽著述；愧群经仅能涉猎，喜葩词别有会通。五际潜研，几忘流麦；一疑偶析，如获珠船。然策藏诸篋笥，未敢悬之国门。迨年逾弱冠，游宦春明；获问奇于子云，快咨事于伯始。辙有出门之合，戈无入室之操。志存译圣，冀兼综乎诸家；论戒凿空，希折衷于至当。然始则兼攻帖括，未获专精；继复沉迷簿书，无暇博览。四十以后，乞身归养；既绝意于仕途，乃殚心于经术。爰取少壮所采获，及于孔《疏》、陆义有未能洞澈于胸者，重加研究。以三家辨其异同，以全经明其义例；以古音古义证其讹互，以双声叠韵别其通借。意有省会，复加点窜。历时十有六年，书成三十二卷。将遍质之通人，遂妄付诸剞劂。初名《毛诗翼注》，嗣改《传笺通释》。述郑兼以述毛，规孔有同规杜。勿敢党同伐异，勿敢务

---

[1] 据何海燕：《马瑞辰生卒年考辨》，《中国典籍与文化》2009年第3期。

[2] 此据中华书局《毛诗传笺通释》点校说明。但黄山书社出版的《桐城县志》为嘉庆十年（1805）进士，选庶吉士，改主事，升工部营缮司郎中。

[3] 马瑞辰之父马宗琏，嘉庆六年（1801）进士，历任合肥、休宁、东流教谕，通古训及地理沿革，所著有《左传补注》（收入《皇清经解》）、《毛郑诗训诂考证》、《周礼郑注疏证》、《战国策地理考》等，多散佚，鲜有传本。

博矜奇。实事求是，只期三复乎斯言。穷愁著书，用志一经之世守。道光十有五年四月既望，桐城马瑞辰识。

《毛诗传笺通释例言》：

一、《诗》自齐、鲁、韩三家既亡，说《诗》以毛、郑为最古。据郑《志》答张逸云："注《诗》宗毛为主。毛义隐略，则更表明。"是郑君大旨，本以述毛，其笺《诗》改读，非尽易《传》，而《正义》或误以为毛、郑异义。又郑君先从张恭祖受《韩诗》，凡《笺》训异毛者多本韩说，其答张逸亦云："如有不同，即下己意。"而《正义》又或误合《传》、《笺》为一。瑞辰粗研二学，有确见其分合异致，为《义疏》所剖析者，各分疏之，故以《传笺通释》为名。

一、《毛诗》用古文，其经字多假借，类皆本于双声叠韵，而《正义》或有未达。有可证之经传者，均各考其源流，不敢妄凭臆意。

一、《三家诗》与《毛诗》各有家法，实为异流同原。凡三家遗说有可与《传》、《笺》互相证明者，均各广为引证，剖判是非，以归一致。

一、《毛诗》经义流传，不无焉鲁。有可即《传》、《笺》注释以辨经文讹误者，鄙见所及，均各分条疏释。

一、考证之学，首在以经证经，实事求是。顾取证既同，其说遂有出门之合。瑞辰昔治是经，与郝兰皋户部、胡墨庄观察有针芥之投，说多不谋而合，非彼此或有袭取也。

一、说经最戒雷同。凡涉猎诸家，有先我得者，半皆随时删削。间有义归一是，而取证不同，或引据未周，而说可加证，必先著其为何家之说，再以己说附之。又有积疑既久，偶得一说，昭若发矇，而其书或尚未广布，遂兼取而详载之。亦许叔重"博采通人"之意也。

一、是书先列毛、郑说于前，而唐、宋、元、明诸儒及国初以来各经师之说有较胜汉儒者，亦皆采取，以辟门户之见。

《清史稿》卷482有《马瑞辰传》：

瑞辰，字元伯。嘉庆十五年进士，选翰林院庶吉士。散馆，改工部营缮司主事。擢郎中，因事挂误（按此事指宝源局匠人滋事，请罪其犯首，上官宥不罪，因同以"失政体"被议，发盛京效力），发盛京效力。旋赏主事，奏留工部，补员外郎。复坐事发往黑龙江，未几释归。……（卒）年七十九。……瑞辰勤学著书，耄而不倦，尝谓："《诗》自齐、鲁、韩三家既亡，说《诗》者以《毛诗》为最古。"据郑《志》答张逸云："注《诗》宗毛为主，毛义隐略，则更表明。"是郑君大旨，本以述毛，其笺《诗》改读，非尽《易传》。而《正义》或误以为毛、郑异义。又郑君先从张恭祖受《韩诗》，凡《笺》训异毛者，多本《韩》说。其答张逸亦云："如有不同，即下己意。"而《正义》又或误合《传》、《笺》为一，《毛诗》用古文，其经字多假借，类皆本于双声、叠韵，而《正义》或有未达。于是乃撰《毛诗传笺通释》三十二卷，以三家辨其异同，以全经明其义例，以古音、古义证其讹互，以双声、叠韵别其通借。笃守家法，义据通深。同时长洲陈奂著《毛诗传疏》，亦为专门之学。由是治《毛诗》者多推此两家之书。

姚莹与马瑞辰有书信往来，其《复马元伯书》云：

入夏以来，从福州寓中暨孙中丞所再得手书，知已还里中，又有粤东之行，既为之慰，转益怅然。此年亲朋多故，大半穷愁，弟失职居犹，兄亦谪外，又丧我祖妣，颠连之情，彼此相吊，何两人之重不幸也！莹之再往台湾也，非惟贫累，亦以笛楼先生故。力辞出省治，始就福清，复有忌者，遂至海外。盖在闽久，利弊稍悉，故远之，以免群疑。来书云，今日见功之地，即他时见过之端。微兄言固知之，所以避也。然诸公贤否不敢知，兴建沿革有关利害之大，若概不言，何以对吾师。如延平以上诸郡会匪中，当分别，不可一例捕诛。漳泉二郡之械斗，仓卒嚣聚，不可必得罪人。各属官盐课之困，宜量为调剂。噶玛兰初辟，田赋之重宜奏请减，则台湾戍兵不可改调遣为招募，诸郡县运台湾谷不能罢商运为官运。营制军械不能坚利，宜责省治局中工料之私减。海外民食所系安危，宜稽各口米船之实数。凡所陈白，不过此类。或为说自陈，或告方太守议上，诸公亦未尝不以为是也。吾辈立志，本不在温饱，亦不畏权势，苟能一言一事于斯世有益，所获多矣。孔子曰：可与言，而不与之言，失人。笛楼先生忠清亮直，表里洞然，求治之诚，勤勤恳恳，且于弟有国士之知，失此而不言，则更无可言之人，得言之日矣。弟性疏放尚气，不自检束，是由赋秉使然。惟耿耿此心可盟天日。若夫遇合升沉之数，吉凶悔吝之日，殆有天焉，非人之所能为耳。昔者海防同知之摄，故总督董公以宠之也，然以失欢故太守，几得罪于方伯矣。噶玛兰通判之役，前兵备叶公以难之也，然以此行获盗，蒙恩于天子矣。由此观之，祸福岂人力耶。所自念者，生逢圣明之主，侧席响治，不能及时有所陈建，坐困于风尘忧患中，渐以衰老，为可悲耳！抑闻之，君子非无功之耻，而不德之羞。自省厥躬，实多愆尤，迩来痛自克艾，日求寡过，以兹局促，至于瘝痹。前胡小东以书相规切，左筐叔亦以事上，不敬行己，不恭见责，因反求之事上。初无不敬，答书反复自明，若行己不恭，则未尝不深服其言，特为足下及之，以志诸君爱我之深也。呜乎，使我有三数直谅之友，落落宇宙间，得以时闻其过，我之幸大矣，虽诮责亦甚乐之，况如足下之婉而多风者哉！北上部署不易，岁内未必能归，明春得于里中面教，幸甚。[①]

姚莹与马瑞辰也多有诗作唱和。

《得马元伯书，喜得归里，闻又有岭南之游》：

---

① 姚莹：《中复堂全集·东溟文集》卷4。

马融不见十经春，海外开缄倍黯神。谪宦身从黑水塞，还家泪尽白头亲。虫鱼训诂存多少，薏苡明珠任赝真。底事远游能不惜，更披短褐向风尘。①

《次韵马元伯自黑龙江归里，与刘孟涂、朱歌堂小饮，寄怀之作》：

黑龙江外喜归来，赤嵌城边气未颓。念我风波穷海角，怜君风雪过云堆。

殊恩再许金鸡放，绝域新从绛帐回（元伯在黑龙江将军奏主讲席）。莫便傅汀伤老大，致身终望出群才。

孟涂几载无消息，苦忆歌堂白发催。闻道壮游曾五岳，可能得句尚千秋。人间不见刘蕡第，地下犹怜小阮才。生死别离无限忆，梦魂梁月傥应来。②

《再和元伯至京师见怀一首次韵》：

桓家两女乘龙日，为许声称共汝贤。中外一分歧路辙，龙蛇同厄去官年（余与元伯被议，俱以辰巳之岁）。南州名士思刘表，左氏遗经问服虔（元伯尊甫著《左传补注》，多辑服子慎说）。独有海东精卫恨，哀鸣常诵蓼莪篇。③

《赠马元伯》：

我之从祖姑，于君为大母。淑德耀女宗，钟、郝齐芳轨。君之闺中妇，伦鉴固无比。偶与祖姑言，黄裳负才美。我少且贫贱，顾谓无

---

① 姚莹：《中复堂全集·后湘二集》卷1。
② 姚莹：《中复堂全集·后湘二集》卷1。
③ 姚莹：《中复堂全集·后湘二集》卷1。

妨耳。萝蔓接菟丝，论昏遂女弟。君才早卓荦，掞藻纷葩花。翔步天衢间，谭经虎观起。十年历曹务，论事无谲诡。公卿动色嗟，左右手常倚。色盛见群嫉，誉高来众毁。谴谪何仓皇，穷边逾万里。冰天与雪窖，从古绝朱紫。丈夫身许国，慷慨自兹姑。可怜笨薄车，间道归妻子。目断山海关，声咽桑干水。天恩许孝养，感极翻堕泪。黑头喜君还，白发痛姑死。自惭沦下吏，微禄事甘旨。穷海轻风涛，长官凭怒喜。平生好謇谔，不解妄诺唯。信知赋命乘，牛马任鞭棰。宠辱良足惊，虚声尤自耻。蹉跎华发衰，忠信天日矢。常恐海水枯，更愁天杜圯。出入怀百忧，无宁恋棘枳。驱车更北征，眷言过桑梓。我本无儋石，门户几迁徒。停步问乡人，回头为我指。艰难见兄侄，揖嫂及姑姊。亲故半无存，挥泪那可止。且得近君居，两家不盈咫。见君孀母健，喜动深闺里。亭亭两男儿，骨相殊修伟。酒食时见名，情深沦骨髓。君从淮上来，握手话屯否。髭鬖讶我非，面目欣犹是。中堂坐剪烛，漏尽话未已。君言黄河漫，非复昔年似。土尽芦荻荒，不奈洪流驶。圣人罄金钱，莫救呼庚癸。薄海颂至仁，天心庶可恃。读君塞外诗，激壮含文绮。区区志忠爱，洒泪湿满纸。谁能动皇鉴，世事且波靡。郁郁涧底松，耿耿原上雉。松高寻斧斤，雉信罹罗矣。北风吹雨雪，长路方逦迤，久客厌舟车，故乡聊葺理。不恨远别离，惜此天中晷。人生几少壮，有酒为尽此。行矣勿复言，激昂愧知己。①

《平山堂下有作寄马元伯》：

园亭飒沓冻云收，晴入新年草渐柔。一经古松腾昼鼠，四山残雪乱春流。阁梅待我犹朱蕊，塞客还家应白头。终是故乡行乐地，壶觞谁复共清游。②

---

① 姚莹：《中复堂全集·后湘二集》卷3。
② 姚莹：《中复堂全集·后湘续集》卷1。

《题马元伯后出关图庚寅岁所许今始补之》：

丈夫曾许国，慷慨赴王程。吏自持功罪，身惟仰圣明。黄云天外水，紫塞月中营。两度徒车熟，寒笳识旧声。黑头轻出塞，白发蚤还家。悲喜从驹隙，安危想兔罝。及倾寒食酒，同看故园华（是日逢寒食）。不负平生约，休为蜀道嗟。①

《三月十五日赴蜀前二日邀同马元伯、光律原、家兄伯符、弟绪周携濬昌游谷林寺微雨迟方植之不至》：

落尽杨华樱笋肥，寻僧有约一停骓。溪山胜处如留客，野水平时自息机。人散寺门微雨歇，日斜村郭乱云归。荆吴蜀道还相望，三峡猿声泪独挥。②

《酬马元伯兼寿七十》：

谭经绛帐是家风，蚤岁才名翼北空。虎观自通申鲁说，郎官常济水衡功。画图出塞鸣笳壮，辽海还家得句工。不信龙眼山色好，看君七十少如童。③

《马小眉又白召植之、元伯、律原游玉屏山庄，翼日律原、存之兄弟台同植之、元伯、鲁岑游邃园，未逾月，律原又有石庄观荷之约，将辞之，元伯手书来云，石庄本避暑之地，荷净又纳凉之时，勿辞，以诗柬元伯及诸君》：

---

① 姚莹：《中复堂全集·后湘续集》卷3。
② 姚莹：《中复堂全集·后湘续集》卷3。
③ 姚莹：《中复堂全集·后湘续集》卷4。

　　本是崎岖患难人，得归非为乞闲身。四方麋麋吾何骋，每到清游一怆神。人言山水可忘忧，况对当筵稽吕侍。敢为清谭忘世事，几回举白复低头。相期荷静纳凉时，八九亲朋尽白髭，屈指坐中谁最少，高歌莫作洞仙辞。

　　《嘉庆乙丑（十年，1805）元伯使人图其象为小册，同好诸君题咏甚众。越三十九年，道光癸卯（二十三年，1843）暂过里中，许为作诗，旋去蜀未果。今又五载始归。元伯作图时年二十九，今则七十二翁矣，诗来索题。计君尝东之鞑鞡，西至喀木，何意白首归来，犹得相从游咏，欣成一律奉教》：

　　　　迹去飞鸿不可求，时来晚景尚堪收。与君各到东西极，问貌休嗟黑白头。把酒清谭还入夜，寻山好句总宜秋。牙签万轴谁夸富，应其孙曾细校雠。①

　　《戊申（道光二十八年，1848）冬至日植翁作咏怀诗见示，积阴连日，诗到放晴，乃和其韵，兼呈元伯、律原》：

　　　　元云积处见昭阳，底事重阴闲草堂。岁月无痕深杳杳，日星移次远茫茫。如君潦倒贫非病，自古英贤弱胜强。世运乘除吾已了，几回噩梦角还张。②

　　《己酉（道光二十九年，1849）人日元伯以赠律原台饮诗见示，辄和兼呈植翁、元伯、律原，时各有春酒之约》：

　　　　九万里鹏经蚕化，三千年鹤亦同归。问君辽海沧波浅，何似天山

---

① 姚莹：《中复堂全集·后湘续集》卷7。
② 姚莹：《中复堂全集·后湘续集》卷7。

雪草肥。纨绔漫驰金埒马，裲裆曾着铁戎衣。从容岁宴寻常事，盛世哀颜莫渐稀。[1]

《正月十日方兆青召同植翁、元伯、芄士、小石北园观梅，忆余乙酉（道光五年，1825）入都，竹吾与金鹤皋大今及周伯恬诸君觞饯者三十二人，一时极宴饮之盛，今罕有者。竹吾殁亦十四年矣，植翁、元伯各有诗追念竹吾，怆成一律，即赠兆青》：

埋玉摧琴十四年，鸣驺解组亦云烟。苍松偃蹇龙仍卧，箖竹丛深鹭未迁。别处杨惜能济美，争名次道果称贤（兆青昔与竹吾异处，竹吾、器之语人曰：吾侪异时教授生徒，名当逾我）。朱梅数点还相笑，又见清狂入醉筵。[2]

《元伯、律原连日有诗见调，未答，适余小疾卧，植翁召饮不能赴，两君来候，戏呈，因柬植翁》：

化金不作王阳术，经营复谢陶朱奇。几年服盐太行骥，一日曳尾泥中龟。春寒中人聊偃卧，有酒不赴空涎垂。新岁从君乞如愿，老大久任巢由嗤。[3]

《正月十九日植翁、元伯、耐园、砚峰、律原、小眉、存之小集中复堂，席罢元伯有诗步其原韵，属诸君同作》：

马君诗才捷无敌，有如疾风吹我襟。俪古骈今善属对，熊蟠鸡韩宁赏音。春酒满壶诸老健，雄谭长城短语侵。平生未敢忘久敬，白酒

---

[1] 姚莹：《中复堂全集·后湘续集》卷7。
[2] 姚莹：《中复堂全集·后湘续集》卷7。
[3] 姚莹：《中复堂全集·后湘续集》卷7。

相看束发心。^①

光聪谐

光聪谐，字律原，一字栗原。家婆贫，少时曾借书，冬夜笼火读至天明。嘉庆十四年（1809）进士。房考李宗昉校阅经义，惊其淹博，谓"卷末安徽，非婺源齐彦槐，即桐城光君也"。榜发果然。选庶吉士。简静自守，不事干谒，时人语曰："冷何来？光聪谐。"改刑部主事，典试贵州，再迁郎中，外擢湖北荆宜施道。江水涨溢，灾民索赈，环知府噪，颇窘辱。光聪谐闻知，即屏舆从，自出慰谕，众情大欢。数年，江水复溢，决堤三百余丈，因请帑兴筑，自监视，堤工牢坚。光聪谐为人让退，由福建按察使再迁甘肃布政使。嘉庆帝说："甘肃无巡抚，总督杨遇春武人，吏治汝好为之。"既至，虚心与杨遇春相处。后调直隶，遽引疾归。光聪谐性喜游览，曾登泰山、华山，又偕陈用光侍郎登福州鼓山屺屴峰。博学，精天算，藏书3万余卷。著有《稼墨轩诗文集》12卷、《笔记》10卷、《易图说》1卷。又尝搜集乡先辈撰著百数十种，为《龙眠丛书》，刊未竣^②。

姚莹《别光律原》：

> 万里辞君去，愁心不可云。秋风更萧索，先我渡江濆。木落山横渡，天高雁叫云。白蘋与红蓼，随意各纷纷。^③

《寄光栗原》：

> 羽扇飘飘阆苑仙，无端谪去海云边。朱颜渐向人间改，大药难从

---

① 姚莹：《中复堂全集·后湘续集》卷7。
② 据马其昶：《桐城耆旧传》，黄山书社1990年，第384页。
③ 姚莹：《中复堂全集·后湘诗集》卷5。

天上传。一博当年投玉女，六何处钧沧渊。霓裳咏罢青鸾舞，醉后回思犹惘然。①

《闻律原客寿春》：

闻尔乘云出帝乡，八公山下辟书堂。召驯博传今来少，匡鼎谭经自昔长。白雪妖客迷下蔡，紫金故垒吊南唐。登临拾得淮王药，寄与炎天滞客尝。②

《丙子过钟山书院有作，寄陈石士编修、光律原刑部》：

钟阜依然讲帐空，凭将涕泗洒东风。谢公游屐穷山水，郑志遗编有异同。南国一时耆旧尽，西河群弟服勤终。人才后起知何限，深负贻书到阿蒙。

千秋学术太纷夸，谁识渊源尚一家。常恐时贤从末俗，妄持史论乞京华。韩、欧有道皆知重，汉、宋分门只自夸。文苑儒林君莫问，大江东去日西斜。③

《寄怀胡小东、光律原二比部兼呈族兄子卿五官正》：

星精几岁降东方，执戟何如画省郎。仙署白云春起草，禁庭明月夜含香。翁归已见移京兆，尹铎犹闻罢晋阳。惆怅天南问遗逸，海山烟树独苍苍。

清峻犹怜光比部，三年不寄一封书，高楼白雪能吟否，故国青山入梦疏。结客近知门有雀，当筵休叹食无鱼。闻君网得珊瑚树，万里

① 姚莹：《中复堂全集·后湘诗集》卷6。
② 姚莹：《中复堂全集·后湘诗集》卷7。
③ 姚莹：《中复堂全集·后湘二集》卷1。

昆明返使车。

灵台百尺倚云宵，圣德时和玉烛调。五纬联辉珠作贯，一星临极斗回杓。官隆太史犹称汉，论著昕天本自姚。底事积尸侵织女，牵牛长恨夜迢迢（子卿时悼亡）。①

《寄光律原》：

我梦华山峰顶月，思君正在莲峰缺。我梦洞庭湖水深，思君日暮苍龙吟。水长山远君不见，元发萧条镜中变。闻君坐镇阛门雄，上游四达水陆衡。千艘万骑日夜过，清啸时落湘西东。我今扁舟彭蠡日，明月何人共杯酒。撑空突兀匡庐奇，想君胸次今安有。却忆刘晨入此山，新诗雕凿千巉岏。一从仙成弃我去，烟云翠霭空人间。君既不可见，故人亦已殁。搔首狂哥欲为谁，荷锄独向青山哭（孟涂昔游庐山，作诗甚奇，今亡三载矣）。②

《荆州晤光律原》：

别君十五年，相思多苦辛。扁舟千里来，一见难具陈。淹留遂五日，日日形影亲。把酒复对床，絮语夜及晨。少时友直谅，同里非常伦。片言相砥砺，千载期扶轮。自从张、刘死，余亦泪风尘。出处时事乖，大义无复申。平生寨遭遇，八九君已闻。一官涉穷荒，宽猛惟固民。虽窃神明誉，愧无风俗淳。家室仍屡空，逋负满四邻。世情多丑直，面喜背则瞋。死灰今复然，实感吾皇仁。位卑言独高，得罪宁无因。事上必恭敬，吐辞当閒閒。奈何任婞直，举止犹天真。感君诚且泣，握手言之谆。古人有诤友，士以不亡身。自非骨肉爱，谁复怜沉沦。久矣不闻过，再拜行书绅。

---

① 姚莹：《中复堂全集·后湘二集》卷1。
② 姚莹：《中复堂全集·后湘二集》卷3。

我从武昌来，江水方洪流。男妇破釜甑，累累去满舟。问言巴东水，五月腾蛟虬。受淹及邻境，荆郡当其尤。复若秋潦淫，禾苗不得收。田庐既以没，乞食无干丘。幸免身作鱼，那计形如鸠。闻之心恻然，重以旅客愁。渐行入监利，弥望水四周。村墟漫舟过，不辨东西陬。水中见败屋，炊断风飕飕。坟墓穴鱼鳖，向日鸣鸺鹠。此邦本泽国，水患无时休。闻君请民命，大府方夷由。幸乃逮赈恤，稍慰民呻嘤。大府今代贤，民事宁不谋。欲言陈灾异，恐为圣人忧。今时实孔艰，水旱不一州。河北大地震，畿辅创未瘳。又闻天山下，羽檄星驰投。讨贼事未已，毋乃邦之羞。上报天子命，下为黎元筹。群公方济世，贱子复何求。①

《再呈律原》：

古人守一官，或以终身世。量材而受职，非必皆显仕。所行即所学，出处总一致。嬴秦乱天纪，仕者惟师吏。儒生皆耻之，抱道守空器。学行与治术，此事遂为二。汉帝求遗经，腐儒不晓事。遂令英雄主，亦但虚延致。圣朝养士崇，学官普天置。咿唔少及壮，宠禄眩所志。尚昧古是非，何知今利弊。一朝幸通籍，世事仍聋瞆。兵刑与钱谷，乃始问涯际。所以称贤能，往往今昔异。匪云论资格，道重在历试。君始学古先，人称好文字。及后作刑官，名法乃无滞。今兹察三郡，课绩君其最。长者嗜好殊，久淹亦非计。②

《酬光律原》：

黑发归田阅岁华，成书直欲满千家。输君终始神仙侣，老我迟回博望槎。自毁刘安鸣木铎，虚鲜郭璞笑兰葩。黄河灌溉空前语，何以朱明天半霞（昔尝与君书云：君如天半朱霞，云中白鹤，可望而不可

---

① 姚莹：《中复堂全集·后湘二集》卷5。
② 姚莹：《中复堂全集·后湘二集》卷5。

及。莹则如黄河之水，千里一曲，虽渭流细滴，亦足以灌溉田园。而兼挟风沙中，不免于污杂）。①

《闲居一首呈光律原》：

漫言潘子赋闲居，差胜骚人得返初。老圃新从辨草木，后生时过问诗书。溪声带月僧房听，菊影经霜客座疏。文字欲抛浑未许，由来结习底难除。②

姚莹还与光律原书信往来。
《与光律原刑部书》：

律原足下：春初得去岁复书，悉眠食无恙。离群之感，彼此同之。至御河桥，鄙人足迹久没于车尘马矢间矣。而良友念深，犹步武相寻，其可感念何如？（来书云：尝与同辈观月御河桥，各皆散行，余独周走桥上下殆遍，踵趾相接，不闲彖黍。人问其故，余曰：是昔与石甫游此中，疑有石甫足迹，冀步武有合耳。）大约古人之交，意气未有不合，而于其中有分量多寡存焉。莹在里门，时从诸君游，有见以相质，有作以相示，或然否否，不必尽舍，亦未尝强合也。然仆尝语足下云：吾生平议论，与明东合者十之四五，与筐叔、阮林合者十之六七，与足下合者十之八九，此非仆之私言也。顾仆好为繁言费说，每众议蜂起，往复论难不休，而足下独默然不发一语。问其故，则曰：某之意，石甫已道尽矣。噫，此亦非足下之私言也！今不见足下四年矣，足下识趣议论有进于曩时否？回思昔时所共论者，合否又何如也。若仆则时见有不必合者，已非先后异致不能自坚也。觉向日意思，未免于声气标榜之习，如嘉隆七子、复社诸公所业所期，岂不

---

① 姚莹：《中复堂全集·后湘二集》卷4。
② 姚莹：《中复堂全集·后湘二集》卷7。

甚善。然而近名之讥，吾不能为诸公讳。自今日论之，窃以为未然也。天下学术之坏，非一日矣。其始病于人心之不能无所苟，其苟也意有所贪，则汲汲以求之，求之不即得，然后乃为新奇以骇之，唱和以张之，谓夫不朽之业攘袭可成，振古之名标榜可得。然而求其实，或一有不副于是世之小人争媒孽其短，大声以倡于众曰：若所为皆如是耳。夫一二君子所汲汲以求立于天下后世者，名也。彼其人岂不尝具绝俗之智，怀慕古之思，慨然欲挽颓风，励气节，为中流之砥柱哉。然而名业未成，小人之祸已烈，至使无识之徒数世以为口实。呜呼，小人诚足畏，如诸君子者亦有以自误也。使求其实，不贪其名，深厚以植其基，广大以存其量，虚中以诱之，诚心以纳之，惟中无所贪，而后事无所苟也。我无所苟，而后人无所争也。争端不起，而后人心日底于平，乃可以从事于学。纵吾力未足以及人而自立者，不已坚而明公而恕乎。如是，则声气之说安所用之。夫名者，鬼神之所忌，况于人乎。天下未有投人所忌而能使人从之者也，然则吾辈今日所当从事者可知矣。足下骤闻斯说必骇，以为仆今昔之论何不合乃尔，俯看深思，必哑然笑，以为吾两人今日之合固如此也。御河桥足迹，往日之迹耳。吾今日过之，亦必有不合者，而足下求之如曩日，呜呼，吾何以报足下哉！①

《与光律原书》（癸卯〔道光二十三年，1843〕五月）：

隔海道远，军事倥偬，不欲以尘俗之辞上溷清高。然彼此消息，里中人往来无时不相通也。吾兄志趣高旷，意在物外，神仙中人，不可及矣。弟不自揣妄，意济世利人，增缴网罗，皆自离之，夫复何尤！生平多历崎岖，惟气未衰耳。顷以海外孤危，内抚不靖之乱民，外攘凭陵之夷寇，调辑文武，训励士民，幸众志成城，乱民数起，皆

---

① 姚莹：《中复堂全集·东溟外集》卷2。

以时讨平之，夷五犯台湾，不得一利，两击走，一潜遁，两破其舟，擒其众而斩之，冀以上报国威，下雪众耻，庶几不负所志。而江、浙、闽、粤四省，事势已坏，夷不得志于台湾，乃诡辞肤诉，恫喝四省大帅，胁令上闻，抵镇道罪。复有甘心为夷作证者。闽帅以台湾功不已出，久有嗛言，又恨前索夷囚不予，及奉查办之命，遂迫胁无知取具结状，以实夷言，弟与镇军惟有引咎而已。台中士民数千，赴大帅为镇道申理，惧犯众怒，阳许入奏，竟匿之。今已就逮北上对簿，虽曰时事乖迕，然不惜微躯以全大局，纾国家之难，亦其志也，夫何憾焉！独念以天朝全盛之力，绌于数万里外之丑夷，失人心，伤国体，竟至不可收拾，是不能无恨耳！闻吾兄去岁助刘世兄葬孟涂夫妇，洵可慰亡友矣。弟向在荆州假二百金，原约为助孟涂之子，已全予之，实君赐也。植翁老而逾穷，其见道逾笃，言义理甚粹密，有过元明诸儒者，其书可宝也。弟每岁以百金资其薪水，今兹不能，未审兄能为谋否？吴正翁杖履无恙耶。迪先亡，其家不能无累老翁，吾乡典型状在此老，岂必以文章称耶。六襄撰《桐旧集》，未竣而殁，闻兄与小眉卒其业，已成否？其遗集亦吾辈事也，得兄整理排次，付之剞劂，岂非大妙。弟不得办此，负亡友矣！五月二十三日延平舟中。①

徐璈

徐璈（1779—1841），字六襄，号樗亭。自幼勤奋好学，通晓经史，尤重经世之学。嘉庆十九年（1814）进士，授户部主事。道光四年（1824）选授山西阳城县知县，以迎养老母调授浙江寿昌县知县。开山种地，兴书院。旋迁临海知县。母卒，仍回山西任阳城知县。时蝗虫为灾，民畏蝗以为神，徐璈因而取食蝗虫，以示无畏，民乃敢捕蝗扑灭。居官六

---

① 姚莹：《中复堂全集·东溟文后集》卷8。

年，引疾归里。

徐璈为官清正廉平，所至访民苦，求民隐，兴利除害，与上官争是非。自谓："性不随时，才不周务，不堪世用也。"曾告诫左右说："去其太甚，毋为已甚；勿致废事，不可多事。"历主亳州、徽州书院，奖掖后进，识拔人才。热衷于收集整理乡邦文献，所编《桐旧集》42卷，选录乡贤先辈一千二百余人，共七千七百余首诗作，为研究明清两代桐城人文历史提供了珍贵史料。

徐璈善诗工文，一生著述不倦，除《桐旧集》外，著有《诗经广诂》30卷、《牖景录》6卷、《河防类要》6卷、《黄山纪胜》4卷、《樗亭文集》4卷、《樗亭诗集》8卷，皆刊行。

姚莹有诗寄怀徐璈。

《寄怀徐六襄》：

> 昔我初结交，君为天中月。栖我如蟾蜍，清辉相映发。今我久别子，遂为曙后星。三五斜在东，零落光荧荧。君既不可见，思亦不能已。代马南鹧鸪，迢迢七千里。
>
> 丹鸟翩翩来，堕我明窗前。衔君一纸书，离思何缠绵。缠绵似春草，君在长安道。三月春风深，莺声上林晓。问君何所遇，著书勤闭户。寂寞太元经，荒淫子虚赋。献赋自有时，男儿自有期。努力爱春华，雨露方荣滋。
>
> 回风吹白日，独上粤王台。海水起大鲸，似驾三山来。扬馨倾濆洞，鼓鬣乘风雷。蓬莱不可见，巨浪徒崔巍。龙女出海底，戏折珊瑚钗。鲛绡裹明珠，含笑投余怀。感此意念深，万古无嫌猜。东南寻赤水，珠树同裴回。[1]

《有怀六襄、阮林》：

---

[1] 姚莹：《中复堂全集·后湘诗集》卷1。

故人三岁住长安，书到南天掩泪看。念我江湖犹放弃，知君风雪正清寒。才名不信同昔辈，客路难忘是古欢。二十五弦天帝瑟，一从别后未曾弹。①

《与六襄、律原饮松雪庵（在京师城内）》：

自别江南日日殢，东风三月未闻莺。眼前莫道无春色，流水潺湲出禁城。别思悠悠已不堪，故人相聚酒重酣。不知今夜归飞梦，为到江南复海南。②

《寄徐六襄，时调临海令，余方客漳州》：

天台几岁访丹丘，坐领名邦亦小侯。文字蚤能精选理，政声时复到邻讴。休将久客嗟沦落，且喜同人得上游（谒律原、小东君家咏之）。闻道胡府好颜色，莱衣舞罢复何求。③

《杭州晤徐六襄》：

嗟乎樗亭发已白，潦倒一官称望赤。生无媚骨事公卿，枉用甘腴菲经籍。三千里外望魂远，十五年来江南隔。尽道青冥属上才，谁知黄鹄垂修翮。东风吹我岭外返，扁舟摇摇荡心魄。相逢颜色怪我苍，如此风尘岂能泽。忆初识子乡里时，意气文章镇相惜。望古常存屈、贾悲，感时欲上天人策。曾占出处龙在田，谁料升沉驹过隙。年来奔走厌舟车，羞向诸侯称上客。男儿饥寒何足道，湖上春光莫抛掷。一樽放艇作清游，千树梅华好铺席。④

---

① 姚莹：《中复堂全集·后湘诗集》卷7。
② 姚莹：《中复堂全集·后湘诗集》卷9。
③ 姚莹：《中复堂全集·后湘二集》卷4。
④ 姚莹：《中复堂全集·后湘二集》卷5。

姚莹还与徐璈通信论五代史书。《与徐六襄论五代史书》：

闻有补注欧《五代史》之意，甚善。近时诸侯多为汉、晋以上之学，足下独从事于此，何哉？窃谓此书体严义精，读者卒难得其要领，考博家漫谓其纪事疏略，不如薛书之详，为何叹也！盖公未作此书，先为《十国志》，原亦多取繁载，及与尹师鲁论之，乃大芟削，改并为正史，初与师鲁分撰，后独成之。公在夷陵与尹师鲁书云："开正以来，始以无事治旧史，前岁作《十国志》，务要卷多，今若变为正史，尽宜芟削，存其大要。至于细小之事，虽有可纪，非干本体，自可存之。小说不足以累正史，数日检旧本，因尽芟去矣。"此可见公载笔之精义。又云："师鲁所撰，在京师不曾细看，路中细读，乃大好。师鲁素以史笔自负，果然河东一卷大妙，修本所取法。为此传外，亦有繁简未中，愿师鲁亦芟之，则尽妙矣。"是公此书经与师鲁商榷，从其芟削者也。至云"修本所取法"，时公以文章自命，上追龙门，而虚心如此！至和二年，与徐无党书云："《五代史》昨见曾子固议，今重头改换，未有了期，则又经与南丰商榷而改定之也。"又皇祐五年与梅圣俞书云："闲中不曾作文，只整顿《五代史》，成七十四卷，不敢多令人知。"盖是书初成，人见其简，必多疑议之者，故不欲轻以示人，及后始从南丰说而自改定。然则此书以著五代之得失为本，其争繁琐无关法戒者，固非正史之所宜载。若夫典章制度，则有志在，纪传中不必淆入。而五代纷纷，为国日浅，制度盖无可言，故并不立志，世人浅见，喜广异闻，以为详备，可谓愦愦矣。乃谓公学《史记》，故为高简，不顾事实阙略，岂非不辨正史载记之各有体裁而轻议昔贤乎！今注称徐无党撰，或疑浅陋，然公与徐书已言作注之难，则未必后人之伪撰。世以为浅陋者，亦为其太略，不能旁证博考耳。安知非以公当日意在简严，即注亦无取其繁芜耶？然鄙意作注与著书不同，而注史尤与注经不同。盖注史病在芜杂，注经病在支离。注史者旁引广证以存事实，正可多引本书所不载，使人得以观其去取之意，抑何害乎？昔刘昭既注《续汉志》之外，以刘昉注蔚宗《后汉书》一百二十卷，仅及范书所见，乃更搜广异闻，作《后汉书补注》五十八卷，可云宏富。而刘知几讥之，《史通·补注篇》云："蔚宗之芟《后汉》也，简而且周，疏而不漏，盖云备矣。而刘昭采其所捐，以为补注，言尽非要，事皆不急。"知几此言，可谓精史体者。世俗纷纷争咎蔚宗、欧公之阙略，当以此说示之。而其责注家不当广引为非体，毋乃过乎！往在杭州刘金门先生学使署中，见彭芸楣尚书有补注欧《五代史》，大约以薛书割裂分系欧史每条之下，而于他书少所征引，稿本未竟，金门先生欲卒成之，延长洲王某属其事，因其人轻傲，不暇与论，故未深见其书。金门先生顷在都中，曾见此书否？足下补注大意，未审何似？云仿裴世期注三国之例，洵美矣。愿更深味欧公命笔之意以立其本，而于薛史外更博考别史载记，如王禹偁《五代史阙文》、陶岳《五代史补》、马令陆游《南唐书》、龙衮《江南野史》、陈彭年《江南别录》、张唐英《蜀梼杌》、钱俨《吴越备史》之类参比之，以存其事；搜讨于诸家，如司马公《通鉴考异》、吴镇《五代史纂误》、《朱子语类》、胡三省《通鉴注》、胡一桂《十七史举要》及近代杭大宗、钱辛楣《廿二史考异》之类缕析之，以证其文，务揭所长，勿讳所短。尝阅袁文《瓮牖闲评》，有议欧史二条，其一云："《通鉴》载唐之亡也，杨涉为押国玺使，其子凝式谓涉曰：大人为唐宰相，而国家至此，不可谓无罪，况手持天子玺绶，与人虽保富贵，奈千载何？涉大骇。"夫凝式能出此言，可谓贤矣，而欧《五代史》不之及，何哉？莹谓文之言非也，凝式既知非义，乃不能强谏其必从，卒亦依违，历仕五代，徒以心疾致仕，出处之迹如此，何以责善于父，文乃强为之说曰：彼姑托此以全身，远害而已，非心疾也。夫苟欲图远害，则于押玺使何殊？且不全身于唐亡送玺之时，反欲远害于历事五代之后，此何义乎？一时之言，不能自践，存之适见乖煞欧公削之当矣。文又谓南唐后主既降宋祖，以其拒守久，封以违命侯，欧史凡说后主处，皆书违命侯。按，陈寿《三国志》于孙权直称名，至蜀则必曰先主、后主，盖寿本蜀人，以父母之邦故也。欧公吉州人，正属南唐，其祖父皆南唐臣民，而忍斥之曰违命侯乎？莹谓文此言谬妄尤甚。按公文崇公少孤，以宋真宗咸平三年进士及第，为道州判官，历泗、绵二州推官，又为泰州判官，而卒时公年四岁。崇公仕迹如此，《泷冈阡表》叙之甚明，乃宋臣也。其进士及第在真宗咸平三年，南唐亡在太祖开宝八年，相距已二十五年。崇公卒在祥符三年，公以景德四年生，距南唐亡三十二年矣。崇公之父早卒，未仕，今乃谓公父、祖皆南唐之臣，何不详考乃尔？且承祚身亲仕蜀，父又为蜀臣，后主正其故君，而所修之书则三国各自为史，不书后主而何？欧公既于南唐无君臣之义，而所修之书则《五代史》也，既周为正统，南唐当日又实已称臣，据周立史，而于僭国仍从其臣子之称，有此史法乎？是皆不可不辩者。凡如此类，幸审择之，勿轻信诸家排击之辞，漫以为是也。著书先观大旨，非有关是非得失之大，系乎人心世道之防，即文章犹不容轻作，况修史乎？以足下之精鉴，但宽岁月为之，即不刊之业也。胸中所欲论著甚多，一时坌集，转不知何处措手，近惟省察身心，思有以收其放躁。甚思足下辈为我攻其病，勿忘勿忘，相念岂有极也。[①]

姚元之

姚元之（1776—1852），字伯昂，号䓿青，又号竹叶亭生，晚号五不翁，安徽桐城人。嘉庆十年（1805）进士，授编修，入直南书房。道光朝由翰詹简用卿贰，历户、兵、刑部侍郎，晋左都御史，以言事降补内阁学士。历主陕甘、顺天、江西乡试，一为会试同考，一督河南学政，又督浙江学，未终，内召。道光末，海氛复起，即疏陈："广东形势可力战，请

---

① 姚莹：《中复堂全集·东溟文集》卷3。

速弥巨患。"与总督林公则徐意合，柄用大臣或不便，遂告归。能诗会画，工于书法。年七十七卒。著有《竹叶亭笔记》10卷。

姚莹有诗怀姚元之。

《白印侍讲兄自京师有诗见怀酬之》：

> 苍茫万里长安道，寥落三年岭外身。南去鲲鹏方困水，北来负雁动经春。文章自分容疏贱，世事君能信屈伸。不奈池塘新句好，惠连忧患更伤贫。①

《伯印奉使盛京恭篆高庙玉宝还寄见忆之作》：

> 皇图三万括华夷，辽沈千年作旧畿。长白龙飞天下祖，混同神降古来奇。车征铭勒殊班固，小篆名高迈李斯。还忆惠连寥落甚，北风吹雪独题诗。②

《戊戌（道光十八年，1838）二月同伯印一兄学使谒七世祖德馨祠于西湖，又谒十二世叔祖昭感祠于萧山，两祠皆民思恩泽所建》：

> 丹书次第出枫宸，瓯越东瀛共一春。兄弟使车同岁发，祖孙祠庙隔江新。小臣被泽容延世，圣代旌贤励牧民。海内原多钟鼎族，清风直节是家琛。③

《复鹰青一兄书》（丙午四月）：

> 顷自察木多回成都，得前冬月书，闻青海黑错寺进兵，首辅奏对

---

① 姚莹：《中复堂全集·后湘诗集》卷6。
② 姚莹：《中复堂全集·后湘二集》卷1。
③ 姚莹：《中复堂全集·后湘续集》卷1。

达都统事，因及莹在台湾部署之善，具征敷奏之美，良深叹服。某公于莹意似厚，然感之而不敢谢也。忆前出狱时，某公亲诣吾兄告以弟事，深致殷勤，比有劝往谒谢者而不敢，盖某公尊贵，义在国家，不容私谢也。莹时未有受职之嫌，犹不敢谒谢，况今日乎。生平不为诡激，而常欲以义自持，相国潘公、尚书祁公皆十数年前旧识也，及有事则不往。祁公与有姻，故承枉顾，答以公在密勿，获咎之人，于义不当干谒，祁公深然之。旧相国萧山汤公尝属朱朵山、大司马仁和许公尝属吾兄，皆欲一相见面，自揆不可。冢宰陈公、大宗伯祝公、总宪魏公、仓督杨公皆以同年同乡置酒相待，然入蜀后未尝以一书通问，岂不知获咎于诸公，以此为人所深讶哉。《礼》曰：君子爱人以德。孟子曰：齐人莫如我敬王也。士大夫守身当如处子，若妄有干谒，是妾以身事人矣。愧无古人高深之行，优处丘园而浮沉外吏，数见黜辱，已自伤矣！然思柳下惠三为士师，陈仲弓为太丘长，皆不耻之，犹可以古人自解也。若无一日之故，无官守之责，夺走显贵之门则何为乎？张安世、王子明古之名相也，张以引荐之人私谒为恨，王以张师德三及其门为惜，盖古大人巨公为国进贤，不为私惠，不欲人之干谒，以示大公，其自爱爱人如此，莹虽不敏，何敢不爱其身复不以古大臣之义爱诸公乎？昔在嘉庆中未仕，尝见知于山阳汪文端公，以为众鸟啁啾，独见孤凤，生平知己，未有如公者也。然钱塘一见后，卒不复通一书。后公大用，益以自远。有问者，莹答云：公之知我，以为贤也，若因此时时自见，则乌在其能贤乎。要当勉自树立，俾知我者无失言之悔耳，岂在尺书通问哉。数十年中，此心未尝不如一日也。故窃欲报诸公之爱，莫如以古大臣敬爱诸公，而不嫌其自为疏远也。若必以通谒为敬，则作吏三十年，所事郡守及督抚监司众矣，其间岂必尽贤哉。然而属长之礼，未尝敢阙，盖分有当循，而义则有在焉耳。都下诸公倘见怪问，幸以此意白之。①

---

① 姚莹：《中复堂全集·东溟文后集》卷8。

《鹰青诗集序》：

> 国朝诸公病明代诗复古之弊，乾隆、嘉庆以来多避熟就生，以变其体，大约不出苏、黄二公境中，究未能自开生面也。古今作者，文质相宜，繁简递嬗，要当抒轴性情，雕绘景物，风骨坚壮，才思高翔，格高体正，绝除卑俗，则其美也。若必以常见为非，力求新异，即明珠白璧等诸瓦砾，特牲太牢不登肴俎，此乃赋七之奇，岂复言志之旨。虽复自矜沉奥，及乎群辈为之，久更生厌，犹然炫烂之极归平澹耳。前后易观，何足深讯乎？吾家鹰青总宪，不以诗鸣，乃古近诸作，正复不少。谛观全集，雅托唐音，绵邈其思，俊逸其气，清辞丽句，不绝于篇，虽不同晋、楚称雄，亦屹然周、宋王者之遗矣。乙酉、丙戌间，读未卒业，莹以艰归，颇存胸臆。今兹蒙恩出狱，未敢即行，乃得以暇意读。知雅意攸存，不戾先哲，乃序论而归之，质诸海内作者，当不齿冷斯言。[1]

姚柬之

姚柬之（1785—1847），字佑之，号伯山，又号且看山人，安徽桐城人。曾受学于姚鼐。少游京师，应天文试，定亲王命录为天文生。不久弃去就科举，道光二年（1822）成进士，选临漳县知县。后因母病故，回籍守孝。服阙，改知广东揭阳县，迁连州绥瑶厅同知，主管肇庆府，升贵州大定府知府。因负才敢为，与上官不合，遂弃官归里。姚柬之为官，政绩颇著。初任临漳，正值漳卫、洹荡小涨，漳水东流，漫淹卫县，酿成巨灾。姚柬之不待上报批准，即运粮救济，有人担心他因此丢官，他说："弃一官，可全万人命，吾何悔？"后巡抚对此举表示赞赏，命承办灾务，他

① 姚莹：《中复堂全集·东溟文后集》卷9。

亲涉灾区，且勘且赈。其时大学士戴衢亨勘察漳河，有恢复黄河故道之议。姚柬之考察临漳全境均属黄河故道，改河易道，一县之地全废，因著《漳水图经》，力陈民生不可夺，故道不可复之理。广东揭阳县械斗仇杀时有发生，其中强者抗赋税、勒商贾，以致商不敢设铺，民不敢起集。姚柬之上任后，立下条教，当众宣示："吾治斯邑，不爱官，不爱钱，不畏死，有梗吾治者锄之。"乃亲入险境，查办首恶，不法之徒受到震慑，抗税者照章纳税，仇杀者互弃前嫌，市肆兴盛，四境安宁。姚柬之由此威名大震。在署连州绥瑶厅时，由于乾隆时始设官，置域不清，难以治理，因著《绥瑶厅志》4卷，明析了治理范围、权限和制度。著述还有《易录》7卷、《且看山人文集》8卷、《且看山人诗集》10卷行世。

方东树

方东树（1772—1851），字植之，晚号仪卫，安徽桐城人。科举失利，遂专心治学。乾隆六十年（1795）曾赴江宁（南京）就学于姚鼐。后治经史，于论亦有研究。与梅曾亮、管同、刘开并称"姚门四杰"。先后任庐州、亳州、宿松、廉州（今广西合浦县）、韶州（今广东韶关）等地书院讲席。嘉庆末，两广总督阮元在广州设学海堂，方东树客居其间。学海堂中人多尚汉学，而方东树宗程朱理学，于此著《汉学商兑》，针驳江藩的《国朝汉学师承记》。鸦片战争时期，方东树著《匡民正俗时，陈禁烟之道》，著《病榻罪言》，主张抗英，论御敌之策。其他著述尚有《昭昧詹言》、《书林扬觯》、《大意尊闻》、《向果微言》、《仪卫轩文集》等十余种传世。

徐子苓《桐城姚先生墓志铭》（《续碑传集》卷35）记，他于道光末曾由桐城带方东树函至九江给姚莹，姚阅未毕即发怒说："咄，植之与我都老大，乃屡呵我如小儿。"

姚莹《〈汉学商兑〉题辞》：

研究大著，宏博渊通，沉精明辩，思群言之喙，区大道之途。书成一家，又综百氏，洵斯文之木铎，为正学之明灯。小师破道者，既以启瞶发聋；株守陈言者，亦足发挥旁达。盖周、秦以下有数之书，不仅救目前之失而已。篇中辨汉学之诬，犹易见。至辨黄、顾诸君之失，程、朱、陆、王、儒释两家几微毫厘之差，字字如犀分水，使人昭然发蒙。孟子所谓“圣人复起，不易吾言”者也。此书有功圣道，其力量岂不越昌黎而上耶。姚莹识。

郑福照《方仪卫先生年谱》有关于方东树与姚莹交往事：

（道光）十四年……二月赴常州。时同里姚石甫廉访莹为武进令，延先生编校其曾祖薑坞先生范《援鹑堂笔记》。

十四年，容姚公官廨中。时姚为元和令（按《考槃集》有《沧浪亭》诗，盖是岁作）。

十五年，姚廉访为淮南监掣同知，先生偕之往真州。……校《援鹑堂笔记》毕，其书后曰：……每编校一书，所费日力，即与自著一书等。是以独步迈俗，无愧雄向，准此而论，求之近人，惟惠氏定宇、何氏屺瞻、卢氏抱经、钱氏竹汀四家识精鉴密，差足与于斯流。顾三家书皆整雅，惟独何氏之书休乖俗，殊乏裁制，前人以纸尾讥之，良为不虚。间取而衡之，似远逊后来钱、卢二家条理渊密，枝叶扶苏，精神焕发也。推寻其故，盖由钱、卢手自订著，何氏出后人汇次，不得其措注之宜故也。

十八年八月，刻《援鹑堂笔记》刊误……《汉学商兑》、《书林扬觯》刊行后，先生检其中尚有宜改正者，后观书有所获可以补入本条相发明者，随札记于本书之上下方，积久遂多，取而胁辑之，成刊误补义二卷，十月序而刊之。

十九年，著《昭昧詹言》十卷，论诗学旨要。

先生生平所与交游，皆一时宏才硕学，如上元管异之、梅伯言，宜兴吴仲伦德旋，阳湖陆祁孙继辂，宝山毛生甫岳生，祁门洪巽甫嘉木，建宁张亨父际亮，同里朱歌堂雅、马元伯瑞辰、徐六襄璈、姚石甫、光律原、刘孟涂、马公实树华诸公，皆最为缜密。阮文达公初与先生论学不合，晚年乃致书称先生经术文章信今传后，又极赞所撰《三年丧辨》，谓其解中月而，真能创获，实前人所未及。……姚石甫廉访称先生老而愈穷，见道愈笃，言义理粹密有远过元明诸儒者。又谓先生理究天人，贯穴古今，博大精深，无所不学。

《仪卫轩文集自序》：

> 昔吾亡友管异之评吾文曰：无不尽之意，无不达之辞，国朝名家，无此境界。盖昔人论文章，不关世教，虽工无益。故吾为文，务尽其事之理，而足乎人之心。……平生雅不欲存判，欲焚弃久矣。而友人毛生甫、姚石甫力谓吾不可弃之（道光壬寅〔道光二十二年〕十月十日〔1842年11月12日〕）。

方宗诚识《仪卫轩文集》：

> 先生少承累世家学，宗法朱子，诗古文则尝受学于姚惜抱先生之门。然先生气质刚毅，生平以明学术，正世教为己任，研经考史，穷理精义，宏通详确，而一归于醇正。言必有宗，义必有本，不欲为无关系之文。故其文茂实昌明，而不尽拘守文家法律。

方东树《送毛生甫序》：

> 道光十三年（1833），客吾友姚君石甫武进官廨。武进有文家曰张君皋闻，已前死，不及见，识宝山毛君生甫、宜兴吴君仲伦、吴江吴君山子。三子之文不同，要之与皋闻相上下，于是心窃怪而疑之。

私谓文章虽小道，然求其作者命世，恒数百年不多人。今吾少在邑，则友孟涂、石甫，长游江宁，则交异之、伯言，后又得元和沈君小宛、阳湖陆君祁孙，今又一朝而得生甫三子。①

方东树《先友记》：

马宗琏，字器之，嘉庆己未（四年，1799）进士。母姚姬传先生妹也。少学于舅氏，长游京师，改攻汉学，益治经，著《春秋左氏传补注》行世，最为仪征阮相国、高邮王尚书伯申所重。君性直率，东树已受室，君来犹呼东树乳时小名，近今无复此古风矣！君子瑞辰，嘉庆乙丑（十年，1805）进士，官工部都水司郎中，著有《毛诗传笺通释》。②

方东树《敕授文林郎山西阳城县知县前户部主事徐君墓志铭》：

君（徐璈）与余居同巷，学同术，少小相知，及壮而反疏，则以升沉之途异，而踪迹遂以契阔。幸老而同归乡里，方将与君宴谈乐饮，朝夕过从，而续夫少日亲知之好，以补中年暌别之情，胡仅七十日，初服未及理，而桑户遽返于真。在日之善不可忘，既设之哀奠以塞。然则宜铭君者非余而谁让也。君少好学问，于书靡所不窥，矻矻钻研，期为不朽之业。伯兄眉以经行称于时，君少从受学，固已超出侪辈，及成进士，起家为京外官，宜以文学名，而君顾复以政事显。贤者不可测，君子不名一器，于君信之。其为户部主事，本司职兼漕务，君到部未久，勾稽出苏松积年蒙隐未能解银七十余万，咸称其能。凡官部曹，缺有定，而人众补，实恒稽迟，非十余年不得。然虽淹滞，固监司阶也，故士亦多乐留焉。君学习报满，当留部念亲老，

---

① 方东树：《仪卫轩文集》卷8，同治七年刻本。
② 方东树：《仪卫轩文集》卷11。

独不顾，决辞而归，为近地游，以资菽水。历主亳州、徽州书院，固览黄山之奇，著《黄山纪胜》。旋以伯兄、仲兄皆没，亟谋禄养，乃乞收官，选授山西阳城县知县，以例改近省，授浙江寿昌县。寿昌距桐城非远，遂迎母太宜人于署，左右奉养者八年，年九十四终于署。服阙，仍补阳城。居阳城六载，年甫逾六十，遂引疾归。君性强植，不能与世俯仰，尤不善伺应长官，故不乐终仕。尝自称曰：性不随时，才不周务，不堪世用也。然居心仁恕，为政宽平不苛。其在寿昌也，劝民垦山地，与立书院，修废举坠，事无滞者。在寿昌五年，调任临海。临邑狱讼纷繁，君处之裕如，反得以政闲著书。其在阳城也，邑有蝗，民以为神虫，弗敢扑。复有恶兽伤人甚众，民又以为神兽，而不敢捕。君吞蝗以示无畏，祷于神而捕恶兽，两害悉除。邑有析城山，即成汤祷雨处。山有神泉，旱岁祷之辄应。营卒牧马于山，污神泉而蹂民稼，民苦之，不敢抗。君详陈其害于抚军，遂得禁止。故去官而民思之，生为立祠于山下。前去寿昌，民亦立祠云。君讳璇，字六襄，号樗亭。上世于元至正中由婺源迁桐城。十四世祖讳良佐，明初由进士仕至陕西左布政使，事迹载邑志。曾祖讳鈜，国子监生，姚石氏。祖讳志沅，赠文林郎、临海县知县，妣张氏，赠孺人。考讳之柱，赠奉直大夫、户部候补主事，加一级，妣王氏，封太宜人。君中嘉庆十二年（1807）丁卯科江南乡试举人，十九年（1814）甲戌科二甲进士，授主事，分户部云南司行走。二十四年（1819），为会试弥封官。道光五年（1825），在寿昌，为浙江乡试同考官。生于乾隆四十四年（1779）四月日，卒于道光二十一年（1841）正月日，享年六十二。配王孺人，生子二人，长某殇；次某，早世无子，以从兄子某嗣；女一人，适县学生叶某；侧室李，生一子，周晬而殇。君著《诗经广诂》三十卷、《牖景录》六卷、《河防类要》六卷、《黄山纪胜》四卷、《樗亭文集》四卷、《诗集》八卷，皆已刊行。又选乡先辈诗四十二卷，名《桐旧集》，刻未成而君没。其余所撰尚夥，未刻者六种，未卒业者四种，皆藏于家。

《仪卫轩文集》卷11《管异之墓志铭》：

管异之卒后三年，其友人桐城方东树念异之孤贫于世，事迹无可述，独其文章震耀于当时，而可以不泯于后世，兼以平生游好之密，不可以不铭，乃从其孤嗣，复求得其遗书，因次其世，以为之志。君讳同，字异之，江宁上元人。父文郁，祖霈，官颍上教谕，君以乾隆庚子（四十五年，1780）十月十六日（11月12日）生颍上教谕之署。年九岁，祖与父相继没，母邹太孺人奉其祖母叶太孺人归里。邹太孺人贤，上事姑，下教子，其所以支持死丧，备极苦艰，卒成就君为名士。嘉庆初，姚姬传先生主钟山书院，君与梅君伯言最受知。其后，君苦力孤诣，学日以进，名日以大，四方贤士争欲识君矣。道光五年乙酉（1825），新城陈侍郎用光典试江南，力拔君，得中举人。陈固姬传先生弟子，既得君，不敢以世俗门生之礼待君，其文字苟有称，必曰丈。同邑中丞邓公巡抚安徽，延君课其子。后六年，偕邓公子入都，道卒于宿迁旅次，年五十有二。始余自推星命，不利卯年，君与姚石甫尝豫为挽诗，孰知君竟先余而逝也！乾嘉中，海内学者以广博宏通相矜放，而言古文独推桐城姚氏，自中朝搢绅及于乡曲后进无异辞。君与陈侍郎久亲指授，最承许，与侍郎贵仕于朝，名最显。君以穷士在下而与之抗，知者以为实过之。邓中丞暨梅君伯言为君梓遗集，读者亦是以知之矣。所著《孟子年谱》、《七经纪闻》、《大学说》、《文中子考》、《战国地理考》、《诗集》、《皖水词》存，俱未刻。

《仪卫轩文集》卷11《刘君应台（刘开之父）暨夫人吴氏合葬墓志铭》：

孟涂生有异禀，始学为文，辄惊其长。老夫人虑其盈满弗进也，则教之事贤取友以自益。乡先达姚姬传先生文学为海内宗，孟涂上书自通。姚先生见而惊异，因授以文章义法，为之延誉，由是知名，一时名卿臣公及四方有声闻之士，咸与孟涂纳交。最后在亳州纂修州志，刺史任君尤所亲善，敬侍加礼，相洽甚欢。方以平生游好最兹称意，忽一日饮刺史署，归而无疾遽卒，道光四年七月也。

《仪卫轩文集》卷12《先集后述》：

先人诗集六卷，道光丁酉（十七年，1837）夏六月刊于岭南，其资则光方伯律原所资助也。

《仪卫轩文集》卷7有回复姚莹之函《答石甫书》：

忆自十一岁学为文之时，先子承海峰先生暨惜翁倡古文辞之学，仆耳而熟之，虽不能尽识，然亦与于此流矣。其后十八九时，读孟子书，怃然悟吾学之更有其大者切者，遂屏文章不为。性喜庄、老及程、朱、陆、王诸贤书，读之若其言皆如吾心之所发者。以观近时人文学，辄思其蹖驳谬，□为不当……丁丑（嘉庆二十二年，1817）旅困江宁，自春徂秋，日求于人，以度时日。……先时为学，亦颇泛滥老、释、杂家，或为之撰述，近反求之吾身，所见似日益明，有所获辄札记之，名曰《待定录》，岁月既久，积至七十余卷，其心岂遂以为不得志于今犹望见于后世哉！亦曰富诚不可求，从吾所好焉耳。……知石甫秋间度台，台虽海外，然久被圣化，已与内地等。石甫所以治之者，为猛为惠为愧为厉为整齐，必有定见。然愚意则欲石甫以管子四维先之，使知尊亲也。东坡所谓欲为箕子留此意于遐荒者，石甫其可不念之哉。

《仪卫轩诗集》卷1《寄姚石甫》：

……几回邂逅逢闽叟，道君政声不离口。百年根株报仇杀，一朝解释蒙化诱。传道民间诵六条，古人继作今无有。

《仪卫轩诗集》卷5《寄姚石甫观察台湾》：

> 经济槃槃仰大才，天心笃倚障澎台。（石甫蒙睿念特简，由监掣同知超擢台湾道。顷遇英夷弄兵，又奉特旨，令其筹度全台事宜。）柙中咒虎关机伏，海上鲸鲵耆气回。（石甫内安游民二三万人，外备英夷，具有胜算，英夷不敢近。）疆理国家维名翰，楼船汉将纪杨推。（《史记》、《汉书》南越传，越船大于中国，楼船将军杨侯既得越船，因推而前，以挫越锋，以推锋功封将果侯。台湾道职兼缉理番民，稽查海船。）良书一卷参微管，怅望嗟乖缨弁陪。（石甫曩著《东槎纪略》一书，专言台事。）

《仪卫轩诗集》卷5《寄姚石甫》（石甫任台澎道4年，召募义勇3万余人，挫败英夷。英夷惮之不敢近，故连年浙、粤、江南皆丧地失守，而台独完。英夷忌恶之，诬訏致抵罪，被逮入都）：

> 威名海外詟鲸鲵，岂谓论功亦数奇。抗疏盈廷天耿育，抚筝双泪感桓伊，敌情知喜长城坏，民志虚殷卧辙思。（台民数千人签呈，日诉于大府行台，涕泣保留，不准。）独恨遥途艰出戋，待寻初服话归期。

方东树《仪卫轩文集》卷5有《喜闻石甫释罪出狱用东坡西台诗句示伯符》、《哭张亨甫旅殡》、《悼汤海秋》等诗。

方东树有《仪卫轩遗书》，不分卷，系一些著作的选录，包括"未能录节录"、"进修谱节录"、"语心证璞节录"、"感应篇畅隐节录"。书为语录体，系对道、处世、修身、为政等的发挥。卷前有编者方宗诚同治十三年序，摘录如下：

（植之）尝以负荷至道为己任，其学网罗百家而确宗诸子，专以穷理尽性克己求仁为日用行习之功。乾嘉以来，诸儒学识之精博纯正，用力之刻苦笃实，未有能及先生者也。所著之书，多关世教，而晚年之学益以检心改过谨独慎宜，期至于孔子之明辨皙，周子之定之以中正仁义无欲为宗洵，所谓醇乎醇者矣。

方宗诚《仪卫先生行状》：

先生讳东树，字植之，姓方氏。……四十以后，不欲以诗文名世，研极义理，而最契朱子言。

书（指《汉学商兑》）将成，适阮文达公（元）总督两粤，广刻汉学书导世。时先生授经幕府，以书上之。文达始不悟，晚年乃致书，称先生经术文章信今传后。

咸丰元年四月二十四日（1851年5月24日）卒，生于乾隆壬辰九月八日（三十七年九月八日，1772年10月4日），享寿八十岁。

先生少补县学生，锐然有用世志。凡礼乐、兵刑、河漕、水利、钱谷、关市大经大法，皆尝究心。曰：此安民之实用也，道德义理所以用此之权衡也。

道光十一年（1831），桐城大水，邑令杨大缙贪婪虐民，民大噪。令遂以民变诉大府，将调兵。先生存抚军邓公幕，急以身家保。抚军素敬信，事得寝。十八年（1838）客粤时，大臣请厉禁洋烟，下督抚议。先生著《匡民正俗对》，陈所以禁之之道，劝制军。邓公覆奏，不能从。英夷公司领事义律，桀傲不受约，居省城夷馆。先生力劝制军杀之，以绝祸本。制军虑启衅，谢不敏。

方夷人跳梁，东南大帅多退避。先生时时痛心切齿，泣涕如雨，作《病榻罪言》，论制夷之策，遣人上之浙江军门。以时方议抚，亦不用。

姚石甫廉访左迁入蜀，资数百金奉先生，为治生计。及闻廉访使乍雅，归券于其家。

先生之文醇茂昌明，言必有本，随事阐事，皆关世教。上元管异之同谓：古称立言不朽，惟先生近之。诗则穷源尽委，而沉雄坚实，卓然自成一家。宝山毛生甫岳生、上元梅伯言曾亮、建宁张亨甫际亮，咸推为不及。诸君皆以诗文著海内者也。

姚廉访称先生理穷天人，贯穴今古，博大精深，无所不学。又谓先生老而愈穷，见道愈笃，言义理粹密有过元明诸儒者。

以仪卫名轩，故学者称仪卫先生。[①]

方宗诚《桐城文录叙》：

植之先生同时友，才最大者惟姚石甫先生。虽亲炙惜抱，而亦能自出机杼，洞达世务，长于经济。植之先生称，其义理多创获，其论义多豪宕，其辨证多浩博。而铺陈治术，晓畅民俗，洞极人情。先生自谓，其文博大昌明，诚有然也。[②]

方宗诚《校刊〈汉学商兑〉叙（代）》：

永城刘虞卿先生著《理学宗传辨证》一书，以明辨陆王心学之非，桐城方植之先生著《汉学商兑》一书，以明辩近世宗主汉学之失。二书弗串群言，折衷至是，皆经霍山吴竹如先生校订，真闲道之书也。[③]

左朝第

左朝第，字筐叔，一字伟安，安徽桐城人。嘉庆十五年（1810）举

---

① 方宗诚：《柏堂集·前编》卷7，光绪间刻本。
② 方宗诚：《柏堂集·次编》卷1。
③ 方宗诚：《柏堂集·余编》卷3。

人，拣选知县。从学于姚鼐。曾主讲中州书院。熟于《明史》，晚兼习《礼》。所订家礼称《纳牖篇》，此外尚撰有《诗经纬》、《讲史衡》、《全桐纪略》及诗文集，罕有传本。

姚莹诗集中有关左朝第的诗有两首：

《夜饮方竹吾北园偕左筐叔、徐六襄、方履周、光律原、张阮林诸君》：

> 平生非达者，浩荡塞其内。时对素心人，忘形宇宙大。兹园面群山，左右环溪带。中有万竿竹，苍龙偃松盖。方君乃居此，佳兴亦自迈。到门俦侣熟，况值暑初退。解衣纵清言，壶觞遂倾醉。流飙沁荷岸，飞雪漱石濑。日落万峰明，鸟声一林碎。须臾山月白，千里有微霭。攀跻巉岩颠，极目流光晦。众星莹然列，河汉横素界。应有羽衣人，乘空弄瑷碟。吾将谢诸子，去深鸿蒙外。①

《赠左筐叔》：

> 堂堂忠毅骑箕去，亡国千年哭莫云。乡里儿童犹堕泪，子孙气节又逢君。新诗补史应传信（筐叔熟明季事，搜求忠烈之士有功吾邑者，各系以诗），竟日论兵得未闻。知尔捐躯能报国，请将书剑去从军。②

李宗传

李宗传，字孝曾，号海帆，安徽桐城人。嘉庆三年（1798）举人，历权浙江丽水、平湖、瑞安、建德、平阳等县，补上虞县知县。所至求民隐，刈豪强，平反沉狱。初任丽水，结陈案未结者七百余事。助资河工，

---

① 姚莹：《中复堂全集·后湘诗集》卷1。
② 姚莹：《中复堂全集·后湘诗集》卷6。

叙知府，除浙江督粮道。道光三年（1823），杭、嘉、湖三郡大水，李宗传请奏减漕粮，建言："浙西诸水源出临安天目山，而其尾闾下注，实同汇吴淞江入海，必宜江浙两省通筹疏浚。"巡抚深赞同，奏请会办，水患以平。后历任湖南永州知府、四川成绵龙茂道、湖北布政使，卒年七十余岁。李宗传先后受学于其伯父及姚鼐，肆力于古文辞。著《寄鸿堂诗集》8卷、《文集》10卷。

姚莹诗文集中有关于李宗传的作品。

《得李海帆书》：

> 吾闻永州守，三载不名钱。邻郡添新债，故乡鬻祖田。讴歌犹满境，书到已经年。宣室何时名，应蒙圣主怜。（君清贫益甚，告贷于浔州孙少兰太守，先世遗田皆尽尝，被吏议甚严，永州之授，盖特恩也。）[1]

《嘉庆戊辰与李海帆宿理安寺，后三十年与左石侨、毛生甫再游寄海帆，时提刑山东》：

> 西湖楼殿锦云张，水面山容尽妙妆。一入理安空色相，四围峰立袅青苍。老僧床足经三换，高阁松声听未忘。等是卅年前过客，濯缨何日向沧浪。[2]

《赠李孝曾明府即题其海上钓鳌图》：

> 李侯文章不可学，但觉精光罗万象。却从慧海得纯肆，高浪长鲸驾溘决。偶作诗歌更奇绝，鞭逐雷霆走夔魖。轩然入坐议论生，满堂动色不敢仰。群言意气似邺侯，岂止风流倾乐广。四十翻然去作吏，

---

① 姚莹：《中复堂全集·后湘二集》卷5。
② 姚莹：《中复堂全集·后湘续集》卷1。

点检簿书事鞅掌。神明已闻动四境，竹箭东南饶篠簜。不谓才高就屈沦，辈中反觉独倜傥。手持钓鳌海上图，索我题诗穷想像。我初闻君未识面，李、杜、韩、欧日摹仿。二三朋辈导君来，坐使空斋慰遥想。是时里中多豪杰，一一志趣绝尘壤。读书但能与古今，力诎犹能屏群枉。小阁清尊入夜深，狂呼痛饮追欢赏。岩廊泉石不可知，歌罢几回天莽苍。君时在座意旷绝，扫尽尘凡世无两。昨同结驷问京华，马首春风弄晨沆。得失何殊一掷间，应官君反成孤往。蓟北风尘逐客来，浙中潮汐迎秋上。云龙信是常相从，又见天涯谭昔曩。岁幕聊倾北海尊，天寒更荡西湖桨。海门去此咫尺间，闻有巨鳌不可纲。假君百尺珊瑚钩，试结丝纶径千丈。掷向沧波最深处，日月翻动天摩荡。钓取蓬山十五户，归来使我神萧爽。[1]

《湖上独酌寄李孝曾追悼张阮林之作》：

东风满江放春水，布帆横吹一千里。越娘打桨去西湖，故人昔年同醉此。西湖三月多好春，杨柳拂水如邀人。夕阳西叙更买醉，清波一洗襟边尘。几年我去游南海，湖上风光曾不改。故人聚散有死生，黄绶铜章喜君在。鸬鹚长杓日待君，江山如此当论文。阿咸死去君不见，倚杯痛哭西湖云。云深日斜忽已暮，新月娟娟濯纤素。照我东来访戴船，夜深独自乘潮去。[2]

《寄怀李孝曾、张阮林》：

我行向南粤，之子在西湖。秋水一时满，相思千里孤。明珠不可辨，艳色久知无。唯有空山里，朝朝闻鹧鸪。[3]

---

① 姚莹：《中复堂全集·后湘诗集》卷3。
② 姚莹：《中复堂全集·后湘诗集》卷4。
③ 姚莹：《中复堂全集·后湘诗集》卷5。

《武林喜见李孝曾》：

元龙豪气未能除，李汉文章亦有余。万里江湖停棹日，三年琴剑论文初。投名我自悲怀刺，作吏君休悔读书。满眼孤山堪置宅，持竿终胜武昌渔。①

《与李永州书》：

海帆先生阁下：计到永州，已逾三月，政教被于所属，恩德洽乎士民，声施之美，卓越南土。湖南偏远，永又边郡，界近粤西，民风自尚淳朴，政刑亦当清简，以阁下经济文章，措施而润色之，上下之间，德业贞庞，庶几获睹名儒贤者治乎。方今天下生齿极繁，游食日众，物产凋敝，风俗狷偷，向所称富庶之帮，皆疲困不可支，惟赖此数郡县犹为国家保留元气耳。海内承平久矣，人心静极思动，亦必然之势也。幸天子圣仁，宵旰民事，内外臣工，皆循循谨慎，无敢纵佚。然土宇太广，财力竭耗，西域甫一用兵，中枢已形竭蹶，况四方水旱，偏灾不时，安危祸福之机岂不在于今日耶。夫天下治安，道在守令。守令者，不但为朝廷收养黎元，供其租赋而已，民间疾痛之浅深，良莠之错杂，见闻享切，然后措施得宜。故尚弭乱于未形，防忧于先事，此其为用途甚密。变动不常，惟在乘机固势，岂彼此可以仿效，法令所能绳度哉。虽然，有八事焉：一曰结人心，二曰明威信，三曰蓄财用，四曰备凶荒，五曰安游民，六曰戢盗贼，七曰缮城防，八曰辑文武。此八者，当之急务也。窃见当世贤有司亦尝孜孜讲求吏治矣，而公私名实之间犹不能无憾，如劝农桑、兴水利、行保甲、励操守，何尝不善，然以云救时济世，则为迂阔而不切于事情，固知此事非可以浮慕虚名者耳。且世之言治者，至于湖南，莫不以苗族为重

---

① 姚莹：《中复堂全集·后湘诗集》卷6。

矣。自仆观之，苗民固当无虑，所急者仍在汉民。何以言之？苗性愚直无他，惟汉民侵陵而鱼肉之，或有司驱迫不堪，斯不得已而蠢动，苟非至极，固甚安也。惟汉人奸黠百出，自非威爱并施，固难保无叛服，此则所当措意矣。凡吾之言八事者，皆以治汉民也。汉民治，而苗尚有不安者乎？阁下仁怀，义质素重，江东治绩之美，大吏又已扬之于朝，固宜备天子股肱。今者降屈典郡，诚非所宜。然区区所欲进于左右者，则以时事孔亟，即使阁下复监司，秉节钺，与众贤令讲明而切究之者，舍此八事，无他术也。莹才识迂下，无以自异于常人，徒以位卑言高，动为当道所忌，至于偃蹇辙轲而不知悔。比岁入都，又为当事所扼，仰蒙圣明，特再录用。方期有所振厉，不幸又遭大忧，狼狈南下。嗟乎海帆，人生无多岁月耳！仆幼贫贱，备极艰苦，甫欲见伸，即重遭困踬，天之待我者可知。及此壮盛之年，而已神伤气沮，更历数年，境遇之穷益甚，精力尚堪用乎！生平抱此区区，不能自已。语曰：人之好差，谁不如我。阁下固凤所服膺而有同心者，又在都中尝有乞言之命，故以八事为献，忱惟留意采纳之，不惟永人幸甚，天下幸甚。①

刘开

刘开（1784—1824），字方来，一字明东，号孟涂，安徽桐城人，幼孤，母吴氏于饥寒中尽心抚育。少时牧牛，常依书塾窗外傍听塾师讲课。塾师喜其好学，留馆就读。十四岁，以文章拜谒姚鼐，甚得其赏识，得以师从。与同乡方东树、上元管同、歙县梅曾亮并称"姚门四大弟子"。道光元年（1821），受聘赴亳州修州志，道光四年（1824）暴疾卒。殁后，姚莹至其家访得遗稿后集22卷，缺第8卷，文10卷，骈体文2卷。姚柬之

---

① 姚莹：《中复堂全集·东溟文集》卷4。

将遗稿及已刊之前集一并付梓刊行。著有《孟涂诗文集》44卷、《骈文》2卷、《广列女传》20卷、《论语补注》3卷。

刘开主张"义理与人情合而为一"，认为"三代而上，义理本乎人情，而圣人之言理也宽。三代而下，义理胜乎人情，而儒者之言理也密。夫情胜理则无节，理胜情则难行，义理与人情两不相胜，则人心平而天下安。圣人知人心不能即安于义也，故文武之道有张有弛，大学之法有藏有修，有息有游，凡以使之安于教也。善则嘉之，不能者矜之，言不为过高，行不求至难，心不欲已甚，凡次便于人情也。后儒不顾人情所安，而以义理之言束缚天下，严之以仪节，多之以防闲，于是乎有操励之学，有专敬之功，论非不是，而人莫能久从，则是言理太密之过也。治天下者，法令简易，庶民安之，网逾密则奸伪愈生，君子之教学者，亦若是而已矣。夫孝悌忠信，节之大者也；起居动作，行之细者也。先其大而后其细，则学以渐而深，功以渐而严。今为学之初而即绳之以礼法，言笑不敢稍苟，动履不敢即安天下，于是始不胜其烦苦而决去之。苛求于一事，责备于一人，天下贤士亦无以深服其心，此皆理胜情之弊也。故义理与人情合而为一，而后为王者之道，圣人之学。措之于躬则心安，旋于天下则教行"①。

刘开认为事物是变化的，"天下无不变之道，无不坏之法，无不敝之学。虽以孔子之圣，皆有流敝。……故事无全利，亦无全害。变而通之者时也，推而行之者人也。因世变人心之不同，故道与时为转移焉；因缓急轻重之各有其宜，故法随人为得失焉。……古之所谓良法美意，亦就善之多者言之也，非谓其全无一失也；所谓久而不敝者，亦就其可继者言之也，非谓其永世无患也，能使永世无患，莫如得人"②。

刘开很强调学的重要性，撰《学论》三篇。他说：

天下人心风俗之所以转移者，无他，视学之明晦而已矣。失学者修一室而措诸当世，成于一时而立于久远者也。政治之污隆，人才之

---

① 刘开：《义理说》，《刘孟涂集·文集》卷1。
② 刘开：《治术论》，《刘孟涂集·文集》卷1。

升降，未有不自此出也。①

刘开与姚莹有书信来往。《刘孟涂集·文集》卷3有《与姚石甫书》。
姚莹《送孟涂归里》：

　　饮恨复何道，苍茫向落晖。六季吾尚客，三月汝先归。故里莺华
梦，他乡薜荔幛。老亲如有问，辛苦寸心违。②

姚莹《寄孟涂》：

　　自尔春天去，江南又早秋。海云双泪满，边月一人愁。不分依南
斗，偏迟贾北舟。无情惟画角，夜夜近危楼。③

姚莹《喜晤刘孟涂》：

　　关河千里复万里，心事江南更岭南。久别尚期留壮发，相逢聊为
驻征骖。眼前春色几今古，海内文章无二三。我自未除豪气习，夜深
把剑欲耽耽。④

姚莹《答孟涂》：

　　故人天畔起高歌，闺梦乡心一夕多。十二楼中空镜匣，四千里外
其关河。金城画掩芙蓉色，碧海春寒翡翠波。岁久日归归未得，数烦
书札奈君何。⑤

---

① 刘开：《学论》，《刘孟涂集·文集》卷2。
② 姚莹：《中复堂全集·后湘诗集》卷5。
③ 姚莹：《中复堂全集·后湘诗集》卷5。
④ 姚莹：《中复堂全集·后湘诗集》卷6。
⑤ 姚莹：《中复堂全集·后湘诗集》卷6。

姚莹《题孟涂二集》：

东风作意到江城，岭外初归万里身。一笑故人欣健在，梅花输与六季春。

此日相逢尚黑头，樽前无那转烦忧。阿咸死去稽慷懒，断鹤槌琴我欲休。

文章千古寸心违，莫道生前识者稀。我有阿罗三种法，对君方悟比来非。

同是天涯负米还，楚南诗思独相关。海波一掬灵均泪，握手今朝看故山。①

姚莹《次韵马元伯自黑龙江归里，与孟涂、朱歌堂小饮寄怀之作》：

黑龙江外喜归来，赤嵌城边气未颓。念我风波穷海角，怜君冰雪过云堆。

殊恩再许金鸡放，绝域新从绛帐回（元伯在黑龙江将军奏主讲席）。莫便佁仃伤老大，致身终望出群才。

孟涂几载无消息，苦忆歌堂白发催。闻道壮游曾五岳，可能得句尚千杯。人间不见刘蕡第，地下忧怜小阮才。生死别离无限忆，梦魂梁月傥应来。②

姚莹《晓起有怀刘明东、朱歌堂》：

客久因循惯，园荒岁月侵。寒花依白日，黄叶下疏林。岂不故乡思，其如海水深。羊求书尚在，启箧见君心。③

---

① 姚莹：《中复堂全集·后湘诗集》卷9。
② 姚莹：《中复堂全集·后湘二集》卷1。
③ 姚莹：《中复堂全集·后湘二集》卷1。

刘开在《与光栗原庶常书》中提到与姚莹的交往：

> 君与余交有年矣，其经术之邃，学识之精，议论之卓越，余往时爱而畏之。而左君筤叔、张君阮林、姚君石甫皆后君而交者也。夫此数人者，各以古人砥砺而不甘于习俗。独怪数年以来各奔走于利禄，而困于身家之累，不闻有讲习之意，劝勉之言，以为制举既得，可肆意而不必勉力也。①

《刘孟涂集·前集》中有刘开有关姚莹的诗多首。
《客中怀石甫》卷四：

> 高城愁别日，江路问春分。行止频怜月，忧思独对云。吴山寒到客，粤海远怜君。应听歌船曲，题诗满练裙。②

《寄石甫》：

> 苔恨青山路，偏从客裹过。异乡唯尔我，远梦有关河。飞雁隔年到，秋声杂雨多。离情言不尽，各自慎风波。③

《重寄石甫》：

> 海云西走日东升，粤国珊瑚见未曾。风雨六年吾梦想，文章一事汝精能。路长骨肉寒秋夜，天近星河到客灯。岁久不归应自责，昔贤负米至今称。④

---

① 刘开：《刘孟涂集·文集》卷4。
② 刘开：《刘孟涂集·前集》卷4。
③ 刘开：《刘孟涂集·前集》卷5。
④ 刘开：《刘孟涂集·前集》卷6。

《楚中怀石甫》：

越王城畔楚山阳，两地昏晨各混茫。月并珠光摇岸白，沙乘云气入天黄。潇湘水草无文藻，岑海烟花自色香。久客不堪歌舞处，声华矜惜少年场。

烟霏暗树更江潭，落日连波影共涵。绝壑云根多湿翠，高冈风力断飞岚。一身探胜来天外，五载相知隔海南。独上高楼惊别久，几时霄汉看回骖。①

《南州客中有怀旧游，寄左孝廉筐叔、光庶常栗原、张孝廉小阮、姚进士石甫四十韵》：

不挟南游策，安知楚越遥。人生原泛梗，欢宴敢终朝。玉宇惊摇落，瑶琴久寂寥。冥心吾土木，得路尔云霄。四子同登选，诸侯早见招（时石甫方赴粤东百制府之招）。姚光方骋足，张左亦连镳。特出名无负，离居恨未消。才华空草野，心迹自渔樵。忆昔追先典，相期出世嚣。有怀抱冰雪，得句走琼瑶。幽欲愁山鬼，高疑拂斗杓。争传名骥出，齐叹阿龙超。砚北书千轴，天南酒一瓢。纵谈河落坐，起舞剑横腰。意气原千古，遨游感六朝。大江曾泛月，建业共听潮。高馆朱霞起，华筵绛蜡烧。一时初进酒，两岸尽吹箫。彩树光偏满，流珠影欲跳。看人赠香草，独自拾芳椒。怀旧探溪曲，寻源到板桥。歌楼半零落，舞扇早萧条。露洗胭脂泣，波流翡翠漂。乌呼，奈何日月是可怜宵。胜景知难再，吾徒兴尚饶。鸾文腾白雪，蛟雨洒红绡。自谓穷佳日，那知触迅飙。天高嗟雾隔，人散各云飘。兰向霜前悴，桐从爨下焦。南州愁客路，北郭听乌茐。海鹤谁能畜，天龙我欲雕。三山舟不到，五岳笔空摇。感叹陈蕃榻，凄凉季子貂。一秋悲独处，两地

① 刘开：《刘孟涂集·前集》卷7。

此无聊。不惜相思苦，惟期令德昭。情虽使者轺。虚名空物望，前度忆风标。大雅今谁继，此心寒不凋。终须到霄汉，九奏续箫韶。①

《怀石甫》：

三秋不见已兴悲，今我来思又未归。知尔采薇山路远，白驹行处雨霏霏。②

《左筐叔、光栗原、张小阮、姚石甫秦淮夜集》：

薄酒不成醉，微风惊乍寒。高斋愁日晚，暝色起云端。坐久转无语，情深难尽欢。素心谁可托，憔悴楚江兰。③

《得石甫手书，诗以答之，即送其公车北上》：

鸾鹤群中独少年，传来消息在云边。高秋谁惜刘蕡策，皇路先惊祖逖鞭。桃叶歌残人影外，杏花春到马蹄前。阿兄新筑瑶华阙，待汝归来月正圆（书中问余归期，故云）。④

《寄怀姚三石甫》：

欲随彼美捋蘋花，怅望江天日又斜。别后云山空过眼，近来春思半离家。香消南国空芳草，人立西園隔断霞。闻说星河高有路（时石甫捷南宫），天风容易送仙槎。

早年才笔走风霆，金峡琼台次第经。汉苑高华司马赋，蜀江萧瑟

---

① 刘开：《刘孟涂集·前集》卷8。
② 刘开：《刘孟涂集·前集》卷10。
③ 刘开：《刘孟涂集·后集》卷1。
④ 刘开：《刘孟涂集·后集》卷1。

子云亭。天边瑶草怜新缘，雨后春山变旧青。知否关城杨柳曲，玉骢别去少人听。

大雷池畔水东流，日日烟波起别愁。千里梦魂长伴汝，一春心事倦登楼。尊前花落徒闻笛，冀北天寒易报秋。早拂征衣回故国，满江红树待归舟。①

《喜晤石甫》（按，当在广州）：

高天鸾凤久离群，惆怅江东日暮云。别去六年应念我，南来千里为寻君。故山花竹空明月，近海楼台变晓曛。高馆相逢须痛饮，挑灯好与细论文。②

《粤中杂咏》（按，共八首，录与姚莹有关者一首）：

百粤风烟极望开，满城名胜共登台（谓同姚石甫）。山穷不觉南天尽，地僻能令上客来。千载壮游悲往事，一时持节总多材。暮秋远别原无赖，幸有高筵北海杯。③

《与石甫夜话有赠》：

积习来有自，独立难与争。飞观起云汉，百尺何峥嵘。其中富梁栋，宁资一木成。姚子执古谊，诗书发深情。志欲挽颓俗，不顾并世惊。所愿未能遂，先已飞谤声。云阴掩华月，新霁翻增明。言者自相煽，君意方纵横。论辩岂不伟，毋乃气未平。我有千日酒，愿与君同倾。饮之可长醉，浮沉任物情。黄河且昏浊，沧浪尔何清。④

---

① 刘开：《刘孟涂集·后集》卷2。
② 刘开：《刘孟涂集·后集》卷5。
③ 刘开：《刘孟涂集·后集》卷5。
④ 刘开：《刘孟涂集·后集》卷5。

《望远简石甫》：

城郭迷茫正晓曛，越台真上挹晴氛。地偏转自多春色，天远天边没海云。浊酒十千容我醉，客怀一半向谁分。薄游纵是飘蓬甚，放眼江山尚有君。①

《酒楼赠石甫》：

逢人动说归贾山，腰下时无沽酒钱。珠江城畔好风日，辜负眼前人少年。姚子邀我出门去，坐我粤秀山高处。啼鸟纷纷不知数，吊古苍茫生远愁。海日不见见红雾，归来直趋酒家楼。东风吹到楼上头，且饮美酒倾金瓯。怀抱纵横无处用，醉乡争长求封侯。楼前花枝娇欲语，春寒勒往未全吐。东君不为汝作主，一任玉颜经宿雨。客中芳意本阑珊，见此聊复舒笑颜。忆昔看花卧乡关，看弄青鸟招白鹇。今兹同客天海间，瘴云满身来偷闲。呼童命笔将愁删，此杯容易尽欢乐。我行别汝扁舟还，酒酣更访故人宅。醉歌月落话终夕，肠中芒角生经尺。烟雨淋漓垂满壁。

《留别石甫》：

黄鹤胡为历九州，炎方烟景故多愁。风尘阅遍吾还拙，江海游穷汝独留。诗思入云犹上轶，归心阻水恨南流。临岐各自无他语，记取今番是黑头。②

《寄怀石甫》：

---

① 刘开：《刘孟涂集·后集》卷6。
② 刘开：《刘孟涂集·后集》卷6。

怪雨盲风苦梦思，故人作吏久天涯。全家渡海非吾意，万里腾声动主知。烟树瘴清春晓日，鱼龙气静夜谈时。可能豪荡还如昔，银烛高筵坐咏诗。①

《得姚石甫书诗以报之》：

闽越惊传一纸书，别来消息正愁予。几年梦隔鲸波外，两地春交雁信初。卧棘南天谁共语（时方丁外艰），种花瘴海旧何如。元戎奏记吾曹事，郑重风烟慎起居。②

《与姚石甫书》：

石甫足下：别子盖有年矣，玉石之助，岂惟念之，亦元望之。乡人自岭南归者，道子意气甚盛，令闻有加焉。然吾子所以自期者，当不止此。夫涂无险易，以至为贵；学无迟速，以成为归。白璧不琢，不可以为重器；美锦不制，不可以为丽服。是生质未足恃也，所以文之者，尽其饰也。故马或一蹶而终至千里，士或迅起而不能复振。何者？志溢于既获，功怠于垂成也。今习古先之训，而渐势能之荣；矜一曲之奇，而掩宏通之识。狃于情之所安，而昧夫义之所问，窃为有志者惜之也，子其慎之。夫盛时不可再，绝业无晚成。古人之叹息致慨，良有以哉，吾深自惭。③

《与姚石甫书》：

载别一岁，相思各天。流水无波，白云在望。以足下远托岭外，

---

① 刘开：《刘孟涂集·后集》卷19。
② 刘开：《刘孟涂集·后集》卷22。
③ 刘开：《刘孟涂集·文集》卷3。

久羁海南，心热故山，梦寒异国，海气激荡，或形诸文辞，日精郁蒸，岂宜于居处。其间虽有香浦之流，花田之艳，异雀五色，奇卉千丛，围风则玳瑁之屏，贮月则琉璃之馆。翡翠角容于水碧，珊瑚斗采于霞丹。海国之香品十名，罗浮之竹围双抱。摇荡精灵，飞腾藻色。繁声离俗，殊状异心。只足以乱游子之怀，增劳人之感耳。仆虽静伏丘园，暂游江表，雨衣冒晓，云驰戒行，或与南皮之游，或陪西园之宴。繁星欲落，神飙自吹。然每念吾子，忽若忘言，匪直意气之合，抑亦襟期之密也。足下七载未归，一官尚阻。堂上切倚闾之望，闺中罢织锦之丝。如可稍慰冷欢，薄增尘色，即当翠旌北指，彩鹢东飞，慰风月以笑言，叙松菊之间阔。士生一世，感逾百端。风尘汩其素怀，日月促其玄鬓。他物犹后，此身实难。闻粤中湿雾犯霄，海风干节。亦宜寡进芳酌，慎彼早寒，远慰鄙怀。亟图良晤，乐事重续，胜情不孤，想可必于今冬耳。言不尽意，开白。①

刘开《与光栗原庶常书》述及与姚莹之交往：

> 左君筤叔、张君阮林、姚君石甫皆后君而交者也。夫此数人者，各以古人砥砺而不甘于习俗。方其始之相得也，德业自期，贤豪自命，津津然唯恐不及相规以道义，而勉以力学。盖不徒宴游之欢，论说之敏矣。②

在《赠吴子方序》中也说：

> 昔者吾党之人才尝盛矣，以吾与栗原、筤叔、石甫诸君之同聚乡里也，游宴之与俱，言论之与共，文章道义之相与磨砺而讲习，是岂不足以极友朋之盛乎？居数年，而诸君各以事去里。又未几，而阮林卒。③

---

① 刘开：《刘孟涂集·骈体文》卷1。
② 刘开：《刘孟涂集·文集》卷4。
③ 刘开：《刘孟涂集·文集》卷6。

《张阮林传》又说：

余识阮林在壬戌（嘉庆七年，1802）之冬，而识栗原也，先于阮林。后二年而得筐叔、六襄，又后二年而得石甫。当时意气，相许以古人为期，岁过从欢宴无间。每当酒酣耳热，阮林则高歌杜诗，以泄其悲愤之怀，满座闻之，为之动容。自阮林殁而盛会虚，吾辈虽有宴游，亦惨然不乐矣。阮林性简傲寡合，一时目为狂士。栗原尝谓余曰：昔嗣宗能为青白眼，今阮林亦是也。阮林既卒之三年，栗原、六襄皆赴官京师，石甫宦海隅，筐叔客豫州，余时自江右归里，经过旧游之地，俯仰彷徨，独增惆怅。回忆总角之欢，恍然在目。十数年中，故交云散，死别生离之感，集于一时，而余年已及壮矣。①

《再与光栗原书》说：

今之作者，海内竞雄。准之前修，里中称盛。昔石甫撷芳于义圃，阮林奋藻于文河，筐笃志于史裁，足下腾声于经术，并皆脱迹尘网，抗踪儒林，挥六代之云英，味百家之渊旨。②

方宗诚《刘孟涂先生墓表》：

君姓刘氏，名开，字明东，一字孟涂，世居桐城孔城镇。祖庭灌，父应台，皆善士。君幼英异，母吴氏守节教养。君念母劬劳，矢发愤自树立。时乡先辈姚氏惜抱先生硕学高文，为海内宗。君年十四，上书自通。姚先生大奇之，挈之学，尽授以诗古文法。君既得姚先生为之师，又与当时豪俊交游，于是学日进，名日起，一时贤士大夫皆愿识君矣。君为人豁达不羁，与人谈论如悬河，游迹所至，争

---

① 刘开：《刘孟涂集·文集》卷10。
② 刘开：《刘孟涂集·骈体文》卷1。

相延重。而君顾矜持士节，辞昌而气伸，所言皆文学治术，或以片词解其纷，或以数千言罄其委，折卒未尝稍溷以私。相国蒋公砺堂总制两粤时，君客其幕府。省城外下河火，蒋公闻报，曰：吾知其中必无孟涂。盖地故游冶宴乐之所也。事母最孝，每出游，辄依依木前不忍去，行数里犹瞻顾迟回。谓友人曰：吾乡多佳山水，使吾得菽水资奉吾母龙眠浮渡间，手一编，日夕讽咏，不去吾母左右，其乐当何如，而顾为是仆仆哉！君诗文天才闳肆，光气煜爚，能畅达其心之所欲言。姚先生之门，攻诗古文者数十人，君与吾从兄植之先生、上元管异之、梅伯言名尤重，时人并称方、刘、梅、管云。乾嘉间治经学者，以博综为宗，好诋毁先儒。姚先生力障狂澜，戒学徒不得濡其习。君从姚先生久，故其治经不敢私逞己见。尝曰：今世穷经不弊，言宋者流为空虚谫陋之习，言汉者溺于琐碎纷纭之说，二者相反而不克相成，是以注释益广益离于经，考证虽繁无适于义。识者韪之。少补县学生，屡试于乡不售，一试京兆亦不售。道光四年闰七月十四日（1824年9月6日）卒于亳州志局，年四十一。妻望江倪氏，无子，君丧归，自经以殉，已旌表如例。侧室蒋氏，生一子，曰继，甫四岁，守节抚育，以至成人。君所著书，曰《孟涂诗文集》四十四卷、《论语补注》三卷、《大学正旨》二卷、《中庸本义》二卷、《孟子拾遗》二卷、《广列女传》二十卷。君卒后，友人姚伯山太守、光栗原方伯及君子继锓木焉。继葬君于挂车山，其资亦光方伯助也。道光丙午（二十六年，1846）里后学方宗诚表。[①]

方宗诚《记刘孟涂先生轶事》：

咸丰五年（1855）春，余访朱鲁岑先生于龙眠寓舍。友人刘少涂邀余及先生饮，谈次及诸前辈懿行。先生因述少时与姚石甫及少涂

① 方宗诚：《柏堂集·前编》卷10。

尊人孟涂友善。一日，石甫失检，孟涂痛责之。时方三人相对饮，石甫忿而出，忽又反坐。孟涂又责之，石甫又忿而走，至中途，忽又反。孟涂责如初，加厉焉。是时，石甫已成进士，著书作文，日有名，年少气盛，被友责不已，不能忍，忿然出，曰：自今请与子绝交矣。遂去不顾。余谓孟涂曰：子不已过乎？孟涂曰：所贵乎友者，为能责善劝学也。今石甫成进士，著书作文，日有名，年少气盛，其行不及检，苟无友以责之，异日将肆然民上矣，学业不自此隳乎？故宁石甫绝我，我不可阿石甫也，且石甫亦必不我绝也。言未既，石甫果复反，笑而请曰：吾思之，子言良是，自今请再责我，我终不忍绝子矣。复坐饮，尽欢而散。余闻之，太息嗟乎，石甫先生之受善，孟涂先生之直谅，今岂得有此风乎！少涂又为余述其先君遗事。先生幼孤无依，随母吴孺人就育于外氏。时吴理庵先生授经里中，先生贫不能从游，且甚幼，日于学舍外窃听讲论。理庵先生异之，询知其为孤儿也，召至家授读，以女字之。女夭，又字次次者。先生用是得成其所学，为名士。理庵名士鼐，字待揆，能文章。前辈之怜才如命，曲为成就如此，亦可风也。孟涂先生年四十一卒于亳州，母老子幼，侨居望江。其友光方伯栗原自直隶谢病归，一日清晨造先生故庐，时光生季父卧未起。方伯直入卧室，问何人，自称曰光二来。盖方伯未贵时，朋辈相呼之称谓如此。先生季父大惊，急出见。方伯以白金四十请为先生母寿。徒步至先生厝室，哭尽哀，良久乃去，往反人皆不知也。后先生母自望江归，方伯同姚石甫廉访、马元伯水部迎养于家，事之如母。而依廉访家尤久，廉访妻方淑人事之如姑，而视少涂如诸子然。先生之葬也，亦方伯之力焉。是皆前辈之风谊，不可及也。余曩为孟涂先生撰墓表，未及知此，今固少涂言，补记之，以风世焉。亦以见先生之文章、直谅，信于友朋。故既殁，而人不忘之如此也。咸丰七年八月。

姚永朴《刘孟涂先生》：

刘孟涂先生（开）少贫。客游四方，尝献诗于长白英煦斋相国（和），相国悬于堂，语来客曰："此桐城诸生刘孟涂所作也。"人叹先生诗之工，未尝不以相国为好士。其后襄平蒋砺堂相国（攸铦）任粤督，先生在幕府，一日省城处下河火，相国闻报，曰："吾知其中必无孟涂。"盖下河故游士挟妓纵酒地也。[①]

张际亮

张际亮（1799—1843），字亨甫，自号松寥山人、华胥大夫，福建建宁人。九次乡试落第。至道光十五年（1835）易名亨辅，方得中举人。他愤官吏贪酷虐民，痛鸦片之流毒。道光二十年（1840），其挚友姚莹时任台湾兵备道，邀他赴台主讲海东书院，因阻于风未能成行。次年，英军侵袭台湾，姚莹和总兵达洪阿率兵抗击。二十三年（1843），英国诬其"冒功捏奏"，清廷将姚莹与达洪阿押京候审。张际亮闻讯痛愤，自江苏伴姚莹入京。同年十月，以劳瘁卒于松筠庵。何绍基挽以联云："是骨肉同年，诗订闽江，酒浇燕市；真血心男子，生依石甫（公字），死傍椒山。"[②]丁晏《颐志斋感旧诗》称："近人之能诗者，此为巨子"，"姚石甫观察最称之"。

姚莹《后湘二集》中有与张际亮有关之诗作。

《游鼓山偕张亨甫、林梅友、汪铁崖三子，继光小疾，亦欣与焉》：

日余厌尘袜，乘暇事幽讨。侵晨飞雨来，城郭烟微渺。野水既平陂，嘉和亦秀好。寻源策蒙翳，拾级盘磴道。洞篠郁葳蕤，石萝莽萦抱。不知行远近，苍翠满衣履。

迈言陟层巘，乃见青琳宫。不觉上方高，回首惟空蒙。雨昏梵初唱，殿古灯微红。喃喃塔上铃，砲砲厨间春。聊憩谢公展，来叩元门

---

① 姚永朴：《旧闻随笔》，第196—197页。
② 姚永朴：《旧闻随笔》，第213—214页。

宗。僧俗不可语，一笑闻斋钟。

振衣白云端，蹑足灵虬窟。蹬仄惜蓁微，崖深惊雾黑。阴林漱虚濑，绝壁垂倒石。云栖既未能，豹隐安可得。怀古缅前踪，题名半漫灭。独有灵源在，法师不容喝。

飘风动长壑，暮雨前山改。褰笼云雾归，僧房复青霭。山蔬何时熟，洞果余方采。浊酒开芳颜，清言得元解。晏公久已寂，晦翁不相待。倏然且尽醉，忽已忘千载。

禅床了无梦，寂寂寒宵深。沥沥雨飘涧，谡谡风吹林。槛危山鬼逼，帐冷石气侵。倦僮睡方酣，诸子寐何沉。眷言平生爱，杳杳不可寻。何必晨钟发，悄然憬我心。

初阳霁东壁，策杖凌高峰。途半力已殚，坐见全郡雄。峻岭蹲五虎，长桥蜿双虹。势绝瓯越外，气吞沧海东。乃知禹服隘，皇运无终穷。嗤彼王氏子，徒矜割据功。兹游既云疲，前胜方未毕。山光荡晴波，众帆淈朝旭。树暖远村烟，鸟断平芜目。僧邀观舍利。更启血经楼。事愚安足论，兴尽舆人促。遐哉二三子，遂起阿咸疾。①

《己丑十月，余将去闽，喜遇亨甫于福州，出示新诗，有感》：

慷慨同倾燕市酒，荒寒独赋渡江诗。谁怜憔悴如张绪，尚纵清狂似收之。万里关河倏来去，三年风雨隔欢悲。天南买棹未归得，为尔相逢敢恨迟。②

《别张亨甫有作，兼示令兄怡亭》：

天寒腊尽吾去越，山桥倚舟未肯发。故人置酒作淹留，况复清歌当落月。张子三十才无俦，气压幽并千里鹄。连年垂翅反东南，海上

① 姚莹：《中复堂全集·后湘二集》卷1。
② 姚莹：《中复堂全集·后湘二集》卷4。

苍烟时出没。独凭才调写孤愤，更买娉婷醉华发。阿兄文章老不售，虚牝黄金叹空掷。对君诗思尚清豪，似我功名岂寂寞。严城黯黯断丽谯，朱户重重下帘幕。燕儿琵琶莲儿唱，木兰持杯翠褒薄。灯前倚醉惜殷勤，醒后挂帆嗟恍惚。佳人一宴情底深，老我二年行未歇。谭笑昔却熊黑军，意气今存碨礌骨。衡寒自觅西湖棹，雪满孤山冰迳渭。江南有家不归去，燕赵征车行仓卒。天涯泪尽酒痕销，待汝明年响金阙。①

《柬亨甫、梅友时约游鼓山》：

> 故人偶有名山约，小雨何妨载酒行。直到白云最高顶，天风一鼓海涛声。②

《感怀杂诗》：

> 三百年来岭外诗，闽人何似粤人奇。眼中绝足张亨甫，不让前朝郑继之。（前明以来，闽、粤诗人无过郑继之、屈翁山者，近惟建宁张亨甫际亮最为杰出。）③

《鹿春如召同张亨甫、张竹虚、陈梁叔、陆次山、家兄伯符集白公祠下，时方七夕》：

> 壮怀不减且婆娑，山色湖光足啸歌。青眼故人还纵酒，白头老将罢横戈。昔贤地回风流在，午夜星飞客感多。鼙鼓乍林箫管急，银灯画舫几经过。④

---

① 姚莹：《中复堂全集·后湘二集》卷4。
② 姚莹：《中复堂全集·后湘二集》卷4。
③ 姚莹：《中复堂全集·后湘二集》卷4。
④ 姚莹：《中复堂全集·后湘二集》卷2。

《闰七月十二夜雨走峒峿驿和亨甫见赠原韵》：

秋风夜雨淮中道，白发青衣海外臣。幸见孤城存绝岛，敢嗟长路困征轮。故人应许鲲鹏化，老我难期尺蠖伸。山驿村沽聊共饮，陶然不负百年身。[①]

《途中读张亨甫近诗漫题》：

斗牛夜气千年剑，李、杜光芒万首诗。只觉浩歌天地满，独穷游屐海山奇。一时窜迹悲身世，几处惊心听鼓鼙。我正轐车君患病，秋风相对柳如丝。[②]

《梅伯言、马湘帆、汤海秋、王少鹤四农部，何子贞编修，陈颂南、苏赓堂、朱伯韩三侍御，叠次召余同亨甫为觞宴之乐，九月二十六日复集兼葭阁，盖丙申年（道光十六年，1836）入都，伯言、湘帆置酒处也。诸君各以诗文见赠，余行有日，成七律数章酬别》：

城南朝雨草霏霏，高阁增寒眺夕晖。胜地只堪埋马骨，轻尘何必浣人衣。青山红树诗情壮，白发黄华酒力微。壁上鲍、吴题句在，疏槐惨澹乱鸦啼。

余霞阁上曾同醉，龙爪槐前再举杯。此日登临欣健在，半生怀抱为君开。衰葭莽苍天无际，往迹销沉恨不回。明到江南如寄问，浮山岚翠扑人来。

江东俦侣半凋萧，日下耆贤久寂寥。何意海禽方铩羽，又逢秋鹗尽摩霄。壮怀力振回天地，抗论神飞见贾、晁。圣主已闻容直谏，封章频数莫辞劳。（颂南、赓堂、伯韩皆有直言见纳，少鹤亦著谠论。）

---

① 姚莹：《中复堂全集·后湘续集》卷2。
② 姚莹：《中复堂全集·后湘续集》卷2。

接迹纷纷闽、粤才，张郎巨笔独天开。豪情半向江山尽，病骨犹含今古哀。不信斯人尚沦弃，终应圣世起蒿莱。槛车伴我三千里，出狱临歧首重回。

诗尝避舍惟亨甫，天不余才又海秋。剑气盘回霜在匣，冰怀郎照月当楼。但须于越寻吴耻，不用新亭泣楚囚。抵掌闻鸣曾共寝，别来惟独著《浮丘》。

清言易理称平叔，俊逸诗辞爱信阳。把卷名贤空异代，闭门潜学又湖湘。艰难狱底惊相问，慷慨樽前意不忘。他日著书成绝业，白头千里独堪商（子贞初不相识，见访于狱中）。

梦魂何日忘楼船，直北传烽幸熄烟。犴狴未周三五夜（余以八月十三日入狱，二十五日蒙恩赦出），金鸡已放九重天。微劳岂意蒙恩诏，绝岛犹闻急赠钱（台湾人士闻余入狱，醵金寄助）。帝德民情有如此，几回搔首马难前。

相知新旧别如何，击筑当筵共放歌。月地怒闻金石裂，霜天哀感雁鸿多。分无宝剑酬燕士，那更悲风渡塞驼。班马萧萧从此去，暮云迢递阻浑河。①

《管小异言，癸卯（道光二十三年，1843）五月在济宁，汪孟慈闻余被逮，大恸呕血，而余未知。孟慈尝言，以朋友为性命，不其信哉！君没今三年矣。小异，异之子也，孟慈是其妇翁，言当不妄。嗟呼，交道之薄久矣，如孟慈、亨甫，其犹古人之风哉》：

交道古所重，金石良不渝。岂惟意气合，道在德不孤。公义苟相取，好尚宁嫌珠。斯人有经术，常鄙轻薄儒。誓济天下重，慷慨陈嘉谟。不惜君门远，周道同驰驱。时会遘屯否，辐辏非一途。摧心更长恸，襟血已沾濡。讪信何足道，败绩嗟皇舆。长夜尔悠悠，愧我徒崎

① 姚莹：《中复堂全集·后湘续集》卷2。

岖。剖方夙所耻，模棱恨不觚。完此贞白璧，何问瑕与瑜。①

张际亮《二十七日，石甫明府令婿张得生汇秀才招同岳青征君、蓉江明府、元伯水部、朱鲁岑道文秀才、左穗六星縠上舍、龙门秀才游龙眠山，留宿双溪草堂》：

东风昨夜雪欲消，山中积素寒犹骄。涧回谷转杳无路，溪壑暗响时萧萧。百年松老自岁月，数家日午纷渔樵。安知人迹不到处，尚有红萼垂冻条。春光如此为谁媚？荒榛怪石同昏期。归牛乍鸣西崦夕，幽禽对语沙水遥。固应退傅昔独往，父老共负田间飘。（张文端公归老于此垂十年。）一杯岂异十载乐，身世万事共诙嘲。朝晖在窗我在榻，去梦那得追来宵。兹游我自偶然耳，诸公何处还相招。林泉随地倏过眼，鬓丝笑杂云烟飘。且寻孙、李栖隐处，瀑泉碾玉崖樵峣。②

《石甫明府出示方植之东树先生诗题》：

李、杜不作韩、欧死，歌行作者世余几？纷纷侈口学四公，谁得其皮况骨埋。春风吹云在天际，变灭万态谁能拟？尘埃不见飞空仙，儿曹狡狯诧山鬼。吾闻积理复养气，意极深远毋浮鄙。要从沉郁得飞动，岂贵蹶张与剽诡。二百年来古调稀，何意方侯乃有此。方侯学本惜抱翁，著书百卷析经史。余事作诗遂绝伦，托兴妙合风雅旨。同时亦有刘明东，其才自奇气已驶。我非违众苦轩轾，黄（仲则）吴（兰雪）难与兹并视。前年出都得单老，是其歌行最可喜。可怜老死世莫知，今念方侯泪如洗。此行于山失浮渡，于人复不遇夫子。青衫白发老将至，颇积苦贫惯迁徙。卷中诗在幸自误，世上浮名看流水。（单可惠，字芥舟，山东高密人，著有《白样山人诗稿》。其七古最工，

---

① 姚莹：《中复堂全集·后湘续集》卷7。
② 张际亮：《思伯子堂诗文集》中册，上海古籍出版社2007年，第510—511页。

然世无知之者。年六十余，以诸生终于家。余于章丘李月汀比部处，见其为李题便面诗，叹为大家。李因觅得其刻本与余，今往来皆携诸箧中，当俟他日专梓其七古行之。余与先生未识面，闻余将至，坐待二日。以事往安庆，闻欲于彼处觅余，不知余已就道来桐城也。）[1]

《舒城别石甫明府》：

冉冉尘埃共岁华，萧萧徒御各天涯。流莺南浦初杨柳，细雨东风又杏花。惯别不知颜鬓减，惜春惟觉酒怀加。即看子敬同高谊，转惜周郎未有家。[2]

《喜石甫明府得子》（五月廿五夜作）：

我年三十三，有子已十四。贫家虽废学，颇复识文字。姚侯天下士，不为一身计。盛年早释褐，壮年乃作吏。穷荒绝岛间，森然灵怪备。侯来绥靖之，鳞介不敢肆。黎老歌父母，儿童习孝弟。而侯竭精神，房帷无宠嬖。忆昨赋北征，哦诗聊见志。闺中妇自贤（乙酉，明府将北上，有庆姬诗，盖却家人劝纳姬而作），奔走一官滞。今年四十九，得子室家慰。而我托交故，狂喜发深喟。侯昔宰剧邑，外威内慈惠。世人或责让，往往及遭际。升沉何足论，有后验天意。当世图治急，宽猛昧交济。盗贼闵东南，怯懦刑赏敝。贪鄙苦里巷，淫侈恋床第。欷歔想谏诤，慷慨惜蒙蔽。姚侯位虽卑，天子知不次。再出感殊恩，报政当尤异。侯子与吾子，论交应世世。勉为贤父兄，飘零独滋愧。[3]

---

① 张际亮：《思伯子堂诗文集》中册，第515页。
② 张际亮：《思伯子堂诗文集》中册，第518页。
③ 张际亮：《思伯子堂诗文集》中册，第532页。

《什刹海酒楼同石甫明府观荷花》：

积水蔼朝晖，丛荷露未晞。一蝉移柳响，双鹭出花飞。岁月愁中过，朋游物外稀。夜来风色满，摇落楚臣衣。①

《送石甫明府之江苏》（江苏水灾请员，奉旨发往）：

大江东下一千里，江岸无人但见水。常恐年荒起盗贼，民饥民溺今谁恃？却言天灾自古有，送君宜尽杯中酒。忍看黄河浪更高，淮湖涨天天不受。高宝二城闭如斗，一月传闻断行走。嗟君此去民其苏，君去莫使民亡逋。亡逋聚散不可诘，江湖迩日多奸徒。朔风十月水应落，民始痛定思田庐。看君尔时善筹册，侧闻长吏惟叹吁。平生胸有千卷书，意气慷慨了万夫。不逢盘错艰难日，谁惜人才与众殊。②

《次日雪中作寄石甫明府》（廿六日得九月廿九日淮上书）：

使君昔渡沧溟东，手剪鲸鳄愁射工。逶迤土牛逐流辈，经过竹马繁儿童。使君今饮黄河水，千樯万舸看飞驶。建言大计忧黎元，致身朝廷慕青史。人生祸福那得知，高才摧搓终不衰。三公傥能礼赵壹，南阳正须劳杜诗。可怜国家多事日，自古贤豪济时出。忧家独望淮阴台，梦里犹惊酒泉卒。忆昨幽州冰满天，酒阑歌罢哀祁连。槛车才送降王裂，铠弩仍残校尉迁。黄沙白骨金蒲路，鬼哭无声地灵怒。蛟龙跋扈吴楚骄，鸡犬流离黔粤暮。见君复在长安城，送君却向长江行。但看河水连江涨，谁识君心与我情。送时并骑京郭歇，夜中别去灯未没。忽思闽海饿归寒，燕儿琵琶泣残月。足兵足食事艰辛，海内英雄

---

① 张际亮：《思伯子堂诗文集》中册，第534页。
② 张际亮：《思伯子堂诗文集》中册，第536页。

今几人？朔南雨雪年年泪，幕府秋风慷慨身。①

《十九日舟发常州，夜宿郭外，却寄石甫大令武进》：

少陵遇孙宰，宾石匿赵岐。古人重意气，感激岂复辞。曰余困贫贱，南北常奔驰。恭逢承平日，志士嗟何为。短褐避卿相，高论怀轩羲。举世厌其狂，侧足穷所之。十年识夫子，到今不我疵。慷慨出胸臆，扶持济颠危。常念此义孤，身受更不疑。忆昨渡江来，初三微月时。回首见圆缺，眷恋吾行迟。郭外风始寒，霜露惨已滋。怅然宇宙梦，独觉乃在斯。荒林带回渚，暗鸟掠卑枝。夜灯落水次，野宿方无期。平生倍豪宕，来者冀可追。良恐死漂泊，内愧负妻儿。自非百世士，肯问寒与饥？②

《武进夜别姚石甫莹大令、陈伯游方海上舍》：

姚侯此为政，宾客复多贤。相送毗陵水，兴怀阳羡田。城鸦语秋月，夜火破江烟。壮岁徒飘零，凄凉促去船。③

《真州别石甫刺史》（乙未，道光十五年，1835）：

海内论文十数公，寥寥天地各飞鸿。虚名当世谁列表？豪气斯人自孔融。报国心孤终结主，著书才大亦称雄。江寒酒罢征帆远，回首难忘况病中。④

《以沈石田画卷寄赠石甫司马因系以诗（时权都转于扬州）》：

---

① 张际亮：《思伯子堂诗文集》中册，第577—578页。
② 张际亮：《思伯子堂诗文集》中册，第652—653页。
③ 张际亮：《思伯子堂诗文集》中册，第704页。
④ 张际亮：《思伯子堂诗文集》中册，第838页。

故人远隔大江北，江上今来几春色。杜鹃开过乳莺啼，水远天长思无极。心知醉翁旧游处，风雨无人共叹息。寄将一卷画中诗，知我飘零正相忆。石田去今三百载，石态林光宛如即。当时富贵亦谁存，输与风流余翰墨。画中骑马乘船客，何似僧寮隐山侧。听泉看鸟久思归，奈我三旬难久食。烟花销尽芜城赋，梦里平山亦凄恻。但期老寿如是翁，手颤犹能图芳崿。是时丁酉岁三月，高咏冰轮仍未仄。应教千里接光辉，此画此情同不蚀。[1]

《扬州别石甫司马》：

岱宗不为高，沧海不为深。姚侯期我千秋心，感激发叹非黄金。黄金何可无？买山负土侯助诸。潜鳞岂无烧尾日，举额或报双明珠。寄书不到大江北，岁寒握手重太息。十年故旧半凋零，幸有余生其眠食。赵廉颇，汉伏波，老犹跃马思横戈。行将四十恐见恶，肯以文化娱蹉跎。登高怅望平山堂，琼花凋尽迷楼霜。石头流水金焦月，犹是英雄古战场。眼中飞鸟低山阳，钓台突兀淮阴亡。男儿不际风云会，便可垂竿老故乡。何为不贵复不贱，金门射策劳奔忙。诗书自谓报天子，纵督八州徒贵仕。萧规曹随古已然，读律术咸嗟老矣。可知七尺为谁死，衣锦昼行耀乡里。不然斯游可以已，朔方冰雪从此始。敞裘一笑仰向天，元明故阙烟沙里。去何所慕归何恃？贫到难言聊复尔。欲将怀土障黄河，偶爱庙食垂青史。以此忍垢复含羞，乞食行吟向蓟州。东南万里青山色，送我孤帆淮浦头。风高水脱叶满地，中有苍茫四海愁。相逢急索广陵酒，痛饮何妨三日留。吁嗟乎！贾长沙，陈同甫，少年自托人妄许。迩来复爱申屠蟠，身同佣人屋因树。可惜躬耕半亩无，作达强语从龙虎。惟侯慷慨惜我生，谬以狷介来狂名。低头耻作曳裾客，举足如提出塞兵。同时知者黄（树斋鸿胪）与郑（云麓

① 张际亮：《思伯子堂诗文集》下册，第951页。

都转），死去离多空复情。正须坐听江城雁，别后惟闻河水声。[1]

《作书寄石甫廉访慨然缀一诗于后》：

姚侯去我沧溟远，燕市荒荒几酒徒？若上赤嵌看落日，青天万里片帆孤。[2]

《廿八夜阳湖舟中梦石甫廉访》：

湖水江流同到海，谁怜海外岁将除。十年岂信吾犹贱，一梦安知见久疏。彭蠡书迟失阳鸟，大荒日早照神鱼。会须径踏鲲身顶，谈笑东凌百谷墟。[3]

《寄姚石甫三丈时将赴台湾海不果》：

登高望四海，但见云飞扬。长空万里去鸟尽，嗟我欲渡仍无梁。使君远别须眉苍，赤手独捍鼋鼍乡。夜瞻南斗梦北阙，浩然气与天苍茫。君不见楼船百道来西极，横海波惟叹息。五月妖氛暗虎门，金戈玉勒无颜色。义民争自起山东，诸将嗟谁弃河北。白旗昼卷泣苍生，一老卧营空不食。使君孤愤当何如？鲲身骇浪骄龙鱼。盘盘万山错瘴疬，山精吐火烧尾闾。百年战争屡梦掠，千室困苦傒息苏。即今游闲已屏迹，坐恐狡寇还东趋。岂无兵防秋？亦有帅建旆。人生艰难际事会，智者忧危悍夫泰。圣主知深敢自安，斯民命重须无害。萧萧短发海风吹，骨肉回头隔天外。尺书频番来，待我脱剑休徘徊。我怀抑塞谁为开？亦欲倾倒海水酹一杯。盗多转凛垂堂戒，病久难言济世才。

---

[1] 张际亮：《思伯子堂诗文集》下册，第990—991页。
[2] 张际亮：《思伯子堂诗文集》下册，第1027页。
[3] 张际亮：《思伯子堂诗文集》下册，第1060页。

梦飞渡海见秋月，月落空床还自猜。昨宵故人归，能言使君事。一言
频问讯，再言不得意。三言未终欲垂涕，力疾事无遗巨细。直看太守
卧淮阳，颇惜将军加广利。惊波昼夜奔沧横流，滔滔身世安得平。功
名自昔归竖子，壮士何足哀平生。侧闻杨仆早奏捷，又闻娄敬能求
成。宰羊刑马儿童泪，绝海沧江去住情。①

《过舒城是昔与石甫观察别处》：

芦蓬似月盖征车，春雨离亭怨杏花。一别十年更秋色，孤城残照
各天涯。②

《是夜月明不寐感寄石甫廉访台湾》：

扶沟一片月，沧海故人情。独战持天地，千秋视死生。功名诸将
有，（廉访拒逆夷，三战皆捷，皆归功镇将及僚属。）瘴疠几年更。永
夜应吹角，相思寄剪鲸。③

《答姚石甫明府书》：

十月中旬曾奉一书，托伯昂詹争转寄，未知达否？前月二十六始
接读九月二十九日清江寄书及诗，以执事匆遽之中，尤眷念鄙贱，无
所不周，读之惆怅累日。

今天下人才衰矣！如执事之雄伟骏异，深明大略，盖李德裕、张
居正之匹也。来诗慷慨沉警，在子建、少陵之间。文章、政事如此，
此宜辅相朝廷，次亦宜为督抚大吏，庶尽其用耳。而屈为一令，此衰

---

① 张际亮：《思伯子堂诗文集》下册，第1146—1147页。
② 张际亮：《思伯子堂诗文集》下册，第1242页。
③ 张际亮：《思伯子堂诗文集》下册，第1247页。

者之所以不振也。后此大用未可知。然前此十数年之遭遇，岂不可为天下人才惜邪？

亮京兆试复荐而被黜。廉峰太史惠以百金，令其于翠微山大悲寺读书，离京三十里，于十月六日入山。前月十日，以云麓观察将之粤东，一往送之，余未尝入城也。居间唯日夜浏览史籍，问取所作诗稍加删改。旧作虽气韵有未渊厚处，要其才情自杰然耳。若竟其所至，可比唐高、岑，宋苏、陆。就见在而论，亦国朝第三四人也。若闽中前辈，固欲争第一席耳。明年誊清本寄呈执事，幸为刻之，即据此为序，无不可也。与大稿合刻之尤佳，其板可存贵邑。

今天下诗派，唯贵邑与山东最正，作者尤盛。尝欲考选贵邑、山东国朝人诗刻之，此时无力，且俟他日也。

近细阅刘孟涂诗，近体大有佳处，惜古体不求神谷，而贪使才气。此由在道路日多，诗书之意少致然耳。深观海峰、惜抱二先生诗文，则孟涂诗文之缺失自见。亮之为此言，非薄孟涂，盖深惜其不遇，不得优游以尽其才。既惜孟涂，且以自惧。既自知之，且欲贵邑后来者知之也。

夫诗以道性情，此人人能言之，然而知之者少矣。所谓性情者，岂若辈以口角婉媚轻率之语，写目前琐屑猥俗之事之谓乎？夫固将郑重以出之，宛转以永之，抑扬顿挫以赴之，汪洋澹漠以禽之。其始也，如风萧然动于萍末；已而激荡振厉，飒飒然满于崖谷。飘飘然，飒飒然，扬江海之长波，荡白云，凄日夕；龙鸣虎啸，塞马之秋吟，百虫之夜作，笳管之呜咽咿呕，咸令其气，以成其声。于是羁人迁客，嫠妇惩女，闻者悄然心动，茫然落泪，惨澹然天清而地寒，徘徊然昔来而今往，怅怅然不知其感之何从也。其或吹嘘林墅，月之欲晓，花之始春，房闼之既静，丝竹之毕陈，翔禽笼鸟之乍啭，亦咸会其气以流韵。于是天地昭旷，今昔澹忘，畅然而神怡，渺然而泪止，迟迟然不知其意之何以远也。故《三百篇》之作，首夫《风》，以"风"者动于天人之交，其声之自然而发者也。《雅》、《颂》则近于侈人事矣，然其志正而义高，故次焉。风人之作，大抵比兴为多。《雅》、《颂》则赋也。自唐诗之既衰，宋作者起而变之，风人比兴之义几息矣。故至今之为诗者，可悦人者多，可感人者恒少也。昔渔洋有见于此，故其五言古诗之选，止于六朝，于唐之陈、张、韦、柳，别为附录。非谓六朝胜于唐人，盖古诗之音节兴象，则至唐而一变矣。

亮尝谓杜诗如汉高祖，韩诗如楚项羽，自是三代后第一雄杰。若三代之英，别曹子建、阮嗣宗、陶渊明乃其人也。此三人者，亦得风人比兴之旨多耳。然岂可遂以此薄杜诗？盖由三代至汉而治道一变，由汉至今而治道不大变，亦天地自然因革之运。今日不因循汉后之治法，而仪井田、封建，其可行乎？要贵知三代为治之精意，则已耳。故学者贵会通，通于诗者，乃通于政。观杜诗，彼其所讽切陈述，可谓深通政体矣。而若韩、若李、若苏皆然。其学愈通者，其诗之成也愈远大。学有所蔽，则诗之所就者小。下焉者拾唾余而已，其中无所得，其志无所存，诗虽工，皆陈言也。

每观近人一集动辄千百，读之终卷，究莫名其为何等人也。亦有其桀黠者，知此意，则尝窃以其侪。然其言非诚于中，则终不沉痛透切。窃善观人者，常于其所忽；善观诗者，亦取其自然流露处耳。终日以民生国计号于人，曰："吾其为杜诗也"，则不观杜于朋友、兄弟、夫妇、儿女、邻里极细碎事，言之无不恳挚乎？

执事诗之所以工者，亦以通于政体也。亮为人不能如执事之雄伟骏异，义婉笃耳。两人之诗，亦各如之，所以欲合刻之也。曹孟德不云乎："天下英雄，惟使君与操耳！"使后世读者论定石甫、亨甫之诗，终当为一代之雄也。

又窃见近时贵邑科第不衰，而后生学问似少继起者，此亦宜有以启发之也。亮尝欲求为童子师，竟不可得。以生平懒于著书，一二所得古人之意，洞观当世之情，有非笔墨所能罄者，欲以发之，使弟子再传弟子，庶几异日有所述耳。

近与相知者言诗，唯进之以"积理养气"四字。又告之曰：凡为诗，须知神骨、才情、气韵。夫无神则骨轻，无骨则神漓；无才则情滞，无情则才浮，无气则韵薄，无韵则气粗也。诗之至者，曰"入神"，其骨重，则神愈永也；曰"雄才"，其情深，则才始完也；曰"真气"，其韵高，则气乃固也。六者俱备，此盛唐大家之诗也。骨、才、气有余，而神、情、韵不足，此宋大家之诗也。此其大概也。要无不本于积理养气，归于自得者。虽古人之微妙，在学者自以意得之，然即兹数言以治诗，或不至流为今人恶习耳。

亮苦于文未工，故言之常不词彻。执事其更以进于此者，启发后生，亦劝学之古谊也。

执事比在江南，曾新得佳士乎？到江宁，管异之遗书幸收拾刻之，闻邓中丞有刻之之意，若然，更佳耳。遇便尚望以一部先寄我。异之在日不深知亮，亮则知异之耳。龙门十月初三南归，四农亦于九月杪返山阳。今日连作答钟仰山侍郎、周小湖学使与光栗原桌使、陆心兰方伯、林少穆河帅五首，及此而大约万余言矣，幸精神如旧。内与少穆河帅书，录稿奉寄贵邑诸公。前月八日，连作八书奉谢。附去一诗，托伯昂詹事转寄，谅不浮沉。然有家信，幸问及。此信执事可留之。亮素草率，做字如此端正者少耳。

外附来诗一首，此与前送行之作皆略有达夫意度。迩来不欲为矜肆之诗，体成而情有余则止矣。又五古一首亦奉览，执事通人，定能言其得失也。相念甚，常通消息为望。小郎有乳否？念念。①

《答石甫明府书》：

石甫先生执事：三月初六日于伯昂阁学处奉到手书，并银二十两。远劳眷念拳拳，愧何可当！来信中云前两寄手书，而亮惟接一

---

① 张际亮：《思伯子堂诗文集》下册，第1335—1339页。

函，未知系别处浮沉耶？

亮自去岁腊月间，即觉心神不宁静，至正月益甚。每作一诗文，则头痛一二日。山中既不可得药，加以江二兄所荐旧仆日与寺僧为博塞，每日草草治二饭外，即瞥然鸟逝矣。而房租煤米一切，皆需现钱，不比城中尚可赊用，囊行罄矣。是以于二月二十九日搬入城中，暂寓烂面胡同莲花寺，俟会试者散后，仍归会馆耳。而何乾生自三月初七日即得病，亮至十一日始知之。嗣是侍疾五日夜，而乾生于十六日竟卒矣。蒙执事所惠二十金，即以助其身后事。以乾生于庚寅尝假亮番二十员，今其没矣，岂可不还之耶。而乾生同乡、同年、同姓官京朝者，竟无一人而周恤其后事。徒亮一穷书生，于其生为扶持溲溺，煎料药食，死后为计算棺衾殡殓，经营归柩路费。世情恶薄如此，良可感叹也！亮迩来惟汲汲借书读之，计今年不得举，当求扬州御书楼一馆，或浙之杭、宁二郡有《四库全书》处一馆，以资著述。其他遇合，听天命而已。现在湖南瑶人恣事，闻广东连州亦渐蠢动。湖南已连毙一提督、一副将、一县令，伤参游以下官数员。有劝亮从军者，但亮念卢厚山、李广平皆非阔达大度，有深识远虑，可依倚之人，故不愿往。

然窃念现在惟宜先安集。去岁两湖被灾，流民毋使阑入瑶地，以助其势。然后募乡勇，筑碉堡，坚壁清野，使彼出无所掠，出则禽薙之，则瑶自然窜伏不出矣。其兵惟宜计核全楚之兵数，何县何郡此时不须兵防，则撤之以赴沿瑶境郡县，为守御追剿计，则国家不添一兵，不增一饷，其乱自靖可决也。瑶日损伤其种类，其丁壮复集亦需数十年，而岂能成事耶？昔舜之圣，不能尽灭三苗。其后马援亦卒于政蛮之圣，诸葛亮征孟获，亦惟以智树怀优之而已。前史历历可考，今谋国者乃欲动大兵，请邻省之饷，期在灭此朝食，岂不误乎？

夫瑶地深山密箐，人不能并行，马炮更无所用之，则我兵断不宜轻入。前提督、副将之失利，以轻进也。既不能入其地，则纵而防堵之而已。而彼出入无时，大兵久留防堵，饷何以能支？故无如募乡勇，筑碉堡，调楚兵用之楚地之得计也。今之公卿督抚，平时既不延挽人才，及有事之秋，人才谁肯为用？即肯为用，而彼且不相信任，而欲张大其事，以为己功，不顾靡饷劳兵贼民者，又比比皆是也。时事如此，岂可复为投笔请缨之举乎？

前在山中作得诗百余首、文十数篇外，又成《黄垆录》一卷。此卷皆平日往怀故人及贵人之相识已死者。其中如孙平叔、曾宾容诸传，皆大有关系，俟改定后行奉寄。年逾三十，生平所怀抱者十不一试，托诸空言，亦自惜耳。执事现在署武进，此地士习民风万许已甚，又多大族，值蒭途，甚为未便。闻本可补吴县，果尔，则较可喜。以吴人素柔，尚知好名感恩。虽多大族，而抚藩所镇抚之地，彼亦未便把持也。日夜望之，有便幸先以闻也。眷口来署否？小郎君有乳否？统希便示。此草草专谢，余容续报不一。①

姚莹之子姚濬昌撰《思伯子堂诗集后序》：

《思伯子堂诗集》三十二卷，建宁张亨甫先生所著也。

先生以道光癸卯（二十三年，1843）急先大父之难于京师。疾草日，自订诗稿，属朱伯韩侍御琦执笔为之勾乙。时已喑不能言，以首俯仰示意而已。既毕，先大父藏于行笥，将为刊行，属多故未暇。咸丰初，粤西乱起，先大父奉诏赴军，留是编于家，命濬昌慎为藏弆。癸丑（咸丰三年，1853），先大父见背，桐邑亦陷于贼。濬昌先世遗集及是稿，皆以预藏山中，得未焚毁。嗣是屡经丧乱，转徙烽烟间，所往辄以自随。前岁丙寅（同治五年，1866），既重刻先集于安平，将取斯编校梓，以继先大父未竟之志。旋值入都，未果。今年重莅安福，退食之暇，乃与友人郑福照容甫详加编校，付之手民，计诗三千五十一首。

---

① 张际亮：《思伯子堂诗文集》下册，第1340—1342页。

先生集已刻者十余卷，板片毁于兵。同治丁卯（六年，1867），其门人李华峰云诰求全本不得，乃裒集散稿，刊于闽中。然多遗佚，字句亦颇有讹漏。辛丑（道光二十一年，1841）以后则全佚焉。而原本独藏余家，缅怀先友，抚览遗编，亟为流传，非濬昌之责也。集以"思伯子"名者，先生幼孤，赖伯兄资之，得力学有成，故名以志不忘也。

原稿嘉庆乙亥（二十年，1815）至道光甲申（四年，1824）曰《松寥山人初集》，乙酉（五年，1825）至戊子（八年，1828）曰《娄光堂稿》，己丑（九年，1829）至壬辰（十二年，1832）曰《谷海前编》，癸巳（十三年，1833）曰《豫粤游草》，甲午（十四年，1834）、乙未（十五年，1835）亦曰《谷海前编》，丙申（十六年，1836）至庚子（二十年，1840）曰《谷海二编》，辛丑（二十一年，1841）、壬寅（二十二年，1842）曰《谷海后编》。今每卷前不复标题，而附著于此。

原本缺己丑（道光九年，1829）岁作，盖先生入都时未携入行箧，兹取李刻本补之。又癸卯（二十三年，1843）岁诗二十余首原载别本，乱后佚去，故今所编讫于壬寅（二十二年，1842）。凡稿中已删去之什，不复刻入；未删者，虽诗未工，亦仍存之。盖当时去取，容有深意，未敢以臆见厕乎其间也。原稿无总叙，谨以先大父所撰传弁诸简端。朱侍御七言诗一章，叙删订诗稿事甚悉，亦并录焉。

先生子诵芬，依先大父蜀中数年，旋归闽，卒。孙新魁，幼遭贼胁，逃归，贫乏不能自存。余闻，遣人往建宁觅得之，以其幼孤废学，令习贾，冀或有成，以延其祀。呜呼！先生负异才，坎壈毕世，赍志以没，子孙复式微若此，天所以厄之者亦云至矣。独遗诗迭经兵乱不至埋没灰烬，卒使流传人间，冥漠中若有呵护之者，殆所谓立言不朽，其光焰之莫可磨灭，实有以自致耶！

剞劂既竣，爰书校刊岁月颠末于卷首，以志弗谖云。同治己巳

（八年，1869）中秋，桐城姚濬昌谨识。[①]

邓显鹤

邓显鹤（1778—1851），字子立，人称湘皋先生，湖南新化人。历任宁乡训导及书院山长。勤于搜寻、编纂湖南地方文献，如《船山遗书》、《沅湘耆旧集》、《资江耆旧集》、《楚宝增辑考异》、《宝庆府志》、《武冈州志》、《安徽通志·艺文志》、《明季湖南殉节诸人传略》、《明季湖南南十三镇考略》等。

姚莹《东溟外集》卷三有《游白鹤峰记》，述及与邓显鹤等人游白鹤峰事：

> 白鹤峰者，桐城东南一丘壑也。去城百二十里，古枞阳地。汇桐城、潜山、怀宁、舒城诸邑水，潴为大泽。春夏盛时，白波漫空，一望无际，桐人名之塞湖。湖尽处，小峰十数，白鹤独耸。川流环出其下，以达于江，故虽不甚高，而有千里之观。东晋时，陶公尝令枞阳，后人筑亭其右，曰"惜阴"，比岘山焉。甲子、乙丑（嘉庆九年、十年，1804、1805）之间，里中同人颇盛，余尝一再游之，甚乐也。人事牵率，奔走于四方，不登此峰者二十年。今岁之京师，道出里门，昔时交游，仅有存者，每一置酒，辄忽怅然，登临之事，遂废甚矣，吾党之衰也。已而以事至郡，春麓侍御主讲院，往谒见，则谓曰：而知湖南邓湘皋乎？吾尝与言白鹤峰思一游，可偕往。余应之，而未果也。湘皋方修《江南艺文志》，寓院中，余亦假馆，三人相得欢甚，各出所作诗文相论辨。侍御又言，先世与吾家姻谊，自明季以来且二百年，子孙各有盛衰。余与侍御之弟岳卿及其子子方又知交最

[①] 张际亮：《思伯子堂诗文集》下册，第1451—1452页。

久，复聚于此，诚非偶然，而子方则既亡矣。相携登大观亭，吊余忠宣之墓，作诗而返。侍御又出史忠正书其五世祖母、余七世从祖姑姚太君事墨迹，湘皋亦出其乡邓子与挽某和尚诗，皆明季忠烈高士，各有题咏，感慨系之。余幸此行得二君子，相知之乐，几忘返矣。事竣将行，两君坚持不已，于是留郡一月，登车复止者再。侍御曰：不可以负山灵。遂订期买舟至白鹤峰下而登焉。夫宇宙间可喜可愕之事，当时称艳，境过辄如浮云太虚之逝者众矣。独古人山水所在，与友朋知己之盛，终身思之，岂淡泊之事果逾豪华哉。桐城山水之胜称龙眠、浮度，侍御及余乃眷眷于白鹤一小峰者，以陶公耳。即吾郡城形胜，枕龙山，面大江，为金陵上游，而汉、唐之势寂然。自余忠宣后，天下遂咸知有大观亭者，岂非山川得人之助乎？江山终古，人寿几何，岁月推移，而功名不立，并友朋觞咏登临之乐亦不可常。今余方入都，湘皋将之维扬，而侍御亦有去志，三人向后之会合且不可知，况更数千百年后登此峰者其人其事视吾辈又何如哉。余既应侍御之约将行，卒以事不及往，乃叙其事而为之记。①

邓显鹤《南村草堂诗钞》有关于姚莹的诗数首。

《八月七日，春麓侍御邀同姚石甫（莹）大尹登大观亭小集》：

缥缈凌空刹，苍茫倚槛身。涛声来树杪，秋色隐江滨。白鸟窥人远，青山阅世新。兴亡前代恨，振触一伤神。

安抚幽明格，忠宣祠庙新。丰碑争碣嶭，大笔自璘彬。隔岸青山宅，孤愤碧血磷。文章与节义，一例炳星辰。（云汀中丞书忠宣公传立石墓门，兼修太白涂祠墓。）

高节吴夫子，扶筇兴不孤。安危思往事，酬唱得吾徒。训俗婆心切，言诗道味腴。东南耆宿在，与世作师模（春麓侍御时掌教敬敷书

---

① 姚莹：《中复堂全集·东溟文外集》卷3。

院）。

有客来沧海，新经战伐余。惊心循吏传，流涕治安书。赤手还山后，狂歌识面初。艰难时事迫，西望一踟蹰。（石甫令台湾，出入重洋，擒斩渠魁无算。）

江左雄天堑，屏藩此上游。由来称重镇，终古借名流。歌泣千年事，行藏两鬓秋。凭栏惊岁晚，芦荻响飕飕。

信美非吾土，飘流又早秋。江山余我辈，风月几南楼。世自娴巴曲，谁犹念楚囚？唯应借汗漫，鹤背㤉遨游（时约为白鹤峰之游）。[①]

《皖江送石甫北上》：

君官八闽我客粤，南海东海中隔绝。同心天遣一相逢，可惜逢时是离别。离怀黯黯况九秋，愁霖三日为句留。丈夫不洒别离泪，对子不觉光倾流。北风猎猎寒肌砭，黄河浊浪连天卷。东南方自亟才用，富贵逼人知不免。语君且莫愁颠碚，如尔人才岂易得。眉间黄气正飞扬，男儿未可轻量测。皖公山下一尊酒，骊唱在门鞭在手。野夫独坐听晨鸡，隔旦江头莫回首。[②]

《都门留别十首》，其一为《姚石甫大令》：

吊古伤春数举杯，皖公山畔又燕台。一官君已成孤注，十上吾犹剩死灰。汝不负丞丞负汝，才还需世世需才。似闻当宁知循绩，鬓发如今尚未摧。（石甫引见，有旨以县丞用，方谋捐复，又为部中所抑。事闻，寻奉特旨俞久。）[③]

① 邓显鹤：《南村草堂诗钞》，道光九年邓氏自刻本，第242—243页。
② 邓显鹤：《南村草堂诗钞》，第246—247页。
③ 邓显鹤：《南村草堂诗钞》，第264页。

《过枞阳吊吴春麓侍御，兼简方石伍（于毂）、姚石甫、汪奂之（正荣）、厚之（正堃）兄弟》：

六皖经年共晦明，谆谆时事几盱衡。九原可作思随会，千里能来愧巨卿。泽国荒凉仍被水，穿边仓卒正筹兵。小同家祭应相告，地下犹闻太息声。

海内文章递主盟，此邦耆旧最知名。岂知隔岁同欢笑，重向荒江向死生。老去方干栖故里，耽吟姚合滞春明。石塘无数桃花水，忍忆汪伦送我情。[1]

《石甫官淮南日望余来，追余至，而石甫已先一月赴台湾观察任矣，诗以寄之》：

高雯寺外瓜州渡，十五年前别君处。颠风吹我渡江来，可惜我来君又去。使君英雄天下才，诸罗绝岛亲手开。（开辟噶玛兰方略暨善后事宜，皆君手定。）帝知穷海服威德，故假节钺分巡来。（君由监掣同知超擢。）大夫立功须域外，重洋况易惊烽燧。撑持绥辑可无人，期尔姓字凌烟绘。独怜参辰避若仇，颓波白尽老夫头。更欲相从待何日，东风吹泪过扬州。[2]

《得石甫扬州书兼示近刻，时已奉起用之旨矣。喜而有作》：

贾生痛苦救时策，管子羞称定霸才。相隔三千里路，俄惊二十五年来。著书已遍地中海，（石甫所著书，言地中海四天下甚详，多在魏默深《海国图志》未出之先。）阅世真探劫底灰。老我闭门闻见断，双眸今忽为君开。

---

① 邓显鹤：《南村草堂诗钞》，第287页。
② 邓显鹤：《南村草堂诗钞》，第391页。

今皇屡下求贤诏，公论同推拔乱才。鼎鼎台衡为时出，区区盐策令公来。人间不少持筹策，世上犹多未死灰。已决余年见平治，预将笑口对君开。①

《见石甫〈后湘续集〉，始知汪孟慈死矣！作诗哭之，即简石甫（有小序）》：

（忆丙戌［道光六年，1826］出都，孟慈送我于南城外，大哭不已。问其故，则以其时二曲先生方格议醵宗，而余见摈礼部，国人无有过而问者。余时笑其痴，不谓其言之痛也！今读石甫诗，述其被逮时，孟慈闻之，至大哭呕血，作出勉以千古。盖其生平以友朋为性命，风义如此，今不可得矣！）

记得驱车出国门，汪侯泣送古城垣。直将蠡屋神明恫，并作潇湘哀怨论。生死音书淹岁月，浮沉身世信乾坤。因君更触无穷痛，凄绝唐衢泪眼昏。②

《石甫观察自长沙使人来邀会于永州，于是石甫别二十六年矣！欢娱之际，辄形于言，即送其之粤西戎幕（时石甫以湖北盐道奉命赴粤军）》：

投书老竟渡湘水，（石甫足迹遍天下，其渡湘实今日始也。）作记今谁似柳州？辛苦卅年图一面，绸缪永夕话千秋。全消反侧凭杯酒，（石甫过洞庭策卜吕仙祠，有"反侧全消杯酒中"之句。）尚有余闲到唱酬。隔旦征车又西发，不堪别泪问君流。③

《到永寓紫卿新宅，次日邀同石甫观察游柳祠，遍寻愚溪、钴鉧潭诸

---

① 邓显鹤：《南村草堂诗钞》，第478页。
② 邓显鹤：《南村草堂诗钞》，第478页。
③ 邓显鹤：《南村草堂诗钞》，第484—485页。

迹。赵秀才为具舟楫至朝阳岩，拟游绿天庵未果，返宿濂溪精舍，絮语达旦》：

城角斜通曲巷阴，一尘何必入山深。南邻地逼墙犹直，古井波寒气自沉。举室已哗儿女语，前荣未息斧斤音。孤踪落落谁堪并，来往愚溪一楫寻。

沿溪最近柳侯宅，数武即窥钴鉧潭。有客频经沧海外，居人遥指绿天庵。寻诗且溯元丰上，（朝阳洞有天禧、元丰诗刻。）读易谁知吾道南。（余近取周子"闲坐小窗读周易"句，名所居为"读易窗"。）留与濂溪作佳话，伾文旧事莫轻谈。①

《永州得李石梧宫保凶问，诗以哭之，即呈石甫、紫卿》：

初闻屏息待雷霆，（"惟有屏息，以待雷霆之至。"公家书中语。）又报高原殒大星。回首城南如昨梦，（前岁城南之会，公诗兴最豪。）伤心堂北有衰龄。（太夫人在堂。）未能灭贼含犹视，见说移营节未停。（四月初二日移营武宣，十二日即薨于舟次。）独使至尊恩将帅，谁将特笔纪勋铭？

雍容儒将踵文忠，（林少穆先生薨于军，得谥文忠，公实踵其后也。）群盗如毛满粤中。人望出关同狄帅，帝思平蔡籍裴公。孤衷岂料违初愿，马革真教裹毅衷。勋业未成身已逝，似闻天语谅元戎。②

《冷水滩行别紫卿，兼简姚石甫观察桂林，何子贞编修道州，时约游九疑未果有引》：

（五月朔日离家，紫卿拉舟送我于冷水滩，时石甫先一日赴粤，

① 邓显鹤：《南村草堂诗钞》，第485页。
② 邓显鹤：《南村草堂诗钞》，第485—486页。

子贞尚留滞道州。余以故人在系，仓皇告归，为赋《冷水滩行》，兼寄二君，不自知其言之长也。）昨日朝阳洞，今日冷水滩。冷水滩头湘水冷，照我两人湘影单。两翁屏影冷于水，中有万古冰雪之心肝。相别一何易，相会一何难；世路况多阻，时事况多艰。浯溪之约今几年，我来君去相避然。（昔年与紫卿订会于浯溪于遇。）前年会城南，欢惊未毕烽烟传；（城南之会极盛，以闻新宁警报而散。）去年会东岭，贼徒虽溃师未班；（去岁紫卿访余邵州，信宿东岭，其时夫夷之役尚未竣也。）今年来愚溪，兵气狱气徒纷缠。（时粤氛甚恶，邵中又兴大狱。）旦送昆仑去，夕瞻贯索还。不知冷云疑岭在何许？但闻冷水呜咽声溅溅。水溅溅，思漫漫；哭无泪，笑无端。何时冷水滩化作热水滩，浇我冰雪心胆寒；一洗兵甲湔烦冤，普天四海皆安澜；使我胸中郁积抑寒不平气，化作千岩万壑之云烟。九疑联遨重华攒，窈窕濯影修痕斑。君乘虬驷我骖鸾，左拂玉琯右云鬟。下瞰苍梧九点浮云端，大呼姚合何点同跻攀，区区五岳咫尺间！①

《寄严仙舫观察，时同石甫赴粤先后过家，未及见也》：

几年不见严夫子，对面无缘接啸歌。二使偕来占益部，三台明处动星河。来牛去马参辰避，藤峡梧关枕席过。旦晚姚崇同擘画，好开岭瘴待镌磨。（仙舫名正基，时以淮海奉命通石甫从军。）②

《闻姚、严两君子新授广西按察使、右江道之命》：

吾生结识两贤杰，晚岁同为百粤行。共道将军重揖客，岂知帝意响书生。备兵陈枲衔新命，决胜持筹仗老成。已觉英谋动岭外，相公亲驻象州城。①

邓显鹤《后长沙秋感十首（有序）》，其一为叙姚莹事：

> 涨海连年苦用兵，沿边列戍少坚城。波光荡日朝无色，蜃气浮空夜有声。稍喜偏师能杀贼，似闻公论狃输成。书生两耳如棉塞，独为孤军抱不平！（英夷犯台，石甫擒斩黑白夷最夥，竟以是被逮。）

管同

管同，字异之，号育斋，江苏上元人。道光五年（1825）举人。嘉庆初，姚鼐主讲钟山书院，管同师事之（学为古文），被称为"姚门四杰"之次。刘声木《桐城文学渊源撰述考》认为"其文雄深浩达，简严精邃，曲当法度，规模庐陵"。著《因寄轩文初集》10卷、《二集》6卷、《补遗》1卷、《七经纪闻》、《孟子年谱》、《文中子考》、《战国地理考》、《皖水词存》。管同还撰有《禁用洋货议》，认为"凡洋货之至于中国者，皆所谓奇巧而无用者也"，主张"宜令有司严加厉禁，洋与吾商贾皆不可复通，其货之在中国者，一切皆焚毁不用，违者罪之"。所作《拟言风俗书》认为"今之风俗，其敝不可枚举，而蔽以一言，则曰好谀而嗜利"。

姚莹诗文集中有关于管同的作品。

《赠管异之》：

> 管子贞静人，亦褒苍生志。怀挟千秋文，梦想天下事。壮哉蓬蒿中，暮偃风云气。金陵龙虎都，兴废六朝事。悼古怀幽情，高歌发奇致。可怜南厢叟，亲见铜驼旧。济世得异人，艰难识天意。方今圣明

---

① 邓显鹤：《南村草堂诗钞》，第491页。

代，事与古先异。莫以诗书光，而忘猛士寄。郑重青松心，孤生保忠
义。①

《管异之紫芝图》：

异之携图索我诗，自言近岁家产芝。光艳郁郁茎干好，肉色凝紫
如凝脂。贫家何从得瑞异，天命祸福心狐疑。可怜秋来一领荐，先生
自喜傍人嗤。由来神物不忍亵，或恐辜负皇天慈。绘图远携到京国，
君门欲献还迟迟。升平无人识祥瑞，先生报罢芝何衰。我为子歌芝莫
悲，凤凰麒麟未有时。道高不惜徇世俗，矫矫龙性或为蛇。荒江老屋
风雨坏，此中足梦宣尼师。劝君携图且归去，造物未必空灵芝。况闻
诸侯已征聘，厚币聊复忘寒饥。②

《复管异之己丑（道光九年，1829）》：

异之足下：远承惠问劳苦愁寂之中，如亲笑言。又以仆起复有
期，虑其好热闹而不节用，甚非今世所宜，恳恳谆谆，诲所不逮，非
相爱之深，不能为此言者。顷得左筤叔书，亦谓近日士大夫多饰小
节，以为进取。而光栗原亦以谦谨相戒。三君之言，何其若合符节
也。三复规箴，感叹不已！仆今年四十五矣，读书二十年，游历仕途
崎岖忧患者又二十年，不应愤愤然，亦窃有微衷，请为足下言之。夫
志士立身，有为成名，有为天下，惟孔孟之徒道能一贯，其他盖不能
以同趋弈。为名计者，谨言行，饰廉隅，此乡曲自好之好求也。自东
汉以虚声征辟，天下争相慕效，几如今之攻举者。孟子所谓修其天爵
以要人爵也。当时笃行之士固已羞之。明季东林称多君子，天下请议
归焉。朝廷命相，至或取诸儒生之口，固宜宇内澄清矣。然汉、明之

---

① 姚莹：《中复堂全集·后湘诗集》卷2。
② 姚莹：《中复堂全集·后湘二集》卷3。

季，诸君子不能戡定祸乱，反以亡其身者，无亦有为天下之心而疏于为天下之术乎？天下大矣，不可以一言几也。有开创之天下，有承平之天下，有艰难之天下。开创人才无论矣，承平者务在休息教养，士大夫言论从容坐镇，风俗斯谨饰，文雅之儒所以垂休声也。及乎承平日久，生齿繁而地利不足养，文物盛而干盾不足威，地土广而民心不能靖，奸伪滋而法令不能胜，财用竭而府库不能供，势重于下，权轻于上，官畏其民，人失其业。当此之时，天下病矣，元气大亏，杂症并出，度非一方一药所能愈也。今夫求马者于冀北，蓄蚕者于江南，稼问农，蔬问圃，天下艰难宜问天下之士，而与乡曲自好者谋之，其有济乎？奇才大略不世生，必不在修饰边幅中也。汉、明之季，诸君子所为，视今何如，吾犹不能无憾，又况其下焉者哉！且世之善为修饰者，初亦何能自好，不过视时所尚为之，上以是求，下以是应，犹之夫攻其举业云尔。立身求己之实，盖未究心焉，尚谓有恫瘝于天下乎？夫谦谨者君子之美德，然既爱人之爵，宜忧人之忧；食人之禄，宜任人之事。今于爵禄，则取其大者厚者，而于天下事，则为其微者细者，曰是能谨慎供职，吾不知所职又何事也。呜呼，一生谨慎，武侯语也，乃以为趋时之具，无怪孔光、张禹者流比迹于千古，是亦大可痛矣！且夫举业趋时者，可以数变其文体，为人而趋时数变，将何以立身？盖通塞者命也，好恶者人也，吾之赋命有定，而人之好恶难齐。命苟塞矣，阔略者固非，曲谨者亦可罪也。今日阔略，明日曲谨，不且两失之乎？吾愧道不足以济世，才不足以救时，乃其志则不欲曲谨求名，聊存其面目于百折崎岖之后而不敢变者，意亦有所羞也。异之责其好热闹，夫好热闹者必热中，热中者必慕势，异之视仆亦尝慕热否耶？三至京师，足不及权要之门，三为县令，未尝降志于督抚，所热闹者，海内节义文章之士，贤豪□弛之人耳。数厄当道，郁塞困顿，或跌宕于诗歌酒肆，以发其无聊，此学问不能养气耳，岂好热闹哉？若夫节用之说，固尝思之，然以家无儋石之人，生平结交当世贤豪，以此赡其父母妻子，以逮五服三党数十口无冻馁者二十余年矣。生平无声色服食珍玩起居之好，尝负官责巨万，然在官未尝妄取民间一钱，及罢职去，士民辄争为代偿，卒亦无锱铢之负国家，人之于我何其厚也！我尝厚取于人，而我之于人必用节焉。丰之入而啬之出，得毋为鬼神怒乎。吾尝少也不能悦人，今老矣，而涂脂泽粉以事后生，异之谓老能之乎？虽然，君子者求反正以可常，不诡僻以立异，三君勉我以中庸之道，将使之改过迁善，则闻命矣。勉以宜时，则私衷有所未安，敢尽区区，惟鉴教之。①

《惜抱先生与管异之书跋》：

　　惜抱先生之管异之书六通，皆在钟山书院日，异之客山左所得者，中言诗古文法甚精，益深喜异之所为而言之。逾数年，先生亡，不及见异之后来进境，所传《因寄轩集》，岂不胜于秦晁之在苏门耶！当时异之与梅伯言、方植之、刘孟涂称"姚门四杰"，然孟涂、异之皆蚤卒，植之著述虽富，而穷老不遇，言不出邻里，独伯言为户部郎官二十余年，植品甚高，诗古文功力无与抗衡者，以其所得为好古文者倡导，和者益众，于是先生之说益大明。今异之往矣，地下有知，能无愉快乎？伯言之道既大行，告归江宁，先生之风于是乎在。而异之有子小异，能世其业，方极困穷，有以重价欲购此卷者，笑而不答，可谓有守矣！道光二十九年十月侄孙莹谨跋于江宁博山园。②

管同文集中有关于姚莹的文章。
《送姚石甫序》：

　　吾师姚先生为予言，桐城之士曰方植之、刘明东。予首识明东，与一见，论《尚书》，别去。而植之来江宁，与之游特久，植之因为

①姚莹：《中复堂全集·东溟文后集》卷6。
②姚莹：《中复堂全集·东溟文后集》卷10。

予言，吾乡之士不上明东已也，有左筐叔者，子苟见，必敬之。不一年，筐叔至。明东之为人，吾未能知之，其文辞飘忽而多奇，吾而爱之矣。植之意欲穷理尽性，厄于穷，而不能自振也。拟彼可云有志者与。至于筐叔，则吾尝称曰"忠信"。天之生才也不偶，其生异才也尤不偶。桐城一县，数十年吾求其才而得者如是，则安知天下之必无才哉，患在不求而用故也。才何由出？虽然如吾师及三君，彼其才诚未易见，其诸师友渊源之有渐者乎？抑潜霍司空长江之流灵秀雄奇钟于是而不可多得者乎？及今姚石甫来，乃知又有姚石甫。接其人爽而直，读其书辨博而驰骋。甚矣，桐城之多才也。然石甫殊石自足，而慊然求益于吾侪。吾侪之陋，奚能益石甫哉。孟子曰：友一乡之善士。又曰：思友天下之善士，犹不足，故尚友古之人。宁筐叔之忠信，穷植之之性理，兼明东之文辞，廓而大之，精而深之，虽学圣至吾师犹不止，吾之益石甫者如是。石甫为予言，吾乡同志有十人，今之存者五人而已。四人者，植之、明东、筐叔、石甫也。其一人者又何人也，吾愿因石甫以见之。①

《答姚石甫书》：

　　见示邹忠公祠碑，欲同删润，反复玩之，觉其立论未惬鄙意。忠公于易后一事，不争之未易之先，而争之于既易之后，此为成事始说，遂事始谏，玉山主人问对责之本不为苛也。及至徽宗召还，索其谏草，公对曰：已焚之矣。陈忠肃闻之，以为公祸始此。既而奸人果伪为疏，忠公由是再得罪。是事也，正见忠公爱君切，宅心忠，无避患之思，无沽名之念，视忠肃之以祸福为言者，诚过之矣。大抵邹、陈二公志完见事迟，而了翁当机警，故公为奸人所困，而忠粟得祸虽酷，终不能以暧昧伤之，此其分也。吾辈为碑文，于易后一谏，固不

---

① 管同：《因寄轩文初集》卷5，光绪五年重刻本。

能贬其失几，如当时人所说，而于谏草之焚，似当极力发挥，则论允
而文字精。当石甫之作，专归重于谏易后，而于后事反置不言，是以
甚费翰旋而立论终不能的实，如云"未为不近人情"，又云"善处君
臣骨肉之间，此明欲为公弥缝其失，而要之情事正相违矣"。此文欲
改，须并其立意改之，是以未能下笔。鄙见如此，未识以为何如？敬
复不具。①

李兆洛

李兆洛（1769—1841），字绅琦，更字申耆，号养一学者，称养一先
生。乾隆三十四年九月二十四日（1769年10月23日）生，道光二十一年七
月八日（1841年8月24日）卒，年七十三岁。是年，宜兴吴仲伦德兼、宝
山毛生甫岳生并以九月十一日卒，浙江龚定庵巩祚、福建高雨农树然亦
卒。李兆洛是江苏阳湖人。嘉庆十年（1805）进士，曾任安徽凤台县知
县。后主讲敬敷书院、江阴暨阳书院等。道光十二年（1832），姚莹任武
进令，寄赠姚范、姚鼐著作四种及所著《东槎纪略》。擅长舆地之学。

姚莹任扬州护盐运使时，曾致书李兆洛邀其至运使署中聚会。书中称
赞说：

> 莹常为人言，东南讲席，为先生一人而已，非谀言也。今之拥皋
> 比称山长者，无不为束脩计，其以文章道义古哲是程者，未之有闻。
> 而阁下不惟无升斗之望于书院，且出其所有以养士，教导诸生以古为
> 式，表章修述，仡仡穷年，由此观之，非先生其谁与归乎？

李兆洛《姚石甫文集序》：

---

① 管同：《因寄轩文二集》卷3。

《东溟文集》六卷、《外集》四卷、《后湘诗集》九卷、《续集》五卷，桐城姚君石甫著。桐城气节文学高于江左，薑坞、惜抱两先生，经术文章闳深简要，为世硕儒。石甫服习传绪，扩以通敏，性识淳完，内外不越。泊乎筮仕，益慎推行，烛奸止邪，肃若著蔡，兴利除害，亟于嗜欲，度务宽猛，胥孚惠威，频霜渤遂，蹈道则未求艺赐达，从政何有？是以陈事由其几深，尚论该乎通变。凡所指画，考其成功。无有幽遏。若握符券，岂独以是存其谟猷，示信后世而已。夫古之学者，莫不有天下己任之量，所以副其量者，莫不有尧、舜斯民之心。六艺垂教。圣哲之著书，贤宰相百执事之抗奏持仪，皆若是已。《诗》曰：古训是式，威仪是力。《易》曰：君子以言有物，而行有恒。石甫亮悫，获我心矣。至于咏歌性情之作，雕绘景物之篇，体兼质文，词必廉杰，不佻诡以害才，不瑰丽以荡心，下视辟绩，犹莲楹也。加以少衅隐忧，长厄群忌，憔悴之音托于环珧，悲愤之思懰若风霜，诵者涕零，恻其幽眇，作者顺息，归诸和平，斯尤合志骚人，上溯《小雅》者也。诗文初刻于闽中，去年来权敝邑，简书有暇，乃衷前后所作，损益次序，复刊于江阴。兆洛获与宾从，校第篇目，辄为条其指要云尔。道光十三年八月。[1]

李兆洛《以丁南羽十八高行图贻石甫都转，都转转属识其年月，因原奉贻之意以为之辞》：

随缘示应真觉超劫，卓然精明而念不起，泊然灰槁而照不灭，是名神通，讵假出力。[2]

李兆洛《与姚石甫》：

① 李兆洛：《养一斋文集》卷4，光绪四年刻本。
② 李兆洛：《养一斋文集》卷6。

春中见伯恬，极道才猷幹济，冠绝流辈。而盛得懋行，落落然追踪于古人，企慕之私，旦夕不释。徒以息阴蓬荜，守野畦之分，不敢冒昧抠衣。乃荷赐书奖饰，并颁先集及大著，循涯揣分，感悚交并。伏读端恪公奏疏，荩谟硕画，与道权衡，康济斯民，垂法后世。薑坞先生诗文笔记，辉光夺目实兼而有之，沾被无穷，俟圣不惑。明府君嗣有令绪，宜其明体达用，时措咸宣矣。大著坐言起行，万化在手，太和为心，所谓物至而应，事起而办，命世应期，天下之福兆也。兆洛庸下，学无绝诣，用不适时，赖师友教督。不至为小人之归耳。马齿渐衰，不能自策，校刊载籍，事等遗闻。附去数种，每种各工，一以饷植之先生。甚不足观，徒尘清座。曩交周保绪、包慎伯，以为足应时需，不意盘盘之才，正在孔迩。植之先生复相左右，干城吾道，大庇群伦，当吾世而幸遇之，其为庆慰，岂一人之私也。敬问起居，无任系仰。[1]

毛岳生

毛岳生，字生甫，江苏宝山人。少从姚鼐习古文，尤长于诗。擅元史，著有《元后妃传》、《元公主传》各1卷。另有《休复居诗文集》12卷。《与姚石甫都转莹、潘彦辅金山放舟，宿焦山松寥阁，明登绝顶，二君有诗，用酬是篇》：

江流渺吴楚，海月生幽巇。孤光导元窗，松栝森屖属。气通井络永，险扼瓯闽采。危登揽群动，夐想悬遥曦。坎孚彻陔野，急流如有期。元化慨迁谢，至理畴佀偘。先民葆土穴，烈士残戈铍。贞素径率坦，复性形靡亏。与君异出处，白发天风吹。自来用世者，不废鸡鸣

① 李兆洛：《养一斋文集》卷18。

思。鹏骞恢逸志，蠖屈修真仪。滔腾塞孤甍，窈冥藏初熙。多言岂道要，磐石跻忘疲。①

《题海门庵壁同彦辅并序》：

彦辅志意悫直，学既明粹，尤善为诗歌。余前赠诗云：草堂鼓清瑟，江汉生微澜。其敻穆何如哉！比石甫约同游焦山，既登绝顶，辄赋诗属余。明日日出，余与彦辅至海门庵。庵在山北，尤遐僻，竹木禽石皆若与世相忘幽藏于山海间者。彦辅益有会，余前诗嗟叹其旨，因念古人隐居求志，所以婆娑于万物表者，岂仅是文词然哉。石甫仕方显，彦辅行亦将出，二君德业，都未可穷量。独余衰迟山泽，有违出处，为可愧也。用赋是诗以纪，并邀石甫同作云。

日毕散洲渚，门掩峰堑苍。岷峨山尽处，江渔藏虚堂。古人述作旨，乐忧通行藏。谁为黄鹄举，莽露争微光。斯文久埋塞，老我悲亡羊。百代隐居学，寥沉徒相望。石间数丛竹，澹若尘区忘。他年风雨夕，应忆龙吟长。②

《松寥阁晨起有作，简石甫、彦辅，寄邓湘皋长沙、申耆先生江阴》：

高阁无炎歊，敻曦乱潮景。江海水分初，青苍峡峤永。浮生几荡潏，六合喻茗颖。川流视万里，性定意姑骋。颇思穴处乐，畴伤疾攻猛。知止云山辉，有道丘园静。濯缨七泽幽，晞发五湖回。兹山旧屐齿，十载苔发冷。肥遁诚悠悠，孤漂行恓恓。松飙鼓龙鬣，崖溜喷鹤顶。念深甫沉杳，怀澄复光炯。寺古殿鸣钟，榭敞闲煮茗。瓜李午易谋，巾履晨可整。永啸闻涛声，余事真土梗。③

---

① 毛岳生：《休复居诗集》卷6，道光二十四年嘉定黄氏刻本。
② 毛岳生：《休复居诗集》卷6。
③ 毛岳生：《休复居诗集》卷6。

《题饭牛山人募驴图并序》：

　　饭牛山人，罗氏，名牧，善绘事，以老疾，募买一驴，魏叔子为作疏，吴梅村、朱竹垞、韩慕庐分赠米钱茧绸。先是，罗文止以书一部准钱，他赠米钱者复十一人，其知名者若杨以任、陆仁庵、释子童、硕忍衣，其米至多者不过一石，钱则不过一千，少至五十。山人之狷介，诸贤之贫乏，可略见。题诗者为梁北潭清标、汪钝翁琬、陈香泉奕禧，跋者为符曾与释子大汕。大汕以童硕助米为非，复云梁大司马出此见示，则此图先藏北潭家矣。石甫得于扬州，属李申耆先生及余赋诗。时石甫适权转运使，而官私清贫倍甚，不独如余旅食者，因戏及之，为书于李先生诗后。

　　饭牛空山中，分无驷马驰。区区买一驴，亦酿良友资。米绢与旧书，准钱助券剂。保富说多善，救贫策无奇。储药非不敷，疾痼聊暂治。纵殚百夫力，何术纾衰羸。昔贤偶濡墨，艰苦寓笑嬉。应增旅食感，庶免博士嗤。①

《戏题石甫相马图》：

　　支公、伯乐识堪夸，争似蒙庄见道奢。阅尽腾骧千万匹，不知身尚困盐车。②

《残腊与石甫兵备、杨季子亮往江宁，过燕子矶，欲登未果，夜泊遣兴》：

　　冬暖天微雪，危矶啮晚涛。沙晴明雁羽，云洁养溪毛。海国新持节，江城久卖刀。笑谈见真性，酣醉去邪蒿。

---

① 毛岳生：《休复居诗集》卷6。
② 毛岳生：《休复居诗集》卷6。

绮丽文无质，雄奇句未醇。几人穷造化，善学弃纤鳞。衰病惊讥揣，开怀对绝伦。老兵头欲白，松雾喜沾巾。[①]

《上元后与石甫别于仪征，由山入海，夕泊月河闸下数十里，念石甫将远宦台湾，仆思退耕江野，出处不同，间隔伊迩，中夜感叹，寄赠是篇》：

万山逐江走，蜿蜒数千里。山尽江不尽，入海去天咫。潮回汰沃遥，气通溟涬始。暄景遂群生，微云丽中沚。欲暝尚夷旷，入夜复清美。黄浊遗外形，高朗悟真理。皓月潜生风，浩浩靡所止。合沓奔碕隈，瀺灂声中征。乘流将安归，离群慨难已。宙合几古贤，江海两畸士。沧溟更东下，蛟蜃供驱使。麾幢诸国瞻，耕凿众獠喜。化威破天靳，形神奚室迩。楼台敞名郡，木石闷荒涘。中原望孤岛，落日鱼尾紫。寤歌增角鸣，宣风亟弦弛。悠悠猿鹤怀，嶪嶪屏鄣峙。勉旃抗夔鹭，寥落募黄绮。圻沙烂疑贝，髡柳茁行荠。匹练垂吴门，鼓枻酒重酾。（石甫约重见于苏州。）[②]

《明日与石甫、左石侨广文（德慧）复游理安，由杨梅岭至龙井，仍逾翁家山观水乐、石屋二洞，久憩虎跑寺，夕归舟中，闻潮声，简石甫，并寄李申耆、姚子寿二君》：

阴晴川谷润，栖迟复幽境。濯乎法雨清，登楼月轮迥（寺有法雨泉，阁南一峰名月轮）。春秋日夜分，月出辄当顶。道恒协圆灵，性正湛内景。奥奇间未窥，明秀憩久领。彻冥松涛翻，聆善竹风静。与君久江海，险阻意常警。及兹旷穆中，无我复奚骋。山僧契沉默，瓶拂见修整。欲起为徘徊，夕日在西岭。

① 毛岳生：《休复居诗集》卷6。
② 毛岳生：《休复居诗集》卷6。

深山农事稀，茶种遍空曲。鸡鸣墟落静，白云起岩腹。湖光与石气，寂灭荡洄洑。洪纤声迭应，水石媚幽独。阴窦谁雕嵌，窍穴波纹蹙。云根燥湿清，苔发古今绿。德潜于己忘，名蹊会世辱。物坚近且然，质脆乃纷逐。吾何信硁硁，退骞缅穹谷。

松枞列数里，篁竹复间之。幽泉奔空翠，寥敻生华滋。久知化人居，不系尘中思。太虚绝纤翳，白云与我期。上方钟磬寂，冬花堕方池（时山茶犹开）。鲦鱼性亦定，潜伏不与嬉。穷通有至乐，乐匪巨细遗。行生渺宙合，畴会无言师。微风过岩壑，吾意良在兹。

多生眩名誉，文学滋争议。老以道自湔，怀抱慕荒邃。揭来陟嵚崟，步步生幽思。岂知大海中，仍作稀米计。箕毕瞻云萝，荠麦悟霜暧。自来重岩穴，伊谁显晦异。我穷不由人，君仕岂违义。古人慎出处，患匪缺经济。所患经济间，张已余治世。樗栎老空山，未尽天所弃。且姑酌石泉，崖峻江湍霁。

坤维囿圆象，海潮充四隅。寒精应地底，月出涌与俱。往复环无端，百岁成须臾。微生寄漏景，乃复迷步趋。斯文通治忽，白首空为儒。座无人天学，孰与明盈虚。岛雯共岭峤，叠碛连越吴。悠哉云雾窟，邈矣山泽癯。因君访死生，默慨风轮驱。昔年客福州，与山阴胡寄山、鄞县李蕴丝数游宴，二君皆高亮杰士，暌隔几二十余年，爱不可见，辄感叹云。[1]

《送石甫至泷中，登东西台，赋此为别》：

泷流隐峰壑，合沓疑无前。石台屹穹峻，松柏皆窅然。人生日迁变，汩汩悲流泉。险夷贞世运，行藏通昔贤。山川悦我性，邃古惟清坚。明惜子当发，岭海窥泓悬。何人更歌啸，萝壁扪苍烟。风轻仁义术，秋洁鱼龙天。正已瓢饮乐，任世衢尊传。简书复奚畏，聊止矧邂

---

[1] 毛岳生：《休复居诗集》卷6。

绵。苍鼯啼夕景，绯桃余昨妍。东海行挂帆，宵梦空云巅。①

《桐庐道中雨作，重寄石甫》：

穷通等行役，离别悲风雨。亭苕众山色，出没渺云渚。桃李嫣宿霏，峰断见平楚。嵚崎复洞壑，杳霭俄墟坞。禽鸣不越山，松静自太古。而我白发垂，草庐尚无所。维君开济材，与世作楼橹。经略出缜密，胸怀剧扬诩。尚念当熙明，无始为进阻。龙山极神秀，崖巘晻江浦。峭壁潭洞奇，月溜互吞吐。渡海非幼安，誓墓岂怀祖。感激触所遇，泉石久共仵。兹观雨裛出，乐不异吾土。耦耕老可遂，谷口听桑扈。凄其久蹭蹬，敢更耻农圃，饥溺任有人，无田意空忱。②

《姚石甫文集序》：

昔之学者所以修其德业，达乎理道刑政之原，功烈明巨，不皆勤纂述以文学自任也。然文章制作之盛，则自汉迄今必皆属之闳通俊伟不世出之材。余友桐城姚君石甫，器识深远，亮确善断，其于古今隆替兴坏通塞之理，既洞悉缓急，又自六艺传记儒墨兵家阴阳医药卜筮之书，靡不综贯。为文章驰骋，论辩雄骏通辟，浩博知要，穷隟摧蔽，皆曲中理势，可见诸实用，其材泂不世出者也。夫文章衰盛，盖不一世矣。言之简洁赡雅，不剽窃者，其视险诐缴绕，固有间矣。然条甚义类，明其体要，高下鸿杀之不遗，是直沾沾于文也。至于习夸大之词，逞刻核之智，反复考校于经世之务，以及今昔制度名物蕃俗诡变之迹，文或奥衍瑰异，其实乖离析乱，究所陈施，鲜弗偾败，则甚矣，文章之害于事也。今石甫所以成其器识，治于内者皆极醇悫，而文之雄骏通辟，曲中理势，可见诸实用者如此。往仕闽中，

---

① 毛岳生：《休复居诗集》卷6。
② 毛岳生：《休复居诗集》卷6。

因俗任法，以威信平其犷悍，以诛纵挫其劫杀。后在台湾，绝盗贼之根株，靖番氓之斗叛，争成募之更易，凡所设施，咸切利害。今官江南，乃一意惠爱，浚川渎，亟流冗则，以仁恕诚笃之谊，辅其刚肃沉敏之资，此治行之所由善，抑其文之所以盛也。石甫于古贤中尤慕贾生、王文成二人，以其所言，考其所行，或庶几有合矣。然以二人之伟抱闳识，而皆不免于谗嫉。文成又说性道过高，学者颇病。其后之舛驰，至猖狂恣睢。则凡论议之立，虽巨细隐显之不同，何可不慎其终极哉。闳通俊伟之材不易得也，而文之适于用者尤寡。事势参错，岁月殊异，士之功业学行欲求合于古人，知其得不可不防其失也，防其失矣乃益以审其通变焉。《易》曰：言出乎身，加乎民；行发乎迩，见乎远。石甫言行，久加乎民、见乎远矣。则文之见于实用，而胥达于张弛之宜者，卒何以矣哉。道光十三年七月二十二日庚寅（1833年9月5日）。①

《焦山诗录序》：

古人行役登临，义类所触，托意诗歌者众矣。夫欢哀之发，性术各殊，而达于渊深悠然宙合之表，则岂昔贤雕缋奇侈之辞所能仿佛哉。余数往来焦山，今年六月，石甫邀余与彦辅同信宿山中，二君都有诗，雄概玮识，涛奔山立，要为不违于风骚，强余和之。余以沉忧堙郁，亦假是抒其哀思。时从游者，诗率奥美，清河吴稼轩凡录得二十四首，为刻于扬州。余固不得止焉，又以嘉其志之专一，而相从于寥阒之涂也。稼轩名大田，与桐城张德生、元和陈梁叔皆彦辅弟子；元直、澹青则彦辅、石甫子也。道光十七年七月宝山毛岳生生甫书于东溟寓斋。②

---

① 毛岳生：《休复居文集》卷1。
② 毛岳生：《休复居文集》卷1。

《跋姚先生惜抱与子寿书后》：

姚先生惜抱，学行文章，深醇简洁，务以理道见诸平易，海内知者多矣。而于书法亦然，少喜学董思翁书，盖尝有诗云：太仆文章宗伯字，正如得髓自南宗。其功力深可见，然脱去思翁柔靡习气，即率尔笔札，皆有儒者游艺气象。此又存乎学养之粹，非徒力追险绝复归平正意也。嘉庆间，子寿翁自蜀归，从游先生时，有书往复，颇残佚，今存者八通。一书与岳生所作通奉公卑文，又贻以所著《九经说》，曲誉善诱，盖儒先成扬志也。然以愚蒙，有负教诲，文行多阙失，重损大贤知人之明，为不胜感悚。先生从孙石甫，文学政事亦极闳通，与岳生交深，以淮南监掣同知擢台湾兵备道，岳生送至严州泷中，登钓台，赋诗别去。归过松江，子寿翁出示是册，追思请业，时已三十余年矣。白发门生，怳亲几杖，尤无任山木悲云。道光十八年三月七日。①

姚莹《与毛生甫书己亥四月（道光十九年，1839）》：

去冬得两书并诗册及李申翁书，悉近状窘乏。而仆六月发书，竟未到，继知舶遭风，是时方办贼事，未再作问。今岁又得手书，方喜与练立人相处，何意立人暂辍任去，现计呈中无复可托为足下计者。陈梁叔嘉礼虽威，而困于山左，海外人无从着力，蕴结曷已！仆在此心事亦殊恶劣，聊为言之。台本沃土，其民士多富而好义，乃自道光六年械斗，十二年张丙作乱，两用大兵，十四、十六两年乱民再扰间阎，元气荡然。有司亟谋善后，修城建仓积容，一切派捐民间，复兴建考棚，动辄数万，创痍之后，其何以堪！又前此嘉义被困时，官借绅民数万金，事平不偿，前守某复呵责之，以是富者疲于捐资，义气

---

① 毛岳生：《休复居文集》卷2。

亦衰。此民之困于人者也。台人皆食地瓜，大米之产，全为贩运，以资财用。比各省皆熟，米客不至，台人苦谷有余而乏日用，富家一切兴作皆罢，小民无从觅食，全赖钱粮正供羡余，今以民间缺用，虽大稔之年，而赋贡不前追呼，所入十裁六七，富岁民欠转甚于荒年。此官之困于民者也。自张逆乱后，赋党一万数千人散在民间，时思啸聚，五六年来，抢劫殆无虚日。有司捕盗，全赖悬赏购线，破获一案，费数百金，而岁常数十案。此官之困于盗者也。台镇自张逆乱后，倡练精兵之议，此正务也。而练兵经费，每岁取之官捐，文自道府厅县捐万金，武自参游都司供用亦数千金，即如仆每岁亦捐千六百金，按季送给，否则有鼓噪之虞。台镇每年南北两路出巡，皆以重兵数百人从，所过厅县，供费自一千金而至二三千以为例。此官之困于兵者也。官民之困既如此矣，而更有危乱之忧。张逆余贼皆无业之游民也，迫之则立反，置之则日事劫掠。去岁春夏间，嘉、彰地方忽有树生刀枪、浊水澄清之异，民间以为乱征，其势岌岌。台镇练兵虽勤，而不得民心，即诸营亦颇怨之。以重困之官，抚重困之民，将骄悍之兵，而处必反之势，此所以到任后日夕筹维，不能安枕者也。除患必先固本，惟有躬行俭约，以清治原，裁减各属供应，去其陋规之甚者，以纾官力。撤辕门差事，一切署中自备，革去道役例差之病民者，停诸工作兴举之科派勒捐者，以苏民困。根本既固，然后督饬有司急捕巨盗九十余人，悉置之法，闾阎稍安。然匪徒甚众，策其反谋，未能已也。乃请于督抚，行联庄收养游民之法，使嘉、彰二邑各庄头人查其本庄少壮无业而惰游者，除常为乱首或大盗、杀人正凶三者不赦外，余皆免究，籍其姓名、年貌，以为庄丁，由本庄醵钱养之，使巡守田园，逐捕盗贼。颁示委员周历诸庄。自七月至于九月，所收游民八千有奇，略以兵法部署之。由是贼党皆为义勇，其势乃衰。及九月间，北路贼将起，亲至嘉、彰一路，督营、县破获，在地诛之；南路贼起，亦飞饬县、营驰往破散。两路擒斩逆匪积盗二百数十人，地方安谧，未有蹂躏。最后，中路贼起，台镇自将兵出，贼皆溃散。仆亲往军中督营、县，先后揿其渠魁从贼六十余人。镇军复入内山，穷搜贼策，获其山东大王。各路亦极获贼匪百数十人，全台乃定。仆以九月初七日出巡，十二月初五日还郡，台镇以十一月二十四日出军，正月十五日旋师。所至捕诸反贼，摧朽拉枯，民自擒献。由其党兄先已收为义勇，虽有倡乱，而附和者少，故破之易也。先后入奏，幸免劳师糜饷，残害闾阎。新春以来，则比户弦歌，如未尝有寇者。此去岁筹办台事之大略也。来书以戢威用恩相勉，计此次先后擒斩贼寇不过四百余人，而收养者八千有奇，闾阎被贼之地无所残害，以此报命可乎？足下此时竟安在，申翁能健，慰甚。去寿七十，未有以寿，容图之。练明府顷在何所？春木自楚中有书来，亨甫不知消息，植之仍在粤未归。去岁舍下丧一小女，家兄亡两孙，内有一最佳者，可悼之至。①

姚莹《丁酉六月十二日偕潘四农、毛生甫游金山，放舟焦山，宿松寥阁，赋柬二君，并示从游诸子》：

　　戚戚饥溺志，悠悠沧海心。轩车未能弃，胜境聊遐寻。落日照丛丘，明霞满江浔。逸情缅高躅，白发穷青林。地回天宇寒，目极忧忽深。眷言此幽憩，慨彼拼飞禽。

　　婵娟云间月，皎好山中侣。扁舟漾清波，绀碧何官宇？探胜既陡巇，投夜问江浒。明灭沙中灯，憀栗寺钟杵。闻君有高论，湍阁且延伫。

　　高树临大江，危槛倚绝壁。灵风回万籁，哀响荡心魄。城市阒夜嚣，披襟招古月。澄怀深杳杳，众星明历历。上扪虎豹关，下瞰蛟虬窟。吾生竟安穷，天阙在咫尺。

　　浩浩古天地，邈然托我身。往迹一何远，今梦忽若真。曜灵破溟

---

① 姚莹：《中复堂全集·东溟文后集》卷6。

洞，万物各有垠。羲皇迄殷周，治乱嗟纷纶。寸心经万代，炊黍即千春。金石忽熸烁，诗书亦泯沦。形色欣在兹，至道谁与陈。①

姚莹《嘉庆戊辰（十三年，1808）与李海帆宿理安寺，后三十年，与左石侨、毛生甫再游，寄海帆，时提刑山东》：

> 西湖楼殿锦云张，水面山容尽妙妆。一入理安空色相，四围峰立裹青苍。老僧床足经三换，高阁松声听未忘。等是卅年前过客，濯缨何日向沧浪。②

姚莹《毛生甫诗册》：

> 生甫名岳生，宝山诸生。少以诗名，曾宾谷题襟馆中客也。其诗幽古峭峻，非近今所有。学尤沉博，痛《元史》疏缪，尝重编之，稿未竟而卒。余在江南，游处数年，之台湾，乃未能从。挐舟送至严州，相与登钓台，赋诗别去，逾年写册寄余。君亡已六年矣，此册在箧中，展阅之，不胜怆然！
>
> 宾馆题襟蚤盛称，江东谭艺若为朋。新诗险境寻常凿，旧史重编义例绳。辽海几曾栖管郇，钓台空与拜严陵。扁舟送我成终别，收拾遗书恨未能。余尝欲刻其所著诸稿，不果。③

朱琦

朱琦（1803—1861），字伯韩，号廉甫，广西临桂人。道光十五年进

---

① 姚莹：《中复堂全集·后湘续集》卷1。
② 姚莹：《中复堂全集·后湘续集》卷1。
③ 姚莹：《中复堂全集·后湘续集》卷6。

士，由翰林院编修历官御史，与苏廷魁、陈庆镛号称"谏垣三直"。道光十五六年后，朱琦与黄爵滋、张际亮等在京都提倡诗文。道光二十七年，告归。咸丰年间，随巡抚王有龄赴杭州，总理团练局。十一年，太平军攻陷杭州，朱琦死于战乱中。著有《怡志堂诗文集》。

朱琦《纪闻八首》：

边徼苦夷氛，所至辄糜烂。姚侯一书生，孤城乃能捍。澎水潜没伏，火攻出深算。东顾幸有人，藉以舒宵肝。

筹兵先筹饟，任谤兼任劳。文武职守异，事权患劳挠。太尉往交欢，颇、牧如漆膠。用能制鲸鲵，溟渤偃泓涛。

木冈环乱山，野番恒杂处。奸民恣劫略，蚊豕纷蟠踞。滋蔓当预图，番夷渐归附。内乱苟不生，外寇岂足惧。

制敌当以奇，攻毒从其类。巨盗招使降，结之以恩义。大府跃马来，群酋皆罗拜。谓公能用我，奋勇当一队。

诸将拥节旄，献凯多侈辞。大勇功不居，镇定如平时。但云夷舟退，首虏付有司。守土自臣职，宠禄安敢知。

忠谠本素性，综练由诗书。君家惜抱翁，乃是韩、欧徒。绝学承一线，吾道信不孤。努力济时艰，所望宏远谟。①

朱琦《癸卯九月朔日集万柳堂宴姚石甫丈，席间话台湾事，慨然有作。在坐者为陈颂南、苏赓堂两侍御，梅伯言、马湘帆、王少鹤三农部，何子贞编修，立人海秋夫子暨予，凡九人》：

癸卯月在酉，姚侯自狱出。天断信明圣，忠愤得少泄。汤子亟置酒，簪绂萃贤杰。潭潭万柳堂，城东峙屹兀。荒寒余古意，惊飙荡白日。酒半兢问公：何台何设施，夷舟作何壮，攻战复何术？公笑谓众

---

① 朱琦：《怡志堂诗文集》卷4，光绪间刻本。

宾，兹役那忍说。独有巡台时，一事差快绝。夷船大创去，四战皆告捷。虏首翻献诚，通事来请谒。声言詟天威，顾一仰麾钺。公时私自念，锋焰今少歇。和戎计大局，生虏悉付给。单舸往抚之，藉此觇窟穴。杪秋蜃气肃，海面如镜澈。清风送歌啸，杉板坐长筏。番童摇双桨，容色白胜雪。约略十数辈，敛首拜起讫。使君请出看，我舟殊诡谲。蛟龙掣大纛，五色下雌蜺。青红摇海市，幻出金银阙。鹢首尽东向，灶鼓有行列。六炮轰雷车，怒潮中吼裂。公问此何为？番目语吃吃。谓此小夷礼，微诚幸得达。国主千万寿，或有大庆悦。每船张百旗，金碧烂磨戛。下此礼稍杀，幢幡未可挤。君侯威德盛，义当备仪节。行行已逼近，欢声沸蛟窟。登船皆耸观，两边列刀鞍。鬼奴以次上，免冠掠毛发。铺床紫氍毹，贴锦红鞯鞲。咬嚼罗珍异，华宴促密室。龙鲊味肥美，亦有鹅与鳖。老将头虎尾，巨口恣啖啜。一酋捧赪盘，干腊秘以酺。云是本国味，弯刀亲缕切。酒酣纵鞠䐆，铜鞮助呜咽。騞臂复蹈舞，回帆转萧瑟。我闻神为王，震荡堕心魄。岂独㷭国威，道力何勇决！在昔郭汾阳，免胄示回纥。古今事则殊，忠义乃一辙。去冬公被逮，朝议纷郁怫。袖中万言书，誓欲奋喉舌。既思天听卑，公论不久屈。果然脱罗网，覆盆照湮郁。陈汤冤不讼，因勃口终讷。将才出老儒，吾辈见管、葛。异时任钧轴，丑虏岂足灭。惜哉惧谗谗，恐遂老耕垡。平子方卧病（谓亨甫），说尹痛至骨。我亦江海人，一腔积热血。昨朝喜见公，为我话端末。汝翁吾旧识，意度蕴谈阔。黎明捍孤城，杀贼事最烈。汝今世其家，规矩犹前哲。铮铮励言职，尤当慎所发。座中数君子，神采焕摩豁。闻有《东槎集》，兵事颇囊括。文章亦公器，瑕垢同荡抉。霜高风色厉，橹栎戛金铁。驱车径归去，疏棂上寒月。展卷诵公诗，叹息复屡辍。夜深不能卧，肝胆蟠岝崿。汹涛疑在耳，奇境恐暂失。他日告史官，兹事载直笔。[①]

---

① 朱琦：《怡志堂诗文集》卷4。

朱琦《校正亨甫遗集作诗志意》：

姚侯哭君泪绠縻，为营輀翣送之归。将搜遗草付劂剞，如此高谊所见稀。①

朱琦《得石甫至蜀书，不忘万柳旧游，因题其后》：

蜀帅非严武，悲歌惜浣花。廉颇犹善饭，杜老已无家。书寄哀猿泪，云开栈道斜。柳条攀折尽，无处问东槎。②

魏源

魏源（1794—1857），字默深，湖南邵阳人。道光二十五年（1845）进士。历任江苏东台、兴化知县、高邮州知州等职。著作甚多，有《古微堂内外集》、《古微堂诗集》、《诗古微》、《书古微》、《元史新编》、《圣武记》和《海国图志》等。而以《海国图志》影响为深远，其中“师夷长技以制夷”为名言。

姚莹在《汤海秋传》中回忆他与魏源等人的交往：

道光初，余至京师，交邵阳魏默深、建宁张亨甫、仁和龚定庵及君（汤鹏）。定庵言多奇僻，世颇訾之。亨甫诗歌几追作者。默深始治经，已更悉心时务，其所论著，史才也。君乃自成一子。是四人者，皆慷慨激厉，其志业才气，欲凌轹一时矣。③

① 朱琦：《怡志堂诗文集》卷4。
② 朱琦：《怡志堂诗文集》卷4。
③ 姚莹：《中复堂全集·东溟文后集》卷11。

道光二十四年（1844），魏源回江南，赠姚莹《康𫐉纪行·自叙》说：

　　《康𫐉纪行》者，道光甲辰、乙巳、丙午（二十四、二十五、二十六年，1844、1845、1846）间，莹至蜀中，一再奉使乍雅及察木多抚谕蕃僧而作也。……适友人魏默深贻以所著《海国图志》，大获我心。故乍雅之役，欣然奉使，就藏人访西事，既得闻所未闻，且于英人近我西藏之地，与夫五印度、俄罗斯之详，益有征焉。[①]

梅曾亮

　　梅曾亮（1786—1856），字伯言，晚号相月斋居士，江苏上元（今南京）人。道光二年（1822）进士。主持如泉、翠螺书院讲席。先后入安徽巡抚邓廷桢、江苏巡抚陶澍幕府。曾师从姚鼐，与方东树、管同、刘开并称"姚门四杰"。著有《柏枧山房诗文集》。

　　姚莹有诗与梅曾亮唱和，另有致梅氏信，录如下：

　　姚莹《梅伯言、马湘帆、汤海秋、王少鹤四户部，何子贞编修，陈颂南、苏赓堂、朱伯韩三侍御，叠次召余同亨甫为觞宴之乐，九月二十六日复集兼葭阁，盖丙申年入都，伯言、湘帆置酒处也，诸君各以诗文见赠，余行有日，辄成七律数章酬别》：

　　城南朝雨草霏霏，高阁增寒眺夕晖。胜地只堪埋马骨，轻尘何必浣人衣。青山红树诗情壮，白发黄华酒力微。壁上鲍吴题句在，疏槐惨澹乱鸦啼。

　　余霞阁上曾同醉，龙爪槐前再举杯。此日登临欣健在，半生怀抱为君开。衰葭莽苍天无际，往迹销沉恨不回。明到江南如寄回，浮山

---

① 姚莹：《康𫐉纪行·东槎纪略》，黄山书社1990年，第1页。

岚翠扑人来。

江东俦侣半凋萧，日下耆贤久寂寥。何意海禽方铩羽，又逢秋鹗尽摩霄。壮怀力振回天地，抗论神飞见贾晁。圣主已闻客直谏，封章频数莫辞劳（颂南、赓堂、伯韩皆直言见纳，少鹤亦著谠论）。

接迹纷纷闽粤才，张郎巨笔独大开。豪情半问江山尽，病骨状含今古哀。不信斯人尚沦弃，终应圣世薦莱。轞车伴我三千里，出狱临歧首重回。

诗尝避舍惟亨甫，无不余才又海秋。剑气盘回霜在匣，冰怀朗照月当楼。但须于越寻吴耻，不用新亭泣楚囚。抵掌闻鸡曾共寝，别来惟独著浮丘。

清言易理称平叔，俊逸诗辞爱信阳。把卷名贤空异代，闭门潜学又湖湘。艰难狱底惊相问，忼慷樽前意不忘。他日著书成绝业，白头千里独堪商（子贞初不相识，见访于狱中）。

梦魂何日忘楼船，直北传烽幸熄烟。狂狙未周三五夜（余以八月十三日入狱，二十五日蒙恩赦出），金鸡已放九重天。微劳岂意蒙恩诏，绝岛犹闻急赠钱（台湾人士闻余入狱，醵金寄助）。帝德民情有如此，几回搔首马难前。相知新旧别如何，击筑当筵共放歌。月地怒闻金石裂，霜天哀感雁鸿多。分无宝剑酬燕士，那更悲风渡塞驼。班马萧萧从此去，暮云迢递阻浑河。①

姚莹《不见黄树斋十四岁矣，宦辙不同，而同见谪，己酉十月召以入都，过白下，梅伯言亦归自京师，树斋约登钟山，阴寒不果，为五言一章》：

日日望钟山，未探灵岩址。已挂神武冠，宁复亦城市。蹉跎性成懒，有为时复止。故人何方来，相见一悲喜。昔为股肱臣，中忽罢金

① 姚莹：《中复堂全集·后湘续集》卷2。

紫。浩荡八九年，遍览奇山水。盈囊有佳句，往往阴鲍拟。入门笑且投，谓我当何似！修旧渐欲尽，浩气尚存耳。念我长崎岖，面目殊不死。语深不觉夜，有酒亦清旨。方今天子圣，烛照破淫诡。会当起李纲，一洗邦国耻。行矣君自爱，世事待整理。我精已销亡，不足任驱使。贪拥一皋比，辜负经天晷。农贾两不能，饱食常虑侈。浮云翳有尽，幸免污青史。所恨老为客，不得卧乡里。梅福都中来，亦已悬车轨。少同慷慨言，白首不相鄙。两君多雄文，实事必有纪。生能为我歌，死当为我诔。①

姚莹《赠梅伯言》：

故人京师来，廿载车尘洗。文成道以远，何必太仓米。先庐经未荒，颓垣篱可抵。枯荷满园池，远岚接阶茅。日夕对钟山，不见山扉启。时有庞公来，不作宾主礼。②

姚莹《复梅伯言书》（辛丑闰三月）：

台地民情浮动好乱，当凋敝之后，芟夷而安定之，抚循而休息之，二年以来，甫见清谧。讵逆夷多，故海内外□事戒严。上年夷船再犯台湾，幸为数少，而我以有备之兵勇击之，比即退去，嗣更加意设防。全台南北一千四百余里，要口十七，亲往相度形势，部署稍定。盖台湾不同内地，他处但防夷耳，台则兼防内乱也。大要在不动声色，静以镇之。各路陆营弁兵仍旧弹压地方，不轻调动，以防内变。守口之事，惟责成水师，而助以乡勇，驻防其各属村庄。则如前收养游民之法，使民庄头人选庄丁自为团练，造送名册，以备临时调用。无事时，各安其业。既使游手有归，而官无口粮之费。其给口粮

---

① 姚莹：《中复堂全集·后湘续集》卷7。
② 姚莹：《中复堂全集·后湘续集》卷7。

者，独长驻守口之二千六百八十人，而团练待调者则一万三千矣。由此推行，可得精锐数万。盖守口者日久则罢不可用。故临敌之师，必储蓄之，养其锐气，乃可战也。外既有备内亦无忧。

顷覆制府书有云："以结人心安反侧为本，计筹经费，缮守备，和文武，策群力，为亟图。"区区之愚，所以治台守台之术，不外乎此。惜同事武人，不知方略；性复猜狷，不洽舆情，为可虑耳。惟有委曲善全，期无偾事，然亦极费经营矣。至于夷人大局，一误再误，人所共知，莹则以为畏葸者固非，而轻敌者亦未为是。忠于谋国者，总当无立功好名之心，审量事势机宜，善权终始，岂一言所能概耶？莹职在守土，惟知守土而已，不敢他及也。[①]

姚莹《又与梅伯言书》：

岁内一书，属陈子农大令携至京师，闻尚未成行，想新岁起居增胜也。莹待罪逢州，本拟三年，然后告归，讵藏中有调办粮台之请。盖后藏外接披楞，即英夷孟加剌之属部也。披楞又名噶里噶达。孟加剌又名第里巴察，与后藏之阿里，皆古东印度地。英既占东南中三印度之半，进窥后藏之矣，昔赖廓尔喀之小部落哲孟雄大山所阻。山极险，仅通一羊行。近年此山为英所据，开山通道，可以长驱入藏。又廓夷与英连和，心轻中国，不肯为我藩篱。藏失其险，复无屏翰，英遂有通市藏中之谋。朝议已许之，使斌少寇出镇经理藏事。少寇请莹为助，殊不知莹为英所深仇，断不能预和市，英必藉口称戈大臣，以边事归罪，惟有受诛而已。国家既无毫末之补，而徒有大损，岂人臣忠于谋国之义哉？又无人计此为上言者。少寇已亡，大府亦不欲莹此行。自念老病，陈情开缺回籍，即于二月三日卸事矣。公私累殊甚，设法摒挡，未知济否。傥能于川水未盛前登舟，何幸如之！

---

① 姚莹：《中复堂全集·东溟文后集》卷7。

桐城债负，拟鬻薄产以偿，更于近地觅一书院为活，或可得乎？阁下见藏奏，必念，辄布区区。不具。①

姚莹《再与梅伯言》（丁未八月）：

入蜀后仅一致书，而相念之情则未尝一日去怀也。著作文章想更宏富。

阁下蚤岁志在有为，既而专攻文章。惜翁后，异之往矣，今海内兹事，舍阁下其谁属耶？然交之至者，固皆深明于天人事物之理，与夫古今学术、人才、政治是非、得失之故。宏通精实，蓄之既深且久，然后提要钩玄，无所不当。此古大家之闻，所以异于世俗浮浅之作也。异之之文精矣，而惜其未宏。意者其在阁下乎？虞伯生宋潜溪，虽未及古作者，犹能自著一代，况不甘为虞、宋者哉？莹于此事未能深用功力，固自愧其家学矣。蓬州受事经年，地僻事简，不窜山居之乐。造物于我，果何负哉！身世所遭，则有义命，非人所能为。年逾耳顺，此中宁尚有未豁然者乎？圣人云："君子不忧不惧。"又云："作《易》者其有忧患。"合而观之，可以得其会通矣。

久别，无可言者，辄钞近岁诗及杂文各一册，由鹰青家兄转致，阁下观之，可知其在蜀情事也。阁下在部已久，补缺之期当近，长安居甚不易。秋气已深，伏惟珍重。不具。②

梅曾亮《姚石甫客江宁至家喜晤》：

君归谪宦三千里，我寄闲官十九年。人世烟云谈笑过，钟山青到小窗前。③

---

① 姚莹：《中复堂全集·东溟文后集》卷8。
② 姚莹：《中复堂全集·东溟文后集》卷8。
③ 梅曾亮：《柏枧山房诗集》卷8，上海古籍出版社2005年，第609页。

孙鼎臣

孙鼎臣（1819—1859），字子余，号芝房，湖南善化人。著《苍筤文初集》21卷，其中诗初集10卷，文初集6卷，诗赋初集5卷。

诗文集中与姚莹有关者有《姚石甫廉访寄示〈中复堂集〉》：

> 海上提戈第一功，槛车对簿汉廷中。蓬婆谪去千山雪，浮渡归来一棹风。今日朝廷忧岭表，旧时郡将起江东。云台烟阁关时会，不负千秋是赤忠。①

《与姚石甫廉访论粤事书》：

> 五月十二日，徐毅甫自合肥以大集见教，因道阁下拳拳之意。阁下声绩暴著中外，奉命办贼，以忠勇之志，闳达之才，坐而筹之，贼不足平。某空疏无足为阁下知，然阁下有意其人，意将诱之使言，不敢不展布所怀，以塞盛意。窃以为粤贼之横，始误于玩泄，继误于张皇。去冬两师并命，不画全局，操定算，遽议出师，半年来贼势如故。（以下所删为分析在广西官兵之败于太平军）阁下手无重权，事不专制，然威名干略，固督师所深信而诚服者，必有嘉谋左右其间，无待浅人□缕。然区区之心，窃有不能自己者，敢布其辞，惟鉴裁焉。②

王柏心

王柏心，字子寿，湖北监利人。道光二十四年（1844）进士，官刑部主事。二十五年乞养归，不复出。主荆南书院讲席。咸丰三年（1853），

---

① 孙鼎臣：《苍筤诗初集》卷6，咸丰间刻本。
② 孙鼎臣：《苍筤文初集》卷13。

参署湖广总督张亮基戎幕。湖广总督林则徐闻其名，往致之，许为"国士"。尝入云贵总督林则徐及陕甘学政罗文俊幕。同治十二年（1873）卒，年七十五。著有《百柱堂全集》，计诗文52卷。

集中有《与姚石甫观察书》：

> 曩于建宁张亨文、桂林朱伯韩及贵宗春木翁处时时得见大作，雄直之气，望而震慑。嗣闻南溟告捷，躬殄鲸鲵，威行百岛之外，为当时战功第一，心窃壮之。今岁持节外台，已拜楚北鹾使之命，深幸绣斧非遥，庶几抠衣一识伟人。俄而粤西戎幕，资奇谋于借箸，籍峻望以折冲，则又闻投袂即行矣。顷友人书来，言执事于鄙人姓字颇辱拳拳，复承出尊著全集，属为转贻，甚矣，执事垂意之深也。或者亨父诸君子平日尝有所称道耶？乃柏心智术短浅，实不如诸公所云云也，且感且愧。徐当取尊著次第绅绎，稍尽管蠡之窥测焉。粤氛甚恶，辄敢淫名僭号，显犯天诛，其殄灭可计日待……[1]

朱雅

朱雅，字介生，一字岑南，号歌堂，安徽桐城人。乾隆五十九年（1794）举人。年七十为金坛教谕。自少闻刘大魁绪论，习古文法。其愤懑之情一抒于诗，为《介生诗选》6卷。

姚莹《晚泊枞阳，访朱歌堂不见》：

> 我从金陵来，看尽六朝山。六朝多佳丽，山水如烟鬟。迎风逞娟妙，向我低赪颜。揽之不可即，云彩纷斓斑。举杯邀山饮，山如笑相还。日落红翠酣，山醉我亦阑。浩然鼓枻去，江静无波澜。仙人巘圆

---

[1] 王柏心：《百柱堂全集》卷37，光绪十九年刻本。

镜，桂出青云端。照我登采石，精灵其盘桓。忽吐风云气，题句高楼间。微闻老蛟舞，山鬼啼江湾。归来始泊舟，泊舟枞阳渚。坏土古台基，昔人射蛟处。我友有居宅，闻与兹台邻。到门不可见，秋水多钓纶。却棹空船去，相思愁杀人。①

姚莹《题朱歌堂〈淮汴集〉》：

漳河北去莽云端，白草黄尘战骨寒。独有吕仙祠畔月，送君清梦过邯郸。②

黄爵滋

黄爵滋（1793—1853），字德成，号树斋。江西宜黄人。道光三年（1823）进士，授翰林院编修。历官监察御史、工科给事中、鸿胪寺卿等职。与林则徐、姚莹等提倡经世之学，主张刷新吏治。道光十八年（1838），上疏力主禁烟。道光二十年（1840），任刑部右侍郎，赴福建视察海防，极言加强战备，以抗御英军入侵。著有《黄少司寇奏疏》、《仙屏书屋诗录》、《仙屏书屋文录》等书。

姚莹《不见黄树斋十四岁矣，宦辙不同，而同见谪，己酉十月召以入都，过白下，梅伯言亦归自京师，树斋约登钟山，阴寒不果，为五言一章》：

日日望钟山，未探灵岩址。已挂神武冠，宁复亦城市。蹉跎性成懒，有为时复止。故人何方来，相见一悲喜。昔为股肱臣，中忽罢金紫。浩荡八九年，遍览奇山水。盈囊有佳句，往往阴鲍拟。入门笑且

---

① 姚莹：《中复堂全集·后湘诗集》卷1。
② 姚莹：《中复堂全集·后湘诗集》卷9。

投，谓我当何似！修旧渐欲尽，浩气尚存耳。念我长崎岖，面目殊不死。语深不觉夜，有酒亦清旨。方今天子圣，烛照破淫诡。会当起李纲，一洗邦国耻。行矣君自爱，世事待整理。我精已销亡，不足任驱使。贪拥一皋比，辜负经天晷。农贾两不能，饱食常虑侈。浮云翳有尽，幸免污青史。所恨老为客，不得卧乡里。梅福都中来，亦已悬车轨。少同慷慨言，白首不相鄙。两君多雄文，实事必有纪。生能为我歌，死当为我诔。[①]

潘德舆

潘德舆（1785—1839），字彦辅，号四农，江苏山阳人。道光八年（1828）举人第一，十五年（1835）大挑一等，以知县发安徽，未赴。其说经不祖汉宋，而以近儒之破碎穿凿为汉学之糟粕，语录之空虚玄渺为宋儒之筌蹄。其论治术，以为天下之大病，不外一吏字，尤不外一例字，而实不外一利字。居京时，与张际亮、汤鹏、徐宝善等多有往来。所著《养一斋诗文集》24卷，《外集》未刊者24卷，诗余3卷，诗话13卷，《念后子》1卷，《春秋纲领》1卷，《丧礼正俗》1卷，《黜邪家诫》1卷，《传恭堂祭仪》2卷，《示儿长语》1卷，《养一斋札记》9卷，《四书义试帖》5卷，《九经人表》1卷，《论语权疑》3卷，后二书皆未成，盖绝笔也。

姚莹《潘四农诗序》：

余之知潘四农也，因张亨甫。亨甫告余曰："吾遍交海内贤士，以诗契合者众矣，大半皮骨声响之间耳。吾尝喜人攻其短，而卒鲜攻者。曩者在京师，得徐廉峰、郑云麓、黄树斋平判吾诗，多中，而尤精当者潘四农也。"余观亨甫诸诗稿本，信然。亨甫曰："匪惟论诗，

[①] 姚莹：《中复堂全集·后湘续集》卷7。

其为人也，类有道君子。"已而毛生甫至，言四农一如亨甫。余慕之，属生甫为书，延四农教子若婿。四农欣然至扬州，其从来者弟子吴君大田及其子亮弼也。于是，丙申、丁酉（道光十六、十七年，1836、1837）之间朝夕聚处。纵观所为诗文，精深奥突，一语之造，有耐人百日思者，窃叹张、毛二君不我欺也。余尝与四农、生甫各携其弟子游金、焦二山，信宿赋诗，一时兴趣邈然，若与造物者冥游八极之表，曾不知哀乐之何寄。嗟呼，人生倏忽耳，安能常有此境哉！已而四农北去，李申耆偕其弟子与吴仲伦、左石侨及亨甫后先复至。申耆弟子吴君儁为余作《谈艺图》，写诸君之貌甚工。诸人旋散，余亦渡海。逾三年，则闻四农殁。癸卯（道光二十三年，1843）过淮，四农之孤缞经犹累然也。余以缧绁之身，不能哭于其家，忍恸而行。是时，仲伦、申耆、生甫皆已亡，亨甫偕余北上，殁于京师，石侨继之，谈艺诸人，风流顿尽矣！又五年，四农弟子刻其师遗集既成，吴君大田两以书来，属余为序，其何能辞，乃述其所以交四农者，黯然识之如此，若其诗之精妙。则诸君论之详矣。道光己酉（二十九年，1849）上元后六日桐城姚莹序。①

吴昆田

吴昆田（1808—1882），原名大田，字云圃，号稼轩，江苏清河人。道光十四年（1834）举人。历官中书舍人、刑部河南司员外郎。光绪八年十月初一日（1882年11月11日）卒，年七十五。著《漱六山房全集》11卷，其中诗4卷、文6卷、师友记1卷。

吴昆田《陪四农师、石甫、生甫两丈游金、焦两山作丁酉（道光十七年，1837）》：

---

① 姚莹：《中复堂全集·东溟文后集》卷9。

画船载酒出江城，斜日金山楼观明。海雾晴开蛟蜃窟。天风夜下凤鸾声。长虹已指仙人路，束帛虚留处士名。谁忆扬州二分月，高寒水阁似瑶京。①

吴昆田《诒清堂集序》：

君（谭祖同）结交半天下，其尤重君学谊者，初文端、杨端勤、黄树斋侍郎、姚石甫廉访、汤敏斋太常、徐廉峰太史。②

吴昆田《养一斋集跋尾》：

丁酉（道光十七年，1837），从先生（指潘德舆）游于扬州姚石甫醝使幕中。石甫先生才名硕望，方以天下自任，敬先生如师，放舟金、焦，宾从欢宴，为诗歌刻诸石，笑曰：此游可为江山生色矣。③

张祥河

张祥河（1785—1862），原名公璠，字元卿，江苏松江人。嘉庆二十五年进士，官至工部尚书。著《小重山房全集》。

张祥河《姚石甫同年复官志喜》：

早闻闽海洞边情，小谪南来话旧盟。吏议原知非定律，天恩何幸及书生。悬鱼清节人皆谅，驱鳄奇文笔肯平。勖尔乘时经术贵，岂徒宗派嗣桐城（自注：石甫为惜抱翁从孙，任台湾令）？④

---

① 吴昆田：《漱六山房全集》卷4，光绪间刻本。
② 吴昆田：《漱六山房全集》卷5。
③ 吴昆田：《漱六山房全集》卷8。
④ 张祥河：《小重山房初稿·诗集》卷12，清刻本。

张祥河《李海帆太守、姚石甫大令招同吴兰雪、龚定庵两舍人，姚豸青侍讲，胡小东比部，端木鹤田学博，邓湘皋、周伯恬、管异之、魏默深、饶啸渔、马湘帆、查花农、曹梅雪、陈雪炉诸孝廉，陈伯游茂才，姚子卿五官正集尺五庄》：

昔我登金山，四望壮心起。欲开瑶席对江天，高会大江南北士。竭来瑟缩长安居，诗社仅复联簪裾。鲍叔觉生丈云亡董琴南同年潘功甫舍人返，城南落落陈石士丈钱衎石丈吴兰雪丈。今朝折柬数佳客，经术词章各专席。桐城主人皆素交，酒后狂歌脱巾帻。古藤一架水一湾，白日熠耀酡朱颜。东南秀出者诸子，何啻一笑逢金山？槃敦人间足千古，远辈西峰亦飞舞。兹会还当胜地书，门也丰宜庄尺五。[①]

汪元爵

汪元爵（1788—1833），字伯孚，号竺君，镇洋人。道光三年（1823）进士，官至刑部湖广司郎中。军机处领班兼方略馆提调。

汪元爵《龚定庵舍人招同吴兰雪嵩梁、汤茗孙储璠两舍人，姚硕甫大令莹，徐辛庵士芬、廉峰宝善两编修，周雪桥检讨仲墀，作消寒会，忆江乡食品，分得糟鲥鱼》：

穿将几尾柳条青，脱网翻然入酒瓶。七十二沽求未得，江风江雨带潮腥。小糁吴糟蔌蔌红，香真柔腻肉真丰。年来归梦忘渔父，夜半春情泥社公。[②]

① 张祥河：《小重山房初稿·诗集》卷12。
② 汪元爵：《泾西书屋诗文稿·诗集》卷2，《清颂堂丛书》本。

徐宝善

徐宝善（1790—1838），字廉峰，号壶园，安徽歙县人，迁居昆山。嘉庆二十五年（1820）进士，官御史。

徐宝善《同年生龚定庵自珍邀吴兰雪丈嵩梁、汤茗孙储璠、姚石甫莹、汪竺君元爵、周雪桥仲墀、家辛庵士芬与余作消寒会，分咏江乡诸食品，余得橄榄二十韵》：

> 海南种鸡槟，江东重乌榄。红盐屑银盘，翠颗苞玉菡。函从千里至，珍若百琲揽。匀圆肤外莹，磈砢核内嵌。纵比橘节坚，遑同蔗尾啖。一奁颐枉条，十斛首谁鼓。从来别酸咸，至味出古澹。乍投方梗涩，既沮觉淡澉。华池渗津津，琼液回醰醰。有如逆耳言，事过乃识感。煎饧正味贬，捣酱翠色黲。又如骨鲠士，直节遭墇坎。扶荔擘鸡冠，圆缨摘龙颔。冰梨沁紫霜，密杏缀红糁。饕奇争厌饫，食谱竟雕鋟。儒生味道腴，岂为世情撼。森森真面目，郁郁古肝胆。蓄素栖灵淳，蕴真入元窨。俗好敢轻徇，自视犹觉欿。呼作苦口师，廷诤尔其敢？ [①]

吴嵩梁

吴嵩梁（1766—1834），字子山，号兰雪，东乡人。嘉庆五年举人，官黔西知州。以诗名，著《香苏山馆全集》。

吴嵩梁《六月二十一日欧阳文忠公生辰，用公题滁州醉翁亭韵，同顾南雅张觉荪编修、陈石士讲学、钱衎石侍御、张诗舲舍人、李海帆太守、姚石甫大令作》：

---

① 徐宝善：《木天集》，《壶园诗钞选》卷3，道光十一年刻本。

四十称醉翁，不闻自寿篇。今日一瓣香，上溯岳降年。翁时受滁州，跌宕林壑间。浩歌出亭际，车马留山前。爱此酿泉水，天籁鸣涓涓。座客有杜彬，答以琵琶弦。为政自有体，一简御百繁。其乐与众同，醉卧聆潺湲。我欲画此意，妙手准龙眠。朝夕拜公像，千秋如晤言。想见酒醒处，日落山苍然。

醉翁以名亭，留题赋新篇。缅怀宋庄历，丙戌同六年。丰乐别有亭，翁亦醉其间。记成当此月，传观寿樽前。平生忠爱心，报国输微涓。地僻身暂闲，且复调朱弦。鱼鸟久亦亲，花木阴渐繁。千峰翠漠漠，万壑风湲湲。其心以忧醉，安得枕石眠。高怀各有适，白云闻公言。我亦念早归，华发今萧然。心以忧醉安知乐，高怀所得各有适，见赠沈遵诗。①

姚莹《香苏山馆诗集后序》：

乾隆、嘉庆之间，海内以诗名者，咸称黄仲则。仲则奇情超迈，调逸气空，论者谓其才近太白，似矣。同时才力足以并驱者，为吴兰雪。兰雪才雄气道，思沉学博，能状难绘之景，写难显之情。他人极力为之，指僵颖秃，兰雪顾从容挥洒，其境屡变而不穷。比而论之，殆一时之二杰乎！仲则蚤死，其诗后刻，传乃稍广。兰雪自弱冠至京师，王述庵、翁覃溪、秦小岘、法梧门诸公盛相推重，自是遍交海内名士，酬唱四十余年，未有或先之者。至于篇什传播海外者尤多，朝鲜侍郎申纬推为“诗佛”；吏部判书金鲁敬父子以梅花一龛供其像及诗，尝于道光丙戌（六年）三月二十五日（1826年5月1日）集其国之名宿，置酒梅龛，为兰雪遥祝六十初度，好事传为画图。琉球陪臣向邦正等以嘉庆十年奏请入监肄业，出兰雪门下。及学成归国，奉使来朝者皆欲得其赠诗为荣。甚矣，兰雪才名之盛也！然兰雪夙留心

---

① 吴嵩梁：《香苏山馆诗集》卷14，道光二十三年刻本。

于经世之务，每以不得一试吏事为恨，乃自为诸生，应甲辰（乾隆四十九年，1784）台试，不用。久之，仅举于乡。数试礼部不第，友人助之，始以资为博士。复改官中书，浮沉国子学及内阁者且二十年。今逾六十，曾不得一行其志，特于当世之以干济闻者心重而推挹之，惟恐其用不竟。异哉！兰雪之志甚大，而其遇乃穷也。岂予之名者其身，天之所以待诗人者，理固如是耶，抑或兰雪精力方健，将晚达之？是固未可知矣。余识兰雪最后，兰雪甚爱予五言古诗，自以为不及，则兰雪之谦也，而厄于仕途，两人适有同慨。兰雪自伤其志不遂，仅以诗人闻也。晚编其集，为古近体若干卷，属余为序，岁余因循未就。今且远别，乃述平素所倾倒者如此，后之览者因诗以求其志，即兰雪可知矣。桐城姚莹。[1]

汤鹏

汤鹏（1801—1844），字海秋，号浮邱子，湖南益阳人。道光三年（1823）进士。历官礼部主事、户部贵州司郎中、山东道监察御史等。关心世务，著有《浮邱子》一书。姚莹以台湾道抗击英国侵略军，受诬入狱。出狱后，汤鹏觞客于万柳堂为他祝贺。汤鹏卒于道光二十四年七月九日（1844年8月22日），另有《海秋诗集》26卷，《后集》1卷。

汤鹏《姚石甫兄入都叙旧言怀四首》：

> 人生无恒处，聚散如风蓬。昔去已飞骞，今来亦从容。别久绪何繁，喜新语难重。笪笪展窗绿，踯躅沿街红。童子酌美酒，一饮累十钟。醉醒顺所适，是非澹在空。白璧岂为拙，青蝇岂为工。进修遭怠忌，敛退成盲聋。拳拳君子志，与我为云龙。气类自古然，谁谓途

---

① 吴嵩梁：《香苏山馆诗集》卷首。

将穷。

天高鸣凤凰，涂长骋骥騄。匪侈君子才，耻与时人目。物驳见疮
痍，才软森牙蘖。余固咽悲梗，子亦肠诘曲。作吏二十年，计实名乃
郁。贤劳政有加，迟暮发半秃。亮兹朝天佩，大展蟠云躅。上以葆中
和，下以洗鸩毒。

高飞限霄汉，卑走塞藩篱。惴惴柏台愆，悠悠郎署栖。束带营簿
领，退食搴书帷。动随夔龙后，静与周孔期。白云入我牖，黄鸟向我
啼。时物有忻赏，文章无渴饥。不见杨柳花，旋为沟渎泥。丈夫重本
根，名浮何用奇。

芙蓉泣秋风，杞梓登国宝。显晦物莫齐，贤愚理自考。名惭贾谊
才，骨缄陆贽藁。愿为双骅骝，与子同跞跞。渴饮瑶池波，饥食玉山
草。檐持千钧任，蹢躅万里道。守己岂所耽，济世苦不早。日长饮
醇酒，心远倚苍昊。蹭蹬吾无能，绸缪子为好。努力图麒麟，吹阳润
枯槁。①

汤鹏《江南行送姚石甫兄》：

江南五月波茫然，毒尤捎尾蛟飞涎。急溜啮堤官吏哭，狞飙拔尾
鸡犬颠。有忝有稑漂壑底，十县五县哀江边。乾坤惠施岂有择，苍生
性命绝可怜。长沙老翁控节钺，飞章入告心烦煎。帝拣县令五六人，
救荒拯溺谁能肩。石甫往矣风便，马头杨柳横秋烟。伤心忍看淮扬水，
白者人骨青者天。天府颁金防奸蠹，大梁乞米愁迁延（时吴门采罗河
南米）。富豪粟与贫家贷，俄民籍莫顽民联。澹灾夷难求其根，浚渠刷
水元有权。手提天纲森智勇，三门九曲穷钻研。桃花竹箭受束缚，天
吴蜿象纷回旋。磊磊堤防今古石，芄芄麻麦东西阡。百年蔀屋无骇浪，
九重圣主斯安眠。此行不为金带紫，元气乃以县令贤。长安市上酒如

---

① 汤鹏：《海秋诗集》卷6，同治十二年刻本。

泉，不敢狂饮回子鞭。天涯合离风中叶，吾道贤愚几上毡。伏枕艰难经济志，送君慷慨平生筵。丈夫名实施万年，石甫往矣无涕涟。①

姚莹评跋：

> 海秋才不患不大，气不患不雄，独其熟于源流正变，而蕲至于风骚魏之庭，尤可佩服。②

汤鹏《送姚石甫先生罢官还桐城》：

> 咄咄伤心事，劳劳横海才。不成勒钟鼎，翻遣卧蒿莱。潜水中流合，浮山九曲来。枞阳好丘壑，又梦到麟台。
> 痛哭说东溟，长城莽自倾。青蝇太多事，黄犊且归耕。劝汝一杯酒，临风万古情。江山与人物，迸作涕纵横。
> 去去皖江道，江风起怒潮。鱼龙杂歌哭，冠佩飒飘萧。且学磻溪钓，兼寻谷口樵。阴符须罢读，料理旧诗瓢。
> 万事付沧洲，烟霞养白头。侥蒙天一笑，未许汝三休。魏阙情可已，蒲轮迹可求。寄声黄阁老，蚤晚借前筹。
> 雄伏憾雌飞，封侯有是非。六州难铸错，一杖好言归。晚啜青精饭，晨开白版扉。天机随俯仰，慎莫瘦腰围。
> 北风吹地转，木叶下纷纷。苦语和虫咽，分飞怆雁群。不才难报国，无计可留君。愿作江湖侣，抽身访白云。③

汤鹏《壬寅九月朔日（道光二十二年九月初一，1842年10月4日）宴姚石甫先生于万柳堂，赋诗言怀六章》：

---

① 汤鹏：《海秋诗集》卷12。
② 汤鹏：《海秋诗集》卷尾，附录评跋。
③ 汤鹏：《海秋诗集·后集》。

　　风急天高霜满楼，萧萧万柳问谁秋。且为巾带逍遥约，一洗河山莽荡愁。元亮只应耽饮酒，子房谁为借前筹。文经武纬吾看汝，不愧人间第一流。

　　三年海上太披猖，鼉作鲸吞故故狂。上将功名徒画虎，中原天地屡亡羊。独推国士如韩信，能系人情是李纲。四战居然摧虏胆，鸡笼、鹿耳有辉光。

　　君本书生我雁行，须髯婀娜鬓如霜。胸中兵甲吞骄虏，掌上风雷破大荒。能遣匈奴畏李广，更教回纥拜汾阳。此才若不逢颠踣，料理夷吾大小匡。

　　枘凿方圆本不谐，劝君休作万裴裹。人头罗刹饶阴计，牢房魁星接上台。公道岂成三字狱，清秋端好一衔杯。可知今日壶觞乐，却自君恩浩荡来。

　　伤心时局苦支撑，拟向凌烟画汝形。万里长城存海岛，一腔热血为朝廷。本师黄石铺经济，谁遣青蝇污典型。终古蛾眉声价在，即遭谣诼有余馨。

　　危疑定后放秋怀，野外秋光簌簌开。芦苇际天亢鹤下，江湖满地白鸥来。鲁连东去情如寄，范蠡南游憾岂媒。今日樽前商出处，蓴羹鲈脍莫迟回。

　　十年不见见何因，我亦蹉跎愧画鳞。贾谊上书徒有泪，臧孙窃位耻为邻。可知零落栖迟意，总悲歌感慨人。醉把南华百回读，狂名明日上天垠。

　　座中人与杞人俱，心为忧时泪尽枯。天地沧桑诗世界，安危消息醉工夫。登山临水贪幽趣，学佛求仙了腐儒。我本松乔旧俦侣，未应氄氄老寰区。①

姚莹《汤海秋传》：

---

① 汤鹏：《海秋诗集·后集》。

海秋汤氏，名鹏，湖南益阳人。道光二年进士，初为礼部主事。年甫二十，负气自喜。为文章震烁奇特，诸公异其才，选入军机章京，补户部主事，转贵州司员外，擢山东道监察御史。君在军机，得见天下章奏，又历户曹，习吏事，慨然有肩荷一世之志，每致书大吏，多所论议。及为御史，再旬而章三上。有宗室尚书叱辱满司官，其人讦之，上置尚书吏议。君以为司官朝吏过失，当付有司，不可奴隶辱之，此臣作威福之渐也，吏议轻，不足以儆，援嘉庆中故事争之。上以为不胜言官任，罢回户部员外。而君方草奏，大有论建。未及上，而改官。君见其言不用，乃大著书，欲有所暴白于天下，为《浮邱子》八十一篇，篇数千言，通论治道学术；《明林》十六卷，指陈前代得失；《七经补疏》，明经义；《止信笔初稿》，杂记见闻事实。诸作皆出示人，惟《止信笔初稿》人多未见。或问之，曰："此石室之藏也。"英夷事起，沿海诸省大扰。上再命将，无功，卒议抚通市。君愤甚，已黜不得进言，犹条上三十多于尚书转奏焉。大臣用事者曰："书生之见耳。"上虽召见君，而无所询，报闻而已。君是时已更为本部四川司郎中，京察亦竟不得上考。君感慨抑郁，诗多悲愤沉痛之作。二十四年（1844）七月卒，年四十四。君少文，有奇气。初成进士，所为制艺，人争传其稿，市肆售之几遍。君曰："是不足言文也。"取汉、魏、六朝迄唐人诗歌追似之，必求其似，务备其体，已梓者三十余卷。又好为之，尝谓其友人曰："汉以后作者，或专工文辞，而义理、时务不足，或精义理，明时务，而辞陋弱，兼之者惟唐陆宣公、宋朱子耳。吾欲奄有古人，而以二公为归。"其持论如此。

姚莹曰：道光初，余至京师，交邵阳魏默深、建宁张亨甫、仁和龚定庵及君。定庵言多奇僻，世颇訾之。亨甫诗歌，几追作者。默深始治经，已更悉心时务，其所论著，史才也。君乃自成一子。是四人者，皆慷慨激励，其志业才气，欲凌轹一时矣。世乃习委靡文饰，正坐气萧耳。得诸子者大声振之，不亦可乎？以宗室尚书之亲贵，举朝所屏息者，而君倡言弹之，亦见骨鲠之风矣。君又与宜黄黄树斋、歙徐廉峰及亨甫以诗相驰逐。岁在丙戌（道光六年，1826），余服阕入都，诸君与周旋久之。树斋以编修为言官，数论事，洊至大用，廉峰及君则以言黜，幸不幸殊焉！辛卯（道光十一年，1831），余再入都，廉峰已病，未几卒，定庵继之。癸卯（道光二十三年，1843）台湾之狱，亨甫力疾赴余难，因不起。犹忆君探余狱中，及出狱后，与诸君置酒相贺，又同治亨甫之丧，依依送余出都门时也。默深成进士最晚，以知州需次，亨甫则未一第而殁。余待罪蜀中，树斋亦以事更罢为部曹，俯仰二十年间，升沉存殁若此，悲夫！①

姚莹《与汤海秋书，己亥（道光十九年，1839）四月》：

海秋仁弟阁下：去夏到台湾，未一致书，以地方多故，筹所以安全之，不欲空言渎清听，负知已相爱之意。比幸地方粗安，阁下康济为怀，识议宏达，谨以近日情形言之，可以共商榷也。台湾在大海之中，波涛日夕震撼，地气本浮动而不静，其人皆来自漳、泉、潮、嘉，尚气轻生而好利，睚眦之怨，列械为斗，仇杂至于积世。故自孩幼即好弄兵，视反乱为故常，初不必年岁之凶荒，官吏之不肖也。而年岁与官吏亦即为乱之隙，无隙庶可不变，即有变乱而无所害，是则治台之术也。台自道光五年（1825）闽粤械斗，十二年（1832）张丙作乱，当时大兵虽云平定，而攻剿捡斩者不过十之一二，其巨魁贼党万数千人犹在闾阎，时思啸聚，十三年之许憨成，十六年（1836）之沈知，皆其遗孽也。上年春秋间，嘉、彰道旁树枝忽变刀枪之形，虎尾溪浊水忽清，民间以为乱兆。匪民所在，百十为群，肆行劫掠。台人所产米糖，惟以商贩为利，比岁闽、浙皆熟，米贩不至，富人乏用，一切工作皆罢，游手无业者莫从得食，益有乱心。昔人言凶岁多盗，不知台民固半年亦多盗也。是以下车首严捕盗之令，捕斩九十余

---

① 姚莹：《中复堂全集·东溟文后集》卷11。

人，而盗风未已。策其秋冬之间必反，非有以解散而安置之不可。盖若辈自十二年后反谋熟悉，其胆愈张，更有蠢动，其祸必烈。而自来言弭盗者皆以清庄编查保甲为言，愚窃以为不可。盖游民散在各庄，为匪尚易捕治，一行清庄，则匪人无所客，是驱之为乱矣。且大奸倡乱，向以若辈为羽翼，而自官招之，即为义民，与其既乱而招之，何如未乱而用之。若辈为用，则贼党散，势孤必易成擒矣。台之南路为凤山一县，中路则郡城也。嘉义、彰化、淡水厅皆为北路，道里绵长。嘉、彰盗贼尤多，彰化民多习鸟枪，形势隔远，一有蠢动，则嘉义及中南两路皆掣其后，前人往往受困，故治台以北路为亟，而彰化更在所先。日夕筹之，乃为联庄收养游民之法，使嘉、彰二邑民庄联结互守，头人查其本庄无业荡游者，其酿钱米收养之，以为庄丁。数百人之庄养十数人，数十人之庄养五六人或四三人，无事则巡守田园，有事则逐捕盗贼，刊刻示谕，委员同地方官周历众庄，遍查庄丁年貌名册，略以兵法部署之。至七月至九月事竣，凡收养嘉、彰两邑游民八千余人，皆劲旅也。九月间，贼果四起，风谣颇盛。兄出巡北路，督饬县营捕斩裁二百数十人，北路遂平。南路贼起，亦尺檄台、凤二县会营，捕获百余人，镇军复出巡以镇定之，南路亦平，贼无蔓延。兄以彰化最远，亲驻久之，无敢动者。至十一月，中路台、嘉之间贼起，攻湾里，街汛以有备，却退。所召各路匪民，已先为庄人收养，无应贼者。营、县驰往，贼遂溃。再约内山贼出攻店仔口汛，戕兵三人。镇军闻之，立统大军出剿，贼复奔溃，此十一月廿三日事也。兄亦自彰化驰至军中，获贼首胡布及戕兵之贼十二人，先斩以徇。兄于十二月初五日回郡。三路皆平，大军仍驻店仔口，督捕逸匪，入山穷搜，击斩擒捕百余人，全台大定。正月十五日，镇军旋师。此上年筹办全台之大略也。然此第为弭乱一时之计，而台湾近时之病固不止此。其大者则在乎官民两贫，官贫则心有所馁，不暇远谋；民贫则争利愈急，难与为善。古人云："瘠土之民好义。"此言地土本瘠之民习于勤俭，故无淫佚之思也。若台本沃土，民久习于奢淫，富而忽贫，常人且不能安分，况海外浮动之区乎？以不暇远谋之官，治难与为善而且思乱之民，必无济矣！夫官何为而贫也？官赖维民，民赖维物，物力耗竭，富安从来？台民生财之道，一曰树艺，二曰贸迁。及其敝也，一耗于奢淫，二耗于词讼，三耗于械斗，四耗于乱逆，五耗于盗窃。五耗并至，其竭固宜。今欲治之，必先富之。其道奈何？曰养其所以生，去其所以耗而已。夫民有地自能树艺，民有货自能贸易，惟有扰之者斯害其生，苟去其耗之，则得其养，二者虽殊，其道一也。今吾躬行节俭，凡道署中向所取给于属吏者，减之裁之。吾不扰吏，然后可使吏不扰民。凡奢淫之事以渐禁止，所谓耗者去其一。督饬所属勤理狱讼，不能无讼也，惟速结之，所谓耗者去其二。一县千数百庄，庄有董事十数，斗者有罚，所谓耗者去其三。周防于未乱之先，迅办于乱之始，善筹于既乱之后，所谓耗者去其四。家自为守，人自为保，无业者有以资生，为盗者即行捕治，所谓耗者去其五。去此五耗，民乃可生，生得其养，比及十年，富将可复，治台以此，其庶几乎？夫治国比于乱丝，必得其端，不得其端，益滋棼耳，非善治也。愚见若此，质之足下，幸有以教之。计足下补户曹久，当有转迁，由京察而补简，庶可以行其素志，利济民物，日跂望之。①

关于姚莹的"台湾之狱"，多有议论，为其鸣不平。

鲁一同，字通甫，山阳人。道光十五年（1835）举人。师事潘德舆。其"论天下之患，盖在治事之官少，治官之官多"，时以为名言。同治二年（1863）卒，年五十九。

鲁一同《拟论姚莹功罪状》：

> 臣闻齐有黔夫，燕絮北门，楚杀得臣，晋人相贺，赵用李牧，秦不加兵，列服之君，犹有爪牙之佐。爰及后代，守边之士，魏尚、郅

---

① 姚莹：《中复堂全集·东溟文后集》卷6。

都、班超、梁瑾之伦，皆威信千里，坐摧强寇，用之则边境安，舍之则戒心启。故延寿不赏，汉臣寒心，道济见杀，宋疆日蹙。何者？忠孝勇猛之士，敌人所搆忌，谗间所由横生。徒以纤芥之间，疑似之衅，卒縻吏一议，使折冲奇士，旋踵及身，为世深戒，诚可痛也。窃见前台湾道姚莹，忠勤文武，守边数年，横塞夷虏之冲。虏尝三犯之，摧败夺气以去。军兴以来，南綖广、闽，北连江、浙，失地丧师者骈肩望于道。台湾地广不过一大郡，卒不过千人，其所摧陷，足以暴白于天下矣。往者和议初成，佥谓可持，厦门旋覆，浙东再蹶，准今视昔，和之不可信，可见于此矣。今信逆虏反复之说，轻折捐命之臣，摧败士气，为夷复仇。夷自定海以来，小入覆军，大入夺城，焚杀淫掠，动以万计，就如逆夷失风被剿，送死东隝，亦足雪数年之深耻，偿士卒之冤痛。奉命守土，惟敌是求。皇上天容地载，沛大恩于上，诸臣守义死节于下，以守则固，以和则久，国体事机，亦无损缺。臣见其功，未见其罪。窃料夷人张其凶暴，咆哮中国，深入腹地，得而不有，非有余力而不肯施，技止此也。使边将皆如莹等，出万死不一顾返之计，纵不百全胜负之理，亦当相较，或未易量。今怵其诡说，变易有功之臣，莹等一去，海外孤危，后有来者，避畏吏议，孰敢击贼？边吏解体，辱军之将有所饰其耻，率相委以去，东南之祸，未有艾也。且国家诛诸将以委城，而罪莹以敢战，进退之义，臣未得其中，谓宜湔雪莹罪，激厉有功，以劝来者。谨状。[①]

钱赞黄《论台湾之狱》（癸巳，光绪十九年，1893）：

自古议和之臣，必与议战之臣两立。见敌人挫辱于彼，而将弃疾于我也，则惧；见敌人挫辱于彼，而功不由己出，则忌；见敌人畏忌议战诸臣之能，杀之可以媚敌以为己功也，则贪。有此三者，则与

---

① 鲁一同：《通甫类稿》卷4。

议战之臣势不能并立矣。且彼议战之臣，必自负其能，以大义耸动天下，使天下晓然于议和之非。故议战者之见许于清议也益深，则议和者之见讥于清议也益甚，而议战者之见疾于议和之臣也亦益烈。彼敌人之来，非议战者召之也。议和者曰：此实议战者邀之。以此说讥议战之臣，即以此阿中枢之意，以簧鼓天下和之耳目。筑室蜩螗，合为一，是议战者知其不能办，惟有引咎自责，坐以待罪而已。此议和者所以常见其胜也。虽然，天下之和，果议和者之功乎？彼敌人之所以与我和者，非爱议和者之求无不获，实以议战者能为彼害也。惟有议战者能为彼害，故议和者得以和之说进，而敌亦乐与我和，以避战斗之害。使无议战者能为敌害，则敌人长驱深入，可以罄吾所有而取之，何待和乎？故齐桓公之能和戎也，吾不曰管仲，而曰王子城父。宋高宗之能和金也，吾不曰秦桧，而曰韩、岳诸将也。今夫洋人之于中国，虽不若金之于宋，有取天下之心，然其所要求于中国者，固非一一事能满其欲也。幸中国尚有一二能战之臣，如达洪阿、姚莹耳。使并无之，则其要求于中国者，岂止六百万、二千一百万乎？且六百万、二千一百万，岂待再举而后取盈乎？台湾，缘海七省之门户也，使洋人得而据之，则中国失其形势，何啻如粤东香港之僻。达洪阿、姚莹两败之于鸡笼，一败之大安港，奇功也。怡良为闽浙总督，厦门已经收复，洋人尚在鼓浪屿，恐其窥台不得逞，仍将攻昧于厦，故以洋人性好报复，致书阻二人之所为。独不思台湾亦归闽省管辖，任洋人兼踞台港，与失厦港等乎？不助二人以兵，使之益大其功，而惟欲沮遏二人之所欲为，兴大狱以退鼓浪屿之兵，其愚尚可言乎？余尝以为古今误人家国，莫甚于无识之庸人，而有识之小人，其罪尚可未减。何者？庸人无识，则不知利害，必尽除异己之人，而置国事于不问。若有识之小人，则明知己之不能战也，必故任议战者战之。战而胜，则以彼之市怨，形我之市德，固可以为我议和之地；战而不胜，则异己者将为敌人所尽，无待吾之诛锄，事亦甚便也。此其人设心之险，固罪不胜诛，然其祸犹较胜于庸人之所为者。盖胜败固不可必，尽吾心力而为之，未必定出于败；不胜而为敌所戕，亦君子致命报国之常，似较胜于受诬而死于狱吏。假彼之私，济我之公，天下事尚可挽也。呜呼！天下之议和也久矣，人有身处怡良之位，而得达洪阿、姚莹其人与之共事者，既自忖必不能战，欲为议和求善道，尚其以有识之小人自勉哉！①

林昌彝《射鹰楼诗话》：

桐城姚石甫观察莹，近刻诗稿未见，尝见其《后湘集》，诗笔纵放，七言诗为前明七子之遗。其五古《晚眺》一诗，则澹宕有神，苏州、柳州之流亚也。诗云："落日天气清，登楼眺芳甸。遥岑耸孤青，飞鹭时一见。微雨村中来，水云白如练。嘉禾受远风，芳树落余片。牧子催牛归，野人荷蓑遍。何处樵歌起，前山忽暝变。"②

无名氏《京口驿题壁》：

台洋地险亦传烽，海外孤悬竟折冲。水寇能穷杨太技（台湾之捷，闻达公洪阿、姚公莹与绅商用流寇诱敌之计），火攻亦挫老瞒锋（镇海县叶明府堃亦以焚烧英船复官）。一长节取收屠狗，三顾身先起卧龙。果有无双真国士，休言李广不侯封。③

谭宗浚《览海赋》：

……俄焉若掉若腾，若轰若战，若吼若号，若隐若见。翕合奔驰，回皇暝晌。石怒如浤，风狂似电，浪斗千声，涛吟万变。疑大块

---

① 钱赞黄：《麟洲杂著》卷2，光绪戊戌年刻本。
② 林昌彝：《射鹰楼诗话》卷21，第497页，上海古籍出版社1988年。
③ 阿英编：《鸦片战争文学集》上册，古籍出版社1957年，第221页。

之噫吁，鼓洪溟而赫煽。赵简听而魂惊，张融来而目眩。过闽洋而右转，却遥指于台湾。望峰峦之隐隐，临雾雨之冥冥。逢舶估而共谈，述达、姚之冤狱。录功甫赏于韩擒，信间遽疑于本牧。吊屈余悲，髡申受辱。几同李井之僵，惨甚棘林之哭。夫以蜩螗竞沸，猰貐长驱，马革靡酬于夔铄，狐裘屡消于侏儒。敦正扬干之戮，罕间颠颉之诛。独二公者，功成横海，气壮平湖。靖宵小而擒秦谍，数累囚而斩郑俘，奔魑走魅，枭帅擒渠。胡苍狗白衣之幻，致青蝇素壁之污。始苴茅而颂赏，旋薏苡而受诬。祭皋陶而惨伦，卜詹尹以踌躇。颈血几溅乎禽息，眉头莫展乎玄谟。何谗入之罔极，变黑白于须臾。谓珷玞其似玉，指兰蕙以为刍。幸圣慈之宽大，早洞鉴乎区区。任赤舌之交毁，炯丹心而勿渝。（原注：台湾镇总兵达武壮公洪阿、台湾道姚公莹。道光二十一年（1841）八月、二十二年（1842）二月，英夷两窥台湾，皆触礁搁浅，为沿海擒获无算。达公、姚公驰驿奏闻，并将诸夷监禁。上大喜，赏达公太子保衔、姚公二品衔。然总督怡良以其专折独奏，功不己出，心弗喜也。未几，夷艘复停鼓浪屿，镇、道恐诸囚内变，遂以五月提取讯供。除夷目颠林等九人及汉奸二人暂行禁锢外，余悉斩之，凡百六十五人。是秋江宁议款，约所获兵民彼此交还。夷酋璞鼎查遂讦台湾滥杀其遭风难夷，冒功请奖。伊里布等据以闻，奉旨遣怡良渡台查办，讯无冒功事情。而怡良必欲镇、道引诬以谢英夷，遂劾奏褫逮至京。迨刑部讯问，迄无实据。谳狱上，奉上谕，业已革职，应无庸议。盖上深知二人枉，不加深罪。未几，旋即起用云。）[①]

夏燮《台湾之狱》：

……台湾之狱，外则耆相主之，内则穆相主之。怡制使之查办此

---

① 阿英编：《鸦片战争文学集》上册，第259、272页。

案，竟以"莫须有"三字定谳，固有忮功，亦奉政府枋臣指授也。当日置镇、道于劾典，辄以恐误抚夷局一语，奉为金针，岂知成庙深识时事之艰，不欲诿过于臣下。而今上在青宫之日，已微窥其不得已之苦衷，故于三十年（1850）驱逐洋艘之后，始将前后议抚诸臣明正其罪。又于林文忠外，更平反闽中镇、道一案，颁示誊黄，布告天下，谓："穆彰阿倾排异己，如达洪阿、姚莹之尽忠尽力，有碍于己，必欲陷之。"于是，此案之是非得失，遂为千秋定谳矣。

自庚子、辛丑（道光二十、二十一年，1840、1841）以来，四省调防，悉索不给，谓闽之台湾，苏之崇明，孤悬海外，而官绅一气，均能自为堵御，不烦内地一兵一矢。崇明风气刚劲，绅民同心僇力，有备无患，具见裕帅二十一年（1841）章奏中。若台湾两次战功，皆有奏报之确据，徒以斩戮夷囚，遂生事后波澜。在该夷讳败夸强，曾何足责，而怡督昔抚粤东，不附和议，一旦升任闽浙，惩厦门之前车，然自丧其生平而不顾，袒夷抑民，因而归其罪于官。在镇道过则归，固臣子之本分，乃至并当日保奏议叙之官绅，一概撤销，亦已过矣。[1]

陶澍《挑浚孟渎等河工竣折子》：

同日（道光十三年七月十六日，1833年8月30日）奉到道光十三年六月二十六日（1833年8月11日）内阁奉上谕：陶澍等奏挑孟渎等河工竣，请将出力之官绅、董事分别奖励一折。江苏武进境内孟渎、得胜、澡港三河挑工，并建设闸座，一律完竣，所有出力之官绅、董事等，应量予恩施。常州府知府汪河、署武进县事金坛县知县姚莹，俱着加恩交部从优议叙。[2]

（收入龚书铎：《清代学术史论》，故宫出版社2014年）

① 夏燮：《中西纪事》卷10，岳麓书社1988年，第141—142页。
② 陶澍：《陶文毅公全集·奏疏》卷28，道光庚子年淮北士民公刊本。